唐君毅全集　卷三十

紀念集

臺灣學生書局印行

[illegible]全集　卷三十

目錄

目錄

唐君毅全集　卷三十　紀念集

紀念集

緒　言

謝廷光

紀念文章價值甚大，以人死幽明相隔，親友不能再直接向死者致其情意，生者懷念死者，就會情不自禁的追思死者的生平往事，體念死者的精神人格。往往在虔敬的懷念中，死者的音容、風範、人格、學問就會很明顯的呈現於生者的意念中，似乎死者復活於現在，有逝者不逝之感，惟死者終往矣。生者欲向死者致其情意，只有將懷念之情，發而爲文，以爲紀念，以盡後死者之責。故紀念文章最能表現人之眞情感，最能感動人，亦最能幫助人去了解人，尤其是去了解一位不易爲人了解的人。

記得先夫去世時，引起各方面的關注，悼念文章，幾乎每日都有，直到如今，先夫已去世七載，而紀念文章，仍歷年不斷發表，種種同情的了解，懇摯的道義，廷光無不含淚再三拜讀。爲報答著者之盛情，特將紀念文章輯爲一卷，列爲先夫全集附編。惟紀念文章，實在太多，不能一一輯入。今只有選輯，以正面討論逝者之人格學問爲標準，同時因篇幅關係，部份文章只能節錄。至於文章排列次序，則以輩份前後爲序。此外，評論文章亦以篇幅有限，未能輯入全集，敬希諒察爲感。

民國七十四年十一月廿日　廷光記於香港

唐君毅先生事略

治喪委員會

先生諱君毅，其先世籍廣東五華：六世祖移川，以糖工起家置田產，遂爲四川宜賓縣人。父廸風公，十七歲入學爲秀才；遠赴金陵支那內學院，從歐陽竟無大師習內典。性剛直，不爲不義屈，不爲權勢移，歐陽大師稱其「可以適道」。遺著有「孟子大義」，理據宏深。母陳太夫人，諱大任，歐陽大師比之孟母。所著思復堂遺詩，以肫摯之情，寄諸貞樸之筆，不假雕飾，醇茂自然，不知者以爲出於老師宿儒也。廸風公生子女五人，先生居長。幼穎悟，好深思。年十七入北京大學，時政局腐敗，青年學子，每因感憤而左傾。時梁漱溟先生任教北大，並作連續性公開學術演講，每次門券銀洋一元，先生亦列坐聽講。旋因同情左派學生對梁先生之攻擊，中途缺席。梁先生以其爲艱於購劵也，使人餽以銀洋五元，先生由此深感前輩愛護後進之風範，爲不可及。其畢生篤於舊故，誘掖來學，迄死不倦，蓋於此得其啓發焉。後轉南京中央大學哲學系。先生天資駿利，思辯鋒發；既日闢新境，復慨然有希聖之志，同輩固已推爲一時上座。畢業後，歷任四川、華西、中央諸大學教授，並任無錫新設江南大學教務長。一九四九年三月，違難來港，與錢賓四、張丕介諸先生創辦新亞書院，除擔任主要課程外，並任教務長。始事時，賃校舍於桂林街，課室狹迫，幾無轉身地；三先生每月各得生活費二百四十元，未嘗露窮窘之色。自一九五〇年十一月一日起，先生更倡設文化講座，先後四五年；除親自主講外，並邀請文化界名宿擔任，凡一百三十九次。履艱而忘其危，居約而事其遠且大，此豈不以聖賢之心爲心、不以民族之憂樂爲憂樂者所得勉強矯飾於萬一乎。新亞書院日益光大，先生在學術上成就之宏深，益爲國內外所推重。一九六三年中文大學成立，新亞書院爲成員學院之一。其後中文大學與新亞書院之教育理想相去日遠，於是新亞乃陷入於另一艱危困頓之中；心兵之泱盪，事勢之煎迫，幾無日無之；先生支柱其間，一以貞定應疑謗變幻之局，千挫萬折，未嘗動其心。新亞研究所卒脫離中文大學獨立，新亞董事會之主要成員並退出新亞書院，而先生亦且心力交疲矣。先生於一九七四年以哲學講座教授由中文大學退休；繼續任新亞研究所所長。一九七五年秋，應臺灣大學之請，任哲學系客座教授。一九七六年秋，經肺癌大手術後，身反衰耗，然授課未嘗一日間斷；此眞所謂鞠躬盡瘁，以死勤事者也。先生之學，體大思精；長於辨析，善於綜攝，馳騁於東西哲學之中，而一歸於中國聖賢義理之學。其著作奧衍浩瀚，馳騖八極，要以立足於人生，開闢生命之本源，建立道德理想之人文世界，以啓導我民族無限向前向上之生機爲其鵠的。其一九七六年秋在醫院親作最後一校之「生命存在與心靈境界」，凡一千二百餘頁，乃其平生學思之綜化，亦卽其思想體系之完成。涵攝廣大而一以儒家之盡性至命爲歸極。其造詣所至，著作所及，我國自「哲學」一詞成立而有專科之研究以來，蓋未嘗有也。先生肺癌手術踰三月後，發現癌細胞已深入淋巴腺及背脊骨，西醫束手，乃改服中藥，病體勉得支持。最後患氣喘，一九七八年二月二日晨四、五時大作，急送浸會醫院，至六時卒告不治，距生於一九〇九年一月十七日得年七十。逝世之前一日，閱外電北京恢復孔子名譽消息，欣慰不已。是先生之心，固將長傍尼山而永無斷滅也。夫人謝方回女士，學養深純，長於琴書；居家接物，悉以先生之心爲心，對先生之照顧，無微不至，有長才而未嘗以才自見；先生於校務所務叢錯之中，仍得專心學問，從事著作，蓋內助之力也。女安仁，美國印地安那大學文學博士，婿王清瑞博士。

附：唐君毅

（原載「簡明不列顛百科全書」〔卽原「大英百科全書」〕第七卷六七七頁，中國大百科全書出版社出版）

Tang Junyi（T'ANG CHUN-I）（1909～1978. 2. 2）哲學家，中國哲學史家，四川宜賓人。一九三二年於南京中央大學哲學系畢業，後擔任中央大學助教、講師、教授、哲學系主任；後期任香港中文大學講座教授。對西方和東方哲學進行了綜合和發展，除了以七卷《中國哲學原論》（一九六六～一九七五）對中國整個哲學傳統予以系統的再解釋之外，在兩卷本《生命存在與心靈境界》（一九七七）中建立了一個新的哲學體系，將宇宙萬事萬物看作都是求超越的過程，生命存在不僅是爲存在而存在，乃是爲超越自己而存在；心靈的活動也是在這個基礎上，從現實的生活逐漸向上求更高的價值，最後止於天德與人德一致的最高價值世界。他的世界觀是繼承和發展中國儒家傳統的人文主義的世界觀。他的這部著作發表後，西方有的學者認爲可和柏拉圖、康德的著作媲美，並譽爲中國自朱熹、王陽明以來的傑出哲學家。此外，還著有《道德自我之建立》（一九四四）、《中國文化之精神價值》（一九五三）、《文化意識與道德理性》（一九五八）、《人文精神之重建》（一九五五）等，共約二十餘卷。

懷念哲人唐君毅先生

梁漱溟

唐君毅先生，最近一代賢哲之士也。吾往昔有幸於歐陽竟無大師講學的支那內學院得會晤君毅尊翁廸風公，其時君毅適在北京求學，而我則忝任講席於北京大學，廸風公因以照顧君毅相囑託，此即我與君毅結識之由來。後此，君毅既長期在海外治學講學，而我始則爲國事而奔走南北，繼則安居著書於北京，彼此不得把晤者三十餘年。猶幸君毅前後著作多種都郵遞給我，我雖未循序繹讀，然其識解正確，時有警語精闢驚人，則我衷心歎服之矣（附註）。顧我亦有不足於君毅者：內學院所講法相唯識之學，於內證離言之佛法都善爲剖析，君毅胡乃輕視而不之求耶？君毅先我而去世，未得暢懷互致切磋，是可憾也！

附註：「人死只是其身體之銷毀，然而身體這東西，它自始即一銷毀中之存在，而於此銷毀中，表現心理活動，所以人之身體自生至死，只是心之本體的活動之一段過程表現，所以人之有死後的生活或第二代的身體來繼續其心體活動之表現是不成問題的。」——以上爲我抄存君毅的一段文章，惜其文見於何處則失記之矣。禪宗有云：「有人識得心，大地無寸土。」「身在心中。」蓋身有盡而心無盡。君毅其知之矣。

一九八三年十二月一日識於北京

我所認識的唐君毅先生
——其家教與其信行

李　璜

唐君毅先生本其所學所信，卓然有以自樹，講學多年，著述等身，一代儒宗，影響深遠，已不待論。日前在其肅穆而弔之者衆的喪禮中，其共事多年的老友牟宗三先生爲述行狀，結論到君毅志業，乃在人文意識世界，造端宏大，至爲扼要。不過君毅之人文意識，並非襲取西歐學說，徒尊個性；亦非限於宋明理學，但求安身立命；他乃是尊德性，道問學，仁以爲己任，而最要去求己立立人，用以救世的。其表明所志所業，在其最後出版之書——生命存在與心靈境界——最後一章中有云：「吾知吾之生命中，實原有眞誠惻怛之仁體存在，而佛家之同體大悲之心，亦吾所固有。吾之此一仁體，雖只偶然昭露，然吾之爲哲學思辨，則自十餘歲，即歷盡種種曲折，以向此一事物之說明而趨，而亦非只滿足個人之理智興趣，而在自助，亦助人之共昭露此仁體以救世……」（此書於最近在臺灣學生書局出版上下兩册共一二〇三頁）我讀之，因感到其所秉受，自不同於常人，而爲我所親之君毅做人行逕，亦足表彰。故我將君毅之學問著述，讓他的同道與學生去爲文發揚，而於茲短文，只略及其家教與其信行若干節目。

一

唐君毅先生與我算得上是兩代之交：其尊人唐廸風先生，在民國十六年間，寓成都少城支機石街，與我隔隣而居。我於十五年秋，離去北京大學講席，而回鄉任成都大學教授；家居每夜必聞廸風先生朗誦孟子，氣壯聲宏，爲之起敬。未幾，由老友彭芸生兄介紹相識，長身美髯，望之有如俠士。又未幾，廸風與芸生創辦敬業學院，卽以其家爲校舍，學生僅二十餘人，皆有志於國學研究者；廸風授經，芸生授史，而另一老友楊叔明授詩詞。其時，國民革命軍至長江，潮流湧入川西，左右互鬪，擾攘之至，而廸風諸友閉門講學，一以端本爲務，絃歌之聲不絕。我亦時被邀講演，感到一堂肅然。

廸風每早起散步，我時遇之於街頭支機石小廟門外，廟只一亭，內供一長石，傳爲張騫鑿空，逢織女，贈以此石，歸遺於此，顯然神話，好事者故實之，但廟門側有石碑刊「嚴君平賣卜處」，則近於史事。相遇，廸風習留我共坐亭邊飛來椅上，對深秋銀杏老樹黃葉，高談世道人心，太息大亂將作，勢難收拾；如何爲民族保存一線生機，如何爲學問留下一些種子，慷慨激昂，語聲驚路人。但廸風講書，則入佛出儒，深細而有條貫，其學生常向我稱道之。據老友劉泗英兄（現住臺北）告訴我，廸風課子甚嚴，當民十之秋，重慶府中學校長熊淩（禹治），禮聘成都國院（為清末名經師廖平所辦）一批名流學者如蒙文通、楊叔明諸氏前來任敎，而廸風亦挈其子君毅以來教經史，同住校中。時君毅年方十三，在校中已感受「五四」之新潮，泗英為之講時事，常起立問難，師每為之語塞；廸風聞之，加以訓斥，而泗英則嘉其年少卽有思致，不以為忤。泗英並言，廸風在重慶報刊偶發表時論，筆號鐵風或鐵峯，氣盛言宜，為朋輩所推重，稱之為硬漢云。

二

我之得識君毅，已在一九五〇至五一年間，大家亡命香港之時。其時，君毅與錢穆、張丕介諸位正創辦新亞書院，託廣東友人劉尚一為覓校址。得尚一介紹，君毅曾讀我文章，知我已久，因請我共襄此一窮書生的艱難締造之業。惜我當時感到香港環境欠佳，有點烏煙瘴氣，亟思離去，未幾卽走南洋避囂，未能應新亞講學之聘。

及一九五九年夏，我自南洋返香港，而新亞書院已略具規模；後此農圃道校舍建立，學生中人才輩出，馳譽海外，而香港大學也借重新亞教授前去講學，以增聲光，君毅在此時中，可算得樂育英才，行其所志。然而讀君毅此時所發表之文章，則或悲同學故友之盲目枉死，或說中華民族之花果飄零，無不表現其悲天憫人，痛切而誠摯，其志向不在一室之內，敎化少數學生，卽認為盡其能事。君毅之講學，並非「只爲滿足個人之理智興趣，而在自助，亦助人之共昭露此仁體以救世」。前面我已特爲標出；此其本於惻怛之情，大悲之智，君毅所稱爲「仁體」之義，故能光照大千，說法動人。君毅之立言立德，勢將不朽，卽在於此。然而在功利主義瀰漫一世，今日能了解而附和之者，又能有幾人？此其辛苦創辦之新亞書院亦終於不保！君毅旣能以其大情廣照大千，對於其學術精神所寄託之新亞又豈能無情？此其不惜起而爭之。但君毅所爭，不在獨立書院之制度，而在獨立講學之精神，抗爭乃順其惻怛之情以發，此我之所以賞識君毅爲性情中人，而非袖手以談心性之若干理學家也。

幸得同道之助，新亞研究所未幾卽得建立，我尤其賞識君毅之能鍥而不捨，有其父風，足稱硬漢。故在研究所中，我不辭衰年短學，初爲之公開講演四次，繼爲之擔任課程兩節，於今玆又兩年；親見君毅對每位敎授均能招待周到，對每一學生皆能考覈盡心；且應付海外學人相繼來訪，開會甚多，而又留心世變，寫作不絕。——君毅不免過勞，因而致病。

三

觀人於微，於小節處可見其大。玆文未了，我尚應對我所親見的君毅行逕中之小節處，略述一二。當君毅在中文大學任講座敎授時，其薪水收入當較他時爲稍豐。但其平日所餘下之薪金，至農曆年底，必以分贈於困難之親友及其後輩。君毅從不告人，我所以知之，因某年臘月近除夕，一老友之子有遠行而乏路費，老友函君毅與我助之。我在珠海教書，鐘點雖多而收入則少，我之微薄助力，當然不夠，乃懷友書挈友子，往晤君毅。君毅惜我來遲，表示其分配所餘，或已不多；立命夫人取出萬餘港幣之分配名單，計數之後，尚餘五百，卽以之付友人之子，並留午飯，且對遠行此子獎勵一番，並囑其問候乃父，足令其受賜而無愧怍，藹然仁者之用心，我深佩之。

連年以來，在應酬場中，君毅與我同席時不少。每有我在，君毅輒辭上座，稱，幼椿先生係其父執，不能踰越。以今之少年不學，喜謗前輩自衒，比較之下，君毅爲謙德可風。至其中學老師劉泗英兄每次自臺來港，君毅必招待盡禮，並喜聽泗英談當年乃父與泗英共事時諸情況，以遂其孺慕之忱。

至君毅病歿之前一週，已經氣喘，而尚來新亞研究所上課。不過登上五樓，甚爲吃力，而在二樓圖書館中講授，我則在五樓。忽聞我妻因傷脊骨送入醫院，乃立卽登樓問訊，喘氣不已。我大爲感動，勸其不宜爲此過勞，亟須休息。君毅答我：「活一天，便須盡一天自己的責任。」君毅眞能忠其所業，鞠躬盡瘁，做到了最後一分鐘，誠無所愧怍於天地之間！

（一九七八年三月，「明報月刊」第十三卷第三期）

悼唐君毅先生

徐復觀

一

昨天（二月二日）早上時，趙濳先生在電話中告訴我：「唐先生去世了。」我趕到和域台他的寓所，許多朋友、學生和他們的太太，都很悲哀的陪着唐夫人坐在客廳裏。唐夫人斷續地說：「（唐先生）看到昨天（二月一日）報上說大陸上開始恢復孔子的名譽，心裏很高興，要把他的著作，寄給大陸上的三個圖書館。今天晚上在樂宮樓的團聚，他說，雖然不能吃東西，也應當去和各位先生見見面。最近氣喘，昨晚大約四五點鐘感到很不舒服，不肯用氧氣，起來躺在客廳的椅子上，急送浸信會醫院，在近六點鐘的時候便去世了。」

前年九月間，唐先生發現肺癌，在臺北榮民總醫院把右肺的大部份割掉，返香港休養。前年十二月間，再赴臺北檢查，發現癌菌已散入淋巴腺和腰脊椎骨，西醫只好勸他改吃中藥。他吃幾種中藥後，身體居然支持住了，回到香港，每周依然兩次到新亞研究所上課。我幾次勸他：「肺部動了這大的手術，決不宜於上課；何況你上課時又這樣的賣力。」他答覆說：「我現在改用談天的方式上課，也很有意思。不上課，心裏總感到不安。」研究所的課室辦公室，要走上五層樓，我走上去有些氣喘。有位同學告訴我：「唐老師現在不用直上的方法，用慢慢橫上的方法，上一層，休息一下。老師也可學唐老師的辦法。」我的性格寧願喘氣，總喜歡一口氣直上。到了去年下季，大概他實在再爬不上五層樓了，便改在二樓圖書館裏上課。除了中間進一次法國醫院外，他就不願缺一次席。爲了傳播學術種子，他眞是鞠躬盡瘁，死而後已。

二

唐先生之死，引起我最大的感慨是，想爲自己的國家民族，在文化上盡一番責任的中國學人所遭遇的橫逆和艱苦，大概是其他國家的學人所無法想像得到的。唐先生沒有出國留學，在三十歲左右，即成爲南京中央大學哲學系的名教授，除了比較艱深地論著，爲思想界所重視外，他以詩人的情調寫出的「人生之體驗」一書，文字優美，內容層層轉進，將讀者帶進一種理想的人生境界中而不自覺，爲當時一般知識青年所樂讀。有一次，我的大女兒從美國寫信回來稱讚此書，我轉告唐先生，此書在港、臺的重印，大概也受到此事的影響。以唐先生的學問，假定沒有眞正國家民族文化的責任感，唯以當相聲、要機靈的方式，圖謀個人利益，我相信他便沒有近十多年來精神上所受的痛苦。最可悲的是：頑童常常不知道醫生爲他勸他打針吃藥，是爲了搶救他的性命，卻反而大罵大吵，有時還要丟石頭、放冷箭。這是我和唐先生近年來的共同遭遇。不過我會隨時叫喊出來；唐先生的涵養，總是忍住不說。但忍住不說，在精神上所受的煎熬，較之叫喊出來的人可能還要厲害。我能比他後死，大概這也是原因之一。

民國三十八年，唐先生來港，與錢賓四、張丕介兩先生，合力創辦新亞書院，有一個共同的志願，卽是要延續中國文化的命脈於海外。因爲我和張唐兩先生是好友，而對錢先生又敬之以前輩之禮，大家的志願相同，來往密切，當時的情形，我了解得最清楚；他們三個人，眞可謂相依爲命，缺一不可。如果今日有人想抹煞這段事實，等於抹煞自己的良心。在他們艱苦奮鬬中，新亞得增益擴大；我可以這樣斷定，香港之有一點中國文化氣氛，有少數中國人願站在中國的立場做中國學問，從新亞書院始。但這不是殖民主義者所願見的。不是江青的徒子徒孫們所願見的，也不是大買辦階級所願見的。三種勢力合在一起，形成了十年來對新亞的侵蝕與捍衞的鬬爭；唐先生與吳俊升先生們支撐其間，所得到的可以說是遍體鱗傷，滿身血汚的結果，這也是此時此地應當有的結果。

三

四人幫的批孔，是責駡孔子誅少正卯的故事開始，以後才昇到「克己復禮」是爲奴隸復辟的高度。在一九五八年，有人主張以孔子誅少正卯的手段對付臺灣內部主張民主自由的人士，我於是寫了篇「一個歷史故事的形成及其演進——論孔子誅少正卯」的文章，從考證上斷定此一故事，是出於法家思想系統所僞造出來的。此文於同年五月十五日在民主評論上刊出後，我曾託屈萬里先生轉向胡適之先生請教；胡先生寫了封信給屈先生，屈先生把信轉給我，胡先生信上的大意是，除了故事的演進，未必像我所排列的這樣整齊外，經此考證而此故事是出於法家系統的僞造，則可以斷言。胡先生並說「罪過得很，我過去也以爲這故事是眞的……」。

大陸上既認定此故事是眞，而對此故事性質的斷定也與我完全相反。首先以考據形式發表文章來誣衊孔子的是一位年齡七十多歲的老教授，有位朋友送了册單行本給我，我翻了翻，連考據的常識都沒有，這種幼穉的文章所以得到重視，我知道這是中共的政治問題不是學術問題；當時我正忙着寫旁的東西，便置之不理。自此文刊出後，指向孔子的炮火，如連珠箭般地射出，唐先生便在中華月報上刊出一篇辨明此故事是僞的文章，以證明大陸對孔子的攻擊全是無的放矢。香港有位自稱懂得訓詁的先生，聞江青裙角的騷風而起舞，寫一篇更幼穉的文章，反駁唐先生。以後在香港「震派」的刊物上，一連有文章罵孔子，罵唐先生及維護中國文化的人。一直到最近還有「溜」到香港來的「溜派」，特辦一刊物，接連三期繼續四人幫批孔的餘燄。二月一日，外電說大陸出版的一月份「歷史研究」上刊出一文，爲孔子辯護，也是從孔子誅少正卯這一故事開始，認爲四人幫對孔子的攻擊，沒有歷史事實的根據。唐先生病中看到這種消息，以爲對孔子的誣衊開始有了昭雪，不覺爲中國文化前途慶幸，所以這一天還吩咐研究所的趙潛先生，要安排這，要安排那；不知十幾小時後，他自己卻一瞑不視了。他最後的大著「生命存在與心靈境界」，凡一千二百多頁，是他在臺北榮民總醫院中親作最後一校，剛剛印出來了。他的哲學系統，大體上得到完成，我撰一幅輓聯，追悼這位三十多年的老友，及在文化戰線上的好同志。

通天地人之謂儒。著作昭垂，宇宙貞恒薪不盡；
歷艱困辱以捍道。尼山巍峙，書生辛苦願應酬。

（一九七八年三月，「明報月刊」第十三卷第三期）

悼念唐君毅先生

牟宗三

我於本年一月間在臺北時，卽聞唐先生咳嗽氣喘，體重減輕。當時以爲中藥有效，但須忌口，其體重減輕，或不能免。但咳嗽氣喘不無問題。一月底返港，翌日往視。知經醫生檢查，可能是舊疾復發。見其容色衰頹，聲音非如常時，酷類其太夫人當初之發音。心念唐先生母子之情甚篤，到老更返於孺慕，故自然有此類似。越二日，尚知其多商量研究所事宜，並知其聞大陸平反孔子而色喜，並擬過舊曆年赴臺北作詳細檢查。孰知二月一日晚間卽不適，黎明卽因氣喘窒悶，遽爾長逝，傷哉痛哉！

我於抗戰初期，在重慶時，始認識唐先生。當時，他在教育部任特約編輯，我在曾家岩編再生雜誌。一日，他與李長之先生相偕過訪。此後，常相往還。我知其精於黑格爾哲學。某次，請其略講大義，他乃縱談至英國新黑格爾派布拉得萊消融的辯證，覺其玄思深遠，鬱勃而出，我亦因而頓悟辯證之意義與其可能之理據，並知唐先生確有其深度與廣度，非浮泛小慧者所可比。讀哲學，須有慧解，亦須有眞性情。唐先生一生忠於哲學，忠於文化理想，當世無與倫匹，非性情深厚，慧解秀出者，不能至此。

抗戰初期極艱困。我與熊先生相處，得以提撕吾之生命使不墜；與唐先生相聚談，得以開發吾之慧解於多方。良師益友，惠我實多，我終生不敢忘。在此期間，困心衡慮，師友聚談，蘊蓄者深矣。時唐先生與周輔成先生共辦「理想與文化」雜誌，其道德自我之建立一書卽在此雜誌發表者，此爲唐先生在國家之艱困與時風之衰敝中發正大之音之初聲。我當時則正完成邏輯典範一書，並卽着手蘊釀認識心之批判。我極欣賞唐先生道德自我之建立中超拔之勁力與惻怛之襟懷，而唐先生亦謬許我對於邏輯之理解之不同於時流。我之有形工作在邏輯與認識論，而無形之蘊蓄以及所投射者則不止於此。此皆師友提撕啓沃之力也。

抗戰末期，共黨囂張。我目睹當時之輿情，知識分子之陋習，青年之傾向，深感大局之危殆，將有天翻地覆之大變。我之情益悲，我之感益切，而一般恬嬉者不知也。我當時對於時局之悲情（不是政治的，乃是文化的）幾達狂熱之境，燃燒到任何差謬我皆不能容忍，故雖得罪張東蓀梁漱溟諸先生而不辭。我當時日與青年辯談，理直氣壯，出語若從天降。一般教授自居淸高，緘口不言，且斥我從事政治活動；惟唐先生知我不如此。唐先生性涵蓄，對於時局初亦不肯直言、切言。某次，我問：我們是否要落於王船山、朱舜水之處境？唐先生答曰：不至此。然而我之感覺則甚危。故勝利後，在南京，我以我之薪水獨立辦「歷史與文化」雜誌，校對付郵皆我自任。當時唐先生在原籍家居，每期皆寄稿相助。而世人則視我之舉動渺如也。熊先生亦勸我曰：「大害已成而不可挽，挽則必決。」熊先生在老年，我時在中年，故心境不同也。不久，大陸全部淪陷。（理想與文化，歷史與文化乃一氣相呼應者。前者較超越，後者較內在。理想不能不貫注於歷史；文化亦不能不通於理想，下貫於歷史；故我此後有歷史哲學之作。當時，唐先生比較精純，而我則較爲昂揚。又，我當時所以能以我之薪水獨力辦歷史與文化，乃因我當時無家累，又與家鄉不通音問。又因我有中大與金陵大學兩校之薪水故。）

我於民三十八年到臺，唐先生則由廣州移港，參加辦新亞書院。兩地異處，而精神則相呼應。時徐復觀先生辦民主評論於香港，吾與唐先生等皆爲常期撰稿人。吾之道德的理想主義、歷史哲學、政道與治道，諸書，皆當時在民主評論發表者。而唐先生抒發尤多，諸如人文精神之重建、中國人文精神之發展、人生之體驗、中國文化之精神價值、文化意識與道德理性，等書，亦皆在民主評論發表者。「弘大而闢，深閎而肆」，「彼其充實不可以已」，「其於宗也，可謂調適而上遂矣。」凡此諸語，可爲唐先生書之寫照。時下青年仍應當細讀此等不朽之作，藉以恢弘其志氣，提高其理想，敦篤其性情，勿得浸淫於邪僻奢靡之風，以代溝爲藉口，以迂濶視之也。

吾在臺自三十八年起，定居十年。自四十九年來港，任敎於香港大學八年，後復轉至中文大學新亞書院任敎七年，至退休而止。此十五年間，吾漸收斂其精神，從事學究之工作，前後寫成才性與玄理、心體與性體、佛性與般若、智的直覺與中國哲學、現象與物自身，等書。而唐先生則參與校政，盡瘁於新亞。其初新亞參加中文大學，不免需要一番改制，在此過渡期，動輒以港大爲準，受港大之指導，受盡洋人之氣。唐先生當時告余曰：直可謂受洋罪。旣參加已，中文大學正式成立，唐先生復爲維護聯合制，保持新亞教學與行政之獨立，日日與一般所謂假洋鬼子相抗衡，直至聯合制被廢，新亞被吞沒（其他兩院校亦然），新亞董事會全體辭職，而後止。唐先生對於新亞感情特深，近十幾年來，其生命幾全部耗費於新亞。而新亞之作始以及其後來之發展本駁雜不純；人事，口舌，是非，恩怨，又極多。唐先生身處其中直如處煉獄，其心身之受傷可想而知。然而卽如此，復又力寫其中國哲學原論（共六册），以及心靈九境（共兩册）諸大作。外而抗塵抵俗，內而著書立說，如此雙線進行，非有龐大之精神如唐先生者，其孰能支撐得住！然而緊張過度，則強忍力持，耗損必甚。夫人之精神有限，若此等諸大作須費七八年之時間始能寫得成，則待退休後，從容爲之，所成必更精純。今同時進行，稍失從容之旨。一失從容，便涉遑急。雖鐵打金剛，亦難支持，況血肉之軀乎？然此亦與個人性情氣質有關，亦難勉強。以唐先生之省察工夫，夫豈不知？所謂看得透，忍不過，亦莫可如何也。吾爲朋友傷，亦爲朋友痛。今於其遽歸道山，益增痛楚，常俯仰感慨不能已。吾有輓聯云：

一生志願純在儒宗，典雅弘通，波瀾壯濶；繼往開來，知慧容光昭寰宇。
全副精神注于新亞，仁至義盡，心力瘁傷；通體達用，性情事業留人間。

吾不善爲文辭，蓋紀實也。

唐先生是「文化意識宇宙」中之巨人，亦如牛頓、愛因士坦之爲科學宇宙中之巨人，柏拉圖、康德之爲哲學宇宙中之巨人。吾這裏所謂「文化意識宇宙」與普通所謂「文化界」不同，文化意識不同於文化。這一個文化意識宇宙是中國文化傳統之所獨闢與獨顯。它是由夏商周之文質損益，經過孔孟內聖外王成德之教，而開闢出。此後中國歷史之發展，儘管有許多曲折，無能外此範宇，宋明儒是此宇宙中之巨人，顧、黃、王亦是此宇宙中之巨人。唐先生是我們這個時代此宇宙中之巨人。唐先生不是此宇宙之開闢者，乃是此宇宙之繼承與弘揚者。沒有科學傳統，不能有牛頓與愛因士坦之爲科學宇宙中之巨人。沒有希臘哲學傳統，不能有柏拉圖與康德之爲哲學宇宙中之巨人。同樣，沒有中國文化傳統，亦不能有唐先生之爲此時代所需要弘揚之文化意識宇宙中之巨人。唐先生之繼承而弘揚此文化意識之內蘊是以其全副生命之眞性情頂上去，而存在地繼承而弘揚之。「彼其充實不可以已。……其於本也，弘大而闢，深閎而肆；其於宗也，可謂調適而上遂矣。」吾再重述此數語以爲唐先生生命格範之寫照。他是盡了此時代之使命。

唐先生可以作事，亦有作事之興趣。但是他作事不是政務官之作事，亦不是事務官之作事，亦不是革命家之作事，而乃是立於文化意識之立場來作事。他之參與新亞校政以及承擔了新亞後期之痛苦奮鬪與悲劇結束，皆是以文化意識之弘揚爲背景。參與新亞校政者多矣。不必皆有此文化意識，即或有之，亦不必能如唐先生之眞切與充其極。故到後來，幾等於只唐先生一人承當了這痛苦的奮鬪與悲劇的結束。痛苦之所以爲痛苦，悲劇之所以爲悲劇，卽在一般人之立場與唐先生之文化意識有距離，甚至可以說有衝突。執行香港政府之政策者，固無視於唐先生之文化意識，卽三院立場亦不一致，不能精誠合作；卽新亞本身亦不一致，不能團結應對——此皆由於一般人不能契解唐先生之文化意識，故鬧成許多衝突。一般人之立場大抵皆是事便、利便、智巧、恩怨之立場，很少有能忠於原則，忠於理想者。唐先生身處此種衝突中，其奮鬪之痛苦可想而知，其爲悲劇之結束亦可想而知。唐先生可以作事，而其作事竟陷於此種局面，此亦可說在如此之現實中是註定的。蓋他本不是事業宇宙中之巨人，而只是文化意識宇宙中之巨人。

這點事業之成不成，固無損於其文化意識之強大。程明道有云：雖堯舜事業亦如太虛中一點浮雲過目。而何況區區一新亞？唐先生之文化意識可以表現而爲新亞事業，但不等於新亞事業。此一意識可以在新亞表現，亦可以在別處表現，亦可以其他方式表現。他之對新亞一往情深，只是忠於原則，忠於理想。若客觀言之，問値得不値得，這不是唐先生所顧及的。他之不考慮此値得不値得，而承當此痛苦與悲劇，正反映其文化意識之強烈。他在痛苦的奮鬪中耗損了其有限的生命，然而其文化意識宇宙中的巨人身分卻永垂於不朽。

我前文說他不是事業宇宙中的巨人；他作事不是政務官之作事，亦不是事務官之作事，亦不是革命家之作事。他無汗馬功勞，亦無經國大業。他亦不是什麼專家，他更不是所謂名流。如是，銷用歸體，他卻正是文化意識宇宙中之巨人。他的一生可以說純以繼承而弘揚此文化意識之傳統為職志；他在適應時代而對治時代中張大了此文化意識宇宙之幅度，並充實了此文化意識宇宙之內容。他博通西方哲學，並時以哲學思考方式出之，只是為的「適應時代，輔成其文化意識，引人深廣地悟入此文化意識之宇宙」之設教的方便。因此，若專狹地言之，或以西方哲學尺度衡量之，他可能不是一個很好的西方式的哲學家，雖然他有很深遠的哲學性的玄思（此哲學性的玄思發自其文化意識宇宙之慧解，並消融於此慧解）；因此，他不是哲學宇宙中的巨人，如柏拉圖與康德等，他越過了哲學宇宙而進至於文化意識之宇宙，他成了此文化意識宇宙中之巨人。中國人沒有理由非作西方式的哲學家不可。中國式的哲學家要必以文化意識宇宙為背景。儒者的人文化成、盡性知命的成德之教在層次上是高過科學宇宙、哲學宇宙，乃至任何特定的宗教宇宙；然而它卻涵蓋而善成並善化了此等等之宇宙。唐先生這個意識特別強。吾與之相處數十年，知之甚深。吾有責任將他的生命格範彰顯出來，以昭告於世人。故吾人於哀悼其有限生命之銷盡之餘，理應默念而正視其文化意識宇宙中巨人身份之永恆價值。

（一九七八年三月，「明報月刊」第十三卷第三期）

附：「文化意識宇宙」一詞之釋義

牟宗三

吾在悼念唐君毅先生一文中，有「文化意識宇宙」一詞，此詞不同於普通所謂「文化界」。普通所謂學術文化，其意指甚爲廣泛，而且只從作業上說，因此，凡從事研究學問者，不管所研究者爲何，皆屬於學術文化界。「文化意識」不同於今之所謂學術文化之「文化」。今之所謂文化文明好像是新名詞。由新名詞，人便想到英文之 "Culture" 與 "Civilization"，好像是外來語之譯語。其實文化、文明，皆是中國所原有，而且原自很古，原於易經之賁卦。賁卦彖傳曰：「賁亨。柔來而文剛，故亨；分剛上而文柔，故小利有攸往：天文也。文明以止。人文也。觀乎天文以察時變，觀乎人文以化成天下。」是則天文、人文、文明、文化，四詞皆見於此彖傳，而且其義甚切而皆有所專當，而且正表示一種道德實踐上的價值活動。柔文剛，剛文柔，此種剛柔相錯而互相文飾，乃是自然如此者，故曰「天文」。「天文」者自然之文理也。就此自然文理而光明之以使剛柔皆止於至善，剛不偏剛以至於戾，柔不偏柔以至於溺，則卽謂「人文」。「人文」者，通過人之實踐以價值化此自然之文理之謂也。剛不偏剛，則剛明；柔不偏柔，則柔明。明則卽止。是則「止」者卽善成之謂也。故曰：

「文明以止，人文也。」是則「人文」卽表示人之道德實踐。故曰：「觀乎天文以察時變，觀乎人文以化成天下。」剛柔相錯卽是自然之「時變」，「文明以止」之人文卽足以「化成天下」。此明示人文乃屬於價值化活動者。由人文以化成，故亦可縮稱曰「文化」。此縮稱之「文化」卽表示以人之道德實踐以化成天下也。化成卽善成。任何事，只有善而化之，始能成就其自己，卽「文明以止」也。否則必歸於破滅，流逝而歸於虛無。今之所謂文化、文明，如二次大戰後所謂美國世紀所代表之文化實只是虛無之道，乃是蕩而無歸化；而蘇俄中共所代表之化，實只是虛無之道，乃是蕩而無歸化；而蘇俄中共所代表之文化，實皆是破滅之道，乃是暴戾化，死化，黑暗化，殘滅化；凡此，寧有所謂文化、文明之意耶？因此，吾所謂「文化意識」乃卽中國固有之「觀乎人文以化成天下」之意識也。此一意識乃是孔孟成德之敎所開闢，而由賁卦彖傳簡單辭語作代表。由此意識，吾人卽可開闢價值之源。依此價值之源以作道德實踐而化成天下，卽名曰「文化意識宇宙」。

此一宇宙在層次上是高過科學宇宙，哲學宇宙，乃至任何特定宗敎宇宙者。科學宇宙只是各種專門知識，此中並無足以立人道所遵循之價值標準者，它只可以提供某種行動之技術原則。若只順科技知識向下滾，則必以技引技，以技制技，交引日下，必有爆炸之一日，決不足以化成天下，適足以毀壞天下，蓋無「文明以止」之人文故也。此中並無人文，而只有物文、技文，馴致於人亦物矣。人日呼籲原子能當應用於社會福利，不當應用於軍事武器，然而人們卻朝夕恐怖於戰爭之毀滅中，蓋人文之門終未開啓故也。卽使用於福利，不用於戰爭，若只逐追福利，而無「文明以止」之調節，則必流於奇技淫巧之奢靡，而日暴露不可遏止之邪僻，終至於姦殺淫盜無已時，然則所謂福利又安在？福利適成爲福利之抵銷。此正是今日美國世紀所領導之社會之災難也。人文之門封閉久矣，徒嚷福利有何益哉？此正是虛無之道，將人間蕩而無歸化，焉有所謂「文明以止」之文化耶？夫科技知識本身有何過患？福利亦人生所應有。然必有「文明以止」之文化意識以冒之，然後始足以善成之。此所謂文化意識宇宙高過科學宇宙也。

哲學只是思辨，順人性各領域辨而明之，以明其原理爲如何。原理者貞定各領域之自性而不使其相凌駕與蕩越之謂也。此亦是一種「文明以止」之人文——人所當有之一種活動。然此種「文明以止」是知解的，卽思辨的，尙不是實踐的。知解的「文明以止」必須融攝於實踐的「文明以止」中，然後始能具體而落實，而不流於空論或只是理智的遊戲。此卽文化意識宇宙高過哲學宇宙者。順西方哲學傳統，常只是流於純理智的思辨，雖理論壯濶，義理豐瞻，思理奇突，而常無關於人品。因此，雖於其所思辨者能明而止之，然於其「自己爲人」之本身卻陷於黑暗而無所止，此亦是蕩而無歸者。此是「思辨之只爲思辨」之蕩而無歸。哲學家亦可討論人，而且根據種種學問，如人類學、心理學、生物生理學、社會學、文化學、道德學等等，以討論之，然結果其所討論者只是一個客觀的人，而不是其自己，其所成者仍只是一些空泛的一般性的理論，而無與於個人自己之成德。是則其自己人之爲人仍是闇而不明者。到處皆明，而只自己是一個黑點子。存在主義有一半的覺醒，然結果仍是流於一套理論以及負面分析之挑動，而仍無關於自己人品之挺立。在此，顯出中國儒家成德之教，「文明以止」之人文化成之殊特。它從不繞出去根據種種學問泛講一客觀的人，它只令人當下立於其自己來覺悟價值之源以期存在地實踐地完成其自己之人品，並期善化善成人之所有一切事。此種成德之教，使自己生命「文明以止」的智慧，除於中國傳統外，乃無處可以發見者，即使哲學宇宙亦不能盡之。故此「文明以止」的文化意識宇宙乃高過哲學宇宙而足以善成之以彰其思辨之用而使之爲有所歸者。

宗教指向絕對，將人之心思專注於絕對，倒懸人道於神道，神道明而自己之生命仍是一黑暗而不明，此雖與以各種學問講人者有間，而繞出去以外在者處置人則同。自己闇，則任何外在者皆不免蕩而無歸，而自己之生命亦必被紛扯於外在者而無主，而日馳逐於外在者而無寧靜時，是則「絕對」未見其利，先見其弊。夫人類能冒出一「絕對」本非壞事，但冒出一絕對，停止於此，而倒懸於絕對，則非究竟。此猶如盲而睜眼者爲一外在之光所眩惑，指東畫西，說出許多奇特事，而與自己究不相干；即使一時定下來，而默識那外在之光自己，然而於自己之生命仍未起動一步也；即使說我已有光指導矣，我之生命卽順此光前進可也，然而卽如此，亦仍爲外光所牽引，而吾自己內部之光仍未透出也，是則自己生命仍是一黑暗點，而不是一「文明以止」之光明點；卽使說外光牽動了我，同時卽動蕩了我，然而卽如此，其所動蕩者乃是你感性生命之勁力與衝力，及見到自己感性生命之勁力與衝力滿盤是罪惡，動蕩不安，衝突百出，而終不知何以措手足，如是你只有呼喚與祈禱，及至聲嘶力竭而後止，然而你以爲平安了，而其實你那內部鬱結仍一動也未動，仍照樣牢固於原處而潛伏在那裏。此何以故？終不回頭之故也。回頭是光明自己之契機。這一回頭之教正是儒聖所開闢。回頭就自家生命開出仁道以順成人道，卽是光明而寧靜自己者，卽使自己成爲「文明以止」者。開出仁道卽足以遙契天道，而且卽證同天道，仁道卽天道，卽絕對，卽人生宇宙之本體。本此本體以順成人道，此卽所謂開闢價值之源，以善化人生者，而不是倒掛人道於神道以祈福者。本此本體以成人道，而善化人生，卽是善化絕對者。是故此一回頭所成之「文明以止」之化成意識在層次上是高過任何特定宗教意識而足以善化而善成之者。人能就主體開闢價值之源，通過道德實踐以光明自己，始能光明絕對。人不能光明自己，而倒懸自己於神道以祈福，則絕對亦終不能明，只是一畔援欣羨之彼岸而已。詩云：「無然畔援，無然歆羨，誕先登於岸。」此可思也。「無然畔援」者，言你不要那樣離畔自己而攀援外在者。「無然歆羨」者，言你不要那樣歆動欲望以羨慕外在者。「誕先登於岸」者，言如是你便可以先達至於道之極處，卽盡道之極也。故文王之德之「純亦不已」以及孔孟所承之而開闢的內聖之學成德之教乃正是一「文化意識宇宙」之開闢而足以涵蓋一切而且善成一切者。人若想救自己，救世界，而不欲眼看人類向暴戾化、死化、黑暗化、殘滅化墮落，則捨此莫由。

又，「文化意識宇宙」本似與「文化意識界」爲同義語，然吾不說「界」而說「宇宙」者，則因依中文之語意，「界」字首先示人以界限或範圍之印象，不若「宇宙」字之能涵蓋一切。「範圍天地之化而不過，曲成萬物而不遺」。範圍曲成是「宇宙」一詞之所示。又範圍曲成是隨時代而充實其內容並漲大其幅度，亦猶言「漲大的宇宙」也。然無論如何漲大，總是一範圍曲成，涵蓋一切之宇宙。其他一切特殊活動皆各是此宇宙中之一特殊的動相。故此宇宙乃高過一切動相而足以善成之者。此其所以有普遍性與包容性也。此是一圓實而平平之宇宙，無奇特相，無撐架相，無偏注相，因而亦無虛幻相。然而「雷雨之動滿盈，天造草昧，宜建侯而不寧」（屯象傳），正須「君子以經綸」（屯象傳），「天下雷行，物與无妄，先王以茂對時育萬物」（无妄象傳）卻亦正是精進健行，充實飽滿，而亦「純亦不已」也。

（一九七八年八月，「道德的理想主義」修訂三版附錄）

唐君毅與西方哲學會議

陳榮捷

一九四九年之春，唐先生偕熊十力、錢穆等先生避亂到廣州。予在美教學已踰十年。是年回國專事研究，寄居母校廣州嶺南大學。承友人謝扶雅教授之介，得與唐君相會。予入四川，其時事勢急變，回穗即轉港回美。因是與唐君只得一面之緣。其後二十年間，屢次返港，承唐君邀請到新亞學院演講，並任新亞研究所名譽研究員，中文大學哲學系校外考試委員，與哲學聘任諮詢委員等職。又邀加入東方人文學會。年來發表中英文粗作，必呈唐君請教，而唐君佳作，或書或文，均不吝賜下。予每以爭讀爲快。其文體結構，並不易讀。然若專注精神，以心體會，則有江河長奔，莫之能禦。蓋唐君哲學思想，雖有啓發於其師熊十力，又有西方哲學根厚，而其中心統系，實是我國經學主流，由孔孟以至周程張朱陸王，一氣貫串，毫無門戶之見。謂爲經學今天之正統代表而加以刷新者，不爲過也。予嘗謂馳名中外之馮友蘭氏，太過西化。如其謂程頤伊川爲理學之先驅而程顥明道爲心學之先驅，乃分宋明理學爲理學心學兩派。此無他，深受西方心理兩統對峙之影響而已。熊先生則海外絕未知名。予一九五三年著「現代中國宗教之趨勢」（Religious trends in modern China），始介紹其思想於西方，並論熊馮二氏，而以熊氏爲先，蓋以其哲學皆從中國哲學內部開展，非將西方思想與經學苟合也。熊先生中點在易，唐君則範圍廣濶。然其爲中國哲學之主流，並不弱於其師也。

予一九四九年夏回夏威夷後，卽參加第二次東西哲學家會議。第一次於戰前一九三九夏在夏威夷大學舉行。其時只由在該大學夏期學校任教之學者：佛學、印度哲學、西方哲學專家各一人。予當日任敎該校，授中國思想，遂被委爲南郭先生代表中國，如是而已。第二次會議規模較大。來自世界各國參加者三十餘人。然代表我國者只當時在美敎學之梅貽寶博士與予二人而已。五年後（一九五九夏）開第三次會議。予堅持非得國內學人參加不可。所謂國內學者，實指國內學者之尙在東方，以別吾等之多年在外掌敎也。予首先提出者卽爲唐君。主持者初不同意。一則未審唐君之名，一則以唐君獻文必須事先翻譯英文，需人代讀，而唐君又不能直接以英文討論答問，有礙思想之交流。予到香港與唐君商量，唐君亦謙以英文會話困難，不便參加。予以宣揚我國哲學思想，非唐君莫屬。會議可撥款由唐君聘人練習英語會話。蓋如我國學人不與西方學者交接，則以前傳敎士與游客所遺落關於中國哲學之誤解，將永無改正之日，而東西思想之融和結合亦無期矣。卒之第三次東西哲學家會議得唐君與謝幼偉敎授參加。連我等在美之胡適之先生與吳經熊先生、梅貽寶先生與予，東西學會宣讀論文四十人之中，我國佔六人矣。雖爲數尙少，然已打破國內學者不能以英語討論之障礙。謝先生曾留學美國，英語流利，唐君亦可用英語會談，間需傳譯說明而已。唐君此會獻文爲「中國哲學精神價値思想之開展」(The Development of ideas of spiritual value in Chinese Philosophy)。後與會議其他獻文合成「東西哲學與文化」(Philosophy and Culture East and Weast)一書，一九六二年由夏威夷大學印刷部刊行。後又採入會議主席與夏威夷大學哲學系主任摩兒(Carles A. Moore)所編「中國之心」(The Mind of China)論文集中，一九六七由夏威夷東西文化中心出版部刊行。以後第四次與第五次東西哲學家會議唐君均被邀出席。第四次於一九六四年夏舉行。我國參加者除唐君外有方東美、謝幼偉、梅貽寶、吳經熊與予。唐君論文為「中國哲學方法中之個人與世界」(The individual and the world in Chinese methodology)。會議論文集於一九六八年由夏威夷大學出版部發表，名「東方西方個人之地位」(The Status of the Individual in East and West)。唐君之文亦採入上述「中國之心」論集之內。一九六九年夏之第五次會議，則予適在港任中文大學哲學系校外考試委員，未曾參加，故不得其詳。聞會議論文終未刊出云。

近年美國對於中國哲學之研究，一躍千丈。由戰前側重先秦與概略研究進而為專題或某一學派之探討。於是宋明理學生大興趣。理學專門思想會議已舉行多次。一九六六年夏美國學會聯會(American Council of Learned Societies)催開而由哥倫比亞大學中國思想教授狄別瑞(Wm. Theodore de Bary)主持之明代思想會議舉行於美國伊利諾大學。唐君被邀出席。我國學人來自東方者唐君而外尚有簡又文與柳存仁二氏。唐君論文為「由王陽明至王幾道德心觀念之發展」(The

Development of the Concept of the Moral Mind from Wang Yang-ming to Wang Chi）論文集由狄氏主編，名「明代思想中之個人與社會」（Self and Society in Ming Thought）（一九七〇，哥倫比亞大學出版部）。狄氏過愛，以此書獻贈於予。一九七〇夏狄氏又得學會聯會資助而舉辦十七世紀中國思想會議於意大利柯模（Como）湖畔。我國學人參與者唐君之外，尚有錢祖新、于居方、成中英，杜維明、吳百益與予共七人，而來自東方者，只唐氏一人而已。其文題爲「劉宗周道德心之學說與實踐及其對於王陽明之批評」（Liu Tsung-chou's Doctrine of Moral Mind and Practice and His Critique of Wang Yang ming），嗣爲狄氏主編會議論文集「理學之開展」（The Unfolding of Neo-Confucianism）（哥倫比亞大學出版部，一九七五）之一章。狄氏以此集獻唐先生。語云，「敬以此書獻唐君毅先生，藉以認識其終身努力理學之研究並欣賞其精神與人格」。此次唐太太同行。在會彈古琴，至今猶清音在耳。

一九七二年乃王陽明誕生五百年之期。予以不可無以紀念，乃於美國「亞洲與比較哲學學會」（Society for Asian and Comparative Philosophy）年會提議開討論會。「東西哲學」（Philosophy East and West）季刊主編德滋（Eliot Deutsch）在場，卽允返夏威夷大學鼓吹。結果由該大學哲學系得程慶和（Hung Wo Ching）博士集資於是年夏舉行王陽明會議。我國學人除在美教學之杜維明與本人並該大學成中英、張鍾元外，來自東方者爲唐君與方東美、牟宗三三教授，陣容比前大增。然會衆注目，仍在唐君。其論文「當代學者對於王陽明之敎所提出之疑難」(The Criticisms Wang Yang-ming's Teachings as Raised by His Contemporaries) 與其他會議獻文一九七三年發表於「東西哲學」第二十三期。

以上所述，足見唐君爲西方哲學會議我國來自東方之第一人而又是年期最長與貢獻最多者。然其著作等身，西方學人至最近三數年乃始引述。予極望有志青年，能以英文寫成一書，略爲介紹唐君思想，至選譯其文粹百數十頁。此不特足以促進西方對於理學之硏究，亦所以紀念唐君之至善而至當者也。

（一九八一年三月，「書目季刊」第十四卷第四期）

唐君毅先生的早期哲學思想

賀 麟

四十年代初期，唐君毅先生在重慶「中央大學」任教時，我們曾會晤過多次。特別重要的是他向歐陽竟無、熊十力、梁漱溟諸老前輩哲學家請教，有時還聽過講課。我和唐先生也有同樣經歷。一九三二年夏，我過南京時，曾與柳詒徵、郭斌龠、范存忠、繆培林、景昌極諸先生餐敍。次日晨，由景昌極教授陪同，曾去「支那內學院」拜見歐陽竟無老人，我受到親切的接見，並愉快地談了約兩小時。至於熊十力先生與梁漱溟先生解放前後在北京時，我都聽過他們在北京大學講課，平日請教機會很多。我在《當代中國哲學》一書中，都曾有所論述❶。另外還對當時「復性學院」院長馬一浮老人及其思想著作根據多次接觸一一加以介紹。至於張君勱、徐復觀、錢穆等三位先生，在建國前早就是朋友。徐復觀逝世以前，我們通過信，他的許多著作都曾托他的兒子來北京時送到我家，使得我驚異他的學術思想進步成長到很高的水平。賓四先生都有信函自臺北往來，並由他在清華大學工作的兒子轉贈《八十憶雙親、師友雜憶合刊》一册及《朱子新學案》四册。《師友雜憶》中多次提到我的名字和事迹，而且還得到他情文並茂的兩三封親筆信。不僅我很高興地閱讀這些書和信，我的朋友和同事都以很大興趣借閱復觀和錢老的書籍。

一九八三年冬，我應「新亞書院」之邀去香港「中文大學」訪問一個月，會見一些舊朋友，也結識不少哲學界的學者專家。唐君毅夫人謝廷光女士曾邀我們去她府上瞻仰唐君毅先生的遺物，並在九龍設宴款待我們，由君毅先生的入室弟子李杜、唐端正、陳特及霍韜晦等七八位教授作陪。李杜等教授均曾以著作相贈。廷光女士並以君毅先生主要著作《生命存在與心靈境界》一套相贈。並得知將爲君毅先生的著作出版全集，最近兩年內，廷光女士又曾兩度來北京，我和周輔成教授曾熱情接待。在君毅先生二十八册全集出版之前，我談談他的早期思想和過去我和他思想上、精神上相契合之處，以爲紀念。

我翻閱過去我在昆明「西南聯大」任敎時的日記，發現一九三八年七月九日的日記中，有如下一段記載：「我讀『重光雜誌』中唐君毅的文章，覺得唐君的文字明晰、見解弘通，於中西哲學皆有一定的研究。其治學態度、述學方法、所研究之問題，均與余相近似。」日記中又談到人們思想見解的相似，是基於「人同此心，心同此理」的原則。

一九四七年出版的《當代中國哲學》一書中，我首先提到：「說到唯心論，中國現代哲學界確有不少代表，我願意提出謝幼偉、施友忠、唐君毅、牟宗三四位先生略加敍述。」後面就有如下一大段：「唐君毅先生不但有唯心論色彩，而他的著作有時且富於詩意。他寫成了一部巨著，叫做《人生之路》。全稿恐怕將近六十萬言。就我所讀到業已發表的「如『自我生長之途程』、『道德自我之建立』及『辨心之求眞理』諸篇，確實爲中國唯心論哲學的發展，增加了一股新的力量。他討論自我生長之途程，多少有似黑格爾精神現象學的方法，把自我發展分作十大階段。由凡人之心境起始，發展到由凡人至超凡人以上之心境。對於科學家、藝術家、道德家，尼采式的超人，印度式之神秘主義者的心境，均加以闡述描繪，最後歸到中國式儒者的襟懷，他稱爲『悲憫之情的流露與重返人間』。足見他所嚮往的境界了。在『道德自我之建立』裏，他首先指出道德生活之本質爲自覺的自己支配自己，以超越現實自我。繼進而追溯道德自我在宇宙中的地位。他指出心之本體之存在及其眞實至善卽是道德自我的根源，且說明心之本體卽現實世界之本體。最後，討論精神或心之本體之表現於生活文化的各方面，以明人性之善及一切生活皆可含有神聖之意義。可以說是代表一種最富於玄學意味的理想主義的道德思想。在「辨心之求眞理」一文裏，他從知識論的立場，指出事物之律則不外於心，而有其永恒性。事物之表現新的律則，只是其表現是新的；而律則本身卻無所謂新舊，亦無所謂增加。他又多少採納一些費希特的意思，認心自覺的不斷克服其自己所肯定之限制。故心之律則雖是永恒，而心之創進卻又是日新不息的。他承認有「絕對眞理」，且認「絕對眞理不在心外」。但他復指出「所謂絕對眞理卽存於相對眞理之和諧貫通間。相對眞理之融化，相對眞理之彼此互爲根據卽絕對眞理之內容」。似亦含有黑格爾認絕對爲最後最高圓融和諧集大成的體系之意。」

爲進一步了解唐君毅先生在大陸時期的思想，我近來又重新讀了他當時對王船山和王陽明的看法。在《學原》月刊，第一卷，第二、三、四期（卽一九四一年六、七、八月）上發表了他關於「王船山之性與天道論通釋」長文。文中指出明末儒者（如梨洲、亭林、船山）無不重經世致用之學。」……「惟船山竄身猺洞，發憤著書，其哲學思想最爲敻絕。本其哲學之根本觀念，以論經世之學，承宋明重內聖之學之精神而及於外王，通性與天道與治化之方面而一之者，惟船山可以當之耳」。

這就是說，王船山哲學思想較亭林、梨洲爲高，一方面繼承宋明程朱陸王重內聖之學的精神。一方面他又具有經世外王之學，而船山的經世致用之學是以「哲學之根本觀念」爲「本」，亦卽是有深厚的哲學基礎。並且船山的外王之學是與性、天道、治化各方面相貫通而統一起來的。——這幾句話表明了唐君毅先生對於大哲王船山的哲學思想既有全面賅括的理解，又有貫通統一辯證發展的「通釋」，自會得到同道學者所贊許。

此文其他部分，篇幅不容許我詳談。用辯證統一的語言來說，君毅先生所論述的王船山關於道與器，道與氣，道爲陰陽二氣之渾合的全，謂之太極的思想，以及性與天道的思想，和論人性之善是合天道人性之善而言之的思想，簡言之，都是認爲器、氣、陰陽、人心爲天所授之用。性爲體，心爲用；性爲天所命之體、心爲天所授之用。凡是形而下的都是有運動的實物。只有天道、道、太極才是形而上的眞理、實體，全體的運動之全過程、之理、之規律。換言之，船山的整個思想都是充滿了對立統一的全，都是貫穿着辯證法。由於船山有了深刻新穎的辯證方法使得他有了不少唯物論因素，因而使他的哲學有博大的類似黑格爾式體系和辯證法思想。

以上是從突出對立統一的辯證法觀點出發，對唐君毅先生關於王船山文章的理解和贊同。至於我個人素來尊崇王船山。我曾說過「王船山在中國哲學史上地位，遠較與他同時代的顧亭林、黃梨洲爲高。他的思想的創穎簡易或不如陽明，但體系的博大平實過之。表面上他是紹述橫渠，但學脈比較接近程朱。……程朱陸王間的矛盾已被他消融了」。（「王船山的歷史哲學」，見《哲學評論》一九四六年十月。）我對王船山這一些看法大致與君毅先生的「通釋」也有一些相似之處。

君毅先生文中似乎沒有提及王船山的《讀通鑑論》和《宋論》，雖然他包含有不少其中的義蘊。我在李杜先生所發表關於君毅先生文章目錄中，一九四一年有「王船山之文化論」一文，可惜我沒有讀到。我的「王船山的歷史哲學」一文，約二萬字，則主要根據上述二書。在這文中我強調指出：「王船山（一六一九—一六九二）生在黑格爾（一七七〇—一八三一）之前約一百五十年，但黑格爾哲學最重要創新的『理性的機巧』（一般譯作「理性的狡獪」）之說，卻早經船山提出，用以表示天道或天意之眞實不爽，矛盾發展且具有理性目的」。

黑格爾舉出古希臘的亞力山大，羅馬的凱撒，當時的拿破崙一類的英雄人物，作爲體現理性機巧的例證。而船山於提示「理性的機巧」（the cunning of reason）一觀念時，都是舉出秦皇漢武、武則天、宋太祖一類黑格爾所謂具有大欲（master passion）或權力意志的英雄，以做例證。簡言之，所謂「理性的機巧」就是假個人的私心以濟天下的大公，假英雄的情欲，以達到理性的目的。例如船山指出唐代「裴炎之誅死，天（天者理也，理性也）其假手武氏（則天）以正綱常於萬世歟！」

這裏船山又提出一條重要的原則：1.「陳涉、吳廣敗死，而後胡亥亡。楊玄感敗死而後楊廣亡。則是勝廣、玄感之死，天貿其死，以亡秦隋」。意卽天以勝廣、玄感等人之死作爲滅亡秦隋的代價或交換條件。也可以說是天（理性）利用或假借他們出於私心叛亂的死亡，作爲達到滅亡秦隋的代價。2.劉崇、翟義、劉快之起義誅莽，則是「自輸其肝腦以拯天之衰，而仲莽之誅者也」。

前者是理性用機巧以假借他物，曲折以求實現自身。後者則是理性自身的支柱，直接的表現。也就是船山所說「當天下紛崩，人心晦否之日，獨握天樞，以爭剝復」（《讀通鑑論》卷九）的偉業。這是天理、理性的負荷者、把握者，自身卽是目的，不是被理性利用假借，同時又加以懲罰否定的英雄才智之士。這一番話也是王船山生平事業的自道。但這種濃厚道德意義也是黑格爾歷史哲學中少有的。

這裏本來是說唐君毅先生在大陸時期的哲學著作，和我的思想有許多相同之處。他和我都各在一九四六年至一九四八年期間，發表了一篇談王船山的長文。遺憾的是當時我們都不了解對方的著作，現在因寫懷念他的文章，我感到從辯證的客觀唯心論富有道德意義的觀點加以解釋，則我們的見解亦基本上相同。只有關於王船山的歷史哲學，他沒有談及，而我根據黑格爾觀點去解釋特多，因未能得到指正，故特加強調希得到君毅先生在香港、臺灣以及大陸朋友之注視。

唐君毅先生所著「泛論陽明學之分流」一文（見《學原》第二卷，第一期，一九四八年五月，商務印書館），可能是他離開大陸前最後發表的文章。

陽明後學，以地域來分雖有六派，但君毅先生以傳王學最盛爲準，分爲兩大派，一爲浙東之王龍溪，泰州之王心齋，羅近溪，一爲江右之聶雙江，羅念菴。君毅指出，其中龍溪、心齋、近溪大體而言，皆直指本體卽是功夫。于良知之本體，赤手承擔，「直悟仁體之樂」。……透辟直截，縱橫自在。陽明之學至此乃光芒四射，震爍眼目。……至於江右之傳，則雙江、念菴、塘南之倫，皆求道甚苦，鞭辟近裏，不敢輕易承擔。歸寂以通感，主靜以凝照。其沉潛淵靜之工夫，則或尤勝於陽明。正由於彼等于良知未能眞信得及，故能下開一派意爲心之所存良知之本之說。……浙東近狂，江右近狷。若言精微細密，在王學理論上更能加以推進以融釋朱子，則當循江右以下至蕺山之一流也」。

這一段話已可以看出，君毅先生具有哲學史眼光，於陽明學派師承的線索，辯證發展的過程，皆瞭如指掌。不禁聯想到我在一九三八年六月十二日日記中一段話：「晚讀《明儒學案》江右王門，方知王學中以江右王門爲最平正，道德修養亦高，且能與朱子格物窮理說相貫通，而龍溪、泰州則以狷狂乖僻之行徑，豪放粗疏之才氣著稱，無補於學術眞傳也。（君毅則謂：「浙東近狂，江右近狷」，誠然。我對於心齋「樂學歌」所說：「樂是樂此學，學是學此樂」之語、意味深長，至今猶能誦之。）又二王書中於知行合一說，不但無發明，而且一字不提，足見浙東學派缺乏純學術理論興趣。」當然，我因爲偏重理論及江右王學與朱學接近處，對浙東王學評價稍偏，未如君毅表明龍溪、心齋「直悟仁體之樂，透辟直截」，使陽明之學，達到「光芒四射，震爍耳目」的看法之平正。

君毅先生着重談到「至於江右以至蕺山之傳，其根本精神則在由工夫以識本體，其歸結爲識工夫即見本體，必用一眞正之歸寂之工夫而後見，必在至靜中養出一端倪，乃能感通。」

君毅先生於其強調江右王學與程朱之理學相貫通處，尤其特識。如謂「自江右至蕺山之一流，皆重良知之至善義，與泰州浙東之傳授，信奉陽明所謂心體『無善無惡即是至善』之說異。而與朱學之以理爲至善之說同。凡此等攝朱學之精神於王學，皆可矯泰州浙江之現成良知、性無善惡，不學不慮之言所滋生之弊端。」君毅此處直斥泰州浙東學說之「弊端」或流弊，足見其無補於王學眞傳，且與朱學歧異。又如心齋有這樣的話：「心有所向便是欲，有所見便是妄。既無所向又無所見，便是無極而太極」。這簡直是「謬以千里」，濫用名詞，亂說一通了。大家知道，朱子堅持太極是理，無極是無形或無限的意義。所以朱子語類說：「無極而太極，只是無形而有理。」又門人問：「上言無極，下言太極，竊疑上言無極無窮，下言至此方極。朱子答曰：「無極者無形，太極者有理也。」

最後君毅先生總結：「宋明理學之發展，自周子之太極圖始，朱子言格物窮理，至陽明言致良知，蕺山言誠意，言人極，王船山由內聖以及外王治平之事以立人極皆一脈相承。」這是對宋明理學自蓮溪、晦翁、陽明、蕺山，最後到船山而集其大成，所謂邏輯的、辯證的、思想本質的內在發展，也就是君毅所說「皆一脈相承」的發展。至於香港哲學界牟宗三先生著有《從陸象山到劉蕺山》一書，顯然對宋明儒自周朱陸王到蕺山、船山的內在邏輯發展，有大同小異的看法——都可說是具有一脈相承的哲學史識度。

談到這裏，本文可以結束。本文題目叫做「唐君毅先生的早期思想」，卽指他在大陸期間發表的著作所體現的主要思想。因爲我個人對哲學家的早期思想有了偏好。例如對於魯一士（Josiah Royce）我比較喜讀他早年著作《近代哲學的精神》有樊星南中譯本，及《哲學的宗教方面》有謝扶雅中譯本二書，而不喜他晚年著的兩卷本《世界與個人》。就自己寫文章或譯書來說，一九八三年我寫了一篇《馬克思的早期哲學思想》及《黑格爾的早期思想》發表，又譯了一厚册黑格爾的《早期神學著作》交商務印書館付印，做爲黑格爾全集的第一卷。總之，一個哲學家的早期思想大都樸素眞誠，爲此後思想的源泉。雖隨時代、政治、社會、工商業情況的變化以及隨遊歷、交友，讀書學養而思想愈益新穎、豐富、深刻化，而有曲折發展，如歌德所謂「原始體驗」，其所取的新途徑或方向與其早期思想、思想源泉或原始體驗有自然和必然的聯繫。

君毅先生於其晚期中心著作《生命存在與心靈境界》的自序中，曾指出，學者「於此書感艱難，……則宜先讀吾前所寫之書，尤宜讀上所提及吾早年所寫帶文學性之諸文，以引發相應之心情」。君毅先生在後序中，又補充說道：「吾今此書之根本義理，與對宇宙人生之根本信念，皆成於三十歲以前。」又說「吾今此書之規模亦不能出於此二書（指早期著作《人生之體驗》、《道德自我之建立》二書）所規定者之外。……然亦可證宇宙人生中實有若干眞理，歷久而彌見其新也，此後吾並非無所用心，而知識亦盡有增加。然千回百轉，仍在原來之道上」。

以上面引證的君毅先生談他自己生平著作的體驗的話，可以看出早期著作的極端重要，晚年著作的根本義理，根本信念，全書的規模均不出此之外。換言之，「他的思想不再有方向上的改變，而只有深度與廣度的開展」❷。情理雙融，不偏於論證與論辯。他這些話與上面我所說的關於君毅先生早期著作的特點，和我個人對早期著作的偏好，也可說是一種近似之處吧！

最後，我讀過香港中文大學新亞書院哲學系李杜教授所著《 唐君毅先生的哲學 》一書，很受啓發。特略加引證評述，以結束這篇紀念並祝賀印行《唐君毅先生全集》的短文。

李杜先生指出，君毅先生已被「現代國際學術界推尊爲新儒者」。我也曾發表文章，勉勵中國人民各自努力成爲一個新儒者，除了傳統的儒醫、儒士、儒將、耕讀傳家的儒農外，還要有儒工、儒商以及國家各類工作人員，都要勉力作一個新儒者。不僅如宋儒所說，「諸葛亮有儒者氣象」，凡民主社會內受過專業教育的人均應有儒者氣象。

李杜教授又指出，「唐先生所闡揚的儒學對傳統的儒學亦有新的開展。故亦爲新儒學」。李杜先生的話和前面他所說的話基本相同，我也完全同意。我在一九四七年出版了《文化與人生》一書，書中第一篇就是我在昆明西南聯大一九四二年所作公開講演的原稿，題目是「儒家思想的新開展」貫穿在其中的核心也是新儒家的思想。我在該書中還指出儒家思想的仁與誠的本體論和世界觀的意義，並對儒者下了定義並指出作新儒者的方法和措施，也是上繼承孔孟之道，下求朱陸相同之點，（見該書「宋儒的新評價」、「陸象山與王安石」兩文。）與唐先生「獨尊孔孟」、「同存朱陸」也是有方向相同之處。當然他對中國文化和新儒學有深厚感情，對人類學術有廣博的實踐，苦心孤詣終生以之是特別令人欽佩的。他所說的「儒學植根於人性，人性不滅，儒學卽不死」都具有深遠的意義。

❶《當代中國哲學》，一九三七年一月初版。聽說此書在臺灣曾再版過。近來我已大加修改，增補內容，把書名改爲《五十年來的中國哲學》，由山西太原人民出版社刋印。

❷李杜著《唐君毅先生的哲學》一書，第十二頁。

唐君毅教授與香港告別了

吳俊升

學不厭，誨不倦，遺著數百萬言，從學三千餘衆；山頹木摧，哲人其萎。闡義理，究天人，立身堪爲世範，衞道每作前驅；人亡國瘁，薄海同悲。

唐君毅教授的靈櫬，昨天依他本人遺願，移葬臺灣。啓德機場充滿送別人士，一片肅穆哀傷的氣氛。在唐先生歸葬自由祖國的乾淨土，遂其正首山邱的遺願，可算葬得其所。在香港來說，對於這三十年來在此樹德立業的一代大師，雖然儘多青山而不能埋其靈骨，在臨別之日，有心人士，終不免於悵惘之感。

唐教授的學問與師道以及他的完美的道德人格，可稱集學者、大師、醇儒於一身，爲並世所少有。他的去世乃是中國與世界尤其是香港無可補償的損失。宋儒曾有「爲天地立心，爲生民立命；爲往聖繼絕學；爲萬世開太平」的宏願。唐教授乃是一生抱此宏願力求實現，直至最後一息還是永矢弗諼的。雖然爲客觀條件所限，這宏願未能完全實現，但是他的成就已經很多了。他的數百萬言的哲學鉅著，融和中國西洋和佛家的宇宙天人，身心性命之學，體大思精，而最後歸本於中國往聖昔賢的絕學。這種成就，爲中國過去學人所少見。過去的中國學人，對於中國與西洋哲學和佛學，或精通其一，或會通其二，各有千秋；但能會通三者，賅括統攝成一完備體系而歸結於我儒家正統爲國際思想界所重視者，以唐教授爲少有的一位。其偉大難能處在此。

唐教授不是一個單純的學者，他也是悲天憫人具有救世弘願的。他對於祖國的分裂，文化的損害，永懷不忍人之心，常發言論，希望喪失文化意識與民族意識者迷途知返。直至逝世的前夕，聽到中國大陸有平反毀孔的言論，大喜過望，還漏夜將他有關的論文寄往大陸爲平反者助其聲勢。這種愛護民族文化，渴望太平的天眞熱情，實在是可愛可敬。至於他對世界列強的憑藉物質文明，逞勝爭霸，有毀滅全人類的危機，也常思以我國聖賢忠恕仁愛之道作西洋霸道的平衡，以求獲得萬世的太平。雖然願宏力絀，成效一時難見，但是他爲國際知名學者，他的言論遲早必會發出影響而有助於萬世開太平的。

唐教授的形骸昨日和香港永別了！但是唐先生學術造詣的達於巔峯，唐先生的提倡民族文化，敎育香港青年，乃是和香港有永不可分的關係的，他的精神將永遠與香港同在。香港供給了他一個相當有利的傳道授業的環境。他在香港對於發展文化，培育青年，以及安定社會也有異乎尋常的貢獻。他的敎育文化的理想雖然時遭挫折，但是他對香港始終有熱情的。當大陸開始變色之時，他流離來港，和少數志同道合人士，赤手空拳創辦了新亞書院，以繼承中國文化，和教育香港青年。經過多年的艱苦經營，使新亞成爲一完整的文理社會學院，並成立研究所，成爲國際知名的學府，最後並與其他兩個學院聯合而構成中文大學。使被人認爲「文化沙漠」的香港，變成學術文化中心。唐教授開學術風氣，苦心耕耘之功，是不可沒的。唐教授在從中大和新亞退休以後，對於中大和新亞的教育體制和理想，仍然維護不遺餘力。他始終是在新亞董事領導下和香港一部分社會人士，反對改變三個基礎學院的傳統和在大學的法定地位。但是理性不能勝過權力，中大終於改制變質了。雖然如此，他對於現在的中大和新亞書院，仍不減愛護的熱忱；還希望在改制中減少損害，仍能儘可能保持當時創校的理想和精神。可是現在中大進一步的改制的建議又發生了。當初中大計畫第一次改制，不經校內法定機構的討論與決議，逕由政府運用權力來改聯合制爲集權制，已先自損大學立場。現在政府要「四改三」了，卻提出大學獨立自主的原則，以及尊重各學院傳統的理由來反對改制。社會輿論對此前後矛盾的立場已經發生疑問。其實唐教授在反對最初改制時早已顧慮到此進一步的發展。現在不幸而言中，他九泉有知，固將啼笑皆非。但望他仍本愛護中大的初衷，默佑中大能免於進一步的損傷。

唐君毅教授對於香港的貢獻，不僅在於教育事業方面，還在於香港青年作一般思想的領導，使多數青年不受偏激思想潮流的衝擊，而能保持冷靜的思考和正確的立場，因而維持了香港社會的安定。唐教授以自身道德人格的完整，以及對於現代文化和政治認識的透闢，所以每逢有青年運動的危機，常能以其人格與言論說服青年，消弭社會動盪於無形。凡是熟悉香港實況的人，都該知道有多少期刊因爲唐教授的人格示範和言論感動而改變其立場的；有多少青年因爲同樣原因而退出偏激的言論機構的；有多少社會各階層的青年受了唐教授的感召，而站在沉默的多數的一邊的。香港社會有若干人士，只知把香港的繁榮歸功於工商領袖和勞心勞力的大衆，而不知道繁榮不夠，還要安定。而社會的安定，不全靠警察力量，而是要靠唐教授這樣的人物作思潮的中流砥柱，和青年的指導明燈而加強了社會安定的力量的。唐教授對於香港社會的影響力，只要看他逝世後在香港開弔的情形，便可知一二。當日親臨祭弔的不下千人。其中不僅是唐教授的親友和他的學生，還有社會各界階層人士，也有和他素不相識而敬慕他的人格和言論的社會青年。還有佛門的僧尼。尤其難得的是香港僧侶領袖洗塵大法師，自動獻誦經卷爲唐教授作超度。儒釋雖然異道，而能有此，唐教授學問道德感人之深，也於此可見了。至於唐氏及門弟子旣爲他經紀喪事盡禮盡哀，又有代表幾人，伴同唐夫人及其女公子護送唐先生靈櫬至臺灣安葬，並經營其葬事，師弟情誼如此，唐教授平日的師恩深重，亦可想而見。此與王陽明卒於南安，喪發南昌，護喪至越，葬於洪溪，都由王氏門人經紀其事，可以先後輝映。在此叔世，有此照人古道，也值得爲香港驕傲。

唐教授形骸與香港永別了。但是唐先生的學術文章，言論風範，以及人格典型，將永留香港，也就是說唐先生的精神，將永與香港同在。希望我們香港人士能繼續發揚他的精神和愛護他所遺留的教育與文化事業。

（一九七八年三月十三日，香港「工商日報」）

悼念唐君毅兄

周開慶

三日晨起讀報，驚悉唐君毅兄於二日在香港逝世。誠如中央社在電文中說：「唐教授於民國三十八年來港，歷任新亞書院教務長兼哲學系主任，及中文大學講座教授，畢生致力宏揚中國文化，桃李滿天下。」所以君毅兄的逝世，直是國家社會在文化上的一個重大損失，不僅只是如我和他五十多年來的老友個人之悲。

君毅兄於兩年前得了和方東美、羅剛兩先生同樣的病，亦先後到醫院施行手術，出院後又服屏東一位中醫的草藥秘方，據說情況良好。君毅兄是民國六十五年來臺施行手術的，出院後亦繼續採用上述中藥治療，初期頗有效果。去年來臺檢查，並無若何異狀，我勸他辭去新亞研究所的所務和其他課務，安心靜養。並以民國三十五年我為熊十力先生在重慶定東行飛機的故事告訴他。那時熊先生急於離川，要我代覓交通工具，我為他定妥了飛機票，他因當時飛機時常出事，說他一身繫中國文化之興衰，不願冒險，後來終於改乘輪舟東行。熊先生是君毅兄最佩服的人，我說這一段話，是要他多多珍重。他返港後來信，說已儘量減少事務上的煩瑣，以便早日恢復健康，似乎病況很有起色了。

但方東美和羅剛兩先生都先後棄世了，同樣的病情，同樣施手術，又同樣的繼續服中藥，而結果仍無補於事實，我們在臺灣的一些朋友，也爲君毅兄擔憂。去年十二月三十一日，我爲了詢問他的病情，也爲了川康渝文物館即將成立，請他贈書，給他去了一封信。今年一月四日，得到他的回信，這是他給我的最後一信，錄在下面：

「開慶兄嫂：十二月三十一日賜示奉悉。知臺北川康渝同鄉會新址完成，並由兄負責成立川康渝文物館，至堪欣賀。兄一二十年來，由四川文獻一刊開始，而蒐輯四川縣志重印，刊行四川文獻叢書，今又成立文物館。由涓涓之功，積成江河，其對鄉邦及國家之貢獻大矣！弟愧無涓滴之助，所索拙著，大約除一二種外，多於港臺重印或影印，自當收輯寄上，以作充書架之一隅之用也。家母思復堂遺詩，承交學生書局出版者，今日該局已寄上二冊，並吳碧柳先生白屋詩二冊，當各以一冊，存研究所圖書館，弟各自存一冊，兄不必再寄矣。弟賤恙近轉有咳嗽及氣喘現象，曾入醫院檢查住院八日。檢查結果，知前病並未斷根，故轉爲他病。或亦由近數月疏忽，未續服前在臺醫生所開之中藥之故。自昨日起，已再續服，看結果如何。匆此不一，敬候儷安。內子囑候。弟君毅上，一月四日。」

由上函，可見君毅兄病情之轉變，已開始於去年十二月，自認由於「近數月疏忽」，當亦責任心重，未能多加休養之故。君毅兄一生宏揚中國文化，不待多說，對於鄉邦文獻，他實亦盡力不少。他把他的父親遺著「孟子大義」和母親的「思復堂遺詩」，都列爲四川文獻研究社叢書，由學生書局印行。我年來致力於鄉邦文獻之整理，實亦得到他的鼓勵。川康渝文物館成立，其中有紀念文庫與文庫的設立，已逝先進鄉長由其親友設立者稱紀念文庫，由其本人捐贈者文庫有徐堪、曾琦兩先生，設立文庫的有黃季陸先生。君毅兄遺囑要歸葬臺灣，我決定要商請唐大嫂，爲君毅兄在川康渝文物館中設一紀念文庫，使大家對這一位好學深思的一代大儒，手澤長存，遺風永在，以表示我們對他的崇敬。

（一九七八年三月十七日，「中央日報」）

弔哲學家唐君毅先生

程石泉

二月三日臺北市中央日報報導，哲學家唐君毅先生於二月二日晨以癌症逝香港九龍。去歲十二月余曾函告君毅兄，以初來臺大，須爲學生補課，不及踐約赴港把晤。旋得覆函謂將於今歲二月底返臺，共謀良晤。今則幽明永隔，宿約終成宿約，晤談無緣。

自民紀十六年君毅兄爲余在中央大學同班同學。時在革命初期，哲學尚未爲世人所重。習哲學者寥若辰星。方師東美及湯師用彤課堂中，往往祇君毅兄及余二人而已。吾二人互相尊敬，素無爭辯，又吾二人方泛覽羣書，凡「孟芳圖書館」中到有新哲學書，吾二人往往先後走告。若非君毅兄捷足先得，卽爲余捷足先得。

君毅兄家學淵源有自，故學成亦早。時余方沉溺於唯實論理窟中，對於新邏輯亦多憧憬。而君毅兄每多卓識。對於西方唯心論多能印證以宋明理學及佛學精義，余則望塵莫及矣。君毅兄早期所作佛理讚頌、鏗鏘美妙、智慧圓通。大陸淪陷後移居香港，創立新亞書院。仿古人書院講學制度，開悟失落之靑年，回歸孔孟程朱之正道。且苦口婆心爲中國文化、民族前途，向國人呼籲。君毅兄身當共匪宣傳戰之前哨，每遭奸人攻訐，然屹立不動，堅定不移，故能轉變士風。青年之景從君毅兄者數以千計。君毅兄所著「中國人文之重建」、「人生之體驗」及其他若干大作，不僅有助於今日之世道人心，且將垂諸久遠。君毅兄可謂今之中國哲學家，而當之無愧矣。

去歲七月十三日方師東美謝世。湯師用彤淪陷匪區，聞亦亡故。今則君毅兄遽歸道山，追憶往事，不禁神傷。君毅兄遺囑將歸葬臺灣。蓋臺灣乃中國人祖宗之舊墟，民族文化之金湯堡壘。豈君毅兄將以臺灣為據點，喚回國魂，再造中華，不使德國哲學家費希特專美於前者耶！

民紀六十七年二月四日夜

（一九七八年二月，「唐君毅先生逝世紀念特刊」）

敬悼唐君毅兄

程石泉

吾與君毅兄如手足。溯自民國十六年同學於中央大學時，於方師東美及湯師用彤課堂中，往往只吾二人而已。進出教室，形影不離。但吾二人向不接「杯酒之歡」，亦不作「言不及義」之談。吾二人對於所受課程反應未必相同，思想途徑未必合轍；讀書興趣未必一致；但吾二人向不作無謂之爭辯，亦無同行嫉妒之心理。吾二人相見必誠，相遇必敬，相談必謙。此蓋古人所謂「君子之交淡如水」者耶！吾二人蒿目時艱，往往悲痛欲絕。回憶民十八余曾糾合三五同學，在中大創辦「野火」週刊，君毅兄率先投稿。嗣中大同學發行「中央大學半月刊」，吾二人經常發表有關中西哲學論文。但雅不願阿順流俗、附和無知。當時務實者競尚科技；虛浮者竄身政界。吾二人寄情於眞、善、美、聖，朝夕與古今中外智者相往還，從無疏離寂寞之感。

君毅兄家學淵源有自。對於宋儒家之言行，知之深故嚮往之心切。並摘取佛學精義及西方唯心論（實應作「理想主義」）之佳善者，以支持其信念。君毅兄究明天理、回向人生；洞見中國歷史文化之源頭，道出人生行誼之究竟。尤能標舉中國聖賢之氣象爲同輩及後世示範。君毅兄可謂能摘取古今中外哲學智慧之精華，蔚爲一家之言者也。

君毅兄終身衣不尚華、食不重味、淡薄名利、修辭立誠，儼然古之君子而志在聖賢者也。故能使同儕欽佩、後輩景從。

當共匪竊據大陸，民族生命蒙難、文化精神危殆之時，身居香港九龍與匪區不過一河之隔，創辦「新亞書院」。揭櫫中華傳統之優美，標示民族大義之凜然，批斥馬列主義邪惡，披露匪僞政權之倒逆。香港雖在英人管轄之下，但共匪奸細密佈，俟機噬人，君毅兄置身虎口，剛毅不屈。於是士風轉變。青年中良知不泯者無不以景從哲學家君毅兄爲榮。數以千計。

回憶民國五十年君毅兄來美開會，曾來紐約長島見訪。聯床夜話，督促返國爲民族文化貢獻所能，具言在港辦學之樂趣。次晨早餐見余兒女八人皆已成長，且對父執有禮，欣然一一擁抱，熱淚盈眶。蓋君毅兄知我責任重大，不克相偕返；又不勝悵然若失。臨別時，且叮嚀早日返國。

嗣後君毅兄每有新著，必郵寄來美。讀後，深佩其慧識超絕，能熔儒學於一爐。出言殆若百煉精鋼，擲地鏗鏘作聲。於西方近世物質文明之弊害，每每一針見血。君毅兄實不愧爲民國以來特出之哲學家。

民國六十四年秋余返臺任師大客座教授，君毅兄亦方在臺大任教，過從把晤，暢敍爲歡。旋君毅兄匆匆返港，余曾應允於六十五返美時過港，藉圖良晤。不幸屆時余以腸胃病，匆匆返美。去港之事，自食其言。去歲十一月底應臺大聘又返臺北，得知君毅兄病後去港。乃致書再申赴港之約。旋得君毅兄復書，謂將於二月中返臺就醫，屆時當謀良晤。春節以來每以君毅兄爲念。噩耗傳來，君毅兄竟於二月二日病逝香港九龍。從此幽明永隔，宿約終成宿約。悲痛之餘，爰作挽辭云：

我與大阮同學、道義相期、諗知學究天人、不違問百世名山、千秋竹簡。
君於聖賢思齊、悲憫爲懷、自然痛切慧命、却留戀五湖皓月、一點梅花。

（一九七八年三月，「鵝湖」第三卷第九期）

悼唐君毅教授

程兆熊

我正看着君毅兄所著之「生命存在與心靈境界」，將畢之時，忽聞其於昨日（二月二日）逝世於香港，而於前日猶接其由香港寄來之賀年片。事情變化，如此之速，死生之際，眞是難言。當即忍淚將此一千二百餘頁之巨著看畢，終於掩卷淚流。深覺人如其書，書如其人。其書定可不朽，其人亦必可長存。

君毅兄畢生從事教育，又從事著述。近三十年來，他夫婦流亡香港，主持新亞書院教務，又主持系務，更主持新亞研究所。多年前就一目失明，我總勸他要儘量少寫文章，少管行政。要放下，以便此目，再放光明，我眞想不到他隨後還寫了那麼多的巨著。而在退休後，還主持了新亞研究所。

六十五年暑假，我夫婦由香港赴美國時，他在我友人處看病，我就知道他患了不治之症，數月之後，他來臺北在榮總開了刀。以後又服了中藥，頗爲有效，到六十六年初回香港，不久又回臺，到近暑假時，再回港，我還曾請友人用「火珠林」法，卜其安危。本年初，他來信說：「續服中藥，身體已較好」。他還囑學生書局送他的近著「生命存在與心靈境界」給我。報上載他享年七十二，但我知道他是戊申年十二月二十六日生，那是農曆，用國曆計算，是二月三日。他是在生日的前一日逝世。他的生命存在，是一個眞實的存在。說到「心靈九境」，他是九境俱圓，那是隨其生命的成長，到他生命的完成，他眞是一代哲人。他會令人從他的人和書那裏，看到眞的生命和眞的心靈。那是大生命、大心靈！

他在其所著之「生命存在與心靈境界」一巨著中，根據生命存在的三向，開出心靈的九境，這較之「一心開四門」，實在是推進了一大步。猶憶在對日抗戰期間，馮友蘭在思想與時代雜誌中，爲文論人生的四個境界，即所謂自然境界、功利境界、道德境界和天地境界。那時頗轟動了一時。爲此我還詢問了熊十力老先生，熊老先生曾笑道：「好似童生作文」。我一時不懂，及今讀畢此「生命存在與心靈境界」，我才恍然。相形之下，這眞是不可同日而語。於此，心靈九境是：第一是萬物散殊境；第二是依類成化境；第三是功能序運境；第四是感覺互攝境；第五是觀照淩虛境；第六是道德實踐境；第七是歸向一神境；第八是我法二空境；第九是天德流行境。在這裏，我說看到眞的生命和心靈，又說看到大的生命和心靈，那就是說：在他那裏，我是看到了第九境，亦就是看到了「天德流行」！

在整個中國文化裏，過去曾經有一件極大的事體，而爲一般人所忽視，那就是我國隋唐時期的一件「判教」的事。佛教從東漢時來到中國，歷魏晉南北朝而至隋唐。數百年間中國文化的波動，爲振古所未有。於是在消化了印度佛教之餘，就必然有此「判教」之事。這首先是智者大師的判教爲四，卽「藏」、「通」、「別」、「圓」。接著便是法藏大師的判教爲五，卽：①小、②始、③終、④頓、⑤圓。我在最初看「生命存在與心靈境界」的巨著導論時（鵝湖雜誌發表），曾卽由臺灣寫信給著者說：他是繼智者大師所曾從事的新判教工作。那時候，他卽由香港覆了一封如次的航空郵簡，那是他去年十一月十六日寫的：

「（上略）……弟書中……天雨粟為倉頡之事，孔子作春秋則緯書有天先降血書言，故將二事錯記也。拙書已囑學生書局作一勘誤表，將此條亦載上，書今已印出，但未贈送友人，俟勘誤表印出，再囑學生書局寄上請正。弟近二月身體情形較佳，此事甚難言也……」

直到本年一月六日，學生書局張副總經理，才將此書親自送來我處。第二日，我函彼道謝，第三日我開始閱讀。中間我因夜晚在華岡四樓跌下樓稍受傷。停了些時候未閱，故到本年二月三日讀完。在此書第二十五章天德流行境，亦卽盡性立命境，亦卽觀性命界中，他說：

「此所謂天德流行境，要在以赤縣神州之中國儒家之言道德實踐境之勝義，乃以人德之成就，同時是天德之流行而說。……」

他又說：

「此所謂天德流行境，乃切於吾人當下之生命存在與當前世界而說……」

終於，他更說：

「……今於前文已代西方之一神教之歸向一神境，解紛釋滯，並代佛教說其種種義之後，當更說此儒者天德流行境中之義，其更進於此二境者何在？此則非意在爭其高低。而在辨其主從，以與大教，立人極，以見太極；使此天人不二之道之本末始終，無所不貫，使人文之化成天下，至於悠久無疆；而後一神教之高明配天，佛教之廣大配地，皆與前於道德實踐中所論人間道德之尊嚴，合為三才之道，皆可並行不悖於此境，則不特中國為神州，整個世界，皆可見其為神州矣。」

似此所說，那當然是一種極大而又極新的「判教」工作！以前在隋唐一種只對佛教，亦無異是只對那時代的印度文化的判教工作。那是單純得多。時至今日，西方文化對東方的衝擊，特別是對中國文化的衝擊，其情形與以前相較，已是大不相同。從晚明利瑪竇來中國時算起，那已是無數年月。即從鴉片戰爭時算起，也已是一百多年。在這以前，會有誰想來一次新的大反省，而再從事一次新的判教工作？以使整個世界，在新的判教之後，「皆可見其爲神州」，有如以前在神州的綠野裏，於隋唐判教之後，出現着大唐、大宋、以及大明的天下！

寫至此處，忽接我的女兒由埃及和東非回到華盛頓以後的一封來信，說是「埃及之行是一次大教育。埃及歷史文化在親眼經歷後才稍有眉目。金字塔、古廟、石像及帝后墓，都看過了。也只有看過後，才知道它們的驚人處。只是埃及文明，已是考古家的對象。西元以後，埃及文化可謂終了。代替以基督、回教文化。那樣不可一世的文明盛世，一旦終了，不再復興，眞叫人感嘆……。」那樣對着古埃及的心情，若是移來對着古神州的綠野，眞不知又會是如何？我們在這裏，很可以說：要是在我們的古中國文化中，沒有不斷的判教工作，又如何能不斷消化外來的文化？並不斷復興自己的文化，以形成更新更高的文化？在這裏，隋唐時代的智者大師、法藏大師，以及目前忽然逝世的「生命存在與心靈境界」一書的著者，都不愧爲眞正中國文化的大丈夫、奇男子！

我記得當我於大陸失陷前，在江西鵝湖辦學時，我曾請他由太湖邊的江南大學，來到鵝湖，住了一些時候。他對我校的全體學生講演，說是釋迦牟尼、基督耶穌、孔子和蘇格拉底，都是一生只一念。他以此勉勵我的學生們。這正是他根據他自己的一生只一念而說。我和他論交近五十年，他的一生一念，確實是只念着中國文化。

大陸淪陷，他去到香港，我和他最初同住於友人所辦的華僑中學內，那是在一間教室，把課桌合起來睡。他常在睡夢中叫天，把我吵醒。及今思之，那時候天德已在他那裏流行了。隨後我和他夫婦隔房而居，我在夜間，每每隔壁聽到他夢話。我眞感他的性情的深厚。他眞是儒者性情之敎的化身。我們在香港先後近三十年，可以說，都是在泥濘道上，他曾爲文說中國文化的花果飄零。那當然是飄零在泥濘道上！以後我一人先回到臺灣，並爬上玉山山頂。曾寄他一詩云：「自有高山格外靑，高山人在雨中行；只能走盡泥濘道，始見天邊雨漸停。」於此，在性情之敎上，要如何是天德流行之實境？那便是：

「天雨停時，抬頭卽見！」

只不過，他如今是在黃泉道上了！

（一九七八年二月八日，「中國時報」）

唐君毅先生與鵝湖

程兆熊

(一)

朱陸與鵝湖，大家都知道，但唐先生與鵝湖，是極少人知道的。

我在驚聞唐教授君毅先生不幸的消息之後，立卽寫了一篇悼唐君毅教授並兼論其「生命存在心靈九境」一文，隨後又作這樣一幅輓聯：

「萬世應知心靈九境；

一生總念花果飄零。」

正寫好了，又接到王邦雄、曾昭旭兩先生來信，說是我與唐先生交久，要我寫一篇「唐先生與鵝湖」的文章，我當卽覆電應允。因爲這樣一篇文章，是應該要寫的，我豈能不言?

當我離開鵝湖後，我幾乎是日夜想念鵝湖。我除了寫一些懷念詩詞外，終於後兩年應當時人生雜誌之請，寫了一本「憶鵝湖」的書，而唐先生在那時也曾寫了一篇懷鄉記。隨後不久，唐先生更寫了「中國文化的花果飄零」一書和「中國文化的精神價值」一巨著（此書先寫）。在我那一本於近三十年前所寫的憶鵝湖的書中，我曾寫道：

「鵝湖在以前，所有的讀書人，更知道，因為自從朱陸鵝湖之會以後，鵝湖書院已成了天下四大書院之一，而在中國學術史上，更確切地形成了朱陸兩大學派，影響了約一千年。」

我又在那憶鵝湖一本書中寫着「鵝湖書院可以重振嗎？」的一節，上面曾記載着：

「……我曾不顧學校同事和地方人士的反對，斷然接納了當代哲人牟宗三先生的建議，重振鵝湖書院旗鼓，並由其和朋友親草了一篇鵝湖書院緣起的大文章，認定儒家不同於耶，不同於釋，六藝之教，乃是人羣組織之教。並認定孔孟荀董為儒家的第一期，程朱陸王為儒家的第二期，現時則應到達了儒家的第三期。這第三期的儒家運動，會有更重大和全新的使命及任務。鵝湖書院復興的辦法，也由他們親自訂下來了。我不能讚一辭地全般採用。我又曾屢次三番地迎接着當代哲人唐君毅先生由太湖來鵝湖，終於他在一個暑假內到來了鵝湖。…

…」

這是唐先生第一次到鵝湖。及今思之，這也是唐先生最後一次到達鵝湖。

（二）

唐先生到達鵝湖，確使那時候的鵝湖，為之一振，而鵝湖書院，也幾乎重振。

鵝湖原本是一個小地方，又是一個目前甚為偏僻的地方。那是在江西省一個小縣的鄉間，卽是江西鉛山縣北十五華里處，距浙贛鐵路旁的上饒縣有七十華里，由上饒只可乘汽車到石溪。石溪又在鵝湖之北，不論由石溪或由鉛山縣城到鵝湖，都要步行十五華里。唐先生那時由江蘇省無錫縣太湖邊的江南大學來鵝湖，是乘火車經上海、杭州、先到上饒，再由我親去接到鵝湖。唐先生一到鵝湖，就問湖在那裏？我說：「湖在山上，那是山頂有湖。湖中在東晉時由龔㲄隱士養着鵝，但從羣鵝飛上天後，就只在唐大義禪師時回來一次，於今已是看不到鵝了。」唐先生那時足痛，又未能和我爬登高山，他只能藏在我那虎山頭的住家裏，足足住了一個暑假。那虎山是在鵝湖書院，後面的一座小山，山頭弄平了做校長公館，從那虎山頭到達鵝湖書院的石級上，我的五個小孩（還有一個小孩未出世）上上下下，竟都像飛毛腿，可是唐先生卻因為石級的上上下下不便，索性坐在房裏，「文思安安」地寫着他的「社會文化與道德理性」的一巨著，任香煙頭燒毀着我的地板。我夫婦住在他住房之旁，他每說從未看見我忿厲之容，可是我卻每每聽到他在夢中喊着「天呀，天呀」之聲。他一早起來，非常欣賞鵝湖的黎明。我記得印度吠陀經(Veda)曾記載着：「一切知，具足於黎明中的清醒。」對於唐先生，鵝湖的黎明會帶回了一個甚麼時代呢？我曾自問着。旋又自答道：「要知自一位根本看不起時代的人看來，會帶回了一個甚麼時代，都是無關緊要的！」以前鵝湖有一位德延禪師，人家問他說：「如何是鵝湖境？」他卽道：「一弘湖水春來綠，數隻仙鵝天外歸。」就唐先生而論，「湖水春來綠」，他是始終沒有看到；但就鵝湖而論，唐先生卻像「仙鵝天外歸」。那時候，鵝湖外面的風聲是一天一天的緊起來，局面是愈來愈變得不很好了。在波浪中間的朋友們，也每每羨慕着我們住在那鵝湖的深山裏。那時候，距大陸淪陷，還不到兩年，那時我也利用了那年的暑假，草了一本「農業與時代」的書，而牟先生更擬寫一本想挽救當時危機的著作。我在憶鵝湖書中，曾記載着：「只可惜除了我這不三不四的小書以外，他們的心血之作，都還只能藏之名山……」我們總不斷地問着：鵝湖書院眞可以重振嗎？

（三）

關於鵝湖書院的重振，我個人最有感於許魯齋斥士人不治生產之言。因此我在鵝湖書院內，初辦信江農業專科學校，隨後又擴充爲農學院，並爲國防部代辦了兩班青年軍屯墾職業訓練。那時候鵝湖書院內，文武學生已超過了一千餘人，較之朱陸鵝湖之會時只有數十人，確實是多了近百倍。我當時設想：在那裏若更能配合鵝湖書院的重振，則西漢以來的耕讀之風，就不難重現於今日，這對目前的時代，不就是「黎明中的清醒」了嗎？

唐先生在我所辦的農校講演，亦就是在鵝湖書院講學。我要求全校的師生們都去聽他講着孔子、耶穌、釋迦牟尼和蘇格臘底，讓他們了然於學農者的精神會別有所在。「多識鳥獸草木之名」和一草一木所象徵的意義，皆足以認取天地之心。在他講演時，我也參加聽講，我因此更發着鵝湖的幽思，我根據他的一些話的大意，寫着如次之句，當作他的講演紀錄：

> 鵝湖發幽思，俯仰觀寰宇；天地固有窮，我思猶如縷。
> 我今何所思？我今何所與？我思與古人，能將日月比。
> 釋迦與耶穌，布哲與孔子，一生只一念，從容以就死！
> 慈悲復慈悲，愛人如愛己；知己之無知，忠恕而已矣！
> 民族與國家，文化與歷史，繼往與開來，所期蓋如此。
> 所患求諸人，所貴識其體；大行旣不加，窮居何能已？

誰云朱陸輩，坐困窮山裏？長松何青青，其下清風起。
風起固徐徐，風行幾萬里；萬里猶風行，風行海之隅。
明月出海中，蛟龍沉海底；風吹蛟龍動。先動我衣履。
舉目望八荒，神州有奇址；其上有仙山，山中有蘭芷。
為問世上人，何以未之取？靈氣之所鍾，至善之所止。
中心之所藏，素以為至美。湖水春來綠，湖鵝彌足喜；
欲窮鵝湖境，須至水中沚。此意不能言，此心天所啓。
我今在鵝湖，以山為案几；幽思泉石中，易簡得其理！

有些師生暑期回家，都以未能聽到唐先生的言論和看到唐先生的風采，感到遺憾。於是我便請唐先生擔任我校的訓導主任，這頗有些像鵝湖書院的山長。這是唐先生和我同事的第二次。第一次是在我未赴歐洲以前，那時我在南京辦了一個國際譯報，唐先生則在他的四川瀘洲宜賓的老家中，我們沒有見過面，但因爲友人許思園先生的推薦，我即打電報給他，請他出川，擔任副刊編輯，副刊名「小國際」。他欣然萬里來金陵。至於在新亞書院的聚首，那便是第三次同事了。

暑期過了不久，唐先生因爲擔任了江南大學的教務長，種種原因，不能不去。他離去鵝湖後，我特請他的妹夫王先生代理訓導處處務。有的同事和同學，也頗感到這樣的掛名，不很妥善，於是我便慨然嘆道：「朱陸的心，可以自南宋到達今日，難道唐先生的精神就不能由太湖通到鵝湖麼？」於是他們也對我笑一笑，接受我的辦法。這些事，我在憶鵝湖一書中，都曾記載。

（四）

那時候長江以北的戰事，越來越不好，唐先生回去無錫，回去太湖之濱，我繫念着，而對熊十力老先生在杭州，我更繫念着，在熊老先生未去廣州之前，我也曾迎他安住於鵝湖，讓名山生色，但他終於去了廣州。有一次，唐先生還打算代我邀當代最大的史學家錢賓四先生同來鵝湖，那時錢先生是江南大學的文學院長，而我那位朋友許思園先生則任江南大學的研究所長，他幾乎是大學的重心，另外一位農學院院長饒先生，原在我校任主任。他在易希陶先生去主持臺大昆蟲系以後，才到鵝湖，隨後又去太湖。那時候，鵝湖也像喜歡得容光煥發，眞好像千載之後，又一次朱陸之會，行將到來。至於我呢，我在內心深處，總是感謝天地，我總覺得鵝湖之心是朱陸之心，朱陸之心是師友之心，而師友之心又是鵝湖之心，遙遙此心，殷殷此志，綿綿此念，默默此情，不能容已，不能容已。只可惜他們沒有到來之前，大局就更不妙了，但也因爲如此，我們以後到了香港，便更有了香江之聚，並有了新亞書院，這在我所寫的香江之聚一文中，已曾敍述。

唐先生喜哲學，也喜詩，他在鵝湖時，行坐之際，每每口中念詩，但極少作詩。就我所知，似乎只在重慶歌樂山時，和我作了一首詩。此詩我已不復記憶，而他亦似早已忘卻。他眞正是一代哲人。但我在鵝湖則常爲詩，其中有一句「吾友能言天外天」，就是指他。他有一天性，那就是：事若未了，總不放下。他在鵝湖，爲了完成他的書，總是坐在房中，竟未放下寫作，來暢遊鵝湖。

時至今日，如何是境中人？我更不能答。但就唐先生與鵝湖而言，我卻可以舉出朱陸鵝湖唱和詩中象山的一句詩來說：那就是「斯人千古不磨心」。

唐先生病危時，特囑書局將其最後判敎之作「生命存在與心靈九境」親自送來我家。又在臨逝前囑其夫人寄一張農曆賀年片給我夫婦，當時我滿以爲他的病情轉好，竟不料第二日就在報上看到他在香港逝世噩耗，這對鵝湖而言，眞又像是「仙鵝天上去」，寫至此，我只能以如下一詩，來結束此文：

「一生花葉飄零意，萬古心靈九境觀；判敎原為興大敎，吁天不免淚辛酸！」

（一九七八年四月，「明報月刊」第十三卷第四期）

記君毅先生若干事

周輔成

（一）

是二十年代國共合作北伐以前的事了。那時我在重慶巴縣中學上學，有空常到附近川東師範學校一位朋友陳先元處去談學問，發現他的寢室內堆着全套的北京晨報副刊，上海時事新報副刊「學燈」、民國日報副刊「覺悟」，以及「新青年」、「嚮導」、「創造週報」等期刊。我當初以爲都是他購的，後來他告訴我：這都是聯中同學唐毅伯（按：這是唐君毅先生上學時的學名。）去北京時留存在他那裏的。我過去讀這些出版物都是零碎的，到這時我便如飢似渴地把我未讀過的部份，一一借來讀完。當然我應該感謝我的朋友慷慨，使我懂得當時新思潮的全貌，但是我也應該感謝君毅先生這些書刊給我的益處。因此我也和陳先元結了深厚的友誼；他爲我介紹了君毅先生治學的謹嚴精神，爲人的忠厚風度，我同時也發現了陳先元自己也有這些長處。中國有句古話：「不知其人，視其友」，這句話大概是可靠的。可惜這位朋友未等到北伐成功便死於肺病了。我很惋惜這位朋友，後來與君毅先生見面談及這位朋友時，他也是十分惋惜的。

（二）

當我在一九三一年從成都轉學到北京的時候，君毅先生已經到南京中央大學上學了。我們沒有機會見面，但他學哲學，我也學哲學，他喜歡歌德、康德，我也喜歡歌德、康德，彼此的文章，常在國內報刊上互見，當一九三二年紀念歌德逝世百週年的時候，我和他都寫了紀念的文章（他寫的題目是「孔子與歌德」）；爲了要把這些文章收集起來印成書作爲紀念，我和君毅先生第一次直接通信。信上的話，雖然早忘去了，但是我在心中不能忘的，是君毅先生愛世界的學術與文化，更愛中國自己的學術與文化。他幾乎是要把歌德看成是西方的孔子，而不是把孔子看成是中國的歌德；孔子的「平凡中見偉大」，是肩負了幾千年幾億人民的命運的。大約這也是君毅先生在非常熟悉西方哲學、西方文化之後，不得不仍回頭來要在中國文化中找自己的根的原因。

（三）

在繼續和君毅先生信上談學問的過程中，他介紹了許思園先生和我通信。當我把君毅先生著的「三論宗與柏拉得來」原稿和許思園先生新出版的「人性與人之使命」（英文書）送給吳宓、張東蓀先生看的時候，他們都稱君毅、思園爲奇才；張先生當卽將君毅稿交給當時中國哲學會編的「哲學評論」付印。這已經是北方正值烽火連天的時候。我不久卽離開北平到了南京，爲了想利用南方藏書豐富的中央圖書館和中央大學圖書館，我在中央大學附近租了一間陋小的亭子間住下，這時我才第一次和君毅先生見面，他已經留在原校任助教。以後我們便隨時在各自室內和南京各遊覽處茶肆內細談，各暢所懷。

在多次談話中，我感覺到中國人要把自己文化的特點向國內國外學人講淸楚，確實是一件不容易的事。有的人可以從一個方面，一個小點（如歷史、文學、哲學、或考古、工藝、或一本書、一個畫家）去闡明中國人的精神與文化，這都是不可缺少的工作，但要從整個精神整個文化去闡明中國文化的特點，便顯得需有一些有魄力的人去作。尤其是當今東西文化互相交流時代，更非有這種人不可。君毅先生是不怕困難的。他寧肯走困難的路，不願走容易的路。他發憤遍讀西方的書，精心苦力地深想中國精神中的問題。他從中西哲學文藝的比較研究中，希望能適當地安排中西文化中的各自應有的地位和成績。他不譁衆取寵，也不妄自菲薄；我記得他爲了要對羅素和分析哲學予以公平的評價，曾用心地鑽研了數理邏輯；爲了對實用主義的評價，曾讀了不少美國心理學的著作。最終還是覺得歐洲古典哲學和中國傳統哲學所走的路是健全的，平直的大道。在這一點上，我和他是逐漸取得一致意見的。

在南京，我才知道君毅先生對熊十力先生是十分敬佩的。他可算是第二位（最早是張東蓀先生）

承認熊先生不僅是佛學專家，而且是有獨創性的哲學家。

（四）

抗日戰爭把我們從南京先後擠到成都，君毅先生也離開中央大學的教職。那時，我們都和自己的家庭生活在一起。尤其是君毅先生的家庭負擔重。當時全國人才都集中在成都重慶二地，我們雖然同是四川人，但在人事關係上，都沒有基礎，所以顯得很狼狽。不過，我們的心靈還是寧靜的、嚴肅的。他和一些老一輩先生們組織了「重光月刊」，我和另一些朋友組織了「羣衆」（不定期）都是窮朋友從窮窘中自動凑錢來辦的，爲的是在抗日戰爭中，想盡自己所能盡的能力，表示自己救國的意願。我曾替「重光月刊」寫過幾篇文章，參加過他們的編輯會議，這也是君毅先生約我的。君毅先生的中西哲學比較的論述，有一部份就是先在這個刊物上發表的。

君毅先生在成都住了二年多的時間，生活是十分艱苦的。後來經中央大學一位老師的推薦，轉到重慶教育部作特約編輯的工作，到了那裏，只憑上級支配工作，心靈是萬分悲痛的。他的心靈本來完全被國家安危和學術所佔據，忽然要在那裏去作十分索然寡味的搪塞工作，這眞是很難堪的。我記得我在成都也被現實逼得我只想到南洋去隱居的時候，他給我的信是『兄竟也是「道不行」，擬「乘桴浮於海」歟！』雖不是「楚囚對泣」，但也是「相濡以沫」。這裏我還想起當我仍留在成都的時候，一家出版社，忽然來信用高稿費約我寫一本「哲學大綱」一類書，通過中央大學哲學系一位教授轉來。我本正在窮困中，當然承擔了；並很快就匆忙交稿了。但後來才知道這本書原是約君毅先生所寫的，他在經濟上也許比我還奇窘，但他竟把這可換錢的機會讓給我，使我心中十分難過。這樣待我的朋友，竟然看到我要去南洋隱居，他一定是不安的；然而我的鬪志，已被現實逼得喘不過氣，我能有什麼辦法告慰朋友呢？

幸而一九四二年太平洋戰爭爆發後，我去南洋的可能性完全消失，我也擠到重慶去國立編譯館擔任編審工作，此刻君毅先生也被請回中央大學原校。見面機會又多了，雖然彼此生活仍十分艱苦，但都能拿出幾乎全部的精神來顧念整個民族的災難。我們都想用理論來證明中華民族與其文化，已經經過幾千年的考驗，但愈遇困難，愈能發揚光大，我們都堅信日本的武士道精神終必在中國文化精神中覆滅。君毅先生與我，都在出版物上寫過這類文章，但君毅先生更想從哲學本身來貫徹這些思想，他終於寫成「道德自我之建立」這一書，好似費希特在拿破崙進入德國時期爲了喚醒德國民族奮勇起來救亡圖存，因而寫哲學著作一樣。

我們就在這種思想的基礎上約了幾位朋友共同發起「理想與文化」期刊。這種刊物的發刊辭，是由君毅先生寫的。他寫的「道德自我之建立」，便分章在刊物上發表，同時也承梁漱溟先生支持我們，把他寫的「中國文化要義」，分章給我們發表。此外，熊十力先生、張君勱先生以及支那內學院的學者也都支持我們，今天想起來，我們都應該在此對他們表示感謝。「理想與文化」的印刷費，是由江津縣一位愛國商人出錢擔負。印刷費並不多（每期只印了三百份），但出了五期，這位商人破了產，便只好停刊。隔一年以後，又曾在成都經由一家書店出錢刊行了三期，仍以同樣原因停刊。在當時，讀書人連出版一小刊物也必須倚賴於人。其地位之低微，可想而知。但是君毅先生和我們，在內憂外患時期，想爲祖國精神文化，而呼號之心，是不怕艱難困苦的，我們手中無槍，但有一支筆，還是可以活動。所以，以後在任何情況下，創辦的朋友們，都還在想恢復這個刊物，確實也零碎出了幾期，可惜都短命了。

（五）

由於這個刊物，我和君毅先生的接觸和了解，更進了一步。彼此了解，還不僅在思想上，而且也在情感上。我記得一次是在江津縣城的街道上，大約是去支那內學院的路上，想起歐陽竟無先生的逝世，我告訴他報紙載印度甘地也去世了（註），他忽然腳步停下來，面對我大叫一聲「呀！」臉上變色，用腳向地重重地擊了幾下，立刻雙眼淚如雨下。口裏不斷嘆「他死了！他死了嗎？……」我也

註：這是當時四川江津縣報紙根據錯誤消息報導。實際是甘地在一九四三年春季被監禁，曾進行三星期絕食，最後一星期多，瀕臨絕境，世界報紙天天都在登載他的身體情況，特別最後幾天，甘地已入昏迷狀態，呼吸時斷時續。

心情激蕩，不知如何安慰他，不知如何自處。不便在大街上久站，只好以自己的步伐，使他跟着我一齊向內學院走去。一路不敢再向他講甚麼話，只是頻頻看他，一路看着他流淚嘆息，我也嚴肅地順着他的感情和思想，屏息地前進。我知道他平日十分關心東方的智慧，他是把甘地看成是印度哲學的化身。甘地的精神救了印度文化，也救了東方的智慧。這件事情在他心中，是十分深刻的。我和他都讀過甘地的「自傳」，我們都覺得甘地算是眞正了解佛家所謂「我不入地獄，誰入地獄」精神的人。甘地的不合作運動，決不是托爾斯泰所謂的無抵抗主義，這是一個民族在能抬起頭來的時刻，一個普通的人都能做得到的正義行動。這個時期，中國也是一個深受苦難，又被列強欺凌至極的民族，我們同情甘地，讚美甘地也很自然的。在甘地前後幾次入獄和絕食期間，我們每天都注意報上關於甘地的消息，希望甘地的鬪爭能夠得到勝利。確實，帝國主義者是非常痛恨甘地的，但甘地爲整個印度民族所向往，帝國主義者也莫可奈何。然而甘地竟然死了，這在印度民族是一可悲的損失，這在被壓迫的東方的中國民族看來，也是一個可悲的損失。一個爲被壓迫民族生存權利而不惜犧牲一切的人，一個爲東方智慧爭地位置生死於度外的人，這樣英勇地死去，我們能夠毫不動心嗎？能夠不悲傷至於流淚嗎？君毅先生對甘地的同情，還由於他對印度思想是深有了解，他不僅博覽中國佛經，而且對於近代印度哲學家，後來曾作印度總統的拉德克利希南的所有關於印度哲學的書，都曾一一讀過。所以他對印度文化有深入的體會，也因此，他比我更能了解甘地，也更能爲甘地的死而心情更沉重，更悲痛。

我知道君毅先生聽到甘地的死，和聽到歐陽先生的死一樣，是經過很多天，思想情感才恢復正常的。

還有一次我見到君毅先生流淚，使我不能忘記的，那是在重慶北碚勉仁書院熊十力先生處。我記不起確切日期了，大約是一九四二年春節期間，我們同去向熊先生拜年。正遇到有兩位前輩來拜年離開；熊先生一面說這兩位前輩要他同去重慶一個官辦學校內辦研究所，嚴辭拒絕的態度，一面大談他自己從小在鄉里受欺，後來參加辛亥革命以及自己苦學的經過。從早上九點左右直談到午飯，午飯後又談到晚飯，晚飯後還繼續談，他講得詳細，講得動人，尤其是談自己家貧受欺，使得親人親友也受欺的情況，以及談到讀書時遇到古人運命可悲的地方不禁聲淚並下，久久不停，在這樣一些時刻，我也不免愴然有淚，但轉眼看君毅先生時，他像熊先生一樣滿臉是淚，不同的是他兩眼不動地注目着熊先生，嚴肅地深思，我知道我們是被熊先生對生活和學問的眞誠所感動了。熊先生尊號名子眞，這個名字和他的實際是完全相符的。從他那裏，的確可以看到世間有眞的知識、眞的生活，眞的人格。我們二人一齊在客廳見了熊先生在流淚的時候，我們並不僅是爲了熊先生個人處境而共鳴，而且是感到我們這個民族，我們人類在這個蒼蒼茫茫的世界中，免不掉要受命運的擺佈，但也免不掉要在苦難中去求生存，去尋光明，這是可悲之處，也許也是可喜之處。爲什麼熊先生會受那麼多的苦難呢？爲什麼人類一定要受些苦難呢？然而人類若不經變這些苦難，如何能顯出人類的偉大？人類如果都是平平安安地前進，這種生活，大約也是很平淡的，丟了也不可惜。只有經過苦難換來了理想的生活，這生活才是値得留戀的。這些思想，支配了我們，所以我們立在熊先生面前，願意正視人的苦難，願意爲人的苦難而流淚，當然更願意在苦難面前更鼓起勇氣，更爲理想而奮鬬。這也許就是我們旣悲嘆而又有一種甘願受苦難的心情的原因。所以我們不怕流淚，也甘願流淚。

熊先生、君毅先生都已作古了。我還抱着殘身留在世上。我悲嘆我竟再也不能見他們，更不能在一起爲民族、爲人類的命運而痛論以致哭泣一場，但是，我今天回憶這些往事，也不能不使我對餘生增加了一些積極的信念和勇氣。

人會悲哀，人會痛哭流淚，這並不是一件壞事。與人在一起，笑一陣，甚至大笑一陣，這並不一定値得紀念，但能與人在一起，悲痛而至於流淚，這卻是使人家永遠不能忘記的。

（六）

生活，總是在矛盾中過去的。社會生活有矛盾，個人生活有矛盾，二者矛盾，往往也結合在一起。有的人，不善於解決個人矛盾，卻善於解決社會矛盾；也有一些人，善於解決個人矛盾，不善於解決社會矛盾。

君毅先生投入社會後，在解決個人矛盾方面，他是有驚人的風格：舉個例：據我所知，他在當時教育部決定對他「道德自我之建立」一書給予他第一等獎的時候，事前來徵求他的意見，並告訴他當時評獎的學術委員會對他的書的評價很高，同時，也告訴他學術委員會擬把第二等獎給予一位「漢魏晉南北朝佛教史」的作者。君毅先生考慮了一下便回答：「佛教史」的作者曾是他的老師，他不能接受。只有互換名次，才便於接受。學術委員會尊重了君毅先生的意見。這種解決個人矛盾的方法，恐怕只有少數如君毅先生之類人才能做到。這決不是由於什麼封建意識作主，應該說君毅先生對於學術確有公忠無私之心，惟其如此，才能眞正做到尊師重道。

能解決個人生活中矛盾，未必就能解決社會生活矛盾。君毅先生再到了中央大學，正值當時社會矛盾非常尖銳的時刻，即使能避開政治上矛盾，然而無法避免學術上矛盾；即使學術上矛盾也避免了，仍不能避免人事上矛盾。君毅先生在中央大學，在人事上，同事中若不是他的老師，多半也是他的親近的朋友。也正因此，這些人中的矛盾，往往也令他難處。他希望大家都能和諧下去，但大家都說他偏袒對方。我記得在重慶有一次在他們教員宿舍寄宿的時候，君毅先生就指着另一牀說，一位同事，也是他的老師，曾睡在那牀上，他本人就睡在我將睡的牀上，他說他半夜聽到老師大聲嘆息，似乎在說「有寃枉」！「有寃枉」！他曾經作調人，但終無結果。他向我述說這事時，似乎也有不便直說的感情。後來，在南京他又遇到同事中：老年人與老年人有矛盾，中年人與老年人有矛盾，甚至中年人與中年人也有矛盾。他作了很多毫無效果的調解工作，最後只好暫時離開南京到無錫的江南大學去。這些時間，他擔心的完全不是職位問題，也不是同事間矛盾難於解決的問題，據我知道，他已經明白當時社會道德敗壞，當權者的政治完全破產，中國文化被那批災官弄得斯文掃地，心中悲憤萬分。似乎也只能「隱居以求其志」，把一切無法解決矛盾抛開。我記得他從抗戰勝利，復員那一天開始，便企圖去江西鉛山恢復宋代朱陸講學的鵝湖書院。他曾親自坐木船又步行到了交通比較困難的鉛山，去看舊址和籌備一切。一位從法國學農業回來的學者程兆熊先生正把他辦的江西農業專科學校搬到原鵝湖書院舊址，君毅先生便和他約定，逐漸由農專附設鵝湖書院，改爲鵝湖書院附設農專。這件事本是得到很多朋友的贊同。不僅程兆熊先生贊成，牟宗三先生贊成，還有如李源澄先生、錢穆先生和我也贊成。君毅先生得到朋友們的鼓勵，於是把他的熟朋友和牟先生的熟朋友又也先安頓到農業專科學校去工作。所以君毅先生一方面身在江南大學、中央大學，但一方面心卻在鉛山的鵝湖書院。

然而社會矛盾複雜，世路艱難，有誰能使理想與現實完全一致?這也無怪古往今來的很多人不能不抱「用之則行、舍之則藏」的態度了。

君毅先生是在「道不行、乘桴浮於海」的心情下處理他對社會的矛盾的。他熱愛孔子，也免不掉孔子最後的命運。是悲劇，然而卻是他甘願取得的悲劇。

想着他，我不能不想到他當年從江西上饒坐木船沿小江到鉛山，半夜在船頭上靜觀明月的情景。

身在山水之間，心在民族文化與人類前途之中，奈何人類總只能在「理想」中求安慰，求安頓！

（一九八四年二月十三日，華僑日報「人文雙週刊」第二八三期）

憶君毅兄

姚漢源

君毅兄逝世，予於七年後始得確耗，悲愴之餘，常憶盛年迫於倭寇，避亂遊蜀中，得識蜀中諸賢豪，最後識君毅兄，時聆教益，至今不能忘。初曾獨處大江之濱，昕夕自惟，既不能執五尺以衞家國，所能事者三寸之毛錐耳。

幼粗讀孔孟書，稍長讀史鑑，前代聖哲嘉言懿行常縈於心目中，而涉世則輒聞當世大人先生之議論，以先古賢哲爲今世罪人，往昔千百年，億萬人艱辛締造之歷史遂成一混帳世界之劣蹟，大異於所願學。深感言之者似成理，發舊讀書再核之與歷史事實竟漠不相關；當世振振多繁詞，竟係乞醯於隣，加我五篋而朦不動與我五味不相應，謬種流傳，有甚於盲人捫象者。欣羡之則無暇，摒棄之則不能，辭而闢之則困於所學者寡，不能涉古今之藩籬。望洋興歎，憤懣莫抒。

後得梁漱溟先生著作，談東西文化及其哲學，好之而不能盡解。且爲衣食謀，困心於所學之一技，不能有寸進也。及遊滇黔，入蜀雖感觸日積，而常恨不得一瓢飲。偶以機緣得從某先生學，先生教以中國學術思想史。因之識離中兄，朝夕過從，誨予殷殷，始得聞古聖先賢之深文奧義，惜我學無根柢，斗筲不能量滄海也。

及倭人力竭而降，謀東歸，自蓉至渝，離中兄介識君毅兄。君毅兄不恥下交，以予爲可教。前此雖常讀君毅兄文，覿面則耳浸目濡又有出於文字之外者。後居金陵，憶三人聚談，予每敬聆二兄語，不能多置詞而會於心者則不得謂少，以往史印今語，覺孔孟之微言大義得多所抉發，有不徒託諸空言而已者。

語及精切處，實以爲橫渠所稱爲天地立心，爲生民立命，爲往聖繼絕學，爲萬世開太平非河漢言。會通中西，闡明先哲勝義，使孔孟之學儕諸世界前列而有餘，豈非爲往聖繼絕學乎？明道義以藩翰我國家，先爲我華夏衆民立命，闡發人類精華，示人以人之爲人之準則，是爲三千大千世界衆生立命，又非一家一族之得私！心以制物而養人者反以害人，福人者正所以禍人，人且惶惶戰慄於木石鋼鐵之側，唱我先哲民胞物與之義，使心有所主，豈非爲天地立心歟？果由斯學，不徒托諸空言，會一大事因緣，致斯世於太和，豈非爲萬世開太平歟？

以三數人戔戔之身，斗室虛白，咄咄若書空，然於斯志斯義不敢忘，先天下之憂而憂，亦先賢之訓也。予與君毅、離中諸兄，雖間隔萬里，歷時數十年，亦不能或忘。

君毅兄去矣，猶幸著作等身，遺教斯在，足以啓廸後學，天相善人，此學終有昌明時。所悲者，予竟不得一捧而讀之，中懷悽切，有非語言能盡者。離中兄健在，亦徒於夢中描摹音容而已。

若某者庸碌無似，年逾古稀，徒作羸中疲馬，冀一技之鳴。晨昏自惟，俯首低眉，雖自以為是，正堪如魯迅所譏之阿桂；生斯世，為斯世亦只成得一鄉愿而已。悲友所以自悲，思故人所以自思。乞天活埋愧於勇士，六經生面竟無一語報先覺，不得傍明燈以自照，此心墮鬼窟，又何怪焉！

前歲遊申江，謁某先生，先生以望九之年，唏噓嘆中國文化之衰且絕。心潮澎湃久久不息。遙望天南尚有兩三師友足以負荷此事，於君毅兄之仙遊，彌增悲慟。

元遺山詩「一錢不值是儒冠」，元代「九儒十丐」之序，一身稍優於乞兒而興為萬世開太平之遐想，其可笑又甚於以一文錢，建廣厦萬間之願望。然此志猶存，不暇自嗤，因其可以延我餘年，多讀數年書也。君毅兄立德立言無愧於前賢，得一讀其書，付此心於不昧，亦一念萬年！

乙丑，冬月，於北京槐廬

日本學者追悼唐君毅先生的談話

安岡正篤　宇野精一
池田篤紀　景　嘉　等

業師唐君毅先生逝世後，日本漢學界在去年七月五日假座東京葵會館舉行了一次簡單而隆重的追悼懇談會，對一代儒者之逝表示深切哀悼。會上各參加者的悼詞最近始由和崎博夫乘過港之便送交唐師母。謹代譯為中文發表，以告國人，並對彼邦學者之情誼致最深謝意。附筆說明的是除二、三位中國人外，此次懇談會由於地域關係，大部分都是東京地區日本學者，關西學者尚未包括在內。

門人霍韜晦謹誌

安岡正篤（日本全國師友學會會長）

唐君毅先生是我一生不能忘記的、深深銘感的知己，也是哲人之一，現在面對遺像，與感無量。人生之緣不可思議。不知是什麼奇緣，與唐先生見面或分別，總使我想起易經的謙卦。唐先生我想就是易的謙卦的生存形態之一。易的六十四卦之中各有其敎誡、警愼的語句；此卦全爻通篇沒有一點危險，這樣穩重、吉利的卦，祇有謙遜的謙卦。

和唐君毅教授會談時，卽想到這一謙卦。唐君毅的「毅」字誠然很好，但若稱爲唐君謙先生、謙遜的「謙」字我想也很合適。（唐先生）的確是一位具有穩重人格的先生。

從中國的古典上看，關於人物的敎誨都一貫。但其中眞能稱爲謙卦、愈體會愈能了解其穩重、及以謙始而常毅的，就是唐君毅先生。在中國，用（日本）今日的話來說，亦可以稱爲「人間學」的學問，一直非常發達；此卽自人生之一的典型的觀點上，追問人格、人物畢竟所能至的境界是什麼。例如明代呂（坤）氏的話在我腦海中浮現的就是：一切人物的第一級是深沉厚重，其次是磊落豪雄，再後是聰明才辯。特別對於深沉厚重，非常尊重。唐君毅先生是一位把謙卦具象化、具體化了的先生。和他談話時我常常感受到他就是深沉厚重的轉化，的確是一位有修養的學者。有這樣風格的人，無論日本和中國都少。近代聰明才辯之士，可以說要若干有若干，但實踐東方之道的人，特別是在知識階層，或知識分子、學界中就很貧乏。使人不禁感到這已是一個花樣百出的聰明才辯之士的時代了。在這樣的當兒來舉行唐敎授的追悼會，接觸他的人物、風格，和珍貴的業績、著作，眞是感慨無量。

景　嘉（儒　家）

認識唐先生已有二十年。我對於學問和學者之間應有的聯結實在是頑固者；近代學者之中有兩位我是深表敬意的，之所以如此我自己亦反省過。其中一位是梁漱溟先生。梁先生的父親和我的父親關係頗密切，他們兩人在幼年時多次來往，我還記得他們兩人爲了中國人的墮落而同聲哭泣的事。中共反對孔子，毛澤東曾當面向梁先生要求爲他反對孔子。先生以「我的生命並不可惜，作爲孔子的信者，此事決辦不到」而斷然拒絕。由梁先生我想到歷史上的一段逸話；宋朝司馬光問當時的哲學家邵康節「光何如人也?」邵康節答：「君實腳踏實地人也！」

早幾年，我到香港，蒙唐先生熱情招待，遍邀香港學者聚首。當時唐先生仍然十分健康。原爲青年黨的李璜先生亦乘興參加。席中，唐先生向我問及（日本方面）中國學問和國民教育的情形，徐復觀先生卽建議談些中日文化。其中一段，談及章太炎自東京寫給友人羅振玉的信，裏面批評日本學者的水準未達。我表示：章太炎的這一見解是錯誤的。學問與人不可分，若此能離，則非學問而祇能算是知識。學問與知識是不同的。我對德川三百年各藩的藩學抱有極深敬意。在藩學裏的學問知識與其人的行爲並非各別，而是如安岡先生所常言的活學。若學問與學問者的行爲各別，則其學問無價値。

清末中國曾有維新運動。維新運動的領導人物之一是康有爲。維新運動失敗後，康有爲來日本，會見宮崎滔天。宮崎滔天說：「欲眞正革命，能把障碍最大的西太后暗殺掉就好了。您有學生吧?」（康有爲）於是從神戶選五名學生，前往暗殺西太后。五人來到天津，看到情勢極難下手，結果什麼也沒作就折回回日本了。此例卽可明白，若學問與其人的行爲不統一，則其學問無價値。

本居宣長最初研究儒學，但後來認爲儒學僅言思想，實際上通觀二十四史，有那一個朝代是完全認眞地依論語所言而作的呢？因此他並不佩服儒家。我對儒學卻有不同的看法。無論如何，儒學是中國民族的最高理想和標準。由於有這一最高的理想和標準，好幾次遭遇到災難、失敗，中國民族仍以中國民族而得存在。中國人和日本人表現上的不同之點，例如：假定現在看中國人的繪畫和書法不大欽佩，那是因爲過去太高的東西。由於知道過去有過中國民族有表現高的作品，所以對於現在的書法和繪畫便不會感到充分滿足。在這方面，日本人則可能相反。我自己對於我所寫的書法並不以爲特別出色，中國人對於我的字亦可能不會以爲了不起，但日本人對我的書法卻給予相當的評價。我想，就是因爲我知道過去有過高標準吧。日本人對現代畫家，例如橫山大觀等，卽覺得他們是極出色的。

中國與日本如欲悠久地相互眞正提攜合作，有兩點必須注意：「一是要維持高標準，一是學問與學問者的行爲要統一。以上這兩個基礎條件是必要的。」這一番話在香港時唐先生非常贊成。這些事我從未談過，不過在唐先生追悼會上，都是大家明白脾性的內部集會，所以我纔這樣說了。

我給唐先生的輓詩，一字一句都沒有誇張。所有這些都是事實。我認爲唐先生是行爲與其學問統一的人，由景慕之念而作詩的。

一

樸學非時日　脚根實地人
傳薪嘗自苦　樂道每忘貧
樹引泉流細　山依月色昏
推排與傷世　竟隕不訾身

二

巴蜀山河壯　歸思引夢痕
述詩懷母德　持學探心源
豁達忘人我　憂危賸讜言
劇憐陟屺淚　遽作未歸魂

三

海上論交日　星霜二紀更

目存溫雪子　心契杜田生
日望泉清泚　俄驚木道傾
飄零傷氣類　不覺淚縱橫

李　嘉（駐日外國人記者俱樂部會長）

先生的書讀過很多，但個人的接觸卻不多，僅在唐先生來日本演講時對談過兩、三回。那時我寫的長文每週在世界各地的中文報紙上轉載，唐先生亦有讀及。許多中國留學生來日本讀日文；留學生都是非常實際的，這也就是說，通過日文來學西洋知識的人很多。因此，也就產生了不了解日本和日本人的情形，這不正是中國人（留學生）的諷刺嗎？由來日本並不僅是爲了學西洋科學的觀點，我於是就中國和日本的關係，寫了鑑眞和尙、朱舜水、和鄭成功等一般性的讀物，又在（香港）星島日報發表有關日本天皇的事情。我知道日本天皇的家世是全世界最古老的。世界上任何地方經過一千年以上血脈仍然不亂地傳下來的家族恐怕極少了，如果有也許就是孔子。孔子迄今近八十代，追溯至二千年前全部紀錄俱備，全世界最古老的家族不正是天皇家與孔子家嗎？我寫了這些文章之後，唐先生非常稱譽，由此幾度通信。

還有一點，唐先生正是體得「活學」，以他自己的生活來復甦這一道路的人。蘇聯作家蘇辛尼津寫了一篇對西洋文明批判的論文，他不滿蘇聯的共產主義，亡命美國一年以上，但對西洋文明非常失望，此後實際將會如何？深致懷疑。當時我感到：若唐先生尚在，（唐先生所作的）或可稱爲新儒學的復活吧，此卽對儒學給予新解釋並使之適應新社會；而且我想儒學亦有許多被誤解之處，因此對孔子之教作正確解釋，使之在新的、現代的舞臺之前復甦，以作爲今後文明應行之道，唐先生可與蘇辛尼津作一對話。可惜唐先生亡故，令人哀念不置。

桑原壽二（中國研究家）

我們幾個人主辦的大陸問題研究會，（唐先生）參加過兩次，當時的印象，是常常站在我們的主張的立場上發言。對我們日本方面的主張一定加以提及，並表示基本的贊成之意，但對所提出的課題和質問，中國（大陸）方面似乎沒有回答的這種情形，表示關心。這是我們覺得感激的地方。當然，唐先生的專業，比起今日的所謂大問題，是從更深的學問的思考方面來談論大陸局勢。在匆忙的會議當中，對唐先生的通識未能充分請益，失去難得機會，至感可惜。再相見是不可能了，但希望藉此機會進一步檢討先生的著作，以供作展望將來之資。我相信這是後輩對故人的追悼。

長谷川峻（前勞働大臣）

在此席中被大家所薰洗着的心情，使我擬一述所感。唐先生參拜伊勢神宮所寫的文章（譯者按：當時唐先生口述，由池田篤紀先生翻譯），我讀後深爲感動。我出任勞働大臣時，參加總理大臣的祭供，在伊勢內宮參拜之後，曾對德川宮司說過這樣的話：「伊利莎白女王參拜伊勢神宮，恐怕也是英國歷史家湯因比博士的影響吧？湯因比博士三次參拜神宮，並以毛筆簽字。在『歷史研究』中，湯因比博士對日本伊勢神宮所代表的神道，有相當的評價。伊利莎白女王可能就是受了他的影響的。」我自己因爲被請揮毫紀念，於是亦題了「爲生民立命」而歸。唐先生參拜內宮，接觸日本文化的原型，卽說：「人不止是空間的存在，亦同時是歷史的存在，以繼往開來。」我想湯因比博士亦有相類似的感動，所以纔三次參拜吧。發潛義，亦卽眞理之探究，我對有深智慧的人，表敬意不已。

高木桂藏（中國研究家）

我是唐先生的學生，曾受業四年之久。唐先生對日本很關心，常說日本的神道和中國古代的儒道有相通之處。從日本寄來的書信、論文，有一些是我替先生解說的，有時則幫忙代譯爲中文。我想日本方面的資料（先生）是盡量多看，卽使是跳躍式地獲取一些印象也好。令我特別感動不忘的是：新亞書院，新亞研究所與香港政府對立，香港政府對知識分子不知是懷柔還是改造，一面對中文大學懷柔，一面扼殺中國文化；那些歸化英國或能說流利英語的人享有高薪，以示高人一等，推行一種尊重英文的政策。新亞書院畢竟是中國人立場，以中國文化、中文爲主，唐先生抗節不屈，寧使新亞研究所與中文大學斷絕關係，因財政陷於非常困苦的地步，是堅守孤高之道、行爲上亦明理有主宰的人。

如諸先輩所言，（對唐先生）我亦有這位是大哲人，但亦是村夫子的感覺。擾亂的頭髮，寬大的西服，講話時常常唾沫橫飛。一年間的講課，我仍不明白，最後纔稍稍領略一些，爲人非常溫厚，予我眞正的照料。每年總有一、兩次在自宅裏招待日本留學生。固然，日本方面接待到日本來的中國留學生的態度尚有問題，香港方面對日本留學生的態度亦十分冷淡，但（到新亞書院的日本留學生）唐先生全部招請，以辛辣的四川菜款待。太太是中國古琴的大家，彈奏宋代古曲，聞者無不浴於溫暖之中。

佐藤愼一郎（中國研究家）

記得唐先生在座談會中曾語及自己的確立、價值的確立的問題。郭沫若氏歿時，日本若干有代表性的報紙說他是將一生奉獻給革命的人，又比爲東方的哥德，給予極高的評價，但在我看來，恐怕是個滑頭的傢伙吧。去年正月在香港碰到一位從北京來的學者，我詢以：「對郭沫若氏的看法如何？」他竟答：「了不起！毛主席也尊敬他。」我因說：「這裏不是北京，而是香港，無人監視，請不要用別人之言，願聞你的意思。」這時他纔說：「無意中把北京的習慣顯露出來了。在大陸，一面看周圍的氣氛，以與大家所說的相一致，一面費心思量說些什麼，這樣的習慣沾染了，不自覺地就褒揚了他。」跟着又說：「此人在毛澤東、劉少奇生前，把他們兩人捧爲聖人；文化大革命快將開始時，一看不對勁，卽說我過去所寫的東西都是無價値的，請全部燒毀。學者要把自己所寫的東西全部燒毀，這究竟是怎樣的一回事呢？又在江青夫人出現的場合，誦讀自己所作的詩，當着衆人面前奉承夫人。使江青等四人幫作惡事的，就是郭沫若氏。但江青夫人被逮捕時，郭氏卻不管醫師的勸告，步出天安門，愉快地站在打倒江青派的一面。中國的知識分子，內心對他是很瞧不起的。然而我們卻由郭沫若氏而學到共產黨治下的知識分子的生存方法。由北京以活至今日，自己的心情一直都很孤單。唉，這都是不如此作卽不能生存之所致。此後，便安心模仿郭氏，一直到離開深圳爲止，仍然喊叫毛主席萬歲。」唐先生早出香港，在英帝國主義的土地上，最後終於達到貫通自己的地步，這件事我認爲有極大的啓發。

宇野精一（東京大學名譽教授）

在東大任教時，唐君毅先生到過我們的研究室會晤，亦到過舍下探訪。十一年前，世界旅行歸來，順經香港，承先生招待，與其友人學者共聚。之後，（先生）到京都治療眼疾，與太太一起來日的那一次見面，也許就是最後了。學問功力深固不必說，爲人溫醇如玉，使人不能忘。敬輓「唐君毅教授千古」的條幅是衷心所寫。值得回憶的事甚多，其中之一，是在舍下時說：「日本有天皇是幸運。」這一句話至今仍時時記起。我自己作爲日本人亦如此想。如今歲月遷移，唐先生從前所指出的事，此刻更痛感到是如何重要。謹對能觸及一切現象及曲折之內部本質的人，深致追悼之念。

池田篤紀（儒學家）

牟宗三先生撰文之略歷謂：「先生之學，體大思精，長於辨析，善於綜攝，馳騁於東西哲學之中而一歸於中國聖賢義理之學。其著作奧衍浩瀚」云云（譯者按：此略歷爲治喪委員會撰，牟先生潤文），確是如此。單從其著作目錄看來，（我這）區區短文，述說先生的學問，即使是沒有常識的人亦知太過，這是任何人都同意的吧。

(一) 學　問

民國四十六年，先生發表「人的學問與人的存在」一文，其中有如下的敍述：

「由西方傳來而流行於現代中國之一學問觀念，是以為愈抽象而愈概括性的學問，愈在學問世界中居更根本而更高的地位。故邏輯、數學、幾何學或第一原理的哲學，被認為一切學問之本。其次是研究人之身體與動物、植物，及無生物所同具之物理性質之物理科學，再次是研究人之身體與動物、植物所同具之生理性質之生理學、生物科學，再次是研究人與高級動物同有之心理現象之心理學，再次是研究同有社會組織之人類與其社會、政治、經濟生活之人類學及其他社會科學，然後才是個人在社會當如何行為之倫理學。至於歷史學，則只為研究各特定民族國家之社會文化之發展之諸特殊具體事實之學。文學則通常歸諸藝術一類，而視為無真正之學術價值者。……

「對此種價值判斷，與緣之而定之學問之高低之位說，若依吾人上述愈具體之存在愈真之義，便必須加以徹底之顛倒，以改而依各種學問與具體之人生存在相關愈密，而對具體之人生存在之重要性愈大之原則……以重訂各種人之學問之高下之次序如下：一、為人之學；二、歷史；三、文學藝術之學；四、哲學；五、社會科學；六、自然科學；七、形數之學與邏輯。……

「為人之學，居學問世界中最高之位，首因為為人之學，乃使人成人。人成為人，乃人成就一切事之本。……其次，為人之學，乃一切識字或不識字之愚夫愚婦之所同能從事，亦皆嘗多少從事之學。一切人無不要做人，亦無不多多少少有想將自己變好之道德精神……此卽為人之學之普遍性。而我們之所以說此學之地位，較歷史為尤高者，其理由則在任何人之道德精神，皆為依於其所持之當然理想、價值意識，以直接主宰其內心之意志，進而能改變其個人之生活行為之世界，亦同時間接能改變他人之生活行為，及所在社會人羣之世界。」

先生之摯友牟宗三先生是將西方邏輯移植於中國的第一人，但卻著有「歷史哲學」一書。此書是牟先生受黑格爾之歷史哲學之「中國無主體的自由，無個體性之自覺」之見解之衝擊而寫，亦同時是因爲遭遇到滿洲事件，日中戰爭等有關民族存亡之事而寫，可謂血淚之書。唐先生應牟先生之請，撰一長文「中國歷史之哲學的省察」以推介之。但其內容已不局限於介紹文之域，而是吐露先生之歷史哲學之雄偉論文，並痛快地批判了黑格爾。

唐先生的「哲學概論」，上下兩册，凡千三百頁；西洋哲學之外，印度及中國之哲學均亦網羅在內。書中附錄一，介紹參考書目，裏面有一段短文述及民國以後中國學界的情形。讀此可知唐先生對民國思想家、哲學家的看法。

「民國以來，西方思想對中國思想界之影響甚大。最早者爲進化論思想，由留英之嚴復氏譯達爾文、斯賓塞之書，介紹至中國。次爲杜威之實用主義，由胡適氏及其他留美學生，介紹至中國。再次爲辯證法唯物論，由留日及留俄學生介至中國。於是中國數十年來思想界之中心問題，一在中西文化異同之辨，一在爲對中西思想之如何重新估價，如何選擇融通？以謀中國文化及思想之前途之開展。

其重辨東西文化思想之異，而重新說明中國思想之價值，並主以中國思想為本，以解決中國之社會政治文化問題者，首有梁漱溟先生之『東西文化及其哲學』、『中國民族自救運動之最後覺悟』、『鄉村建設理論』等書。其以中國之文化與思想，無大足稱，當力求中國之西化者，可以『獨秀文存』，『胡適文存』中之見解為代表。其求中國之儒家思想與西方之民主主義、社會主義思想融洽者，則為孫中山先生之三民主義。其主中國儒家思想當與西方之重精神與生命之哲學及民主思想融合者，則民國十年左右有張君勱、張東蓀兩氏。……

「純哲學範圍內說，則以西方之新實在論哲學思想為據，將其注入中國固有哲學名辭中所成之著作，則有金岳霖氏之『原道』及馮友蘭氏之『新理學』。此二書之價值，固未必遜於現代一般西哲之作，然要非真正意在承繼中國哲學之精神而發展，亦未能對西方哲學有進一步之批評者。國人近著之書，其不甘唯西方哲學之馬首是瞻，以申論中國人生倫理之義者，有黃建中先生之『比較倫理學』及方東美先生近以英文所著之『中國人之人生觀』。至能循西方現代哲學之若干邏輯哲學與知識論之問題，進而改造康德哲學，以建立一知識論系統者，則有牟宗三先生之『認識心之批判』。至於愚以前所著之『中國文化之精神價值』及『文化意識與道德理性』等書，雖皆不足以言精心結撰之著，然皆對較西方之文化思想，以明中國文化思想之價值所在；兼欲以中國先儒之德性為本之義，統攝當世所崇尚之一切分途發展文化意識，以免道術為天下裂者」云云。

（二）人物

略歷謂：「履艱而忘其危，居約而事其遠且大，此豈不以聖賢之心爲心，不以民族之憂樂爲憂樂者所得勉強矯飾於萬一乎。」活寫出唐先生的形象，不愧爲摯友牟先生之手筆。我想牟先生也是同樣的人物吧。

故岡潔先生說心有二種。第一種心存在於大腦前頭葉中，主宰感情、欲望、理性，通於意識而活動。此心之活動方式，不外是以自我爲主人公。古希臘以降，西洋人的思考活動即此第一種心。第二種心存在於大腦頭頂葉中，是無私的。此心之領悟方式不通意識，如小孩子領悟事物的狀態那樣（池田按：孟子所謂大人者，不失其赤子之心）。

誠然，物質現象於第一種心可得明白，但於生命現象則不可解。自然科學對物質現象好歹總有說明，但對生命現象則完全無知，唯有通過第二種心，生命現象纔得明白。

第一種心在佛教來說是小我，第二種心是眞我。把第一種心認作自己和把第二種心自覺爲自己，其人生有極大的不同。把第二種心自覺爲自己的人，在佛教卽稱爲菩薩，在儒家稱爲聖賢或君子，在神道則稱爲天津神。

第二種心一覺醒，卽見自然之中心是心，自己之中心是心，他人的中心亦是心，因此自他無別，全部都是可親的。見花也好，見山也好，全部都是自己的同類。人之所悲卽自己之所悲，人之所喜卽自己之所喜，云云。

唐先生就是把這第二種心自覺爲自己而生的人。從儒家的表現來說，也就是自明其明德的人，已率其天命之性的人。傳說有學者在程明道家中住了一個月，歸鄉時別人問他如何？他說：「某在春風中坐了一月，」我與先生亦曾有數日共起居，正有這種坐春風的感覺。天地之大德曰生故。

但人持續地以第二種心活下去極難，一般人僅能偶爾住於第二種心中。此中機微，唐先生的摯友徐復觀君卽常常提到：

「孟子道破『仁義禮智根於心』，此心與一般所說的心或西方心理學上的意識並不相同。此心開拓世界時（卽以心的本來面目活動），通過一種修養工夫，經驗、實踐，打破成見、私欲，把主觀性的束縛除去。此卽孟子所謂『養生莫善於寡欲』。因為『天命之謂性』，本心卽在人的生命之中；任何人、任何時，都有本心的作用。但一般人所發生的本心的作用，是間歇性的，混淆性的，由此所表現的人生是善惡混的。」云云。

唐先生那種如春風的氣象，以至一刻也不肯浪費的深深的思考，正是本心的顯現，爲人之學的實踐。反觀西方的哲學家，人與學問分離。他們的哲學是邏輯的思辨、理智的遊戲。羅素在他的「西方哲學史」中，論叔本華（Schopenhauer）道：「除對動物慈愛外，再無一德之證據可舉。在其他各方面來說，他是完全自私的。一個深信苦行和忍讓之美德的人，竟從不實踐他的信念，實在使人難以相信。」言下似不勝感慨，但羅素本人實亦無例外。羅素又寫道：「所有有代表性的中國哲人，都是通過生活而努力把他自己的信念全部在其行爲中予以具體化的人」，所以很佩服。在這方面，唐先生卽能在其學問與人格的實踐中統一，所以唐先生的性情，於先賢不辱，是一位已完成其對國家與民族之歷史的崇高的責任感的人。

我們對於辛亥革命以後，亦卽民國以來中國學人所成就的業績理解並不很夠。特別是對於繼承民族傳統的人理解不足。若我們對唐先生所師事並抱敬意的梁漱溟、熊十力先生，及唐先生所兄事的張君勱、錢穆諸先生，並好友牟宗三先生、徐復觀先生等的志業，不能努力作多些了解，則所謂文化交流的資格，我想亦不能有。以上妄言。多謝。

譚覺眞（日本研究家）

戰後我在日本過了三十多年，加上戰前留學生時代和戰事期間的停留，過了半世紀日本生活了。

將近七十年的歲月，大半是在日本消磨的我，可謂「六十年無一事成」吧，明知可惜，亦不能反省，亦不能辯解了。驚也好，悲也好，都用不着，如今自己所作的事，唯有自己應付。

過去的日子，亦非一定是黃金，不如說是荆棘之途亦可以。我在這半世紀中，感受到大時代的轉變，以至異常複雜的「命運之體驗」，使我對日中兩國的關係，在過去及現在，仍不知其穩定之道，可以說是常常陷於混沌的連續的緣故。

我所經歷的半世紀，在中國與日本之間，沿着許多中國的知識分子所走過的道路前行，雖欲與他們的步調一致，但現實卻不一定如所想的那樣。戰後的中國，動亂與變革，終使國家的體制亦為之一變。許多同志與時代共離散，有些人已去世，有些人雖生已變為靜觀者。舊日的同伴尚存者極少了。

這種情形，在日本稱為「明治久遠矣」，在中國則得到了極多的「亡命海外的無家者」的結果。

最近中共打倒四人幫，力謀近代化，從形迹方面說，卽歷史之重複。如推動「中日友好」大勢之再起；但戰後的「日中友好」眞的呢，還是戰前的「日中友好」眞？對此實不能單以「同文同種」、或「一衣帶水」等互相掩飾的言辭來作理由解釋。

因此，老是「毛澤東中國」、「蔣介石中國」那樣，千篇一律的中國論，太拘泥了，而一面佯作不知，我想亦太無技巧，太無方法了。

日中關係的史實，可上溯至明治維新、辛亥革命，和日本與中國的「近代化方向」，以問當時

「史之形變」。爲了了解中國近代史，不但對唐、宋、元、明、清等歷代王朝加以詮索，對鴉片戰爭以降，中國對國際列強壓迫的反抗亦須明白，唐君毅教授的碩學，甚至在這方面，對革命以前的中國讀書人和日本情形的理解認識上，亦有貢獻。日中關係的認識，若不求其相異，正如剛才景嘉先生所說：即使在書法方面，中國人由於有高度的歷史體系，中國人之間彼此亦不大稱賞。

日本人對中國人的書法十分讚譽，但中國人卻不隨聲附和，這是因爲從前的中國人有極優異的作品，今日的中國人亦不一定能超過。從日本看日中關係，可以說情形亦一樣。彼此有無誤的認識是重要的。

唐君毅教授在香港時，曾對我說過：「我沒有學過日本話，很遺憾。」今日席上，與古海忠之先生相熟的中村彰氏，早就說過：「希望有歡迎中國知識分子到日本來的機構或團體。」前些日子，大阪某大學的校長亦傳出要開始招請中國學者了。

爲了眞正的日中友好，是必須以文化交流爲主眼的。唐君毅教授是少數受日本所歡迎的優秀學者之一，我對經常把唐君毅的學說譯爲日文的池田篤紀氏的那種學問的熱情，深深銘感；同時由於今日出席的各位先生的情誼，得於此緬懷唐教授，並爲其冥福祈禱，請許我以拙見代之。

和崎博夫（中國研究家）

十分遺憾，亞洲方面，特別是中國，認爲日本的神道是極權的印象，仍照樣有極深的遺留。這一責任，大半應由近代日本政治的錯誤負責。唐君毅先生在昭和三十二年（一九五七），參拜伊勢神宮之後的演講（同行池田篤紀先生翻譯），比起湯因比博士的參拜記，當然是更哲學性的；在神宮中，把較禪爲先驅的，通過世上而直結於天的，簡潔、樸素、明朗的日本的心，自其原點觀察、評論了一番。他說到東方傳統的智慧，就是把人類敬神和自然的共通性，與攝取民族固有形式的宗教理性，兩者如樂記論篇所說的「同則相親、異則相敬」那樣，相互信倚而開出。

在神宮所看到的亦得稱爲深層的理性的神靈，對其存在，（唐先生的）這篇短文進而談及其非陌生人的愛惜之念，又解釋日本民族何以得成偉大，態度親切，決不僅是稱讚的話。每一個神話都有劍，但東方卻重視玉，尤其是神宮中對鏡的祭祀是重要的。照鏡卽如觀我之傳承，自己與歷史結成一體，繼續不斷，日日其命維新。唐教授看神宮，在世界上是獨特的、極爲合理的思維典型。中國人以這樣的文字論及日本的神，十分稀有。

愈翻閱這篇指出日本人的樸素的、清淨的原始內心的文章，愈覺得（先生）不迷於今日已經夜郎自大的（日本的）經濟成長，而使之反省，學問竟到達如此深亘溫暖的地步。還有，先生論述之間，眞情流露，有許多地方激人之志，雖及於遠，但一步亦不可廢，對無學者亦有鼓勵。

第二次世界大戰後，承對中國有深反省的中山優、清水董三兩先生之介，得接唐先生之豐神二十餘年。五年前赴香港，蒙約同李聖五、樊仲雲、李璜、徐復觀等十數位先生於樂宮樓共敍，談及日本方面儒家思想至今仍活在民間等事，十分高興。席終，我以常常受唐先生以地主之禮招待，今回得瓠堂老師資助來港，因堅請允許作東。每次爲我們作翻譯的胡永祥、楊望江兩學臺亦從旁說項，說在長久的交誼中，這樣的話還是頭一次說，因此請聽從接受。我亦不避僭越，舉杯代日本諸先生祝福，唐先生在我的堅持之下，終於破顏首肯，他那碩大的身軀，溫暖的手掌，重疊與我相握，並說：「請向安岡、池田、宇野、大野各位先生及其他朋友問候。」這時，向來不憂不懼的先生，我第一次看到他的眼淚。這就是唐君毅教授在此世上留在我眼中的最後的顏容。

以我所知，以個人的存在來顯示其民族偉大的深度，在中國方面唐君毅先生就是最初的一位。遙以門外漢自命很久了，希望來世相見時能爲（先生的）弟子。

石井光次郎（原衆議院議長）

我代表發起人講幾句話。在此悼念唐君毅先生的席上，承朗讀先生的略歷，及說出各位的回憶，使追慕先生之念得以加深。我與先生亦有好幾次會晤，（先生）不管如何辛勞，仍保持安靜的態度，對此內心極感欽佩。日本與中國的關係，自古長久。日本文化幾乎全是受中國文化的影響而發展起來的。雙方雖有種種曲折，但從現在起，日本對於中國的巨大的發展，應記得有從文化方面加以幫助的必要。現實上是有困難問題，兩國的關係亦非一朝一夕所能整頓，但可一步步拆開，直至子子孫孫仍願密切往來。特別是爲了學習、研究等事，我希望現在即能互相來往；與中國學者見面時，對他們不會有任何障害，一本誠意改善。今日得與諸位先生一起獻上追悼之禮，謹此致謝。

（一九七九年七月，「明報月刊」第十四卷第七期）

悼唐君毅先生

周紹賢

唐君毅先生謝世，學界人士追悼之文頗多，對於唐先生之弘揚中國文化，培育青年學子，傳道授業，繼往開來之盛績，所述綦詳，綜觀諸文，足見先生令人欽崇之瑰瑋生平；無須余之贅述。其學行文章爲余所傾慕，而其對人之謙抑熱誠尤爲余所敬重。余忝係唐先生之末友，相交之日雖淺，而友誼頗篤。八年以前，我二人尚未謀面，我以默默無聞之庸人，如不遇唐先生之熱誠謙懷，必無緣相與爲友；略述此緣所起之因：唐先生素尊熊十力、梁漱溟二位大師，二公陷於鐵幕之中，誠如儒行所云「載仁而行，抱義而處，雖有暴政，不更其守」。二公卽其人，此中外皆知也。梁公屢遭鬬爭，余曾有詩文以抒憂念之忱；五十七年夏，熊公逝世，余曾藉詩文以抒哀悃，此類刊物，曾入唐先生之目，加以昔日隨余流亡之學生，有在新亞書院受業者，在唐先生面前述說從余逃難跋涉之苦。由此種種，唐先生知余係熊梁二公門下之末屬，六十一年秋，先生來臺講學，由湯生陪之枉駕見訪，二人一見如故。余深感先生之風度溫良而端肅，熱誠而直爽。略述寒暄，卽談及熊公之作古及梁公之被困，彼此悽惋交融，咨嗟不已。談及熊公之著述，先生云「我藏有熊老師民國二十一年出版之新唯識論，篇首有馬一浮先生之序文，此書已絕版，不易得也。余曰：「可否將此書寄來，翻印之，以表我等紀念熊師之忱？」先生應諾，回港後，卽將其書寄來，余乃翻印之，以公同好。此後彼此屢有書函往來，並將其尊翁所著之「孟子大義」及其太夫人之「思復堂遺詩」寄贈於余；余亦將拙著之「孟子要義」及「松華軒詩稿」寄贈以報。

六十四年，唐先生來臺，晤談之下，謂余曰「兄著孟子要義、先嚴著孟子大義，書名相係，書內標題亦有相似之處，眞所謂冥會默契也」！又對余述說梁公被監視在石家莊之消息。又言：曾郵寄思復堂遺詩、及自著之哲學原論各一本，贈於梁公。梁公回信謂「只收到詩，原論被扣，收到郵局一紙條云：「唐某所著之書，有害於國民，故沒收。」」北平演「批孔揚秦」之惡劇，梁公不參加，共酋派馮友蘭勸說梁公，公仍然堅決拒絕。又派其高級嘍囉威脅梁公，公云「我認為批孔無必要，故我決不批孔，我今年八十三歲，我無所畏懼」！此消息盛傳於香港，梁公寄唐先生書略云「我以不批孔，受到威脅，但我獨立思考的人，表裏如一，無所畏懼，一切聽其自然發展，……我身體精神尙佳，可以告慰遠方朋友」！唐生先每接到梁公之函，必告我知，知我與之對梁公同心關懷也。

現在有一句流行之俗語，一般人遇有得意之事，每曰「我感到驕傲」，或曰「値得驕傲」此在以往爲自滿自訾之詞；蓋依中國文意而言，「驕」爲不馴之刁馬，故詩經巷伯篇以「驕人」爲小人之得志者；「傲」爲傲慢輕率，故王陽明謂「傲爲人生之大病」，合而言之驕傲之表現，卽「自覺了不起」、亦即「討人厭的樣子」。世上有一種人，所學稍有成就，即顯示「自感驕傲」之態度，殊可笑也！若夫有博學令譽、而謙抑雅正如唐先生者，在我孤陋寡交之目中，未得多覯。先生爲儒門護法，言行如一，實踐「主敬存誠」之義，非空談理論者也。

余生平苦歷轗軻，飽經風霜，從無得意之事，近年來得與唐先生爲友，甚以爲幸。不幸先生罹惡疾，醫療罔效。去歲，先生養疴於圓山客舍，余往問候，尚能與余啓談。將返港、臨行以電話向余道別，謂「不久將來、擬回臺北定居，庶可時相晤面矣」！不意先生返港半載後，竟與世長辭；而所謂不久回臺者，乃明旌素翣、徒供親友憑弔而已；而所謂來臺定居者、乃黃泉夜臺、長眠觀音山麓而已；嗚呼！二豎作祟，奪我良朋，可勝痛哉！

（一九七八年四月，「哲學與文化」第五卷第四期）

憶唐君毅教授

賴高翔

唐君毅教授逝世，遂已數年。今年秋，吾在成都遇其弟子劉君雨濤。出示君毅在港所印行其尊人唐迪風先生「孟子大義」一書，及其母陳太夫人「思復堂遺詩」，與香港紀念君毅之作，始得君毅逝世詳情；及與吾別後德業之猛進，聲華之燦爛。君毅論年，蓋猶少吾二歲。一代哲人，遽先殂化。蜀山蜀水，頓失斯才。追想生平，曷勝愴悼。

君毅所印行之「孟子大義」，係據「學衡」所載；其自述深以未得見敬業學院彭芸生先生所刊初印本為恨。吾捡舊藏適有此書。因取兩本略為勘對。撰為「孟子大義敍錄」。兼略述迪風先生之堅苦卓絕，與陳太夫人之令節高致，與夫吾與君毅相識之由來。其所錄歐陽竟無，唐迪風墓志，所引思復堂詩，為印歐陽詩文集所誤改之句，亦略有辯正。又補入清寂堂詩挽唐鐵風五律一首。林山腴師此作，於迪風先生夫婦之行誼，稱述得宜，情詞悽惋，不獨友朋之戚而已也。此文友人王善生先生以為省文史館急需有介紹唐君毅教授之作，因為改易題名，並易其首段，交文史館，此稿行成於倉卒，又無副本一時難以索回。劉君亦以吾撰文之事，通知君毅令妹唐至中先生。頃得至中先生來書；以明年所出君毅紀念刊，已預計拙文，理難辭謝。故復撰此篇，聊以塞責。吾於君毅年來撰著，既未得過覽，無由稱述。加以四十年之別，其起居動止，亦復茫然。年事衰邁，往事遺忘已多。空洞無聊之言適足貽識者之笑噱耳。

吾與君毅之初相識，蓋在一九三二年，其時吾方畢業大學。任教蜀華中學。有資州師範校長某君，請代聘教務一人。吾時居西馬棚街，與吳君毅師槐樹街巷衢隣比。偶遇謁吳師，談及此事。吳師云：「唐君毅兄，其人品行學問俱佳，中大畢業，且又迪風先生之子也。」吾因轉告某君。已有成說。某君忽又改聘他人，吾深以受欺於人，失信於師爲恥。在蜀華上課，言之而歎。蜀華負責主持人傅君，亦同學也。當卽告吾，「此事不難，我校聘教哲學，便可成全。」卽具一聘書，囑吾轉送。蜀華中學在錦江公學舊址，地名錦江街，後改爲蜀華街。君毅家卽居此街，吾往叩門致聘，略談數語而別，見其面容枯瘠，衣履垢敝，以爲篤學深思之士不修邊幅者之常情，而未知其家之窘也。此後數年之間，有無過從，已不省記。七七事變以後，李源澄來教蜀華，與吾深相契合。君毅已不在蜀華任教。吾時居文廟西街。源澄時偕君毅來寓中共談，吾亦數往君毅之家。然皆與源澄同往。亦以源澄之故，得識周輔成於此時。吾平生論學之作；自以未臻完美，未嘗輕以示人。獨源澄得盡觀所爲。幾於篇篇見賞。源澄亦必以所爲相示，徵其切磋。友朋之樂，講習之益，以此時爲平生之冠。四十年來，吾移居近郊，朋遊稀簡。源澄亦未嘗一通音問，至於夭逝。加以年事衰邁，記憶力日不如前。昔日所與同遊一途，同讌一室者，十年不見，乃至不能道其名字，獨君毅尚有數事，猶時時往來於吾心。今述之於下，亦庶幾略暢吾之哀思也。

憶源澄與君毅共聚吾寓，各述所企求：吾云「我所企求者安定」。君毅云「我所企求者自由」。君毅所以遠離故土，飛聲海外，意者此一念有以促之歟。又一日論及中國古昔文家之思想：君毅云：「我最喜陶淵明詩，以其哲學思想之豐富，爲其他文士所不及也。」又一日在吾寓，源澄談及支那內學院宜黃邱先生之死訊，君毅黯然不怡者久之，既而歎曰：「何好人之易逝也。」源澄事後語吾云：「此可見君毅之深於情感。」又一日共論中國文化之精神，君毅忽見譽云：「足下之心性行爲，可爲中國文化之代表。」吾深愧此言，然頗怪與君毅往還無多，何從而相期之厚也。意者源澄與之共論及吾有以契於其心歟？故吾之有志於學友朋之中：源澄君毅實導其先路。荀卿有言：「庸衆駑敎，則刦之以師友。」今源澄之沒，既已二十餘年，君毅亦數十年音問阻絕，以至於死，吾所以終於庸衆駑敎也夫。又一日源澄告吾：君毅閉門一月，撰著一書，已將告成。因同往訪之。叩其大略，君毅云：「書名尚未確定，原擬名人生之路，以其與基督敎福音相似，故未用也。」後源澄贈余理想與文化數冊。得讀君毅此作，書名不省記。但記其思想湛深，文詞優美，至今猶時時往來於吾心也。君毅之夫人謝女士，其兄謝紹安，亦曾負笈成都，與吾同學相識。方兩家議婚時，吾亦曾以此事問之君毅。君毅云：「我當俟吾母與吾妹之同意。吾母與吾妹謂可，卽吾所允可者。」吾亦以此服君毅之孝於其親，而友於其妹也。君毅之就任中大哲學系主任，在成都似猶得相見一次。見其顏色憔悴，以爲篤學苦思，精進太過。君毅云：「我近欲推舉二人入中大任教，又以阻力太大，恐不易通過。遂至數夜失眠耳。」吾於此事亦見君毅爲人謀之忠及其任事之勤。凡此種種，眞足爲中國文化之代表而吾之所謝短者也。此蓋吾與君毅最後之一面也。

吾常與源澄共論成都諸老輩懿親子弟，必以君毅爲稱首。以爲傳世之才，非但震耀於一時而已也。君毅著述，吾雖未得細讀；然深信其爲中國近代探究宋明以來中國哲學，最爲精微廣大之一人。其書之必傳世不朽，可以無疑。其弟子追思不已，則其學之繼起亦必將有人，可以無慮；獨恨其溘然先逝不得見十一屆三中全會以後國內之巨大變化，以及中英協議歸回香港主權。且更以餘年重遊故國與吾輩僅存之二三故人，弔昔懷今，共傾數十年闊離相思之夙抱也。

一九八四年十二月十九日寫竟

（一九八五年二月十八日，華僑日報「人文雙週刊」第三一七期）

一代哲人 已成終古

——敬悼唐君毅先生

釋曉雲

二月三日的下午，一位同學進來我的工作室，告訴我唐先生在港逝世的消息。當時，我即放下手中的筆，深默凝重的心境中，我在想：「若不是在臺灣，我巴不得馬上要驅車去看唐太太。」唐先生上次來臺診治時，那是去歲元月，那天中央日報招待作者茶會上，我和程兆熊教授約好稍逗留後，一同去看唐先生。當我們進入劍潭一所頗雅致的客廳中見到唐太太，略寒喧，唐太太心情沉重得不願多說話。約數分鐘，唐先生自內出來，坐在沙發上；約距離我二、三尺的位置，我一面和唐先生談話，一面細細觀唐先生的面貌時，我忽然垂首默然，心中說不出什麼話；唐先生往日的神采氣色，何以變得闇然沈淡。雖然在座有幾位青年學人，自美回國的吳森教授，和哲學文化月刊之主編及作者等數人來探望，吳教授曾坐近唐先生身旁談些問題，而唐先生懇切地與他們談話，可是我見他的精神似乎不如往昔。當我在回陽明山的歸途，曾與同行的蔡同學說：「唐先生面色不好！還望吉人天相吧！」蔡生連聲說：「是，是……。」我們相視默然，不再說什麼話。過後幾天，一位楊同學送一些素菜給唐先生（因聞唐先生想吃些素菜），回來時告訴我，唐先生和唐太太，還有香港來的新亞研究所趙潛先生在座。他們在露臺上很愉快地閒談；並說唐先生精神也很好，我便覺得很心安。直至唐氏夫婦回港前，我亦無暇親去探望，只是經常與程教授通電話，以獲知消息。唐先生回港後，曾於致函程教授時，托他致意謂：回港時匆匆，未及一敍，俟下次來臺再見。不久曾接趙潛先生來函，謂唐先生病況已經很好，將可開課，一月三日又接來函謂：「唐師最近曾住醫院檢查，近況尚佳，請釋念。」噫！人生無常；唐先生眞的這下次再來臺了（昨致電程教授時，聞知約二星期後，唐太太和女兒安安將扶柩回臺安葬）；一代哲人已成終古，將長眠觀音山下，魂歸故國矣！

我們相識多年，爲學、爲人，堪稱益友。論年齡，唐先生是我的學長；論思想，我們是儒佛相交的師友。唐先生對我們與辦佛教文化事業，也曾貢獻過他的寶貴意見；如創辦原泉出版社，印行原泉雜誌；民國四十四年夏，當我將作歐美遠行之前，我們計劃出版一本渾融儒佛思想，假文學藝術而表現之刊物，唐先生爲此約了胡應漢先生（梁漱溟的門下）共同商議有關事宜（我出國後，胡先生代爲主編；唐先生亦指示胡先生解決原泉社的若干困難。）在原泉雜誌創刊號的發刊詞，唐先生曾數度共同斟酌刪改，務求儒佛相融，藉宗教藝術對人生有所影響：「斷煩惱而修悲智，莫尙乎佛。由仁義以行教化，莫尙乎儒。而東西哲學之求人生向上者，其道蓋亦多通於儒佛，莫不可相觀而善，宜爲大心之士所不廢。」六十三年秋，我們在臺灣註册續辦原泉出版社時，亦曾去函唐先生報告其事；並謝他早年為原泉社所花過的精神。唐先生對歷史性之文化古蹟亦甚關懷；民國五十三年，東北樂果老法師和我有意重修位於香港元朗夏村為宋所興建之杯度寺（杯度寺史實見羅香林著香港前代史），當時，羅香林、錢穆先生等，也一同來到我們佛教文化藝術協會的般若亭前，作初步之商討與策劃；在座中，唐先生是最感興趣而發表了最多寶貴意見之一人。（但可惜後來以事體重大，未即實現）民國五十三年，唐母陳太夫人在大陸逝世的消息傳到香港時，唐先生哀傷逾常，痛苦椎心，如兒提索母（唐母嘗隨歐陽竟無大德研佛法，詩文並佳。故當時唐氏夫婦托令假慈航淨苑治喪弔祭，並迎請佛教長老樂果大法師為唐母安靈說法，悲切誠懇，悱惻感人，至今印象猶新）。唐家在淨苑料理喪事，並奉安靈位於淨苑功德堂，自是常來淨苑小住，到大雄寶殿，到功德堂，離去時常有依依眷慕之感！

時光如逝水，在許多塵影舊事中，最初和唐家認識，是在民國四十二年的初冬；是我剛從印度回到僑居地香港的第二年。當時，在港辦人生雜誌的王道先生夫婦，約同唐先生伉儷等，到慈航淨苑相訪；記得同來的尚有多年未見的梁寒操先生，擅詩畫的竺摩法師亦來作陪，是日大家共敍午齋；回憶舊事猶新；然於今梁先生、唐先生、王先生已成終古，可見人生幻滅，世事無常。佛經云「生住異滅」，世間萬事萬物皆在生滅法中盈虛消長；本來人生壽歲之生死問題，不過是一種循環理數。可是對世界有貢獻，對人類文化思想有提昇啓示的人，一旦逝去，我們便覺得這世界上，好像損失了一點什麼，尤其在我們這異說紛歧的多難時代，需要磊落正義學養俱備之人格多留於世，使人間多些光輝；然而，不幸的，唐先生已去了，使人哀悼無已！

近日報章有悼念唐先生之文章，都稱唐先生爲當代之大儒，可是唐先生並沒有如宋明理學派之儒者，以衞道於儒而刻意排佛，或陽儒而陰佛。當然唐先生不是沒有像一般人於不經意中略有評佛；但亦能以其對中國文化思想精博之獨到見解，就儒佛之相關性，發乎中肯之論，例如最近他的「談中國佛學中的判教問題」（哲學與文化四十五期、第十二頁），他認爲佛教「能存於中國以致在中國生根而變成中國文化不可分割的一部分」，就此問題，他認爲一般而論，有三種說法；第一種，他曾引用歐陽修所持的說法，是因儒家本身「學術衰落之際，所以佛教得以乘機落足」。第二種說法，他引用荷蘭漢學研究院長許里和（E. Zuricher）所著「佛教征服中國」(Buddhist Conquest of China)一書內容「卽中國原來之宗敎不足，以說明佛教何以在魏晉南北朝以後之迅速征服中國。」雖然唐先生引述此種言論，亦未必完全同意此種言論，我們亦不同意認爲佛教是侵入中國是乘機落足的，這在歷史上亦無法證明佛教侵入中國，乘機落足；因爲在文中唐先生仍認爲中國可能「缺乏如佛學般深刻之體驗，而由佛學在此中國之欠缺處作一補足（第十四頁上）。這是唐先生站在儒家立場而談佛學之超然之處，亦是厚道之處。這也是爲何唐先生的評佛，而我們都能消融痕跡。許久之前唐先生曾不只一次說過，中國文化復興，佛教亦應有復興的發展。唐先生之寬度論佛，亦卽其人之厚道之處；蓋於亂世中，不宜以異己爲仇，務使調和折中然後始得相安。唐先生對儒佛之辨，曾言「于儒佛之辨，在吾之意，則以儒佛皆是大教。歷史上之儒佛之爭，使二教成一大相斫場，亦非幸。……吾意佛家之根本精神，在對有情之生命心靈中之苦痛、染汚、迷妄、罪惡等，一切負價值之事物，原於生命心靈之自覺或不自覺之執着、封閉者，最能認識眞切，而於此動大悲願，求加以超化解脫之道。又佛家深信生命心靈之存在與活動，不限於常生，而有無盡之前程……此二者皆非儒者所重，亦非儒者所能反對。此卽佛之立根處不可拔者也。」（中國哲學原論原道篇、第一三八頁）唐先生深知還有許多事比排佛斫佛更須要花精神與時間者。深明大義之人，時以適應時勢和顧全大體爲着眼，非敦厚學者不易爲也。

唐先生對佛學亦有深度的研究：「隋氏古籍之學，自謂承僧朗於般若學所傳之關河古義，更由般若學之兼通法華、涅槃與他宗之論。其規模弘濶，似智顗法藏，著述之富，亦不相下」（佛教文化學報第二期「吉藏般若思想之實相義」二五頁第一行）。又隋「智顗之言無明與法性合，生一切法，乃唯在俗諦觀，或假觀中言，若在空觀，則當知此一切法，皆有眞空法性，當觀其空。在中觀，則當知一切法之非有非空，而亦有亦空，當觀其中。此觀其中，卽雙觀無明與法性，而通達之。此通達，乃一『明此無明與法性二者』之『明』，亦使人『能超無明』而破無明之『明』。」（中國哲學原論、原道篇。第二五五、六頁）唐朝「宗密……亦言先學敎，而後捨敎入山，習定均慧，前後息慮，相計十年，方見『淸潭水底，影像昭昭』」（中國哲學原論原道篇貳）。明季諸師（藕益、蓮池、憨山、紫栢）乃我國隋唐佛教季世後之卓越僧材，禪行高遠，文章道德，佛學精研，具古人風，修菩薩行，匡時濟世，肝膽照人。唐先生對諸師之言行推崇備至。六十四年十二月廿一日，唐先生回國講學時，筆者曾邀請唐氏夫婦到永明寺午齋。（亦約同程兆熊、彭震球二教授共敍）飯後，雲門青年，請唐先生發表講話時，唐先生並提到拙著「讀晚明諸師遺集」，他認爲晚明諸師，雖身爲釋子，但對國家大事、社會民困俱能關切，而且諸師中，憨山、藕益二師對儒佛相融著論亦豐，是極值得推崇重視的。唐先生對中國佛教古德之言，提筆立論，肝膽照人。至於對中國佛學之論著，有關於隋唐佛教，在「中國哲學原論」「原道篇」中卽佔相當篇頁（一〇六四——一三四八頁）。唐先生對佛學能達到融通之境界，最主要是他站在中國哲學最崇高之境界而融通般若空學，這是唐先生對佛學研究的高明處，他論「玄學家之一切理論，與由此理論所達之超臨虛曠之心境，只是隨吾人之意而起。此所起之意與意所及之理，皆提起則有，放下則無。……東晉南北朝佛家之空宗之理論，則正是最能發現一切名理之論，放下落實時之虛幻，而能空此諸理論之理論，此空諸理論之理論之出現，正是表示中國思想史之進一步之發展」（中國哲學原論上册第四十四、五頁，「佛學與空理」）。唐先生對佛學言「空」，具深度洞達之見：「佛家言空，尤似與玄學家言虛、言無者相類似。然實則二者首有根本精神態度上之出發點之不同。蓋玄學始於人與人之清談，而佛學始於個人之發心求覺悟。玄學可爲談玄而談玄，故不必有一套修養之工夫，佛家爲行證而求信解，卽必有一套修養之工夫……玄學家猶可止於思議，佛家則必求達於超思議，與不可思議之境。……要之，自佛家觀玄學家，皆不離戲論者近是。」（中國哲學原論上、佛學與空理第四十三頁）。唐先生能對佛學空宗之義理窺其堂奧之心得在此。

唐先生的學術思想廣博精微，筆者不敢輕言論說，但就淺識之所知，以其早年面世之「心物與人生」及近年出版之「說中華民族之花果飄零」，實在發人遠思，讀後令人深省，徘徊而不忍釋手。就「心物與人生」一書（原四十二年初版）可能就是「中國哲學原論」等巨著之引端，也許就是「原道」的核心；因爲「原道」的心行，無不仰源於「生命世界」、「心靈精神世界」和「所感覺的物質直覺的生命與自覺的心」之活動與昇華。一個偉大的思想家，在他的心目中，自己會發問：「您可曾想到，在千丈岩石之隙中一株小樹，無涯的沙漠中一片草原，這中間，都包含着宇宙的生命意志，展現着天地的生機？在冰天雪地中，幾條海狗之相偎相倚，蟻穴之旁，二個螞蟻之輕輕一觸，這中間都有生命互相感通之情誼，你又可曾想到任何一株的花樹，都在潛伏着希望，其花花結果，果果都落在地上，生芽長樹，遍野成林」（心物與人生第一一四頁）是的，泰戈爾有詩：

「花……由種子又成新植物；忙，非常之苦，風吹雨打，毫無暇隙，……勞動……」因爲，泰戈爾的詩含有生命昇華的哲理；而唐先生的哲理，含有詩化的境界。（在「心物與人生」的境界如此）

我們比較喜歡能透露宇宙生機和生命內涵的靈氣，所以過於迂廻說理的哲學論著，卽使非常深研奧妙；可是究不如告訴讀者「岩石之隙中一株小樹，蟻穴之旁，二個螞蟻之輕輕一觸」，「雨水灑在沙地，它們在談話」（泉聲）諸如此類的生命與宇宙的聲響，多麼令人深思透達，從有形通到無形，從物質透出靈機，這不就是活活的宇宙，在生生不息中輪轉着嗎！我們細細地去領悟，深深地體會，若能對這些都能通達消息，會心微笑，那又何必提防、擔憂對人世間之喜怒哀樂而不深化呢？若能深深地了解，能對這些被一般人以爲微不足道的宇宙生機，其實是在我們的心中，無邊世界的活動，歡呼着，也痛苦着，也充滿希望，也絕望，也有昇華，總之在生生不息之交替中，宇宙世界上是常存的，——生命也是常存的——一生不滅；唐先生的精神也是常存的。「心物與人生」不管是在理論性的篇頁或詩篇式的「人生之智慧」（第五章）皆充滿發人深省之至理：

「日月光輝長在望，大地山河呈萬象。盡在春陽煦育中，魚躍鳶飛草木長。」

「觀彼滄海變田田變海，一切幻化緣生無主宰。
貪瞋痴慢無託處，偏見邪見將何憑。
江天一色無纖塵，皎皎空中孤月輪。
畢竟空兮無所執，唯有此心長寂淨。
一代哲人　已成終古

畢竟空兮「空」亦空，還觀萬法在長空。
我無我兮，人皆我，長以悲心待有情。
悲衆生之苦，如己苦，悲衆生之無明如己之無明。
大悲大願更無盡，菩薩發心未自度而先度人。」

雖然唐先生也認爲「哲學非詩，以詩之題材表達哲學理境，恒不免流於玩弄，而難盡理之精微」，可是若唐先生沒有這種人生之智慧，又如何能說出盡理精微之「原道篇」呢？可以說，唐先生的遺著中「心物與人生」好像給人一種指點似的境界，而「中國哲學原論」是給人一幅非常繁密的地圖。「心物與人生」有些篇頁使人回味不忍釋手。其實一位大思想家，心中也長存着警策之微言；所以應該沒有一位哲學家完全不喜歡讀詩的。（唐先生於民國四十三年於香江慈航淨苑，曾披閱筆者自印度攜回之泉聲散稿後，促編印成書。）此外唐先生遺著中「說中華民族之花果飄零」這個題目讀之令人酸鼻：「中國文化與中國人之人心，已失去一凝攝自固的力量，如一園中，大樹之崩倒，而花果飄零，遂隨風吹散。」是否因爲唐先生多年來居於殖民地，當然會同一般流散異鄉之人有思國懷鄉之感。同時處此風雨飄搖之時代，於是感到「此不能不說是華夏子孫之大悲劇」，但雖然處此一大悲劇之時代，中華文化的子孫仍然有其發展之一面。在該書附錄「中國文化與世界」中，他對中國文化中之倫理道德與宗教精神仍認爲極有希望的；「至於純從中國人之人生道德倫理之實踐方面說，則此中亦明涵有宗教性之超越感情。在中國人生道德思想中，大家無論如何不能忽視。」（說中華民族之花果飄零），所以中國文化仍然植根於倫理道德，和宗教性之超越感情、可以克服許多艱難並養成堅忍弘毅的個性，這就是爲何中國人歷經千錘百鍊仍然能站得穩，所以中國要用梅花作國花之表徵，常望國人處此艱難時代，仍然開放芬芳花朵。中國禪師謂「不經一番寒徹骨，焉得梅花撲鼻香」。是否唐先生所說「花果飄零」亦含有這種暗示。（雖然也有人不同意該書中的說法。）唐先生許多遺著中，這二本前後二十幾年的著作，筆者時常也介紹年青人閱讀，讓後一代的華夏子孫也能領略到眞正讀書人對中國文化之深入了解，也正式了解儒佛文化之如何相融，使中國文化發展得光輝燦爛，使人生更有依止，對人生許多問題均能處理得遊刃有餘，這是値得我們推崇的人生至理。

在中華民族花果飄零之歲月裏，哲人已逝，然而唐先生的思想言論已深銘在許多曾親領敎澤者之心中，還有許多恢宏之著論，遺風所及，將是這一時代思想引領者之一。本月四日，唐先生去世第三日，筆者接到鵝湖月刊社王邦雄社長和曾昭旭主編來函；悼念唐師哀戚之情溢於紙上：「驚聞 君毅老師逝世噩耗，鵝湖諸友垂涕銜哀，食不下咽，當卽決定除卽馳函唐師母致唁之外，本期鵝湖將爲唐師出版紀念專號」，並請撰文「爲後來者記此典型」。鵝湖月刊社爲當代青年學者之論壇，（記得去年曾接到該社索稿函件但以時日所限，迄未應命），當卽允爲撰稿。除夕之夜，在研究室中取出了好幾本唐先生的遺著帶回般若寮，重新翻閱從前流覽過的有關唐先生對儒佛思想的論說，也想到佛教刊物亦曾不滿唐先生對佛教之立論。可是在他的論著中，從大體而言，仍然對佛教有尊重之處（如前面所提及「此空理論之出現，正是表示中國思想史之進一步之發展」）。在亂世的時代中，師友相處，往還二十餘年，可回憶的印象，一時提筆，也有不知從何說起之感；不過對唐先生的為學為人，就記憶所及，卽極小事情，也有眞情流露之處。明季藕益大師：「有眞性人，才有眞學問」。記得在香港，唐先生夫婦及女兒安安一家人假期中也常來暢敍，曾到慈航淨苑避暑，於晨夕山風涼意中共坐廊下，揭古論今，暢談人生學問（安安小姐亦曾到我的畫室中學過畫）。有一次假期中，唐先生夫婦和友人到我們佛教文化藝術協會，談話時，唐先生忽然很珍重地對我說：「我們的金媽（傭人）是信佛的，他很想拜一位觀音菩薩，曉雲法師您送她一尊觀音像。」但唐先生離去時，未曾將觀音像交他們帶回去；在下次唐先生來，一見面，馬上又很珍重提這件事，我馬上感到，這是很小的事，但這是有心人才會關照到的。

二十三年前唐氏夫婦曾與我們商量要到大嶼山遊行一次；當時，我們許多同學都非常歡迎他們上山；在我們的佛光苑招待。於是一行約有十人。在晨間乘輪船出發，在青山海峽上，一路碧晴天，大家甚為愉快。當時是暮春三月，當到達嶼山東涌捨舟登岸，我們一行在東涌田野陌上，很輕鬆地步向上山的路程：可是我與幾位較熟悉路途的同學，擔心唐先生會不勝跋涉之艱，於是商量請附近村莊的肩輿，但只能請到一乘；就在此時，唐先生對我說：「快到了嗎？」我當時便和同學們會心的一笑，心中說還遠呢。就在村莊的石階上，我們大家坐等肩輿裝備一切，先陪我們步行；約走數分鐘，我們覺得唐先生累了，應該要坐了，但唐先生要讓唐太太坐，唐太太要唐先生坐，結果還是唐先生坐了。在半山的茶亭，大家很愉快地坐下聊聊，傍晚到達佛光苑（是學生的道場）；晚飯後坐在門前，遠望青山海灣，重重山海，景色無邊。這一次旅行，本來是很輕鬆愉快的；可是在兩天後下山時，適逢下雨，在山上又無法多請一乘肩輿（唐太太也不多走路的），但唐先生爲課務，必須如期下山，所以是日冒雨下山之情景可說十分緊張。一乘肩輿，他們夫婦互讓互推，結果先坐上的唐先生一定要下來，使得抬肩輿的人也不好走路；結果，唐太太只有坐上，而唐先生又不撐雨傘，我們的學生想替他開傘，但山路狹小，不易行走，結果花了一個多鐘頭才安全地下了山，到了山下，各人相視大笑。雖然這是一位思想家一生中，極微小的事，可是眞性情的人，對眷屬，對受僱的傭人，所表達的眞性情，這不是屬於學問文章，而是性情所流露。

嶼山北岸風景殊勝（嶼山乃香港佛敎聖地，筆者早年曾置雲光園地），唐先生的門人趙潛、張世彬先生等常到該處旅遊。該地遍植蒼松，山明水秀，環境淸淨；唐先生爲關懷後學，培養深造，常於見面時提及甚盼能在嶼山建設一所學苑，提供靑年學者作度假潛修研究之所。（唐先生逝世前數週，趙潛先生來函，謂唐師及同學們有意在雲光園建設房宇，作爲山中安靜之處，以供研究之用，豈料此信未詳覆，而唐先生已作古！）。由此可見唐先生對後輩培養之用心。唐先生獻身教界，桃李遍天下，承其思想者必後起有人，唐先生亦當含笑瞑目！

去歲丁巳新正，便開始寫哀悼道安法師的紀念文，接着又要撰寫悼念東初老法師的紀念文。人，無論超人、哲人，在肉眼的世法中，無法逃出生老病死。乃使詩人不得不慨嘆：「流水東馳去不還，江干悄立送流水」了。

戊午元月中旬於華岡

（一九七八年三月，「鵝湖」第三卷第九期）

唐君毅先生與現代中國

——悼念此一代文化巨人之殞落

黃振華

(一) 廻旣倒狂瀾之中流砥柱

民國三十五年筆者肄業南京國立中央大學哲學系，當時方東美先生及唐先生同時爲筆者之老師，方先生講授「近代西洋哲學史」及「笛卡兒與斯賓諾沙」哲學，唐先生則講授「哲學概論」與「中國哲學史」。唐先生當時住於丁家橋中大教授宿舍，筆者則住於丁家橋之學生宿舍中。由於住所很近，筆者常於晚間與同學數人往唐師住處有所請教，唐師每次談話輒滔滔不絕，強調中國哲學以及中國文化之價值，嘗至深夜而不能停，而且每次談話總是我們發言的機會少，而唐師講話的時間多，使我們感到唐先生對中國文化的深厚熱情，以及對後生學子期望之殷。

筆者當時年事尚輕，與其他同學們同樣有一種傾向，即崇尚西方哲學，而唐先生則強調中國哲學以及中國文化之偉大價值。筆者以及同學們當時對於唐先生之思想，頗有不能接受之感。譬如筆者當時喜讀尼采哲學，而唐先生則謂他只同情尼采精神上之痛苦，而不同意尼采之哲學思想。

民國三十七年冬，大陸局勢逆轉，北平陷落，徐蚌會戰失利，共軍逼近長江，中央大學宣告停課，筆者乃南下返里至廣州。在返里前曾與數位同學往唐先生寓所謁唐師，唐先生對我們聲言：中國文化決不能容受共產主義，其將以有生之年從事挽救中國文化之努力云。

民國三十八年春，國共舉行和談，中央大學復課，筆者因病滯留廣州未及返京復學。而唐先生突應廣州華僑大學之聘，與錢賓四先生聯袂南來任教，筆者乃得與唐先生在廣州相見。同年四月間，國共和談破裂，南京陷落，共軍繼續南下。六月間筆者與先已來臺在臺灣大學任教之方師東美取得連繫，乃決定來臺轉學臺灣大學就讀，八月底筆者到達臺灣。是時唐先生則與錢賓四先生從廣州前往香港。

民國三十九年唐先生在香港與錢賓四、張丕介、程兆熊及崔書琴諸先生聯合創辦新亞書院（後崔先生未及等待新亞開學即先已來臺），冀於大陸變色之後，能在海外建立一文化據點，以延續中國文化之生命。初創時由於經費缺乏，情況十分艱苦，僅在九龍桂林街租了兩間教室，學生人數亦不多，白天上課，晚上教課的先生即打開舖蓋睡在教室裏，這種艱苦生活，只有以生命奉獻於維護中國文化的人才能承受。

筆者來臺後轉學臺灣大學肄業，畢業後留任系中助教，以至升任講師職務。在此期間除了約於民國四十三年間唐先生來臺訪問時，曾與唐先生一度晤面外，其餘期間均缺乏聯繫。

民國四十六年筆者獲中華文化教育基金董事會之贊助，赴德進修。民國四十七年四月底隨德國大學學生團體赴法國巴黎旅行，到巴黎之次日，不意於一家中國餐館中邂逅唐先生（時臺大心理系主任兼圖書館館長蘇薌雨教授亦在座）。當時唐先生係於赴美國考察後道經歐洲返回香港，他在美國停留逾半年之久，與美國哲學界人士多有接觸。在異地邂逅，彼此均感驚異，但唐先生在尚未問明筆者來歷以及說明他何以來歐洲之前，開口便很感慨的道出他訪問美國所得之印象，他說：「美國沒有哲學家，美國人還不知道讀哲學的艱苦，在美國要想找到像方先生（按指方東美先生）和牟先生（按指牟宗三先生）這樣的人，是不可能的！」唐先生於把話說完後，始問明筆者何以到巴黎以及說明他赴美考察道經歐洲返港之情形。

筆者當年赴德進修，係第一次出國求學，亦係第一次親自與西方社會文化接觸。於一九五七年（民國四十六年）五月到達德國。在出國前一直保持當年初進中大時之思想形態，即崇尚西方哲學與西方文化。但到達西方後發覺情形有異，曩昔想像西方人生活在科學世界中，而現在則發現西方人並非生活在科學世界中，而係生活在宗教信仰中。儘管西方人科學發達，民主法治上軌道，但西方人的精神生活，並非寄託在科學與民主上面，而係寄託在宗教信仰上面。這種情形十分明顯，明顯到幾乎一見即會得到強烈的感受，而無置疑的餘地。譬如一個研究自然科學的學生，離開了實驗室便要進教堂，這種情形會使人發生何等強烈的感受！我們可想像西方人沒有科學與民主可以活得下去，但很難想像西方人沒有宗教信仰而還能活得下去。

這種觀察，使筆者對於西方文化的了解發生很大的轉變，並且迅速的發生種種聯想，最先的聯想是國內過去的留學生，對於西方文化精神生活作了不實的報導，這些留學生，只報導西方科學與民主之發達，而未說明西方人宗教生活的重要性，這是不實的報導。這種不實的報導阻礙了中國人了解西方文化的眞實性。筆者不相信過去國內的留學生，對於西方人的精神生活並非寄託在科學與民主上面，而係寄託在宗教信仰上面，這種明顯之事實，會熟視無睹！其次的聯想是，一個民族文化的存在，有其精神上的根本寄託所在，西方基督教便是西方人精神生活寄託之所在。他們的科學與民主如此發達，但他們的精神生活並非寄在此二者上面，而係寄託在宗教信仰上面，這又證明科學與民主不是人類精神生活的最後寄託之處。

由於上述的聯想，筆者當時產生更深的感受，即感到我們中國文化乃至中國民族的存在情勢危急！「五四」運動以後的中國人要「打倒孔家店」，並提倡科學與民主的口號，「打倒孔家店」表示要斬斷中國文化存在的命脈，因爲儒家思想是中國人幾千年精神生活寄託之所在，正好像基督教是中世紀以來西方人精神寄託之所在一樣；科學與民主又不是民族生命最後寄託之處。這樣一來，中國文化豈不是要斷根了麼？文化的存在與民族的生存是不可分的，文化的滅亡即代表民族的滅亡。共產黨在大陸之興起，很明顯的就是因爲「五四」運動以後的中國人，斬斷了自己文化生命的根，使自己的精神生活無所依託，最後走投無路去投靠共產主義。筆者想到這裏，立刻感到在此危急存亡之秋，幾位挺身而出，力排衆議，堅決肯定中國文化價值並從而維護中國文化存在的人士之不可少，這幾位人士便是方、唐、牟三位先生，由於這三位先生之艱苦奮鬬，使瀕於危亡邊緣的中國文化維持一線於不墮。這三位先生可說是現代中國文化潰流中廻狂瀾於既倒之中流砥柱，其中尤其令人感念的是唐先生，因爲唐先生是傾其全部生命力量以挽救中國文化危亡的人。

㈡ 著書立說延續中國文化生命

唐先生思想的演進可分兩個時期來說，青年時期的唐先生喜讀西方哲學尤其喜讀現代西方哲學中之新實在論哲學；但對西方之理想主義或唯心論形上學，則無眞認識。對中國哲學則欣賞道家哲學中心之虛靈不滯，周行萬物，以及自然宇宙之變化無方無往不復之思想；至於儒家哲學中孟子與陸王所謂天人合德之本心或良知，以及佛家哲學中之唯識論思想，則尚無會悟。唐先生之尊君廸風老先生崇尙儒家思想，而當時唐先生則以爲儒與諸家平等，或加誹謗，並時與其父辯論。此爲唐先生青年時期之思想，唐先生自謂：「今日青年目空古人之罪，吾皆嘗躬蹈之」（見唐著「中國文化之精神價値」序頁二，正中書局民國六十三年臺九版）。約在民國二十三年間，唐先生曾作一長文，題爲「中國文化之根本精神論」，其中根據易經中「神無方而易無體」一語，以論中國先哲之宇宙觀爲無體觀，發表於中央大學文藝叢刊。其後之三四年中，唐先生並曾陸續對中國哲學、文學藝術、宗教、道德有所論述，並將此等論文輯成專書，題爲「中西哲學思想之比較」，於正中書局出版。但此書正在印刷之際，唐先生思想卽發生轉變，當時唐先生欲阻止該書出版而不可得，正中書局仍將該書一版再版加以發行。

唐先生思想何以會發生轉變，他自己沒有詳說。他只是說由於個人生活之種種煩惱，而於道德問題有所用心，但一旦對道德問題有所用心，他卽發現人生的精神活動，有一種恒向上超越的傾向，由於這種傾向，我們可發現人類的精神活動有一種內在的心之本體，此心之本體卽道德之自我。此種道德自我之發現，使唐先生思想發生極大的變化，從前所信奉的哲學思想，以及依此思想所寫的種種文章，在今日看來都是戲論。唐先生這種思想上的轉變，表現得有點突然，有若舜之聞一善言，見一善行，若決江河，沛然莫之能禦的情形。這種思想上的轉變，表現了兩種意義：一是說明哲學的最高境界是實踐的，卽道德的，而非理論的。西方的新實在論思想，是一種知識論上的思想，這種思想主張把存在的意義擴大，認爲存在不僅指具體的存在，而且非具體的概念如善、美、關係乃至邏輯命題等，也是客觀存在的。這種思想應用到形上學上面，便形成宇宙萬物皆具有實在性的多元論思想。實在代表永恒，當人在探討宇宙萬物之實在性時，卽是在追求宇宙萬物的永恒者，但求恒者這個概念，從實踐理性亦即道德理性的觀點看來，只是「至善」概念的象徵而已。「至善」是道德的最高理想，當一種哲學思想在深求萬物的實在性，則它所追求的對象只是道德理想的象徵，而非道德理想的本身。由此我們可理解，當一個僅是追求道德理想象徵的人，一旦和道德理想本身相接觸，便會毫無條件的放棄前者而追求後者，唐先生的轉變便是這樣的轉變，他一旦探討道德問題而發現道德自我時，便毅然的放棄新實在論思想，而致力於道德哲學之探究。新實在論哲學是一種理論性的哲學，而非實踐的道德哲學，由此可知哲學的最高境界是實踐的，而非理論的。這是唐先生思想轉變所表現的第一種意義。

唐先生思想轉變所表現的第二種意義，是中國哲學具有極高的價值。中國哲學的根本精神是實踐的，即是道德的。當唐先生發現哲學的最高境界是道德境界的時候，他即發現中國哲學的偉大價值，他發現中國哲學在道德理想的創建上有極高的成就，孔子所顯現的道德理想人格爲其他民族文化所鮮有者。從此他便以其畢生精力貢獻於保衞中國文化闡揚中國哲學的工作。

唐先生以其畢生精力從事於保衞中國文化闡揚中國哲學的工作，可分兩方面來說，一是著書立說以延續中國文化生命，二是躬行實踐從事闡揚中國文化啓發後人之工作，後者見之於他從創辦新亞書院以至與新亞研究所相終始的百折不撓的努力。

唐先生從事著書立說以延續中國文化生命，最初之努力在肯定中國文化之價值，以及疏解百年來中國文化受西方文化衝擊後所產生之思想及觀念上之衝突。但後來他又發現中國固有哲學之傳統，由於西方思想之衝擊已被斬斷，要肯定中國文化之價值，須先對中國固有哲學加以疏釋，使國人就自己哲學傳統重加體認，始能肯定自己文化之價值，於是他在晚年又從事於疏釋中國固有哲學方面的著述，卷帙浩大。

當唐先生思想轉變之初，他曾寫了兩部書以表明他對人生境界的新的體認，一爲「人生之體驗」，一爲「道德自我之建立」。此二書之用意在引導讀者通過人生之體驗歷程去發現道德之自我。至民國四十二年，他出版第一部肯定中國文化價值及疏解中西文化思想衝突的書，題爲「中國文化之精神價值」，此書除討論中國文化之歷史發展，中國先哲之道德理想，中國人之社會生活，藝術文學之精神，以及宗敎信仰等之外，並討論中西文化之融攝問題，以解除百年來中西文化之糾結，而昭示中國文化未來之遠景。唐先生自謂寫作此書之動機，在補從前目空古人之過，可見他撰寫此書用意之虔誠。

此後唐先生並陸續寫了三部與上述旨趣相同的書，卽「人文精神之重建」（民國四十四年）、「中國人文精神之發展」（民國四十七年），及「中華人文與當今世界」（民國六十四年）在這三部書中，他對中國人文精神融攝科學與民主思想，以及宗敎之信仰方面，均有深入之見解。他認爲中國之人文精神，與西方科學思想可有衝突之處，化除此衝突之道，在於了解科學理智之發展，植基於人類之「仁」心；是以中國之人文精神不僅不妨礙科學之發展，反可藉科學之發展以促進人文精神之擴大表現。至於中國人文精神與西方民主政治思想之衝突問題，唐先生認爲如果我們能確認建立民主制度，係人類道德心靈自己求客觀化之表現，則這種種突便可解消了，再次關於中國文化與外來宗教之衝突問題，唐先生認爲中國人文思想本身卽包含有宗教精神，例如中國自昔儒者之敎中所重之三祭，卽爲中國人之宗敎信仰。是以中國文化不排斥宗敎思想，只是不必拘泥於何種宗敎形式而已。

在撰寫人文叢書的過程中，唐先生發現中國人對於固有的哲學，由於受西方思想之衝擊，已失去信心，於是認爲對中國固有哲學有重加疏釋之必要。他在所著「哲學概論」（民國五十年出版）一書的序言中，曾感慨地說下列的話：「今日欲爲中國人寫一較理想之哲學概論，亦實不易。此乃因中國固有之哲學傳統，旣以西方思想之衝擊而被斬斷，西方之哲學亦未在中國生根，而國人之爲哲學者，欲直接上西方哲學之傳統，亦復不易。必有哲學，而後有概論，有專門之學，而後有導初學以入於專門之學之書。在今日之中國，哲學之舊慧命旣斬，新慧命未立，幾無哲學之可言，更何有於哲學概論?」這些話，一方面表示唐先生對中國哲學思想衰退之感歎，同時也預示他要爲中國固有哲學重新作疏釋工夫，使人通過此種疏釋能重新體認中國哲學之涵義，從而肯定中國文化之價值。

自民國五十五年起，唐先生卽陸續出版其疏釋中國哲學之著作，計前後出版四大部共六大卷，題爲「中國哲學原論」。其中除第一部「導論篇」（民國五十五年出版）可說是一部中國哲學概論外，其餘第二部至第四部，乃就中國哲學中「性」與「道」兩個根本概念加以詳細論釋。計第二部「原性篇」（民國五十七年出版）闡釋先秦、漢、魏之人性論，隋唐佛家之性論，及宋明之心性論等。第三部「原道篇」（三大卷，民國六十二年出版）闡述自孔子起經先秦諸家哲學，隋唐佛學中「道」之涵義。第四部「原教篇」（民國六十四年出版）闡述自北宋起至明、清儒家思想中「道」之涵義，此書原為「原道篇」之續篇，後依中庸「修道之謂教」之義，改稱為「原教篇」。

唐先生於撰寫人文叢書及中國哲學原論各種著作完成後，他對於從事著述以肯定中國文化之價值，疏解中西文化思想之衝突以及疏釋中國固有哲學思想之心願，可說已了。但他到晚年，尚完成一部最後的著作，即「生命存在與心靈境界」一書。這部書係在解答哲學中形上學與知識論上所發生之各種問題，這些問題均由西方哲學所引起者。西方哲學重在建立思辨的理論系統，而不涉及實踐工夫。是以如果哲學的最高境界係實踐的道德境界，而人可直接通過實踐以到達此境界而論，則這些思辨問題大可不必發生，亦無須加以解答。然而現代的中國，正如唐先生所言，由於受西方思想之衝擊，哲學慧命既斬，中國人對自己固有的哲學已失去信心。因此，這些西方哲學中所引起的種種關於形上學及知識論上的問題，正足以擾亂中國人之思想心靈，勢須加以處理和解答，此為唐先生撰寫此書之動機，此亦可見唐先生為維護中國文化延續中國文化生命用心之良苦。他在此書的自序中嘗云：「世間之一切哲學論辯之著，亦是可讀可不讀，可有可無者也……哲學論辯，皆對哲學問題而有。無問固原不須有答，而其書皆可不讀……昔陸象山嘗言人之爲學，不當艱難自己，艱難他人。吾旣艱難自己，不當無故艱難他人。」此可見唐先生撰寫此書之用心也。

我們堅決相信，唐先生爲維護中國文化延續中國文化生命所撰各種著作之完成，使中國文化生命之延展，獲得堅強之紐帶，任何人想要毀滅中國文化，都不易達到其目的。

三 鞠躬盡瘁與中國文化同垂不朽

唐先生除從事著述以維護中國文化延續中國文化生命外，尚且身體力行，培育後進青年以繼承中國文化。當他與錢、程、張諸先生初創辦新亞書院時，篳路襤褸，情況艱苦，後來經諸先生之努力經營，乃漸具規模。民國五十二年，香港政府擬議成立中文大學，新亞書院乃與崇基書院及聯合書院共同組成中文大學，接受香港政府之津貼。當時筆者曾與唐先生通信聯絡，建議唐先生對此事須三思而後行。後接唐先生覆信說，參加中文大學事，非僅爲了獲得香港政府之津貼，主要乃是爲學生求出路，蓋因不獲香港政府之承認，學生畢業後難以尋找工作云。

自新亞書院參加組成香港中文大學後，即逐漸受到香港政府之控制，第一年國慶日，香港政府卽不准新亞懸掛國旗；然後中文大學開校務會議時不用講中文只講英文的方式逼走錢賓四（因錢先生不諳英文）。民國五十八年筆者曾應邀至新亞任客座教席一年，當時新亞書院尚屬完整，除大學部外，尚有新亞研究所。但唐先生對筆者暗示謂新亞研究所終有被取消之一日，而新亞書院亦將難保持當年創辦時爲延續中國文化之精神云。他當時卽着手進行募集款項，預備一旦新亞研究所被取消，而新亞書院不能保持當年創辦之初之精神時，卽決定在中文大學之外另建立新亞研究所，並創辦新亞中學，以期從民族的幼苗作起，培植中國文化的新生命。當唐先生發起這項募集時，他曾說此項募集不僅是爲了籌措經費，同時亦表示捐助人贊助新亞精神之復活。筆者當時曾竭盡棉薄，作微小之獻。又當時遠在臺灣之吳敬軒（康）先生，亦曾滙寄款項，贊襄此舉。

民國五十九年新亞創辦人之一的張丕介先生退休，退休後不久卽逝去。翌年，另一新亞創辦人程兆熊先生亦退休，程先生退休後卽返臺灣另任教職。由是留在中文大學內之原新亞創辦人僅剩唐先生一人了。

民國六十三年唐先生亦退休，唐先生退休後新亞研究所果被裁撤，於是唐先生便在中文大學之外另成立新亞研究所，並自任所長，同時在農圃道新亞舊址創辦新亞中學，決定從民族幼苗作起，培植文化的新生命。

當唐先生退休之初，臺灣之國立大學曾商請他返國出長文學院，在國內發展中華文化，但唐先生以須負責處理香港新成立之新亞研究所所務之故，未能應允。後因受國立臺灣大學之堅決邀請，始於民國六十四年春季至秋季，在臺大哲學系講學一年，在此講學期間，新成立之新亞研究所所務請由吳士選先生代理。唐先生回國講學雖僅一年，但由於講課及幾次公開演講之效果作用，引起臺大學生乃至社會人士愛護中華文化之極大熱潮。

唐先生於臺大講學完畢後，再返港主持新亞研究所所務及新亞中學校務，但不久卽患病。是年九月再返國至榮民總醫院施行割治手術，未見效果，後改服屏東中醫師之草藥，初見效果，漸有起色，唐先生乃又返港主持新亞研究所所務。初返港時健康尚好，體重亦曾一度增加。他自覺無礙，乃在新亞研究所恢復講課，後更疏忽停服中藥。至去年十一月間病有復發之象，先有咳嗽，不久病勢轉劇，延至今年二月二日謝世。

唐先生畢生鞠躬盡瘁，以其全部生命貢獻於維護中國文化延續文化生命的工作，他不僅從事著書立說以肯定中國文化之價值，疏解中西文化思想上之衝突，以及疏釋中國固有哲學思想之涵義，更且身體力行，創辦新亞書院，乃至後來之新亞研究所及新亞中學，以期培育後進青年繼承中國文化。唐先生可說是現代中國不可少的一位挽救文化危亡的巨人。現代的中國的中華文化存亡絕續的時代，自從「五四」運動的中國人提倡「打倒孔家店」，直至今日中國人之「批孔揚秦」，乃至於在毀滅中國文字，在在都表示中國人自己在毀滅自己文化。今後中華文化的生命是否能繼續延長，尚難逆料，但筆者堅決相信，只要唐先生著作存在，中國文化生命的延續卽已獲得了堅強的韌帶，任何人想來毀滅中國文化，都不易達到其目的的。中國文化將永垂不朽，唐先生之精神亦將與中國文化同垂不朽！

（一九七八年三月五日，「中華日報」）

中國文化的損失

查良鏞

當代大儒唐君毅先生於本月二日逝世，實是新亞書院、新亞研究所的損失、中文大學的損失、香港人的損失、中國人的損失，也是中國文化的損失。我們深感哀悼之情。凡是識得唐先生的人，無不為他誠摯厚道、溫和可親的性格所感動。讀過唐先生著作的人，無不敬佩他的博學深思、真知灼見。唐君毅先生的為人和學問，都代表了中國文化中最優秀的部分。

一九七六年，唐先生有一篇慶賀「明報月刊」十周年的文章，題目是「書生事業和中國文化」，對我們深致勉勵，重讀該文，實令我們既感且愧。其中有一段話，高瞻遠矚，指出了中國文化今後的正確道路：

「現代中國人之思想道路何去何從的關鍵，卽在我們之能否自覺到：中國傳統文化背景與中國人之人性，其本身原是超越於馬列主義以上的，而在原則上遠較馬列主義為偉大神聖的東西。若無此自覺，則中國文化沉淪，中國民族沉淪，中國之馬列主義最後亦將沉淪，若果能有此自覺，則中國文化再生，中國民族再生，馬列主義必然被修正，被超化，被否定，而終於死亡。然在此馬列主義死亡時，中國人之所以一時會接受馬列主義以反西方之經濟勢力的侵略之目標，則眞正的達到了，完成了。」「希望中國馬列主義者回頭猛省，早日返本還原，爲堂堂正正的中國人。」

我們完全同意唐先生的見解：一部分中國人所以接受馬列主義，原有反西方侵略的目標在。但一旦這目標達成，對馬列主義就應當修正、超化而根本捨棄，從而發揚中國文化中固有的優秀傳統，大家做堂堂正正的自由中國人。

（一九七八年二月五日，「明報」社評）

成敗之外與成敗之間

——憶君毅先生並談「中國文化」運動

勞思光

一

唐君毅先生逝世，忽已半月。開弔時我曾作輓詩四律；那是追悼之作。現在新亞中國文化學會要編印專刊，邀我寫一篇短文。我因追悼之意已盡見於輓詩中，不想再說一遍；所以專就我憶及唐先生平生對中國文化運動的種種努力時的所思所感，寫出幾點來，供紀念專刊之用。由於只是「述感」，自然這裏並沒有一套明確理論。但我所述之「感」卻是眞切的；附帶的解釋和議論，也都代表我的眞意見，無世俗顧慮的限制，更沒有敷衍的意味。或許對於想了解唐先生的同學們，可以有某一意義的幫助。

二

俗語說：「莫從成敗論英雄」。英雄原與事功不相離，照常理說，似乎不能完全超出「成敗」；但英雄內在的品質，是不受外在成敗的決定。何況一個代表理想的哲人，原不受事功層面的限制；其價值自應在「成敗之外」來了解。唐先生以弘揚中國文化精神爲理想，而一生挫折重重。這當然有一種悲劇性，人人可以感受到。但若從成敗之外來了解這位哲人，則挫折與悲劇，皆無損於他的精神方向與精神境界的光輝。眞正應該正視的只是這種精神方向，這種精神境界的本身。

唐先生從早年辦刊物，到晚年辦學校，目的始終是要建立一個文化方向上的大肯定；這個大肯定解說起來雖可以極繁，但宗旨只是以儒學爲本的「人文主義」。「人文」與「神權」及「物化」互別，因此「人文主義」的精神方向，與依神的宗教精神不同，更與排拒人之自發主宰而視人爲一「物」的任何思潮或主義直接對立。唐先生中年以後，著作甚富；但千言萬語，只是對這一個大肯定作種種理論上的鋪陳。學者如果眞明白唐先生的「人文主義」的中心意義所在，則是否了解那些理論內容，鋪陳細節，反而不是最重要的問題。

唐先生這樣的「人文主義」的理想或精神方向，倘若只孤立地看，或許不容易顯出它的重要性。甚至於有人可以說，這樣主張十分寬泛，使人難以把握其確定意義。但我們若將這個大肯定納入當前文化問題（尤其是中國的文化問題）的大脈絡中，則它的重要性立卽凸顯出來。它顯示出中國文化方向要擺脫外來種種壓力和迷惑的要求，顯示出中國這個民族要衝破歷史的困局而卓立天地之間的要求；縮小一點說，更直接顯示中國知識份子擔承歷史文化的重擔的精神氣概。凡此種種，可以在許多層面上作許多不同角度的說明，約而言之，則是：人文主義代表一個眞正的中國文化運動。唐先生本人就是這樣一個運動的倡導者與推動者。這個運動就其實際發生的影響力講，不能說是已經很強大，但在近百餘年來中國歷史的背景中看來，它正如夜空中一星高懸，雖是孤明，卻正是照着歷史道路的確定方向。

唐先生所以會成爲這樣一個運動的中心人物，自然以他內在的道德自覺、價值自覺與文化自覺爲基礎動力，但內在的自覺外化爲平生的言行，成爲客觀化的實在後，又反射到唐先生自身的具體人格上；於是「人文主義的運動」與「人文主義宗師的人格」相依而立。牟宗三先生在致悼念詞時說：「唐先生是文化意識宇宙中的巨人」。我以上這些話，可看作對牟宗三先生這一斷定的一些注釋。

三

作爲人文精神的代表，作爲巨人，作爲宗師，唐先生的生命便越出「成敗」而定立其自身的價值。這正是「成敗以外」的層面上的事。若轉到成敗的層面上，問：爲何有成？爲何有敗？爲何有如此的成敗，則就涉及我所謂的「成敗之間」的問題。

這一組問題既在不同的層面上成立或出現，我們對這種問題的了解與檢討，自然是另外一種工作。關於唐先生從事中國文化運動的成敗方面，我本來不適宜於多說什麼，因爲我與唐先生只可算是道義上、學術上的忘年之交，對於他的一切實際工作，大致說來，我只是一個局外的旁觀者。不過，我現在仍然打算就這種旁觀者的立場，談談我自己的了解或看法。所以要如此不嫌費辭，則有兩理由：

第一：唐先生的價值，固然可以在「成敗以外」來肯定，但唐先生既然將生命獻給一個中國文化運動，他自然不能不有一種「實現」的要求。「成敗之間」的問題，仍屬於唐先生眞心關注的問題。他生前所受的挫折，雖不影響他自身的價值，但作爲他的運動所遇到的困難看，他必定希望後學青年們能夠克服這些困難，因之，也必定願意別人對這裏所涉的種種問題有較確切的了解。

第二：文化學會的同學們，在邀我寫這篇短文時，原表示他們最關心的是今後的中國文化運動如何進行的問題；則今日了解或清理一下往事，正可作未來的參考。

換言之，我深信唐先生必希望人們對他的運動所受到的挫折失敗能作一種檢討，也深信這種檢討對繼承唐先生遺志來推動中國文化運動的人們，多少會有一些正面意義。雖然作這種檢討，不一定是我能夠做得好的，但既是應該做的事，就不妨由我這個旁觀者開始。

談到唐先生從事文化運動的種種挫折，自然有內在與外在兩種因素可談。外在因素可算是「勢」的問題，內在因素則涉及「理」的問題，一切成敗自有成敗之「理」，我現在卽注目在這一方面，因此，下面我只談「內在因素」。

我覺得這可以分爲兩點說：

第一：就基本觀念說，我常常覺得一個能成功的中國文化運動，必從以克服傳統文化的缺點爲基本觀念之一，以配合弘揚傳統文化優點的觀念。倘若不重視克服缺點一義，則振興中國文化的要求，在當前歷史階段中卽無法落實。

這裏的道理其實甚爲明顯。在當前的歷史階段中，中國文化原是正在衰落，這種衰落，也正是中國文化運動的歷史契機。以唐先生本人而論，若非對這種衰落有一種警惕憂懼之意，也不會自覺地挺身擔承這個大運動。然則現階段的中國文化，既以衰落爲特徵，要在這個階段中使中國文化由衰轉盛，第一個關鍵顯然在於「如何了解衰落的原因」。必須在此處有確定了解，然後方能扭轉衰落現勢。衰落的原因卽是我所謂的「缺點」。中國文化如全無缺點，則無理由會衰落；要扭轉衰落現勢，卽必須克服這些缺點。

當然，唐先生本人並非不留意這個問題，但就唐先生所主持的運動說，我總覺得唐先生的言論以及他所培養的風氣，常只偏於宣揚中國文化的優勝性一面。這樣，中國文化運動原是要扭轉衰落現勢，結果卻似乎避開衰落問題。這樣運動的要求便與當前歷史問題有一種不相應的意味。這種「不相應」對於運動的成長便生出極大的阻力。

第二：就具體行動層面說，這裏又有另一個關鍵性的問題，即是：中國文化運動如何在行動上不失理想的普遍性及客觀性的問題。這種問題如果與上面所談的觀念問題對照起來看，則也不難說明白。觀念理想本來是普遍的，因此只患其不能落實，成為虛懸；而行動與一切實際的作法，則本來是具體的，因此便患其不能透顯普遍客觀的意義，而成為自拘自限。以唐先生之倡導中國文化運動而論，唐先生原有普遍性的客觀理想，是不會有人懷疑的；唐先生本人在道德境界上原能立大公心，原具仁者的悲憫情懷，更是十分明顯的。若不是如此，唐先生亦不能畢生致力於這樣一個大運動。但是普遍理想，以及個人的仁德公心，都不能直接保證這個運動的具體行動能不蹈自拘自限之泥濘。因為人原有氣質上的偏向，原有情感上的糾纏；在建立理想或從事內在的心性工夫時，舍事而求理，當然不難擺脫這些因素的影響。而一旦落在具體行動上，則此時要在事中顯理，便不是僅僅依靠自覺心的直接發用為充足保證了。這裏涉及行動層面上建立客觀普遍規範的問題。這種規範不能只在內心中顯現，而要客觀化為外在的規法，外在的客觀尺度；否則事中的特殊性，即將反過來作主，使理想的普遍性在行動中顯現不出來；於是愛憎之情，親疏之隔等等排拒普遍性的因素都會發揮作用，終會使一個運動在行動層面上自限為一個小圈子。許多運動都有此大病。就中國文化運動而言，似亦未能獨免。

唐先生以救世的苦心，倡導一個中國文化運動；在意向上，凡能公平了解唐先生的人，都不會對唐先生的公心有所疑議。但二三十年來，唐先生在具體行動上的作法，總使人覺得缺乏普遍性及客觀性。一個運動被人懷疑爲受主觀及特殊因素支配時，即與天下對立；與天下對立者何能轉移天下風氣？這裏我們便看見中國文化運動的悲劇性了。

如前面所說，我自覺對唐先生的中國文化運動而言，只能算是一個旁觀者；但我對唐先生從事運動的苦心，以及所持理想所代表的精神方向，都有相當充足的體會，而對於以上所說兩點或兩層有關運動的「成敗」的問題，我也覺得自己有相當明確的了解。唐先生生前，我也曾經向他談過這些問題，但是未能深說；今日唐先生已逝，回憶唐先生從事文化運動的種種往事，雖是一個旁觀者，也覺得有一種難以名狀的悲愴之意。以上對於運動成敗的看法，只是直述所感所思；不拘俗禮亦不涉私見。但願對於繼承唐先生遺志的人們，能多少有點「提供參考」的意義，則這篇短文就不算是多說廢話了。

戊午正月於香港

附輓詩四首

赤手爭文運，堅誠啓士林。離明傷入地，震泥感重陰。

直論求全切，前期負望深。塵箱檢遺札，汗背涕沾襟。
逼眼玄黃血，人間患作師。曹隨寧自晝，杜斷舊相知。
儒效非朝夕，才難況亂離。平生弘道志，成敗莫輕疑。
深密宣三性，華嚴演十玄。衆長歸役使，孤詣攝通圓。
堅白觀兒戲，雌黃付世緣。江河終不廢，百卷視遺篇。
五百推名世，天心未易求。說難人藐藐，窮變事悠悠。
司馬無私語，春秋重復仇。騎箕儻回首，遺憾望神州。

（一九七八年三月，新亞書院中國文化學會「人文」紀念特刊）

敬悼唐君毅先生弔唁新亞精神
並告新亞研究所師友同仁書

陳文山

「將軍一去，大樹飄零；但願桃李諸花，落實更生千萬樹。天道好還，人文永在；寄語中華兒女，應知天未喪斯文！」

時值清明，而唐君毅先生逝世亦已逾兩月，謹獻心香一炷，以祭唐先生在天之靈。

二十多年前，錢穆先生挾一如後來耶魯在頒贈其博士學位時所推頌的：「將中國文化帶出鐵幕」的精神，要爲中國文化保存一線學脈，與唐君毅、張丕介、趙冰等諸先生創立了新亞書院。並將其教育理想，凝成爲一個「新亞精神」。此新亞精神之中心主旨，即講求「人當是人。中國人當是中國人。現代世界中之中國人，亦當是現代世界中之中國人」。此一邏輯式之展述，到今日更可簡括的歸結爲一句話，即「講求中華傳統文化精神之現代化」。新亞書院就在此新亞精神的總持中與時俱進，日滋長大。何期自新亞之併入中文大學，在一種新形勢新因素的支配之下，首先有創辦人錢穆先生之被迫引退，繼有張丕介、趙冰等諸先生之相繼凋謝，其後更有董事會各主要成員之總辭。至此，一切抱有新亞精神之新亞師生在中大之處境，已一如當年希伯萊民族之在埃及。於是，碩果僅存之唐君毅先生乃毅然再以摩西之精神，藉新亞研究所將新亞精神帶出中大獨立。正文運學脈，對唐先生之寄命方殷，孰意旻天不憫，不遺一老；刀圭藥誤，遽爾溘然。泰山其崩、哲人其萎，一代宗師之唐君毅先生竟從此絕筆矣！新亞研究所固是中流失楫；而晚進後學，更復何訴何承。吾書未至此，已不禁泫然而泣。我不獨爲痛失唐先生而泣，我更爲文化生命之迭遭挫折，我民族生命之花果飄零而泣；爲國魂文命之因失去一深情宗子與偉大導師而益增無依無寄而泣。爲「前不見古人，後不見來者，念天地之悠悠，獨愴然而涕下」。語云：長歌當哭，故謹獻上聯，爲海內外國人，共伸沉痛。

然而痛定之餘，仍須面對現實。面對當前由於唐先生之遽逝而使新亞研究所陷於中流失楫之處境，有一個爲全文化界所普遍關注的問題：就是新亞研究所今後之命運。研究所可以繼續招生，同人等可以繼續治學或各奔前程，而自有安身立命之地，這不是關注的焦點。但新亞精神放於何處？新亞創辦諸賢對中國文化之理想宏願所凝成之時代使命感，究將如何安置及交待？是開啓出一新機運以發揚光大，抑或一如當年「人生雜誌」之隨王貫之先生逝世而人亡政息？這才是大家眞正關心之所在。

我並不是新亞一份子，但我是中國文化一份子，因此我對新亞有極爲深切的認同感；故曾就此問題反覆思維，不能自已。當想到生於憂患的新亞，在其二十多年來的奮鬪過程中，曾顯現出兩個不同的劃時代階段，其一就是初創期中的由錢穆先生之「將中國文化帶出鐵幕」；其二便是晚近期中的由唐君毅先生之「將新亞精神帶出中大」。今再値唐先生撒手之變，重心遽失，在此新的變局之前，當局又將如何處變應變，以挽狂瀾於既倒，化變局爲轉機？我們試從前面兩個階段的發展來推看，將不難發現當前的第三階段，會應該是：「將新亞精神帶入社會」。

就每顆新亞種子來說，他們固可以個別的將新亞精神帶入社會。但個別既是個別，在此不容置論。我們所最要關心的是整體。首先一方面，爲維護新亞精神而獨立之新亞研究所必須力保其繼續存在，以象徵新亞精神之仍然屹立。在另一方面，新亞之受挫經驗已在事實上敎訓我們，單憑學院講學方式，在這急劇的時代中，實不能及時貫徹整個文化理想的時代使命。因爲這與直接發生影響之社會隔了一層。並且由於與社會脫節而產生一種隔膜，導致得不到社會的有力聲援，以致連本身的獨立亦幾於不保。事實也啓示我們，一個抱有時代使命感與偉大文化理想的教育，必不應僅以院校的教育方式爲已足；更應有一面向社會面向全民的社會意識教育，與全民思想教育相輔而行，才是圓滿的全面性與具體性的教育之展開。故新亞研究所今天除了繼續其學院方式以造就個別人材之外，更應着重以校外課程方式，推廣公開講學以面向社會，創辦全面思想教育性之刊物以面向全民，這正是眞正的「有教無類」，也就是「將新亞精神帶入社會」的基本意義。亦是今天要將文化生命接上民族生命的基本實踐。

唐先生畢生在教育上著作上努力，其中心精神卽在講求中國文化生命與民族生命之接得上。亦常強調「橫通天下之志，縱貫百世之心」。文化生命固可由師生之講授傳承，以密傳心印、密付本心以維學脈於不墜；然此於縱貫百世之心則有餘，橫通天下之志則不足。至於民族生命則必須在現實上奮鬬以求存，在奮鬬求存中，它不能沒有文化生命居中以爲指導，故如文化教育若只限於面對院校內之學生，而不面向全民，不介入社會，不介入民族生命在現實上之奮鬬而應機指導，則文化生命與民族生命便如隔了一層玻璃板——看得到卻接不上。接不上，則文化生命便要受屈，民族生命便要受辱。中國的文化生命與民族生命，今日就正是掙扎於這種屈辱的狀態之中。

唐先生更每常以「聖賢襟抱，豪傑精神」相昭示。豪傑精神者卽王陽明之「狂者胸次」，亦卽「仁之時者也」。在今日人類失卻重心，民族迷失自我的時代，整個大局所急先需要的，是菲希特「告德意志國民書」的血性情懷，以喚醒整個文化生命自發之國魂。是邱吉爾一連串戰時演辭所發揮出無比語言力量，以激勵整個民族生命自拔的鬬志。是索辛尼津冒死犯難以仗義執言的抗暴精神，以振奮全球人類的正義良知。是孫中山的鼓動風潮、造成時勢的鼓吹動力，以「喚起民族，及聯合世界上以平等待我之民族，共同奮鬬」。凡此諸賢之表現，皆動機於一時代使命感之驅策。此「使命感」卽志士之天性，豪傑之精神。此諸賢之時世雖不同，其背景亦不同，而其均是憑筆舌之力量，以從事全民之教育、精神之戰鬪，用是振起既死之人心、超蘇將盡之國魂者則一也。唐先生在其「孔子與人格世界」一文內對豪傑精神更有一段傳神之論列，說到「豪傑者之行徑，常見其出於不安不忍之心，而只是一獨行其是。……在晦盲否塞之時代，天地閉而賢人隱，獨突破屯艱而興起，是豪傑之精神。積暴淫威之下、刀鋸鼎鑊之前，而不屈不撓，是豪傑之精神。學絕道喪、大地陸沉、抱守先待後之志，懸孤心於天壤，是豪傑之精神。學術文化之風氣已弊，而積重難返，乃獨排當時之所宗尙，以盪滌一世之心胸，是豪傑之精神。豪傑者，乃個人無待於外，自作主宰之精神，以一人百折不回之心，使千萬人爲辟易，爲天地正氣之所寄，斯眞堪尊尙已」。此一段話，直是氣斗牛，沛然莫禦，讀之凛然如與唐先生同在。實爲唐先生全副眞性情眞肝膽之自然流露，滿心而發，無所假借。而此夫子自道之一段文字，其足以表達唐先生生平之氣象與行狀者，實勝過他人千萬首輓詞。唐先生在事業上之表現，容或有不如前述諸賢之壯快，然其沉潛剛克、忍辱負重，正其處艱難之地而眞能自作主宰的獨到之處。唐先生已備嘗忍辱負重之辛酸，而終於將新亞精神帶出中大獨立，並且鞠躬盡瘁，死而後已！留下的是繼承當局之同仁應如何無負此一獨立，以不死唐先生。不負海內外愛護中國文化人士對新亞之期望，不使創辦人之畢生寄託付諸流水，則此際正是關鍵時刻。趁大家對唐先生懷念方殷之際，集海內外志士仁人羣策羣力，將新亞研究所發展成爲「使中國文化生命與民族生命相契接的精神堡壘」，「將新亞精神帶入社會」，以爲文化立心，爲民族持志。此正是新亞當局之化變局爲轉機，以開啓一新生機運之轉捩點。

（一九七八年五月，「明報月刊」第十三卷第五期）

記唐君毅先生的孝行（註）

孫鼎宸

一

唐君毅先生仙逝，瞬屆三年，每念先生之嘉言懿行，無美不備，謹就其孝行方面，略述所見，藉抒敬慕！

一九六四年二月二十六日（正月十四日）唐先生之慈母陳太夫人在蘇州旅邸仙逝，先生聞之，悲痛逾恒，即移香港慈航淨苑守孝；三月四日舉行追思遙祭典禮，由樂果法師誦經，錢賓四先生主持公祭，吳俊升、許讓成陪祭，到有來賓親友及新亞教職員學生等數百人，儀式嚴肅隆重，並行安靈位禮，適張君勱先生在港講學，特送輓聯：

大孝終身慕父母，
斯文一線繫興亡。

聯附小字「君毅先生太夫人仙逝蘇州寓邸，時局如斯，不得親視含殮，誠抱無涯之痛。惟有努力文運，以慰親心。」讀此聯，慰孝思，固有任重道遠之深意焉。其他亦多動人佳作，玆摘要如下：

錢穆・吳俊升：

教子成名儒，孝思永錫，此日幄帳興悲蓼莪廢讀；
倚門傷永訣，客舍難安，他年收京上冢追祭椎牛。

牟宗三・程兆熊：

喪亂同逢，痛華夏無光，光明終當永在；
孤零常慰，欽哲人有母，母教自爾千秋。

潘重規・莫可非：

怕言吳地風光，元夜婺星傷遽殞；

寄願梵天法相，花朝生佛會重來。

徐復觀：

鶴駕九天，桃李園林重懿範；

家山萬里，屺瞻詩句動哀思。

釋曉雲：

佛儒兼邃示懿範；

行依三寶發菩提。

王道・梁宜生：

讀詩廢蓼莪，鞠育親恩同一慟：

記唐君毅先生的孝行

生子成賢哲，孟歐母教各千秋。

新亞中文系：

大道仰弘揚，聖學傳心尊孟母；
中華悲圮裂，阡文表德待歐公。

新亞校友會：

懿範應長存，誕賜良師與絕學；
心喪加重服，痛哀賢母別塵寰。

蕭輝楷・蔡慧冰：

桑梓欽典範人倫，斷機以教，擇鄰以居，課子果為賢，絳帳南開滿麟鳳；

蕉符正支離天環，守禮者殘，守道者去，事親誰償志，錦城北望盡雲山。

先生廟居十日，見廟中有法界衆生神位，嘗對之禮拜默思，若有悲情，亦洋溢於全法界，然即以此而知其生命中實原有一眞誠惻怛之仁體之在，而佛家之同體大悲之心亦己所固有。是月先後曉雲法師邀先生、樂果法師、錢先生、劉百閔、羅香林先生等同遊新界凌雲寺聚敍，又赴藍地妙法寺吃素齋、洗塵、敏智法師爲唐母陳太夫人誦經，沈燕謀、潘重規、程兆熊先生等參加。此後先生省察，益感天地與父母之大德，孝思彌篤，繼志述事，更以發揚中國文化爲己任，融合西方文化的長處，在道德力行方面講，中國人相信「萬物並育而不相害，道並行而不相悖。」而希伯來人以正義爲行爲正鵠，希臘人以合度與和諧爲理想，中國人則以孝爲百行先。故先生撰「中國哲學原論」原道篇，提出孝經之義理，作成一章，加以闡揚。

二

一九七四年八月間，先生託謝仲儀同學帶來手函，附廸風公著「孟子大義」及唐母撰「思復堂遺詩」兩册，共三份。一贈詹勵吾先生，一贈多倫多大學中文系圖書館。後復先生信，略謂：「二老遺書已遵囑分別贈送，詹先生譽謂：『一門賢哲，令人敬慕。』讀手敎，無任鼓舞。知爲研究所籌劃一切，冀以開展研究所之新歷程。上月讀賓四師撰『八十憶雙親』紀念文，識素書樓命名之由，藉彰母德。今讀兩老遺書，知先生受賢父母之教誨，立德成學，豈偶然哉！憶新亞在桂林街初創辦時，見教室牆壁上，貼有『孝父母』等箴言，今先生能以身教示範，躬行實踐，此亦新亞精神之源泉，能不令人感動，永誌不忘焉！

筆者在港新亞時期，嘗聆聽教益，先生有時亦談及賢父母嘉言美德，但未詳盡，今獲讀二老遺書，益增崇慕，更感先生編印二老遺書之孝行與至德。

（一九八一年三月，「書目季刊」第十四卷第四期）

註：本篇爲節錄。——編者

記唐君毅先生晚年二三事

孫守立

一

一代大儒唐君毅先生，於民國六十七年二月二日病逝香港，是年三月十三日復歸葬臺灣。今距先生逝世將屆三周年，中國書目季刊將編印「唐君毅先生逝世三周年追思特刊」，以紀念先生一生對中國學術文化的貢獻。先生逝世已三年，我迄未撰一篇悼念文字，以表示我對先生的崇敬與追思。雖然我於先生所知有限，因機緣湊巧，在先生的晚年有數度的親炙教益。至於先生的學問我實在不敢妄置一詞。現在只能述說一點感想與體認，記述先生晚年有關學術文化的幾件事，來就教於師友。

二

唐先生晚年第一件大事，是在他香港中文大學新亞書院退休後，應臺灣大學之聘來臺講學。這對臺灣學術界是一件大事，二十餘年來臺大哲學系一直都沒有這樣開放過，唐先生雖在中國哲學界是宗師地地位，自三十八年大陸淪陷後，即流亡香港與錢賓四、張丕介等先生創辦新亞書院，任教該院，雖間常來臺，不是探望親友，就是訪問或參加會議，對臺灣學術界影響，究竟不是直接的。唐先生晚年來臺講學，可說具有多層意義，一方面是表示臺大哲學系的門戶開放，有了兼容並包的精神。另一方面，唐先生以一代大儒被學術界尊爲「新儒家的鉅擘」，「中國人文主義大師」，而唐先生將一生研究中西文化與中國哲學的成果貢獻於臺灣學術界，同時將唐先生一生所提倡的中國文化運動與臺灣中華文化復興運動相結合，這更充實而助長了中華文化復興運動的內容與推進。唐先生因香港新亞研究所需人主持，不能繼續在臺大講學，接著另一位當代大儒牟宗三先生繼唐先生亦來臺大講學。唐、牟兩先生來臺講學，對臺灣學術界哲學研究的推展與影響是一貫的，最近這五、六年來臺大哲學系的安定與進步，可說是有目共覩，當然這也是臺大哲學系前系主任黃振華先生領導之功，黃先生對唐、牟兩先生的誠摯與禮遇是非常可貴的，而最難得的是黃振華先生對學術的公心，其兼容並包的胸襟，尤爲常人所不及。我衷心希望臺大哲學系今後更能循著這一條兼容並包的大道邁進，所以說這是唐先生晚年的一件大事，也是近十年臺灣哲學界的大事。

三

唐先生晚年第二件大事，是將他的著作全部付諸臺灣學生書局印行，說到此事，倒是有一段因緣，使筆者夾雜其中，那就是當民國六十二年，我正爲唐先生經營出版其「中華人文與當今世界」一書而無法順利出版時，我即函請學生書局的主持人馮愛群先生，蒙馮先生慷慨答允，為唐先生印行他晚年重要論文結集。這部書編印及出版經過亦有一番曲折，此文不便詳述。我是非常感佩馮愛群先生的識度與魄力，同時也解決了我當時的困局，使我對唐先生有了交待，不致繳白卷。唐先生全部著作由學生書局發行臺灣版，是自「中華人文與當今世界」一書開始，此書在排印中，馮愛群先生在一次赴港與唐先生晤面，並經唐先生允許，其全部著作交學生書局發行臺灣版，此後，牟宗三先生、徐復觀先生的全部著作，還有熊十力的幾部絕版著作如「乾坤衍」等，均交學生書局或新版或重版。這對臺灣學術界及青年學子影響非常大，這不僅充實了中華文化復興運動，更使一些嚮往中華文化與儒家思想的青年有了接引與指歸。在今日哲學思想界來說，三十年來中國哲學研究有很大的進展與成績，以新儒家幾位大師來說，無疑的唐先生是當代中國哲學家對中國哲學研究最具有業績的。對中國以往的哲學思想與未來中國哲學的發展，必然有一定的貢獻與影響。任何一種社會、文化運動，都需理論家，也更需要實行家，在今日中華文化復興運動中，唐先生不僅是理論家，也是實行家。他以其畢生之力在文化學術教育的崗位上，一方面致力於教育工作，一方面致力於文化運動，這是他一生志業之所在。所以，我認為先生的全部著作在臺灣發行，自然了卻了先生最後的心願，尤其是他的最後鉅著「生命存在與心靈境界」一書，在病中校印問世，使先生沒有遺憾，這確是先生晚年一件大事，也是中國學術界一件大事。

四

第三件事情，是唐先生近三十年所從事的中國文化運動。在唐先生逝世後也有許多師友談論過，甚至還因此引起了小小的爭論。我認爲要談近數十年的中國文化運動，不能落到某一個人身上，一個國家民族的文化運動，是全民族、全體知識份子的共同責任。因此其成敗也是屬於全體，即使是領導這一個運動的領導者，也不能將成敗歸之於他一個人。所以，我要把它縮小範圍，縮短時間，說到這一個文化運動，與唐先生有直接關聯，當從民國三十八年大陸淪陷於共黨之手，許多知識份子流亡到海外（就以大陸的邊緣——港、九爲界線）當時，唐先生與錢賓四、張丕介等先生創辦新亞書院，與徐復觀先生及王貫之先生創辦「民主評論」與「人生」兩雜誌等等，不管是敎育的或言論的，都是反共產極權，反破壞中國文化，反奴役中國人民的運動。總之，這就是維護中國文化運動。唐先生以一個知識份子的身份，從事敎育工作、言論工作，這都是做爲一個知識份子的本份，但是唐先生在這三十年來，是以全副精神、整個生命投入的，他的成績與留給後人的遺產，就是他全部的著作，其中對這一個文化運動最有直接貢獻的，如「文化意識與道德理性」、「中國文化精神之價值」、「人文精神之重建」、「中國人文精神之發展」、「中華人文與當今世界」等幾部不朽的大作。以及唐先生晚年棲棲遑遑、僕僕風塵在往世界各地出席各種學術會議，應聘來臺講學、印行其全部著作遺留人間，這些都是唐先生以各種方式對這一個中國文化運動所貢獻的智慧，所傾注的心力。如果我們檢討三十餘年來中國文化的得失，我的評估，是整個文化運動仍未成功，仍在向前推進，但唐先生個人已是「功成身退」，並且是以身殉此一文化運動的。這當然在唐先生個人是一個悲劇結局，在整個文化運動仍然是一個大悲劇。尤其是唐先生最後幾年爲「新亞」所作的奮鬪，這種悲劇的結局是必然的。所以在先生逝世前幾天，聞到共產黨在大陸出版的刊物上，有爲孔子辯護的文章，即感到非常的高興，如果唐先生能活到今天，看到共黨已將馬、恩、列、史的四張照片扯下天安門，看到修復孔廟，看到公審林、江集團，看到開始肯定孔子，不管這些措施是出自怎樣的動機，或仍是統戰的活動，我相信唐先生對中國文化運動將更充滿了信心和希望。當然今日大陸上共黨的各種舉措仍不能算數，但有一點我們是該肯定的，那是大陸青年普遍覺醒，大陸人民的變天思想，和厭惡共產主義、共產制度的人心，將早日促成共黨的覆亡，早日促進中國文化的復興。唐先生九泉有知，也可以瞑目矣。先生三年前賫志以歿，我們今天紀念先生，就應重讀他那些遺著，並繼承他的遺志，完成光復大陸，復興文化的使命，所以我認爲這是先生晚年的最大事情，也是他最大遺願。

五

我於先生亦有憾焉。第一是「中華人文與當今世界」出版後，已是民國六十三年秋冬之際，翌年先生來臺講學，我適服務臺北附近，故能經常趨前承教。當時有一家書店很想印先生之書，正好這家書店要向歐美拓展業務，先生中文著作已由學生書局全部承印，不好再分出與別的書局出版。先生有意將其多年所撰寫的英文著作，集印成册問世，（這册書包括參加各種國際學術會議的論文及別人將先生中文著作翻譯成英文的）作爲這家書店進軍國外出版界的號召是非常有利的。先生又是國際極具聲望的中國哲學家，我覺得非常有意義。於是我就轉告這位書店老板，最初他說要考慮一下，同時他並未積極爭取，最後又表示臺灣英文印刷設備不好，不易印行，我知道其無意於此。既無結果，我也不好再向先生回報。此事我曾與張洪瑜先生提及，希望學生書局能印這本書，作爲他的全集一部份，此後先生往返臺、港兩地，見面機會很少，一直與先生見最後一面也未再提過這件事，我始終覺得非常遺憾。現在我更希望學生書局除了能印這册英文文集外，先生尚遺留大批未集印或未發表的文字，最少有百餘篇能整理出版，印成大全集以饗當世並傳後人。另一件事也是使我感到遺憾的，民國六十五年初，我奉調南部工作，雖然每月均北返探眷，但很少來臺北。先生患病我是經由友人函告的，那時先生已於榮總手術後返港靜養，在先生養病中，我也未敢函候問疾，恐擾其靜攝。六十六年中有數次到學生書局及其他師友處探聽先生的病況，均聞得先生病情已穩住，尤其服中藥後，已漸見起色，心中非常高興，並常祈禱上天善佑哲人。是年底，我調回臺北，正值牟師宗三在臺大講學，住基隆路宿舍，我常來看牟師，並不時得悉唐先生病情好轉消息，此間師友均爲之欣慰。未想到六十七年二月二日正是先生生日前夕，病情轉劇，竟與世長辭矣，悲哉！先生是當代中國最偉大的儒者，亦是二十世紀文化意識宇宙的巨人。

（一九八一年三月，「書目季刊」第十四卷第四期）

唐君毅教授病歷紀要

張公讓

一年前唐教授和他的太太到我診所，出示一張他的胸部X光照片，該照片的右肺上葉出現一個銀元大的黑影，這是表示該處已生了一個腫瘤，什麼瘤呢？良性的抑惡性的呢？當然是惡性的癌瘤了。因爲肺部生長良性瘤是很少見的。他要我用中藥處理。我開了兩張處方，一張是川蓮白二兩檸檬半個；一張是白花蛇舌草兩兩半枝蓮一兩，請他每張服四五天再診，十天後他又來說，服了很舒服，並說他要至臺灣去檢驗，回來告訴我他的右肺上葉在榮民醫院切去了，現在很好，問題是癌細胞有無遺留，將來會不會跑至旁的地方再生癌瘤。之後他又告訴我在臺灣南部拜訪過一位老中醫，該老中醫是沒有執照的（臺灣管制醫師很嚴，中西醫師都要經過特種考試及格才能發證書開業，老中醫當然不能考了，考亦必不及格），聽說治愈癌瘤不少，但並不給人診病，他挽人介紹才得一診，他給他藥粉七十多包，另開一處，買藥和藥粉共煎，一日一劑，處方我看過，不過是清凉解毒利水之藥，十餘味，分量很輕。唐先生似乎服了三十多劑，不好也不壞，我則主張他吃五星魚（和猪肉煎水飲湯）。他似乎服了不多，原因是五星魚難買。這其間我是當他的醫藥顧問，有疑問都來和我商量，我鼓勵他建立勇氣和信心和病魔決鬪，美國日本很多報告說嚴重癌瘤，不藥而愈的很多。癌瘤不是不治之病，假如你的身體好，心情快樂則體內可以產生抗體以制癌細胞，步上治癒之途。他辭世前二日，我到他家裏診視。我看他瘦了點，但精神很好，聲音也還清亮，他給我他最近的X光片看，則左肺上中葉又出現了曲尺型的雲羽狀黑影，可能聚集了癌細胞而尚未結成瘤的實體。他說幾個月來他請了兩個西醫注射抗癌藥，但仍不能制止癌細胞的發展傳布，而且反而瘦了八磅，人很疲困，有咳嗽，無胃口，可要用中藥來調理補養。他說西方的抗癌藥殺傷力很大，其目的在毀滅癌細胞，但身體的好細胞也不免受池魚之殃，所以非用中醫的補劑以救其偏不可。我說中醫治癌很注意病人的元氣，故時時主張固本，如果元氣壞了，則不待癌細胞之蔓延，自己先敗下陣來，終必不治，若元氣旺（精神身體好）則可以增生抗體，以殺滅癌細胞，故中醫治癌攻補兼用，有由此而愈的，若不愈亦可延長其壽命。楊森將軍九十六歲患肺癌，我不敢必其可治，不過若不開刀傷其元氣則其壽命必可延長若干歲月。唐先生死前二日尚無即將辭世之病態（脈象尚佳僅略帶弦而已，其他頗正常），何以至二十小時便遽長逝（癌症病人多半逐漸萎弱而死，時間很長，少驟斃病例），豈過去用殺傷藥太過乎？余不能無疑也。

（一九七八年二月廿三日，「明報」）

憶唐君毅先生

司馬長風

初讀唐先生的書，是戰時在大學讀書的時候。「道德自我之建立」，那大概是唐先生最早的著作了。在那以前，我雖受過業師齊靜山先生的啓蒙，粗知立己達人、天下興亡之義，可是從未以謹嚴的邏輯，把「道德自我」的意義，推論到無可逃避、水落石出。我折服了，在學問的旅程上，我開始了一大馳騁。

當時後方有一本「理想與文化」的雜誌（戰後則有「歷史與文化」），在那裏常讀到唐先生和牟宗三先生的文章，還時見謝幼偉、程兆熊、姚漢源、李源澄諸先生的文章，由這些文章我摸索到熊十力、梁漱溟、張君勱諸先生的著作。

從這些著作中，我的思想意識，打下了一個至今不易的人文理想的底子。其後歷經馬克斯主義和民主制度兩大研究，竟沒有碾碎那個底子（雖有磨礪和省察、並有所調整和改組），這不能不感念「道德自我之建立」那本書，以及後來牟先生「道德的理想主義」那部書。

道風山初識聆教

一九四九年天翻地覆。對祖國有情、對歷史文化有義的人紛紛南下，逃亡海外。六月在兵荒馬亂的廣州，從謝幼偉先生得知唐先生和牟先生的行踪：唐先生已到香港，牟先生去了臺北。

初見唐先生在一九五〇年初夏，在沙田道風山上，當時有一所華僑工商學院，唐先生似在那裏教書。一間房、一床一桌，窗外是如火的陽光，我被讓坐在椅子上，唐先生就坐在床上，我也不管唐先生的忙和閒，與高彩烈的問了一大堆問題。

歡歡喜喜下山去，心裏直嘮唸，眞像個活的孔子。一部論語好像都被唐先生的像貌氣度證明了。那些年自己東奔西走，一九五四年以後編祖國周刊，才算靜下來。因爲邀唐先生寫文章，接觸逐漸多了。當時新亞書院已由桂林街移往嘉林邊道，再遷至農圃道，再遷往沙田參加了中文大學。說不出來爲什麼，當在桂林街時期的新亞，特別的叫人懷念，直至農圃道爲止，仍有巍巍然的氣象，一搬到沙田就蒙了一層灰，而唐先生晚年就在這層灰塵裏受過了多少苦辛，以剛滿七十之年，與世長辭了，每念及此，便感惻然。

從一九五四到唐先生逝去，這二十多年裏，雖然向先生請益的機會並不多，但每有重大問題，非常變故，總是向先生坦述癥結，得到敎解而後心安理得。當人生蹉跌、志業挫折的時候，當黑暗已極，光明未始，狐鬼滿路，陰風怒吼的時候，宗敎徒會祈求上帝和神，在憬從孔孟的人文思想者，則渴望慈祥的了解，智慧的光亮。我嘗說唐先生和健在的牟先生是我生命的兩盞燈。這不是諛詞，實是心聲。

故國山川的悲情

唐先生逝世已經十幾天了，這些天，每想到唐先生，只感心頭堵塞悲痛，理智的思考幾全不可能，直到今天（二月十四日），晨起踱步時，大腦才開解思路，才能省察一下，唐先生的思想和爲人，自己深切感受者何在，以及做如何了解。

在唐先生的著作中，我感受最深，得益最多的是「中國文化的精神價值」一書。這部書對中西文化問題，開啓了新路向，掃清過去一切的膚淺，紛擾和偏歧。因爲這新路向正道大路。它既不是故步自封，抱殘守闕，也不是盲棄傳統，媚從外國；又不是一廂情願的中體西用；而是「上窮碧落下黃泉」，踏遍中國、印度，西方三大文化洪荒，融會貫通諸文化，發現文化的本源，然後疏通源流，安立各文化，以及各文化各層面的價值體系。這不止是中國人的書，實是全人類的書。這一通達豁朗的文化遠景，使我對世事紛擾，能夠領首會心，同時對中國和世界的前途，懷抱樂觀的精神，這點樂觀精神卽使在最黃暗的日子，也從未動搖；並且成爲我思想和創作的動力，從不氣餒。

其次，是唐先生對祖國的深情。中國的大地山河，五千年的歷史文化，本是客觀的存在，但是必須恢宏情懷的涵育，偉大生命的體現，崇高智慧的照耀，在人文史上才能呈現生機與活力。唐先生在五十年代和六十年代，在無數篇章裏，都洋溢着這種深情和智慧，個體生命與祖國命運，渾然一體的悲忱和憂患。這些文章多數收輯在「人文精神之重建」，「中國人文精神之發展」、「人生之體驗」及「中華人文與當今世界」諸遺著中，中國除非永遠顚倒沉淪，否則異日復興機運來時，無數的仁人志士，必將從這些書中，獲得智慧和勇氣。這些年來，筆者嘗體會孔孟之道，解悟之門在於「準情言理」（業師齊靜山先生語），並以「唯情論者」自號，我覺得物我一體，人我一體之情，實是仁的根苗。儒家所說的一切道理，都以這不忍之情爲度。因此，在人生哲學上（科學當別論）對於一切離情的道和理，我都缺乏興趣。我有這樣的覺解和發展，也實受唐先生的影響。雖然，在我的許多見解，未必符合唐先生的意思。

意志力達宗教境界

第三、在爲人方面，先生祥和厚重的氣象，見者無不感銘。但是臨到重大關節，先生每有凜然不可犯的勇毅。

今天在臺灣和香港，以儒家自命的人並不算少，但是眞能體現儒者風骨，視儒道的榮辱爲自身的榮辱，當着逆流洶湧、狂風肆虐之際，能夠挺身而出，堂堂站立，爲儒道諍諍而辯者又有幾人？記得當「批孔」的邪風呼叫時，本港某大社團，贈送某大學孔子銅像一尊，該校當局惟恐受累獲罪，竟將該銅像藏於地下室中，至今不見天日！就在那個時期，唐先生針對「批孔」謬論，數撰長文駁斥加給孔子種種莫須有的罪名，那種勇毅和敏捷，使人想起春秋時代、孔子相魯定公與齊景公的夾谷之會。仁者必有勇，信非虛語。因此唐先生絕不是漠視是非、含混黑白的好好先生。

在唐先生追悼會（二月十二日）上，讀到治喪委員會所撰「唐君毅先生事略」，內有如左的兩段記載：一、「一九七六年秋，經肺癌大手術後，身體衰耗，然授課未嘗一日間斷；此眞所謂鞠躬盡瘁，以死勤事者也。」

二、「其一九七六年秋在醫院親作最後一校之『生命存在與心靈境界』，凡一千二百餘頁，乃其平生學思之綜化……」

通常人患上了不治之症，悲惱涕泣之不暇，因爲意志崩潰，生命隨之急遽敗壞；而唐先生在動大手術之後，即校對一千二百頁的大書，返港之後並照常工作達一年半，逝世前一周仍照常上課；這是何等精神！其意志力已達宗教境界；使人想到古代捨身餵虎的高僧，想到被釘在十字架上、血流如注不忘衆生的基督；也使人想到曾子臨終易簀的故事，以及那番話：「士不可以不弘毅，任重而道遠。仁以爲己任，不亦重乎？死而後已，不亦遠乎？」唐先生謹厚、堅毅，「死而後已」都恰似曾子。

倒塌時代，巨星殞落

牟宗三先生嘗說：「今天是一個倒塌的時代」。唐先生的一生，可以說都在這「倒塌的時代」中過去；現在，唐先生離開我們而去了，這「倒塌的時代」卻還在繼續。

唐先生歷後半生的辛勤，所開建的思想路向，文化理想，我確信是中國復興，世界安和所必由的大道。但是，在可見的將來，我們仍需感受驚心怵目的倒塌，仍需「相濡以沫」，在崎嶇黑而冷的旅上掙扎前進。唐先生這顆巨星，已閃爍最後的光焰消逝了，但是他開拓的道路，依然隱隱約約鋪展在我們的前面；這要看後繼者，能不能把它繼續經營和擴展，引導人們走向歷史的曙光。二月十五日

（一九七八年三月，「明報月刊」第十三卷第三期）

儒家、儒學、與儒教

王延芝

一代大儒唐君毅先生在二月二日凌晨去世，二月十二日舉行公祭，王延芝和一些朋友聯合送的輓聯是：

學窮烟海，著述等身，明以前、亦可謂鮮所見也；
道繼尼山，絃歌盈國，軻之後、又何曾不得傳焉。

過去一兩千年以來，能當得起這副輓聯的人並不多，然而唐先生確是其中一人。他學問之精深，著述之豐富，弟子之衆多，以及對儒學正統之繼承發揚，實在是罕見的。

王延芝沒有上過唐先生的課；沒有好好讀過唐先生的書；雖然認識唐先生多年，並曾偶而爲了雜誌稿件到他府上去，也從沒有向他親近求教。這自然不是因爲唐先生爲人不易親近，而是因爲王延芝天性疏賴，對所有勤奮的學者都自然而然採取「敬而遠之」的態度，對眞正的道學家，尤其有「敬而畏之」的感覺。如果王延芝向唐先生親近，而他問王延芝讀了些甚麼書，則「不好讀書、不求甚解，不喜撒謊」的王延芝就必定面紅耳赤，瞠目結舌，所以還是不親近爲妙。

可是在另一方面，王延芝卻一向對這位甚少見面的前輩頗有親切之感；這因爲王延芝認爲自己在人生實踐方面基本屬於儒家，和他可以算是「一家人」。在這裏得稍爲說明一下所用的「儒家」這名詞在概念上的範圍。

在王延芝的概念中，儒家、儒學、儒教，乃是三個不同的範疇。它們互相有部份的重疊，好像互相連環的三個圓圈，形成大小不同的七個領域。

第一個領域是「儒家」，而卻不涉入儒學及儒教。凡是懷仁人之心、行義人之事的人都應列入儒家；古今中外的身心健康的人，絕大多數自然而然是具有儒家思想，並不需要對儒學有造詣，甚至不需要聽見過孔子的大名；例如美國開國諸元勳，很可能根本沒有讀到過 Confucius，然而他們基本上可以列入儒家。

第二個領域是「儒學」，一個「儒學學者」當然多半也就屬於儒家，並也很可能是儒教徒，但卻並非一定。例如兩三年前在批孔運動中大出鋒頭的楊榮國，絕對有資格被承認爲「儒學學者」；但如果說他屬於儒家，則無人首肯。

第三個領域是「儒教」。一個「儒教教徒」當然可能屬於儒家，也可能是儒學學者，但是否眞可列入儒家，卻更加難說。千百年來有無數人可以列為「儒教教徒」，而卻並非以仁人之心、行義人之事。

第四個領域是「儒家並亦是儒學學者」，第五個領域是「儒家亦是儒教教徒」，第六個領域是「儒學學者亦是儒教教徒」；這三種人已見上述，不需多作解釋。

最罕見的乃是第七個領域的人：既是儒家、亦是儒學學者、而也是儒教教徒。這是儒家正統的衞道者與傳道者。他們的成就自然因人而異，而唐君毅無疑是其中成就十分卓越的一位。他們對時代的重要性顯然因時而異，而唐君毅先生正是在一個空前需要的時代發揮了十分重大影響的一位。

自從漢代貶抑百家，尊崇儒術之後，儒家思想在中國的地位已基本奠定；雖然偶有崇信釋道的統治者，也並不能動搖儒家的根本。固然歷代帝王的尊儒政策有相當的作用，但決定性的因素無疑是儒家精神本身的優越性；而造成這一優越性的決定因素無疑是儒家精神的健康性。如前所述，身心健康的人絕大多數是自然而然地「懷仁人之心，行義人之事」；所以儒家精神可以成為任何一個並無太深病態的社會的主流精神，儒家的力量源於人性，而人性源於自然。中庸說：「天命之謂性，率性之謂道，修道之謂教。」儒家尊重天賦的人性，要讓它充暢發展，但也要對其不善的趨向加以修葺，對其良善的趨向加以培養。易經說：「天行健，君子以自強不息。」儒家精神正是「健行者」的精神；它要處理的是「善惡是非」問題，它要走的是「修齊治平」的道路，縱然時常有乘桴之嘆，但基本方向是不錯的。比儒家更着重於「順應自然」的是道家；但過份順應而忽略人爲的努力，成爲「懶行者」的精神。道家要處理的是「爲與不爲」的問題。道家要走的是「人法地、地法天、天法道、道法自然」的道路；結果雖說是「無爲而無不爲」，實際卻是無所作爲。

比儒家更着重於「健行」的是法家；但過份追求整體效率而忽略人性發展，成爲「厲行者」的精神。法家要處理的是統治技術問題，要走的是集中威權、嚴法治國的道路，結果雖說是「法治」，實際卻是壓制人權、摧殘人性的道路。

比儒家更着重於人生歸宿的是佛家；但過份着重於永恒而忽略現實人生，成爲「不行者」的精神。佛家要處理的生死苦樂的問題，要走的是清靜寂滅的道路，結果雖說是普渡衆生，實際卻並不能爲衆生解脫生老病死之苦。

在各家之中，儒家最富於健康性，因而取得優越地位；但卻由於儒教教徒良莠不齊，而呈現腐朽趨勢，於是在西方文明的衝擊之下幾於無法自守；而後隨着中共的得勢，三十年來儒家思想在大陸受壓制。但是，儒家精神源於人性，而就連共產黨人也大部份並未泯滅人性；大陸上身心健康的人，儘管沒有機會接受儒家思想教育，絕大多數仍舊是自然而然地「懷仁人之心、行義人之事」的儒家。毛澤東放的野火燒不盡儒家思想，正如秦始皇的焚書坑儒不能消滅儒家一樣。

唐君毅先生去世了；但是他在去世之前大概曾經欣然自慰地想：「君毅之死，又何曾不得其傳焉。」

（一九七八年二月十四日，「星島日報」）

唐君毅先生論戰爭與和平

——君毅先生的民族與社會思想（註）

吳自甦

在南京中大上唐先生的課，轉瞬已是卅年前的事。當時國事蜩螗，士人中心無主，對戰爭與和平更是無所適從。儘管國人需要和平，可是共產黨要戰，胡適之先生在北平對世局的看法，又認爲「和比戰難」；報章雜誌論和、戰的文章連篇累牘，多從政治、軍事、經濟的表層立論，惟有君毅先生是從歷史、社會與文化的哲學觀點撰文，使學生得以堅持對民主和自由的抉擇。三十年來唐先生的學術論著受益何止筆者一人，而在民族國家危疑震撼之秋，唐先生論戰爭與和平的遠見，尤值得我人感念和深思！

人類如以理性支配其生活，本可無戰爭。人類不幸而有戰爭，戰後應有和平，而一國家在對外戰爭時，藉對付敵人的共同意志，本可使一個國家內部更團結，而促成實現統一的國家，則中國在對日戰後，理宜走上統一和平建設的道路，不幸的是和平竟然勢不可能，唐先生在當時的推斷「戰爭將長期化」，已爲事實證明不假，但是他相信此次戰爭必然將中國逼上一條正確的大道。

由於論究此次戰爭的歷史原因與社會文化思想，唐先生認爲根本的內在關鍵是對社會意識的肯定。因爲一個人或一集團或一政黨之所以能左右國是，在社會上佔巨大的勢力，均由有社會意識爲之支持，而社會意識之所以給予支持，則全由其被認爲或假定爲能實行某一種客觀的公共理想或願望。至少也是被認爲或被假定爲，與客觀公共理想或願望不相違悖。否則此個人或該集團政黨，絕不能存在而保持勢力。唐先生從歷史上認定國民黨的革命運動，始終是中華民族所自發的，有中國歷史文化的淵源，而且始終以中華民族的解放與自救與建國爲中心的目標，這與共黨之以中國革命爲「世界革命」的一環，將中國問題隸屬於世界問題，而且主義與政策均明顯是自外移植而來，顯然地不合國情和人民的需要。也正因如此，凡濡染在中國歷史文化學術氣氛中的讀書人，以至老百姓，無不希望國民政府變好；由此希望所生的中國社會各分子的民族意識、國家意識、及寶愛中國歷史文化學術的意識，集合起來就是支持國民黨及國民政府和一切反共勢力的社會意識。唐先生在危城中議論，縱使共黨僥倖「獲勝」，只要中國人的國家民族要求眞正獨立的意識不泯滅，中國反共的戰爭仍將持續不已。

反之就共黨而言，其對中國歷史文化的傳統由批判、誹謗、曲解、抹殺；其革命手段亦與陶冶在中國文化的民族心理相違，均係眞正的中國人所難忍受。而共黨之尚能存在亦另有其社會意識——卽數十年來一切反對國內外資本主義的社會思潮，所形成一般知識青年的「社會主義」的意識。唐先生特予辨正：共產主義雖是一種社會主義，然共產主義以外的社會主義者，皆無有如共黨具有實際勢力，由之，一切有社會主義意識者，有意無意中將「希望」寄託於共黨。在此唐先生曾鄭重的指陳，除非中國人的社會主義意識另有所託；國民黨或國民政府能眞正實現均富的經濟制度，則共黨仍有繼續盜名欺世存在的可能。唐先生此處所指的社會主義，自亦卽是 國父孫中山先生所講的「民生主義就是社會主義」，申論之，既有民生主義就無需外人的社會主義，更不必要共黨的共產主義。再如國民黨在北伐成功後竭力推行民生主義，而不縱容買辦階級和資本家；在對日抗戰強調民族主義的同時，實施土地改革，以實現民生主義爲號召，並且將國家意識不限於民族自救和「以黨建國」，那麼共黨亦無任何叛亂的藉口。所以，唐先生認爲除非中國民族求獨立求建國的運動，與社會經濟改造運動合流；除非求國家統一的社會意識與求平均財富的社會意識，凝合爲一；除非中國人能以國家政治力量，一面重建中國文化，一面改革社會經濟；否則，戰爭和和平仍將是中國的難題之難題，乃致中華民族還要繼續受苦受難。

三十年前唐先生對苦難的中國亦有其絕對樂觀的看法，因爲從整個中國文化與歷史而言，中國自來的文化理想是可以同時肯定國家至民生經濟的。孔子和整個儒家文化傳統，就是既講春秋大義，又要謀均財富的。換言之，社會——民生主義的意識與民族國家的意識，必將亦本應合流，而共黨定要否定國家民族，截斷歷史文化，乃自取敗亡。何況社會主義是一經濟制度，大可接上不同的哲學體系，接上不同的文化傳統。在理論上中國民族之求獨立和建國運動，與社會主義的經濟制度——卽民生主義之實現，原本是必可融合統一的。

因此國民政府必須着手經濟改革，不施行經濟改革，不能使政治安定、國家統一。唐先生曾語重心長的論及當年在上海由蔣經國先生主持的經濟改革，無論成敗，其經濟措施在裁抑奸商與豪門，終是劃時代的大事。縱然失敗於一時，但社會意識所趨，亦必向成功之路邁進。

唐先生本諸他的戰爭與和平哲學——卽在懷抱不同的理想的人，如果智慧不足認識對方的眞理時，只有互相衝突，才可以使雙方的眞理互相投注而互相認識。因此他對戰爭之所以不能止，乃因不同的政治理想要求統一的被認識，既尙未統一的被認識，所以也惟有通過戰爭來使雙方各去求認識對方的眞理，而同走向以獨立的中華民族，去建立國家政治，而行均財富的經濟制度的一條大路。唐先生於是預言，誰先認識、先實踐此一條大路，誰就勝利。如一方不認識而只專恃武力，則縱然此方在軍事上一時勝利，其自身亦將再分裂，而最後勝利者仍然只是在此大路上邁進的人。更何況共黨之「理想」——所持之共產主義並非眞正的科學的、民主的社會主義。凡是由迷惑而憬悟的反共的思想和共黨黨員，莫不強調共黨之理想乃一虛妄的幻想，於是由「追求」而「幻滅」。因此，我人反共所堅持之眞理，亦必將歷百刼而永勝的。

一九七八年五月

註：本篇爲節錄。——編者

我所認識的唐君毅先生

劉雨濤

一九四三年九月，我進入中央大學哲學系讀書。一九四三年十月，中大哲學系系會（哲學系學生會）舉行迎新會，我第一次見到了唐君毅先生。當時唐先生住在重慶沙坪壩中央大學本部，擔任二年級的「中國哲學史」等課程。

迎新會的會場設在沙坪壩憑林坡中大哲學系會議室，全系的老師、助教、助理、老同學和新同學出席了。我記得參加迎新會的老師有李證剛、方東美、宗白華、何兆清、陳康、唐君毅、熊偉和胡世華先生。迎新會由哲學系系會常務幹事（哲學系學生會主席）尙精鼎同學主持，首先由他向新同學介紹老師和老同學，然後每個新同學作自我介紹。隨後由系主任熊偉先生講話。再後，同學們歡迎方東美先生講話。方先生是中大哲學系臺柱教授，在全系和全校師生中享有崇高威望。方先生意味深長地講述了唐宋傳奇中「鵝籠書生」的故事，然後拿這個故事，教育哲學系學生要「站得高」、「境界新」，要做一個哲人，而不要做一個「路人」（「WAY—MAN」）。往後又請宗先生、何先生、李先生等老教授講話。大概是出於禮貌上的原因，陳先生、唐先生和胡先生等中年教授都沒有講話。

後來，我們從老同學那裏知道，當時的中大哲學系是「三代同堂」。李先生、方先生、宗先生和何先生是第一代，陳先生和唐先生是第二代，剛畢業不久的助教、助理和我們這批正在受業的學生是第三代。當時中大哲學系「三代同堂」，一時傳爲佳話。後來我們又知道中大哲學系出了兩個人才，這就是陳先生和唐先生。當時學術界都公認中大哲學系出身的陳先生和唐先生各自在所從事的研究領域裏，都有很精湛的造詣，並各自作出了卓越的成就。

迎新會後，我們這批「新人」（Fresh man 大學一年級生），開始對中大哲學系有了初步的了解：首先，中大哲學系既有老一輩很有學術地位的老教授，又有後起之秀的中年教授；第二，中大哲學系教授的陣容最爲整齊，有的教授擅長西洋哲學，有的教授擅長中國哲學，有的教授擅長佛學和印度哲學，有的教授擅長美學，有的教授擅長數理邏輯，後來，還請來擅長「相對論」的專家到中大哲學系任教，這在當時國內各大學中是獨一無二的。所以，當時中大哲學系教授陣容之整齊，完全可以與西南聯大哲學系相頡頏；第三、在老、中年教授中，大家都公認方先生和唐先生研究的方面最寬廣，造詣最精深，大家都很尊敬方先生和唐先生，特別是方先生無形中是中大哲學系的精神領袖。

當時中大一年級學生，全部住在柏溪分校。柏溪距離沙坪壩大約二十華里，是嘉陵江右岸的一條小溪溝。中大柏溪分校座落在柏溪的兩岸，距離嘉江邊大約二、三華里。附近風景優美，環境安靜，是一個讀書和研究的好地方。遵照當時教育部規定：大學一年級文法學院各哲科學生，所修基礎課程完全相同，哲學系一年級和文法學院其他系科一年級，都必修「哲學概論」，「普通邏輯」，「基本國文」，「基本英文」和「中國通史」等課程，另外還要選修一門社會科學（政治學、社會學和經濟學等）和一門自然科學（數學、地質學和生物學等）。我們一年級時代，由熊偉先生講授「哲學概論」，由胡世華先生講授「普通邏輯」。哲學系一年級學生只修這兩門哲學基礎課，專業知識實在學得很不夠，大概是出於方先生的主意，一九四四年上半年，中大哲學系給哲學系一年級學生安排兩次學術座談會，一次由陳先生主講，另一次由唐先生主講。陳先生和唐先生分別由熊先生陪同，從沙坪壩校本部來到柏溪分校，在一個下午和一個晚上，同哲學系一年級新生舉行座談會。我記得在第一次座談會上，陳先生向我們講述了他在中大哲學系讀書和到英國、德國留學的情況，然後解答同學們提出的問題。大約過了三個星期或一個月光景，在第二次座談會上，唐先生向我們講述了他在北京大學哲學系預料和在中央大學哲學系本科讀書的情況以及他的哲學思想發展變化的歷程，然後解答同學們提出的問題。這兩次座談會的用意很明白，就是要加深哲學系一年級學生的專業教育，也就是對哲學系一年級學生進行專業輔導。在這兩次座談會上，陳先生和唐先生給我們留下了深刻的印象，鞏固了同學們的專業思想，擴大了同學們的知識面。這是陳先生和唐先生第一次同我們長時間的談話。

一九四四年秋天，我們二年級時代，搬到沙坪壩本部上課，從此，我們進入了新的緊張的專業學習階段。這一學年，由唐先生講授「中國哲學史」，陳康先生講授「希臘哲學史」，李證剛先生講授

「老莊哲學」，宗白華先生講授「美學」和「形上學」，另外還須必修「普通心理學」、「西洋通史」和另一門社會科學。我記得二年級時代，我每周上課二十四小時，課程排得滿滿的，生活很緊張，但心情卻很愉快。聽老同學講，三年級以前，都是由李證剛先生講授「中國哲學史」，從比我們高一年的三年級起，才改由唐先生講授「中國哲學史」。按照規定「中國哲學史」是哲學系二年級的必修課程。我們二年級總共只有十五、六個學生。但由於唐先生講授的「中國哲學史」別開生面，有許多很獨到的創見，富有崇高的學術價值。因此，其餘系科的大學生，甚至有幾位研究生也選修了唐先生的「中國哲學史」。每次唐先生上課，教室裏坐得滿滿的，如果來遲了，會找不到座位。唐先生講課不是單純宣讀講義，（不是照本宣科地唸講義），而是把他的論點和論據，全神貫注地，熱情洋溢地向學生們闡述出來，並加以適當的解釋和評論，啓發學生領會所講的內容，從而誘導學生思考問題。唐先生一面講課，一面輔之以手勢，往往講完三節課，講得來滿身大汗，甚至力竭聲嘶了。唐先生講授的「中國哲學史」的內容，大體上是唐先生的「一家之言」，是唐先生研究中國哲學史的心得體會，可以說是另創一格，不同凡響。但唐先生也決不是故步自封，孤芳自賞，而是博採衆家之長，用以充實和豐富他的「中國哲學史」體系。

由於中大哲學系系主任是輪流擔任的，我們二年級時代，系裏教授推選唐先生擔任系主任。在當時中央大學的許多系主任中，唐先生這位系主任，是很有特色的：第一、中大大多數系科的系（科）

主任，都是由留學外國，獲有博士、碩士頭銜的教授們擔任，只有唐先生沒有留過學，也沒有博士或碩士頭銜。但我們學生很清楚，大家都稱贊唐先生是「土博士」，我們都認爲唐先生比好些留過學的教授淵博得多，高明得多。唐先生在文法學院各系科的學生們心目中，享有很崇高的威望。第二、許多系主任是以外國留學生的資格，一步登天就當上了教授和系主任，而唐先生則是從助教、講師、副教授、教授，一步步地提升爲系主任的。第三、其他系科的系（科）主任，都是由中大校長決定的，而唐先生擔任系主任，卻是由系裏教授們推選的。當時，中大哲學系的系主任輪流擔任，由系裏教授們推選，的確在中央大學是獨一無二的。唐先生擔任系主任以後，在系內、系外均很孚人望。這是因爲唐先生已有好幾部有份量的學術著作出版了，唐先生的學術地位已逐漸爲學術界所承認。唐先生的「道德自我之建立」一書曾榮獲教育部的學術獎。唐先生擔任系主任時只有三十五歲，而且已經是正教授了。這在當時國內各大學中，也是很少見的。

唐先生擔任系主任期間，聘請了牟宗三先生和許思園先生擔任中大哲學系教授。

當時中大哲學系不分專業，只是由學生自己確定學習和研究的方向，大多數同學攻讀西洋哲學，有個別同學攻讀數理邏輯，有少數同學攻讀中國哲學。我從二年級時代起在學術研究上很接近唐先生，或者說，我走的是唐先生的路子。因此四年級時代，我就請唐先生指導我撰寫關於朱熹哲學方面的畢業論文。一九四六年秋至一九四七年夏天，是我和唐先生往來最密切的一個學年，有時到唐先生寓所請教問題，有時或去閒談閒談。這一學年，唐先生擔任二年級同學的「中國哲學史」和一年級同學的「哲學概論」。這一學年，也是唐先生在中大哲學系任教的最後一年。

一九四六年秋天至一九四七年夏天，唐先生的家眷都住在四川成都。一九四六年九月至十一月，成都華西大學哲史系聘請唐先生臨時講學三個月。

一九四七年，是中央大學哲學系「多事之秋」，也是唐先生「多事之秋」。哲學系停聘牟宗三先生和許思園先生教授職務，唐先生爲了聲援朋友，憤而離開中央大學，就任江蘇無錫榮德生先生新創立之江南大學教授和教務長職務。唐先生爲了侍奉老母和照顧弟妹，一九四七年秋，太師母、唐師母以及唐至中先生等人，都移居到無錫。

唐先生雖然決心離開中央大學哲學系，但學校當局及哲學系先生和同學，一致熱忱挽留唐先生。最後達成一項折衷辦法；一九四七年度，唐先生向中央大學哲學系請假一年，下一年度再考慮返回中央大學哲學系。

我於一九四七年夏天畢業後，大約有一個多月光景，我經常去拜謁唐先生，或請教或閒談。一九四八年一月八日，我回到四川，以後曾收到過唐先生兩三封覆諭。唐先生移居香港後，就中斷了聯繫，往後唐先生的情況，我就不大清楚了。

我所了解的唐先生思想體系的形成，經過了四個曲折變化階段，第一個階段，中學的時代，唐先生深受太老師迪風先生的影響，服膺孔孟和宋明儒學；第二個階段，唐先生在北京大學哲學系預科讀書時代，一度傾向唯物論，同迪風先生背道而馳。但迪風先生卻預言唐先生將來會仍然皈依到孔孟儒學方面來。第三個階段，唐先生在中央大學讀書時代，曾受方東美先生影響，走過「新實在論」的路子。第四個階段，抗日戰爭前後，唐先生逐漸又皈依孔孟和宋明儒學。

唐先生在二十世紀的四十年代，也就是唐先生在中央大學哲學系任教的那些年代，唐先生的哲學思想體系已經定型，也就是進入第四個階段了。拿唐先生自己的話來說，唐先生當時是個「理想主義」者，他的哲學思想就是「理想主義」（IDEA LISM）。也就是說唐先生的哲學思想體系是以孔孟儒學和宋明理學爲主體，進而熔冶西方蘇格拉底、柏拉圖、亞理士多德以至康德、黑格爾、叔本華以來的正統哲學和印度佛學爲一爐，從而建立起他自己的哲學思想體系。

最能反映唐先生當時思想面貌和學術成就的是「道德自我之建立」、「人生之體驗」和「心物與人生」三本巨作，以及「宋明理學家之精神略論」、「朱子理氣關係論疏釋」和「泛論陽明學之分流」等重要論文。以上是我對唐先生的一些認識，值得公諸於世，以饗讀者。

一九八三年二月十六日

（一九八五年三月十一日、四月八日，華僑日報
「人文雙週刊」第三一八、三一九期）

懷念唐君毅先生

——唐君毅先生二、三事

劉雨濤

唐君毅先生逝世將近五年了。在南京，我拜別唐先生，也已有三十四、五年之久了。作爲唐先生早年的一名學生，我應當把我耳聞目睹的唐先生的嘉言懿行記述出來，聊表我對唐先生的追思之情；也可以從一個側面窺見唐先生的爲人處世和治學之道。

我和唐先生前後相處四、五年（四三年九月至四八年一月）。大學二年級時代，唐先生教我們班上的「中國哲學史」，又兼系主任；四年級時代，唐先生又是我寫作畢業論文的指導老師，因此我有機會多次親聆唐先生教誨。四八年一月，我回到四川以後，又與唐先生通信聯繫，曾兩、三次收到唐先生的覆信。唐先生移居香港後，才中斷了聯繫。多年以來，我很想重新給唐先生寫信聯繫。但我坎坷半生，一事無成，愧對師友，始終鼓不起勇氣來。八〇年十月，收到唐師母覆諭，才知道唐先生已作古人。想不到四八年一月，在南京一別，竟是我和唐先生的最後一面。追維往事，歷歷如在目前。謹將我親身所見所聞的幾件往事記述於下，聊表我的思念之情，也供學術界同仁作爲研究唐君毅先生學術思想的參考。

一、唐先生學無常師，博通古今中外。

學術界一般認爲唐先生在學術思想上師承熊十力先生，似乎認爲唐先生之學只是繼承熊先生而來。據我所知，唐先生除繼承迪風先生之家學淵源外，又深受梁漱溟先生、湯用彤先生、方東美先生、蒙文通先生、彭雲生先生以及歐陽竟無先生等前輩之影響。唐先生之學，不只是承繼熊先生而來。從唐先生親自對我講述的幾件故事和我的親身經歷，完全可以證明這一點。抗戰期間，熊先生住在四川五通橋黃海化學研究所。唐先生不時到五通橋拜訪熊先生。有一次，熊先生對唐先生說：「我已老了，還沒有人繼承我的學問。我的學生中，只有你和宗三。今後，你不要再到大學教書，就跟我住在一起，鑽研學問。」唐先生考慮了一下，回答說：「我不但要跟先生學，而且要學更多的東西。」熊先生聽了很生氣，心情沉重地說：「你們這些年輕人就是好名好利！完全體會不到老年人的心情！」唐先生知道傷了熊先生的心，默默地轉身退下。唐先生對我講完這個故事後補充說：「熊先生也是歐陽竟無先生早年的學生，但熊先生在學術上與歐陽先生分道揚鑣以後，不敢再去見歐陽先生。熊先生在學術上和生活上很孤獨，總想有人能繼承他的學問。」

歐陽先生是迪風先生的老師，也是唐先生的老師。抗戰期間，支那內學院遷移到四川江津。當時歐陽先生的首座弟子是呂澂（秋逸）先生。唐先生常到江津拜訪歐陽先生。有一次歐陽先生對唐先生說：「君毅，你不要再到大學教書，就住在內學院，我給你和呂秋逸一樣的補貼，就跟我學佛。」唐先生雖然感激歐陽先生對他的培養和信任，但為了研究更多的學問，考慮了一下回答說：「我不只是跟先生，而且還要學更多的學問。」歐陽先生聽了很生氣，聲帶悲惻地說：「我七十年來，黃泉路上，獨往獨來，只想多幾個同路人……」唐先生聽他說黃泉路上獨往獨來之語，深心感動，俯身下拜，歐陽先生亦下拜回禮。幾年之內，唐先生不敢再到江津去見歐陽先生，怕歐陽先生仍然耿耿於懷，怕歐陽先生還在生氣。一九四二年，唐先生在重慶參加他的四妹的婚禮，事後又去拜訪歐陽先生。歐陽先生熱情地拉着唐先生的手，完全沒有提起幾年前那件不愉快的事，似乎不曾發生過那件不愉快的事一樣。講完這個故事，唐先生補充說：「我們這些年輕後輩眞是太渺小了，眞是『以小人之心，度君子之腹』，歐陽先生根本忘記了當年那件事，歐陽先生對我毫無芥蒂。」

唐先生是四川宜賓人，他在四川重慶上中學。抗戰期間，又先後在重慶和成都工作。抗戰勝利後到四七年十一月以前，仍然住在重慶和成都。因此，在四川，有許多唐先生的師友。當時四川大學著名老教授蒙文通先生和彭雲生先生以及從事政治活動的楊叔明(永浚)先生，都是唐先生中學時代的老師，也是唐先生的父執。唐先生仍然不時到蒙、彭、楊先生家裏問候和請教。唐先生曾對我談起彭雲先生，稱贊彭先生的詩、文和書法造詣很深，稱贊彭先生很有學問。有一位現在四川師範學院擔任系主任的朋友告訴我，他曾在蒙先生的家裏見到唐先生。唐先生不只是禮節性的拜訪老前輩，而且仍然以學生的身份向老師們請教問題。唐先生「孟子大義重刊記及先父行述」中說：「（中學）第二年國文則蒙文通先生更為講授宋明儒學之義。」可見唐先生自中學時代以來，就承受蒙先生之教誨，所受蒙先生之影響甚深。四六年七月，蒙先生對我說：「君毅很好！」可見蒙先生對唐先生之學是很贊賞的。

唐先生不但向當時國內知名的老專家、老學者請教，而且也虛心向一些不很知名，但很有學問，很有造詣的專家、學者請教。帥淨民先生是迪風先生聘請到敬業學院任教的一位教師。算起來，也是唐先生的父執，但帥先生坎坷一生，除了在敬業學院和國立成都大學任教幾年外，其餘大部份時間都教中學或師範學校，並不知名，但卻對西藏流傳到內地的一派佛學很有研究，造詣很深。四十年代中期以後，唐先生已是海內知名的一位學者和哲學教授了，但卻多次到成都拜訪帥先生。我又有幸在初中和高中讀書時代，兩度在帥先生門下受業，因此，唐先生向帥先生請教的事，不但唐先生曾對我講過，而帥先生也曾對我講過。記得有一次，唐先生告訴我：「帥先生對佛學很有研究，他學的是密宗，本來是不能告訴其他人的密法，他也對我講了。」帥先生也曾對我講：「唐君毅很了不起，是個絕頂聰明的人，一說就懂，前途未可限量。他雖然有了很大名氣，仍能虛心向別人請教。」今年十一月二日晚上，我又一次在灌縣會見帥先生，帥先生又講起一件往事。大約是四七年暑天，成都有一位先生請客，帥先生和唐先生都在座。唐先生又一次向帥先生請教一個佛學上的問題，帥先生回答說：「君毅先生，打個譬比，俗話說：『哪裏拌倒，哪裏爬起來。』」唐先生頓時就了悟了這個問題，非常滿意師先生的回答。

唐先生不但向精通儒學　佛學的老前輩、老專家請教，也向精通道家之學（道教）的專家、學者請教，非常廣泛地接觸和研究各種中國學問。大約是四六年秋天，唐先生從成都返回南京後的一天，我去拜訪唐先生。閒談中，唐先生說：「今年暑天在成都，見到你們崇慶縣的那個有名的蕭神仙（蕭公遠），他很有些名堂，成都那些大名鼎鼎的歪人見到了他，也就皈依道教了。有一次，成都警備司令嚴嘯虎去見蕭公遠，蕭公遠對嚴嘯虎講：『你的後面跟着兩個女鬼，一個是什麼樣子，穿的什麼衣服，另一個是什麼樣子，穿的什麼衣服，……。』聽了蕭公遠的敍述，嚴嘯虎嚇得面如土色。原來這兩個女鬼，正是被嚴嘯虎槍殺的他的兩個姨太太。」雖然唐先生不一定相信鬼神，但他卻去會見了很有鬼神氣味的蕭神仙，很了解蕭神仙的那些神怪故事。說明唐先生治學，涉及面很廣泛，學問很淵博。可以說，凡是一切中國學問，都在唐先生的學習和研究之中。（其實，蕭公遠之學，是從陳摶、邵雍一派的易學發展而來。蕭先生教人，首先口授「易經」，並不是一開始就涉及神怪。蕭公遠之學，也是道家的一個流派，決不是巫術。）

可以這樣說：唐先生之治學，綜合百家，網羅古今，因此，才能成就唐先生之博大精深，唐先生才成為一代學者之宗師，成為劃時代之大儒。吳森先生稱贊唐先生是中國自朱熹和王陽明以來最偉大之儒家哲學家，決非虛語。從學問之淵博，方面之寬廣，開啓之久遠，灼理之精深等方面講，唐先生的確可以與朱熹比美，稱頌他是現代之朱熹，是當之無愧的。

二、唐先生爲人忠誠，待人厚道，樂於獎掖後進，熱心於文化教育事業。

唐先生孝敬老母，友愛弟妹，已爲世人所稱道。而唐先生之對待師友和後輩，則不爲人所知。據我了解，唐先生非常尊敬老師和前輩，從不道老師和前輩之非；對朋友則極其友好，揚人之長而避言其短。牟宗三先生和許思園先生，都是方東美先生提議，由唐先生出面介紹到中央大學哲學系擔任教授的。但後來牟、許兩先生卻與方先生齟齬，關係鬧得很不好。唐先生只是說，方先生是個悲劇人物。亦從未責怪牟、許兩先生。四七年秋天，中大哲學系解除了牟、許兩先生。唐先生決定與牟、許兩先生同進退，憤然而離開中大哲學系。有一些中大哲學系畢業的研究生和大學本科生，也由唐先生主動幫忙介紹到大專院校或研究單位工作。

唐先生曾多次對我講：「書院教育仍不失爲一個好的辦學方式，我雖然不辦書院，但鼓勵朋友們舉辦書院。」學術界都知道：程兆熊先生的鵝湖書院和李源澄的靈岩書院，就是在唐先生的大力支持下與辦起來的。李先生在四川灌縣靈岩山靈岩寺創辦靈岩書院，主講教師只有李先生和傅平湘先生兩人。每年暑天則邀請成、渝等地的專家、學者自費旅行到靈岩，臨時講學。大約是四六年暑天，唐先生就曾到靈岩書院義務講學十多天，給學生們講授「中國哲學史」等課程。後來唐先生在香港與錢先生等籌辦新亞書院，決不是偶然的，而是唐先生熱愛文化教育事業的進一步發展和具體體現。

總的說來，在我的心目中：唐先生既是一位學問淵博，造詣精深的學者，又是一位非常厚道，有很高道德修養的忠厚長者，正是古之所謂愷悌君子是也。（歐陽先生贈送唐先生一副對聯，聯語云：「大江流日夜，荒塗橫古今」。上款題「君毅學者」，下款署名「歐陽漸」。又陳榮捷先生也稱頌唐先生「高級學者」。所以，世人公認唐先生是學者，由來已久。）

最後，順便談一個問題和一個建議：

唐先生之學，不是一蹴而就，而是經歷了艱難曲折的歷程。唐先生青少年時代，受迪風先生家學之敎頗深，服膺儒學之學。後來，就學北京大學哲學系預科，再到中央大學哲學系讀本科，從方東美先生學新實在論。最後，歸宗於理想主義（IDEALISM），也就是仍然歸宗於孔孟和宋明儒學。唐先生這一學術上的變遷和發展，尚不大爲學術界注意，但卻爲研究唐先生學術思想的一個重大課題。我和唐先生相處的四五年中，唐先生對我們班上同學和我個人曾多次講過他學術思想變遷和發展的情況。記得四七年春夏之交的一天，我去拜訪唐先生，閒談中，唐先生說他在中大哲學系讀書時代，同方先生一樣是新實在論者，但又說：我和方先生現在都是理想主義（IDEALISM）。唐先生沒有進一步闡述他是如何從新實在論而走向理想主義的，這個課題，我希望深知唐先生的師友們來回答。

再有，鑒於國際學術界對朱熹哲學思想之尊崇和研究，而唐先生則是朱熹和王陽明以來，中國最偉大之儒家哲學家，理應引起國際學術界之重視和研究。唐先生的著作行將全部出版，輯爲全集，這對表彰前賢嘉惠後學，是很有重大的意義的。我認爲：除了出版唐先生全集和出版追思特刊之外，還應該成立「唐君毅學會」之類的常設研究機構，研究、編輯和出版有關唐先生的論著，宏揚唐先生之學；也可以鼓勵青年學者攻讀唐先生著作，撰寫碩士和博士論文。

「史記・孔子世家」太史公曰：詩有之「高山仰止，景行行止，雖不能至，然心嚮往之」。今天，我正是懷着「高山仰止」的心情，追懷往事，懷念唐先生，可惜我才疏學淺，德薄能鮮，不能道出唐先生之嘉言懿行於萬一，還望海內外有識君子有以敎之，以匡不逮。

一九八二年十一月二十五日於四川廣漢

（一九八三年一月卅一日，華僑日報「人文雙週刊」第二五九期）

我所知道的唐君毅先生

伍仕謙

唐君毅先生，四川宜賓人。他是中國近代成就很大著述最富的一位學者，在國外很有名氣。如一九八〇年版的「大英百科全書」中，即列爲「中國近代五大哲學家」之一，與梁漱溟、馮友蘭先生等齊名。梁馮諸先生，在國內學術界是很知名，而唐先生在國內卻知者寥寥，這不能不是一件很遺憾的事。

唐先生生平，已有人作專門介紹，並整理出版其遺作，編寫他的年譜。我是唐先生的學生。他在一九三八、三九兩年，曾執教於四川省立成都中學高中文科班，擔任「中國先秦學術史」、「邏輯」兩科教學。唐先生平易近人，常常和學生接觸，雍容爾雅之儀態，至今猶宛然在目。我自畢業於省立成中後，即未曾與先生見面。一九四八年夏，吾師錢賓四先生曾由江蘇江南大學來函相招，談及唐先生亦任教該校。惜余以他事，未能赴錢先生之約，不得與唐先生工作一堂，重聆教誨。解放以後，即未悉唐先生音訊。今日重憶在省立成中受教情景，不禁黯然。

唐先生擔任「中國先秦學術史」一科，極受同學歡迎。他在教學方面，最善於綜合一些相關的資料，進行排比分析，啓發學生思考。例如：他選的教材是「莊子天下篇」、「淮南子要略」、「荀子、非十二子」、「史記孟子荀卿列傳老莊申韓列傳」、「漢書、藝文志」等。每篇詳細講授，最後叫同學考慮：「先秦諸子是否出於王官」。如果非出於王官，又應該怎樣認識。他也不同意胡適的說法。這樣一來，使同學對先秦各家學術的大旨，都有一些眉目，也能進行獨立思考。他最後總結說：要研究一個問題，不能淺嘗輒止，不可半途而廢，要掌握資料，弄清全局，再深入局部性的專題研究，才能見微知著，洞察隱徵。」

唐先生對先秦文獻中難解的辭彙，常常能以淺近的比喻，通俗的詞句解釋，使學者明白易懂。例如他講：「莊子天下篇」中「神何由降，明何由出」二句。他說：「以神明言靈臺靈府之心，爲莊子之所擅長。神與明之異，惟在神乃自其爲心所直發而說，明則要在自其能照物而說，故明亦在神中。」這一段話是唐先生在敎室中講授時寫在黑板上的原話，至今我還記錄在莊子原書的書頭上。還有他講「惠施多方」一段，惠施的那些說法，在我們初學的人是難以理解的。唐先生講授時，卻能條分縷析，使學生豁然貫通。他講：「日方中方睨，物方生方死」、「連環，可解也？」這兩組意義相同。在每個人初生之時，即存有死亡的因素，也就不斷地向死亡進行。連環在造成之日，就無時無刻不在毀滅的過程中，直到它毀滅之日。此卽物方生方死也。又「卵有毛」「丁子有尾」亦爲同義之辭。卵之外形無毛，但牠已包含有成爲毛的禽之可能性。丁子，楚人稱蝦蟆爲丁子，丁子外形無尾，而牠由蝌蚪變來，蝌蚪有尾，則蝦蟆亦當有尾。可見惠施當時已具有樸素的生物演化的思想。又「輪不輾地」、「飛鳥之影，未嘗動也」也是同一含義。輾地之輪，所輾者，不過輪之一點，全輪決不能同時輾地也。飛鳥之影，在某一刹那停留在某一固定的空間的定點上，故鳥之影並不曾動。即如現在電影銀幕上人物的動作，是許多連續的造影所構成。如停止在一定點，則影固未嘗動也。唐先生這些講述，有些也和近代一些註釋家的解釋相同。但能用通俗淺近的語言，使學生明白易懂，也就很不容易了。

唐先生喜歡和同學接觸，下課後和同學們隨便聊聊，有時還問一些小問題，瞭解學生們的思想情況、知識程度、理解能力。當時省成中校址，在今成都市第二中。校內大體育場與教室中間，一灣流水，千竿翠竹，竹陰深處，有茅亭一所。唐先生課餘之暇，每與同學三五人，閒談於此，上下古今，無所不談。有一天，唐先生說：「這裏都是很好的讀書環境。你們看『鳳尾森森，龍吟細細』，可不是瀟湘館，而是『有竹居』、『竹友樓』、『竹筠軒』、『竹香齋』、『竹保堂』，這些古代學人讀書的所在，正好是師友切磋的佳境。諸位切莫辜負了少年時光。環境好，可以移人的性情，也可以激發人的志氣。同在一個學校，同受一些老師的教誨，有些人能夠把握時機，將來有所成就，而有些人卻與草木同腐。墜茵墜泥，非關命運，而在各人主觀的努力。」唐先生這一番訓話，我至今還記得很清楚。古之善教者，莫不循循善誘，唐先生足以當之。

唐先生也常常對學生談治學經驗與讀書方法。他說：「治學宜重視基礎，要廣讀羣書。你們年輕，記憶力強，理解力豐富。中國載籍多只要能讀懂，你就讀。多記筆記，多寫心得，讀哲學書，難讀，但不要怕難，慢慢去理會。你們將來不論學自然科學或社會科學，總得有一點哲學知識。有人一聽到哲學二字就嚇倒了，以爲玄妙不可思議。一談到哲學就是老、莊、申、韓、程、朱、陸、王、尼采、黑格爾、馬克思。這些人的書，你不妨去涉獵一下，對你是有好處的。有人說『科學愈發達，哲學愈貧困』，這是胡說。科學與哲學，二者相輔相成，科學愈發達，哲學愈進步。」唐先生這個見解，不同凡俗。以後，聽說他的著作已發表的，將近千萬字。很遺憾，我都沒有見過，但我相信，在他的著作中，一定貫穿著這個原則。

唐先生在省成中任教時，生活異常儉樸，自奉甚薄，而治學甚勤，教學極嚴，秉性爽直，誨人不倦。我們同班同學三十餘人，至今尚健在者，如復旦大學經濟系教授宋承先、成都大學經濟系教授王築（已退休）、重慶原糧食局幹部姚其述、成都紡織學校教師劉昌仁，俱曾同受過唐先生的教誨。

以上點滴回憶，只能窺見先生學術之一斑，不足以概其全豹。先生逝矣，雖萬夫何贖。

（一九八五年二月十八日，華僑日報「人文雙週刊」第三一七期）

憶先師唐先生君毅

——紀念先生逝世五週年

常念茲

君毅先生逝世五周年的日子就要到來，我心裏總想着要寫一點東西表示紀念。作爲先生的弟子，我不能傳先生之學，于先生之學，甚至所知甚少，照說是沒有資格紀念先生的。不過，一杯淺水，尚略可以映明月；我曾親承先生教誨，對先生的崇高品德有切身體驗，因此又何妨寫一點回憶，映出我心底的先生。

一九四八年春，江南陰雨連綿，一天上午，江南大學臨時校舍的禮堂裏正在開一個學術講座。一位教授在講壇上講演，同學們坐滿了禮堂，都靜靜地在聽講。先生作爲講座的主持人，坐在講壇上後排的座位上。忽然間一片倒塌之聲雷鳴般地從禮堂後面撲向前來。同學們在驚恐中都向前奔向講壇，準備沿講壇穿過左側的門出去。房屋隨時有倒塌之虞，危險迫在眉睫。秩序亂了，同學們越是急於擁擠出去，越是走不出去，而且擁擠帶來危險也與時俱增。這時，講壇上的其他教授都已就近從左側的門退出後堂。唯獨君毅先生從座位上站起來，大步走到講壇前沿，大聲向台下呼喊着：「同學們，要鎭靜、要鎭靜，不要擁擠，才能迅速走出禮堂。」先生一面呼喊，一面指揮、疏導同學。秩序變得好得多了，走出禮堂的速度也快多了。我也隨着人流，走到了講壇前，走到了先生的脚下。

這時，倒塌之聲停止下來，有人從禮堂後面進來說，倒塌的是禮堂附近的牆，與禮堂本身無關。於是人流停止流動，我也從緊張中安定下來，仰首看望立在講壇前沿的先生。他身穿一件灰色夾袍，正拿手帕擦着額上的汗。他剛剛經過極度的焦急，經過極度的勞累，他的聲音沙啞了。這時，我的腦海裏忽然湧現出一連串的問題：當大家都急於走出危險的禮堂的時候，先生是知道還是不知道頃刻會有生命的危險呢？知道，他爲何不就近先退出去？不知道，他爲什麼又那樣急着指揮同學們退出去呢？啊，他知道，他深深地知道，他爲同學們的生命危險而焦急(我從未見過先生如此焦急)。他急到了什麼程度？他急到了把自己的安危完全置之度外的程度！我低下頭來，腦海裏飛快地想着，想着，又仰望講壇前沿上的先生。我的眼圈有些發濕，我的視線的仰角角度漸增，先生的身影越來越高，撐住了禮堂的屋頂，又突過禮堂屋頂，直矗天半。

這就是君毅先生留在我心底的塑像，這就是我心底裏的先生。在我的寸心之間，映着不朽的先生，映着先生的不朽。

先生常以仁教弟子。孔子云：「君子無終食之間違仁，造次必于是，顚沛必于是。」先生所有之。又孔子言：「仁者壽。」若先生者，固仁者之雄也，何以竟不克享高年？嗚呼！我知之矣。老子有言：「死而不亡者壽。」壽，其不朽之謂歟！信如是，先生亦壽矣。

（一九八三年一月三十一日，華僑日報「人文雙週刊」第二五九期）

回憶唐君毅先生

壽而康

我現在回憶的是四十多年的往事。我第一次見到唐先生，他是到重慶沙坪壩中央大學哲學系來看宗白華老師的時候。他當時在教育部擔任編審，我當時是中大哲學系二年級學生。第一次見面時，他給我的印象極深刻，至今我還清晰地回憶起：一頭蓬鬆的黑髮，覆蓋着寬闊的前額，一對烏黑的眼珠，在眼鏡後面放射出深湛的智慧的光芒。我當時私下想：這大概就是「目如點漆」的相。以後他經常來中大圖書館借書，我看到他時，問過他不少問題；他每次侃侃而談，很認眞，很親切，言談動作都流露出青年學者的風度。他對人和藹，爲人謙虛而又嚴肅。

一九四〇年春，哲學系主任宗先生請唐先生回中大擔任講師，那時中大哲學系沒有幾個學生，與我同班的是一位很胖的女同學，一向沉默而羞澀，不和別人談話。比我高一班的是一位姓陳的福建同學，再高一班有一位姓溫的嫻雅的女同學，他們都不跟唐先生接觸，此後他們都不知所終。在一九四〇年左右，中大哲學系的學生還沒有教師的人數多。過後幾年，同學才逐漸多起來，有一二十人。

我記得喜歡向唐先生請教，談哲學問題的人也不多。有一位蘇北碭山縣的席揄英君，臨解放前，聽說去貴州大學哲學系工作，至今不知下落。另一位是浙江的萬君，近幾年一直與我通訊。他說：「君毅老師曾講我有火花。其實那時我就相信共產主義，中大哲學系的那套東西自然鑽不進去。」

在當時，也許因爲學生人數少，也許由於我當時對唐先生特別敬愛，覺得他是一位不搬書本子嚇唬人，而對任何問題已有深邃的定見的哲學學者，因此我跟他談話的機會較多。我粗粗回憶一下（我希望今後不久退休以後，還能有深深回憶唐先生往事的機會）他跟我談的問題中，印象最深刻的幾個問題是：

一、當時，日本侵略者正猖狂轟炸重慶，唐先生曾對我說：「其實日本人自己沒有多少文化，過去的文化全是從中國搬過去一點，明治維新以後，學了一點西洋的技術文明，現在耀武揚威，將來必然自食其果。」

二、他又議論過西方文化，曾說：「西洋的文化，希臘文化到羅馬時期已經衰落，後來日耳曼人南侵，中間經過基督教文化起一種禁錮作用，此後儘管科學昌明，但已經喪失了古代那種超越而純眞的精神。德國的康德和黑格爾是好的，文藝復興也可以說是文起百代之衰，但都不及東方古代文化的根基深厚……。」

三、他曾回答關於共產主義理想的問題，他說：「我從前也曾一度相信過唯物史觀，但很快就覺得它偏頗，……」我淸楚記得，他接着說：「可能全世界要有一個時期普遍推行共產主義，但接着一定要被儒家思想代替，以後就可能流行佛家的思想。……」

另一件事是他寫的一本關於愛情與幸福的哲學探索的著作，此後大概以「愛情的福音」的書名出版過，原稿是用毛筆寫的，他曾交給我看。那時我正在養病，也正耽溺於初戀，我仔細揣摹讀了一兩個月。它使我覺得，唐先生是一位理想主義者，他不是一個普通研究哲學的學者，而是一個通過精深的獨立思考而把儒家的學說，貫通到宇宙人生中事事物物中去的思想家。他宅心是那麼仁厚，又是那麼剛健而嚴肅，他的說理細膩委婉而鞭辟入裏，使人讀過他的文章以後，奮然起信，而提高到一個聖潔崇高的境界。

他在中大任講師時期，非常用功。他當時開的課是中國哲學史及哲學概論，記得當時我正耽讀羅素的著作，面對當時的現實時勢，不勝惆悵，思想陷入懷疑主義。我聽過唐先生幾節課，其內容的精悚之處，大概都在當時的雜誌上發表，後來集中表達在中國哲學原論著作裏。很慚歉的是我當時的體力、學力和思維能力和心境都沒有能緊追唐先生的學問之後，策勵自己前進。直到此後，我們都脫離中大。他應聘江南大學，兩年以後，瀕臨江南解放前夕，我在無錫榮巷與他相遇。他問我：「你對共產黨有什麼看法？」我當時回答他說：「一向被踏在腳底下的人，對共產黨是當神一樣信仰的，它的成功是憑的解除被壓迫人民痛苦的道義上的力量。」唐先生當時點點頭。我們都沒有談其它的什麼。隔了多年之後，我才知道他已去港。近一、二年才知道他在海外寫了不少書，我並讀到其中一部分；

而且知道他用心過度，未盡天年，罹疾逝世；海天遙隔，不勝悲悼！先生的治學和為人，凡接近過他，聽過他的教誨，讀過他的書的人，無不肅然起敬。他平時最為知己的老師熊十力先生，我也親近過他，傾聽過他的高論。我沒有能完全接受他的見解和學問，但我對他很敬愛。我相信不同的學說和信仰應該互相寬容，甚至相互尊重，正像不同的政治制度也應該和平共處一樣。

君毅先生一生的成就，在哲學史上，上承孔孟，融通程、朱、陸、王之學，而且吸收西方哲學的精華，眞正做到取長補短，發揮了道德形而上學的莊嚴博大和精微，比之柏拉圖和康德、黑格爾，也並不遜色的。現代我們中華民族產生了像唐君毅先生這樣的哲學家和思想家，黑格爾對中華民族「已經僵化，被絕對精神所拋棄」的斷語，就顯得是一句鄙俚之辭了。

十九世紀末，印度著名哲學家辨喜（一八六三——一九〇二）曾經預言：「中國文化必將『像鳳凰一樣』獲得新生，擔負起『西方和東方』文化的偉大使命。」他又說道：「整個東方將要獲得復興，重新建立一個人道的世界，這是像白晝的光明一樣清楚的。瞧吧！中國未來的偉大，並且隨着中國，所有亞洲其它國家也有未來的偉大。」

君毅先生也承認，中國人民的解放是一件掀天動地的變化。三十多年來，經過許多複雜曲折的發展變化，度過一些蹭蹬歲月之後，目前正重新展現出光輝燦爛的前景來，正所謂「艱難困苦，玉汝於成」吧。先生對於中華民族的復興，對於祖國優秀文化的重新煥發光華，都深深寄託着企望。這種殷切的期望是一定能夠實現的。而先生畢生努力的成績，必將成爲中華民族寶貴的精神財富的一部分。

寫於一九八二年終

（一九八三年一月三十一日，華僑日報「人文雙週刊」第二五九期）

記君毅師二、三事

李　賜

前年從至中師的信中，得悉君毅師不幸去世。素知唐先生兄妹情深，怕引起她的悲傷未再追問君毅師逝世年月。去歲蘇州之行，始知君毅師於一九七八年病故，但仍未追問月、日。今年一月至中師來信，始知是二月二日。弄清先生的忌日，距先生離開我們已經是六個年頭了。

我和君毅師分別已經三十四年了，同先生相識已經四十年了。那是一九四四年的春天，正是抗戰最艱苦但勝利即將來臨的日子。那時，君毅師與梁漱溟、宗白華、李長之等先生均在重慶執教。「教授，教授，越教越瘦」這句在當時知識界、社會上的流行語，我從君毅師的身上深有體會。那時，先生在中大教學、著作之餘，還得爲一家人——母親、妻子、弟、妹的吃飯問題忙碌，徒步買糧食。我常見先生蓬鬆着頭髮，臉上掛着汗珠，背揹着米袋在沙坪壩急匆匆、氣噓噓地走着，吃力地從糧店揹米回家。那時候，我看到君毅師和許多教授、學者像魯迅先生說的一樣，自己吃的是草，供給別人的卻是鮮奶汁——祖先世世代代積累下來的文化知識。

那年，我在沙坪壩中心小學教書，暑假窮困在校，一文莫名。唐先生一家知道了，至中師在「三大火爐」之一的重慶，頂着烈日，步行到學校送給我伙食錢，使我不致成爲餓殍。一九四七年我考上了無錫江大，碰巧，君毅、至中師兄妹都在該校任教。我是他們的學生，又是同鄉兼熟人，我便成了他們家的常客。君毅師上課之外，在家著書立說，夜以繼日，孜孜不倦，我常常幫他抄稿，是他的第一個讀者。從抄稿中，我受到許多教益。那時，國內通貨膨脹，誰也不敢手裏捏着那今天能買一升米，明天便只能買一個燒餠，接連不斷地貶値的金圓劵。而我在工作中所存的毛線、香煙也很快在上學半年之內便變賣光了。這時又是君毅、至中兩位老師接濟我，一直到無錫解放，我踏進了北京大學的校門。君毅師兄妹是我的恩師，我常常這樣默念着。先生去世後，我更是懷念不已。

在江大，君毅師教我們哲學。有一些課本以外的學問，是先生通過身教言教教會我的。一天，草創之初的江南大學的簡易教室部分房頂突然坍塌。轟的一聲，許多同學都驚起奔走，可是先生從容鎭定地，抬頭一看，無關緊要，照常上課。我從先生身上，體會到什麼是「泰山崩於前而色不變」。

有一次先生講課，有個別同學「一心以爲鴻鵠將至」，腦子開了小差，沒有好好聽課。先生對我們說：聽別人講話，不論他講得好，講得不好，都要認眞聽。他講得對，認眞聽了，固然得益不淺；他講得不對，認眞聽了，也可以問一個爲什麼不對。自己從探索中也可得到教益。先生這一教導，我銘記在心，多年來，不論開大會，開小會，講話的內容正確與否，講話的技巧高明與否，我都認眞地聽，從不與旁人談話。這樣做既尊重了講話的人，又從中分析研究了所聽到的東西，增長了知識，充實了頭腦。這是先生給我印象最深的一次言教。

嗚呼！先生不幸早離我們而去，不能再度親聆教誨，只希望早日讀到先生的遺著，繼續受教，並以之悼念先生。

一九八四年一月一日

（一九八四年二月二十日，華僑日報「人文雙週刊」第二八四期）

一位最堅貞的中國文化衞士

——記君毅師病中二三事

孫國棟

懷抱着一個宏願，篤實履行、終身以之，雖艱苦困頓而不稍易其心，鞠躬盡瘁、死而後已，這豈非一個極崇高動人的品格！君毅師一生所表現的正是如此。自從一九五五年我入新亞研究所開始，廿三年來，無論在課內課外，無論其一言一笑，我隱隱然感到君毅師的內心負擔着中國文化沉重的使命，日以繼夜、無休無止。即使在最近一年間，他雖身染絕症，這個莊嚴的使命感，仍未一刻放下。他對中國文化的堅貞眞誠，我只能用「痴心」兩字來形容。

記得君毅師初發現患上肺癌、赴臺醫療的前夕，我到他家探望，他絕未以重病爲意，祇是淡淡的說：「到臺灣看看就回來。」當時茶几上放着一本小册子，是「論少年馬克斯思想」。君毅師遂由少年馬克斯思想開始，談到大陸的形勢，進而論及中國文化問題，最後提到他所寫「中國文化花果飄零」一文。我看到他兩眼濕潤、有泫然欲涕之意，於是不忍再談，趕緊告辭，出時不禁悁悁然。

不久，君毅師由臺返港，已割除右肺，精神很萎頓。每次見面，我不敢問他的病，他亦從不提及他的病況，他所說的，仍是學術文化問題。這時我仍擔任新亞教育文化會的秘書，每次開會，在職務上，我不能不報告他，但總勸他不必出席，而君毅師總不辭勞苦，要我順道陪同他渡海出席會議。有一次，我欲辭文化會秘書的職務，在車上，向君毅師露此意。君毅師說：「我知你太忙，但文化會正待開展，爲中國文化做點事，我身體不好，也出席。」於是我默默不敢再提。

幾月後，君毅師再赴臺灣檢查，發覺癌毒已擴散，西醫束手，乃改服中藥，病況暫時穩定。返港後，精神已大不如前，但他仍照常到新亞研究所講課。又一次文化會開會，會前，君毅師來電話，聲音極微弱，大異於平時，他一面喘氣，一面斷斷續續的說：「我今天不能參加會議，把我的意思轉告各位，文化會應該再辦一份雜誌，以少年中學生爲對象，中國文化的意識應該從少年時就培養起來，縱然馬上不能辦，亦應在這方面注意。」會議上我轉達君毅師的意思，各人雖然同意，但無具體決定。會後，我因事忙，未立即回覆君毅師。兩日後，君毅師來電話，聲音依舊很微弱，隱隱聽到他在喘氣，問我開會情形。他在這樣的病況下仍然念玆在玆、刻刻不忘。晚上我去向他報告，他顯得很消瘦，一面咳嗆、一面說：「文化會的工作不應停在此階段，應該力求開展。中學雖然漸上軌道，但中國文化的氣味仍覺不足。我身體恐怕支持不了，大家要多費點力。」一會，又說：「我們必須覺悟到中國文化必有極可寶貴者在。」他說這話時，聲音忽然昇高，疲憊的眼神中又閃出光彩，嘴角微微上翹，表現一種無比信心與莊嚴。師母在房中聽他聲音很大，出來說：「他一說起話來就太多，太興奮了。」我怕君毅師過於用神，不敢久留。但他說最後一句話時的神情，深深印在我心頭。

後來知道因他氣喘甚急，一度入浸會醫院，我和許濤兄往醫院探候，他又要坐起來說話，我們怕他傷神，匆匆告辭。這次見君毅師的精神似乎不錯，不意六日之後，即二月二日清晨五時許，電話鈴聲大作，我已心感不祥。果然李杜兄電告君毅師已病危，再入浸會醫院。於是與李杜飛車入市區，時趙潛、端正、韜晦、耀東諸兄已先至，默立病房門外，房內有幾人陪着師母，師母在低泣，君毅師已辭世，白床布覆蓋着面。我木木然不知何辭以慰師母，祇覺得心頭撲撲然如欲奪腔而出。

不久殯儀館人來搬運遺體，揭開白布，君毅師神態很安祥，惟嘴微微上翹，似有所欲言，宛然如當日說「中國文化必有其極可寶貴者在」時的神態。我與趙潛、耀東、韜晦、李杜五人護送君毅師遺體到世界殯儀館入冷藏庫。事畢；剛欲離去，嚴耕望先生與慶彬兄趕來，欲一瞻遺容，乃請殯儀館人再開冷庫。君毅師的臉容依舊很安祥，而唇吻之間依舊似有所欲言，豈其心中猶念念不忘中國文化耶？悲夫！

放翁詩云：「到死原知萬事空，但悲不見九州同，王師北定中原日，家祭毋忘告乃翁。」放翁死猶念念不忘中原，其愛國之精誠固極可感人；君毅師身罹絕症，一年又半，明知其萬難痊癒而始終不以一己之生死爲意，仍刻刻不忘懷中國文化之前途，以重病之身，爲中國文化努力不稍懈，其精神心志，豈非較放翁尤感人乎！

（一九七八年三月，「新亞生活」月刊第五卷第七期）

敬悼唐君毅先生

（一九七八年二月三日新亞書院第一七九次月會講詞）

金耀基

各位同仁、各位同學：

今天是新亞書院第一七九次月會，在請逯耀東先生講「中國知識份子的傳統風格」前，我在這裏有一個非常不幸的消息向各位宣佈：唐君毅先生已於昨晨（二月二日）六時逝世了！

唐先生的一生之學問、道德、事業自有歷史公論。今天我只想借這一個機會簡要地提出一些看法，以爲敬悼，並表哀思。

唐先生是廿世紀一位非常重要而傑出的中國哲學家，他不但承繼，而且進一步發展、擴大了中國的哲學傳統。他在中國哲學史上將佔一崇高而穩固的席位。據唐夫人稱：唐先生哲學上的主要著作均已完成；這是大不幸中稍可安慰的。

唐先生也是當代一位偉大的知識份子。唐先生的眼睛、心靈所注視，所扣繫者不限於抽象的知識觀念，而毋寧更是天下蒼生與文化慧命。他站在政治之外，卻立於社會之中。他本其所知、所信，對社會人生的大問題負責而勇敢地發表了他的意見，這是中國傳統書生偉大風格的表現。逯耀東先生今天月會的講題正可爲此風格作一闡釋，在時間上是一好的巧合。

唐先生對新亞來說，更是一位極可尊敬的、爲學不厭、誨人不倦的教師。他與新亞有無比的深厚關係，他與錢賓四、張丕介兩先生創辦新亞，二十餘年來，唐先生一直是新亞教育事業辛勤的播種與耕耘者。他的講堂風采和居常論學待人的形象無不深烙在大家的心中；他的貢獻已成爲新亞歷史不可分割的一部份。對於唐先生的逝世，我們有更深的懷念。最後，我要求大家肅立，默哀一分鐘，以悼念唐君毅先生。

（一九七八年三月，「新亞生活」第五卷第七期）

我所感受於唐君毅先生者

周羣振

三年前，當代大哲唐君毅先生的逝世，是學術界同感傷痛的一個巨變。在這段期間，我亦曾多次想藉著寫篇短文略表深心的哀敬之情，卻一直未能成功。原因是我在唐先生生前，殊少逕自趨承教益的機會，欠缺具體親切、可資憶述的事實作憑依，所以終不得一言以致悼念。但是無論如何，內心裏總有一份難以自解的愧憾！反省起來，則當歸於我及今大半生的生命流程中，實得於唐先生道德理想與精神人格之啓發或照明者至深且鉅的緣故。現在卽請就這個方面，來說說我所永銘於心的一點獨特的感受，也許會比較自然順當些。

我是生長在湖南鄉下一個民風淳樸而亦相當保守的農家，小時候只讀過幾年私塾，沒有接受充分良好的正規教育，直到一般應該大學甚至研究所畢業了的年齡，還根本不懂得代表時代潮流的學術思想是怎麼一回事，自然更不知道有何在學術思想上開風氣之先而卓著聲望的大師或學者。我之初識唐先生的大名，大約是民國四十一、二年才開始的。那時我已二十七、八歲，正服役軍中，充任起碼級的行伍軍官，適值大陸沉淪，家國天下瀕於崩陷塌落的亂局，然又自感學薄識淺，報效無力，內心十分悲苦，無處赴愬。一天，偶然在書攤上看到香港出版的「民主評論」雜誌，隨手翻閱一過，發現內容非常突出，大異他書，當卽向臺北分社長期訂閱（稍後並得王道先生贈閱性態相近的「人生」一份）。從此，便經常讀到四位風格凛然的前輩先生的文章，一卽唐先生，另外就是今尚健在的牟宗三、錢穆、徐復觀先生等三位。他們都是眞切有感於共黨欺宗滅祖、毁道敗德災害之嚴重性，乃挺身而出分別就歷史、文化、哲學、政治等各方面之問題，擷其精微，發爲讜論，以大力維護民族傳統，挽救當前國運的。這對我這曾在私塾時期、隱約受過一些文史經義的影響，但卻不甚明其所以的人來說，實在有着開光點化——「生死人而肉白骨」的極大作用。因此，每當一卷在手，便不覺信心倍增，鼓舞莫名；而由於我性格之特偏於內向，凡事喜歡從最元始或最根本的地方措思，是以於唐、牟二先生扣緊道德生命，開顯形上境域的義理之學，更是衷心感佩，受用無窮。並且未幾卽因地之相去也近，得幸拜在牟先生門下面承教命。習聞滋多，乃愈感古人所正視並於生活踐履中力求證顯的「天人相與」、「物我無間」、「性理一如」、「道器並成」等一類攸關存在價值的課題，確爲豁醒今日人心，拯救當世沈痾之必然應循的途轍，而亦我所迫切須知而不能一日自釋者。

我初期所讀唐先生之文，大都是後來輯編爲「人文精神之重建」、「中國人文精神之發展」及「人生之體驗續編」的那些；所讀成本的書，則爲「人生之體驗」、「道德自我之建立」、「心物與人生」及「中國文化之精神價值」等。這些書、文和以後賡續出版的「哲學概論」、「中國哲學原論」、

「生命存在與心靈境界」諸巨著，其所昭露的悲心仁願，與思想理念之架構性、系統性，友人蔡仁厚先生於「敬悼唐君毅先生——兼述所著各書之大意與旨趣」（鵝湖月刊三十三期）一文中，曾有極爲明確允當，扼要中肯之介述，足可爲有志於進窺唐先生學問人格者最好的導讀。我則資性魯鈍，行文滯重，絕不能爲如彼精善之理解和說明。但我亦自覺實有所受者，是我綜和地承被了先生從充實而美、光輝而大之生命中放瀉而出的那份無形的功化。我讀書——尤其是讀有關義理性質的書，往往先不具備一般所謂「做學問」或「儲存材料」的預期心理，而只直下面對書中所講的道理，一一求爲相應的了悟。因此，每當一書讀過之後，要想返而從知識記憶的方面作回饋，或者曲盡各個理論層境之妙而稱表之，便不僅將感到非常困難，而且可能會弄得一無是處的。好在唐先生的書，尤其是如上所說屬於前期的那些著作，除了固然地具有思想理念上之間架體系外，而其整個精神意象之映現於篇章脈絡，煥發於字裏行間者，本亦更有啓廸沃漑，與發振拔讀者生命，使之自覺「當下即是」的力量。我就是在他這樣一種力量的提攝下，逼着去探問人生宇宙的眞際，追求存在生命的意義。當然，由於長期間的摸索和浸潤，也便漸次領會到作爲一個完美人格之精神紐帶或支柱者有三要則，是卽：①內在地建立自我的道德本性，②超越地體現至理的宗教感情，③客觀地，亦是實踐地貫通古今，融和社會的文化理想。此三者，實乃人要無負所生，而求成己成物所不可違離的基本義路，也就是唐先生處處宣稱的「人文精神」之眞實內容，時時呼喚着人們努力以赴的明顯標誌。我深深慶幸得由他那強健不息的宣稱和呼喚，竟能對之稍識蹊徑，於以照察人間萬事，乃至進讀往聖前賢的嘉言遺籍，便知一鑰在手，四門隨開，而後依性之所近，亦可偶知議論，略抒所見矣。

我本不擅長寫紀念性的文字，何況是要對心目中最敬仰的唐先生作表白，更難免有剌謬不當，反傷大雅的恐懼，故但述一己感受之實，聊申私悃而已，非敢以爲先生頌也。

（一九八一年三月，「書目季刊」第十四卷第四期）

悼唐君毅教授

桂中樞

正値馬年行將來臨，而各界忙於迎春活動之際，本港一位國際聞名、創辦新亞書院的三人中的唐君毅教授與世長辭，港臺兩地及海外中國學者，莫不惋惜。

當大陸變色之始，中國學者及青年逃亡於香港者，絡繹不絕，於是青年就學之問題，發生於旦夕之間，而港府亦感應付之無方。學者之中的錢穆、唐君毅、及張丕介三位名教授，乃合力創辦新亞書院，而在九龍租賃數間陳舊樓房，以作校址。但就學青年相繼而來，其中傑出者之一，曾回港擔任新亞書院院長，而爲母校效勞者，即余英時博士，至於新亞畢業生前往美國治學而大有成就者，亦不在少數，這是新亞三位創辦人大可引以自詡之功也。

至而新亞創立之始，凡曾聞名而往參觀者，一見其校址之簡陋，不禁想起「環堵蕭然，不蔽風日」的「五柳先生」治學之所，但與三位創辦人接談之餘，又不禁想起顏回簞食瓢飲，而不改其樂之精神，及孟子「得天下英才而教育之」之樂也。

新亞三位創辦人，爲籌募建校後亟需之經費，曾不辭辛勞奔走呼籲，筆者深爲感動。曾從旁協助。

新亞之苦境，終受熱心教育之人士所注意，而大表同情，迄至五十年代中葉，「美國福特基金會」「中國雅麗協會」(YALE-IN-CHINA)，捐獻巨款，爲新亞安排建立校舍之計劃。而完成之日，新亞書院乃有蔚然之大觀，嗣後港府欲創立一中文大學，而決定將崇基、聯合，及新亞三書院合併爲一大學，而採聯邦制。

中大成立之後，錢穆教授擔任院長，而不久功成身退，而往國府首都講學。不幸張丕介教授因積勞而逝，三創辦人之中，尚存唐君毅教授。他繼續任教，而以發揚中國文化爲己任，其著述之多，久爲學界所領悉。但因中大改採一元化之制度，而有違他的初衷，他乃引退而另創新亞研究所，而與之合力發展這一學術中心者，幸有畢生效力於教育的吳俊升教授。在他二人的聲望之下，研究所有蒸蒸日上之前境，孰意唐公忽患癌症，就醫於臺北，迄至去年歲尾，始告全愈，他立卽返港，繼續上課，不辭辛勞，其愛護青年之熱忱，由此可知。未幾舊疾復發而不治，而中國學界又失去一大導師，幸有吳俊升教授，將繼任所長，則唐公應可自慰於九泉之下也。

唐公治學，得其賢內助之力而能歷久不間斷，唐夫人精於書法，不少唐公遺留的墨寶，乃出於其夫人之手，以減其執筆之勞。唐夫人又善操古琴，常在唐公病床之旁，弄琴以使其忘記癌症之痛苦，這正是百年偕老，琴瑟好合之雅事也。以是唐公得享古稀之年，未始非其夫人扶持之功也。如唐夫人能秉承唐公教學之遺志而以書法及古琴啓示後輩，則唐公之音容雖渺，而其發揚中國文化之精神，將長存而無遠弗屆也。

（一九七八年二月十二日，「星島日報」）

敬悼　唐君毅先生

朱明倫

二月二日上午十一時許，離開科學館循石級步行而上，在誠明館前，遇俊儒兄，告以唐先生已於清晨仙逝，聆悉之餘，悲不自勝。先生之道德學問，素所景仰。一代哲人，著作等身，立德立言，永垂不朽。先生大名，早在三十年前，即已耳聞。先生當時深感中華文化，有如花果飄零，希望能在海外，靈根再植。慨然以弘揚中華文化精神爲己任。在極端困窘之情況下，與賓四、丕介等先生，共同創辦新亞書院、研究所，而先生畢生心血，亦盡瘁於斯。

余初識先生係十五年前（一九六二），由星洲來港，服務新亞之時。新亞初期，只有人文、工管、社商諸科。因應社會需要，一九六〇年始創辦理學院。先設數學、生物兩系，翌年再增物理、化學兩系。先生秉長數學系。一九六一禮聘君璞師來港，主持數理兩系。星洲氣候溫和，四季如春，內子及余，均有敎書工作，頗有定居之意。一九六二年，港府已考慮成立一間包括新亞、崇基、聯合三成員學院之聯邦制大學，以中文爲敎學媒介，乃爲璞師邀來共事。抵港之翌日，由璞師陪同前往唐寓拜訪，覺其恂恂儒雅，誠樸厚重，誼屬同鄉，言談分外親切。

農圃道校園不大，除開會聚首外，亦時相値。余習數學，數學只講邏輯相容；公理之存在與否，乃屬哲學範疇。然對公理正確性，亦頗有興趣。先生治學甚勤，課務亦重，更兼繁冗之行政工作，故很少向先生請益，但其學術性演講，總抽空參加。衷心佩服其學識博大精深，講解滔滔不絕，說理詳明，尤能深入淺出，使聽衆均能洞悉眞諦。

一九七三年新亞遷入沙田新址後，與先生見面機會較少，以先生留在農圃道新亞研究所之時間較多。翌年秋，先生榮休，在新亞敎職員聯會餞別宴上之演講，眞摯感人，頻頻以新亞前途爲念。余與先生最後一面，係去年九月廿七日、新亞中學校慶典禮席上，先生蒞臨較晚，坐貴賓席上，原以茶會時，可以晤談，故未趨前致候，僅遙遙點首爲禮而已。先生旋以事先行離去，未料此別，竟成永訣。

自先生逝世以來，已有不少紀念之文，刊諸報端或專輯，撰稿者皆碩學鴻儒及青年才俊之士，多屬先生之友好故舊，與及門弟子，相知甚深，言之有物。先生與余雖有十餘年共事之雅，然余於哲理，一無所知，固不能爲學術性之紀念文章，謹就多年交往，體會所得，深覺先生有下列特行，足以風世。

(一) 孝思不匱

先生事母至孝，雖因遠在海隅，未能昏定晨省，然有較名貴物品，必寄奉其太夫人，雖時遭退回，亦必次再寄，以達成甘旨之奉。數年前，得其太夫人仙逝消息後，悲痛哀毀逾恒，守制成禮，並在沙田佛教院誦經追悼，其仁孝可風。

(二) 功成不居

先生務實，凡事只求有益於學校社會，不計個人名位得失。如創辦數學系，延聘君璞師主持，皆先生全力達成，從不矜功。在璞師週年紀念特刊之紀念文中，從不提及。

(三) 器度恢宏

先生自律甚嚴，對人則不苛求，度量恢宏，能容能忍。會議中遇到他人意氣上攻擊，亦只溫婉解釋，不作尖刻反駁。閑談中如有不同意之觀點，亦不當面指出。數年前，杜維明教授過港，先生邀彼及研究所同仁作新界之遊，並在流浮山餐館吃蠔宴，余亦叨陪末座，去時適與先生及杜君同車。談及華人民族性樂天安命，逆來順受，可能受宿命論之影響。吾川有「命中只有八合米，行遍天涯不滿升」之俗諺。影片插曲中亦有「命裏有時終須有，命裏無時莫強求」之句，均勸世人安分，對統治者幫助甚大。吾川農人，終歲辛勤，不得一飽，恒以雜糧充饑，能有白米飯吃，亦屬奢望，不知其勞力之剩餘價值，被地主軍閥剝削，一切歸諸命運，統治者無形中代替命運之神，主宰一切，故華人不輕易造反，太過善良，易於統治，歷來帝王，因無顧忌，總走向獨裁。先生對我之論調，不以爲然，緘默不置一詞，深得儒家忠恕之旨。

(四) 擇善固執

研究人文科學者，須賴自身感受，不易客觀，每被人誤會爲固執。先生獨不然，對重大事情，原則上問題，則堅定不移，如維持中大之聯邦制，寧可辭去新亞董事職位，決不妥協。此外細節，則極隨和。如一九七二年，新亞月會事件後，允許學生參與校政，出席或列席高層會議，先生則力排衆議，主張對學生開放，開中大學生參政之先聲。新亞各種行政性會議，均較民主，與會者均能盡興發言，毫無顧忌。不能不歸功於先生之開明作風及倡導。

新亞月刊，定本月份爲君毅先生出版紀念專輯。謹錄以上諸點，用誌永懷，並默存敬佩之情，遙致於先生在天之靈。

一九七八年三月一日　科學館

（一九七八年三月，「新亞生活」第五卷第七期）

唐君毅先生給我最後的兩封信

張曼濤

二月四日下午，我由東京返回臺北，第二天早晨到達辦公室，人尚未坐下，已經看到書桌上放了幾封航空信，君毅先生的名字簽在信封上一瞄就看到了，一連兩封疊在一起，我坐下來開始拆看，就在這時秘書拿着報紙進來說：「老師（原是學生）：唐君毅先生去世了，唧！這是三日的報紙，他是二日早晨去世的。」我不禁驚住了，手上捧着他的來信，還未抽出看就聽到這個噩耗，實在有些愕然，雖然知道他患的是絕症，隨時都有離開的可能，但總沒有一手拿着他的來信，一邊就有人告訴說他已經去世了，心情上來的那麼突然吧。這，眞不知該怎麼說才好，心裏一陣難過。儘管知道他是絕症，但聽他說服了中藥後，已經穩住了，問候過他的人，大概都相信已有轉機，至少也會揣測，在短期間內不致有什麼危險的。特別是我在去年十一月初，由非律賓經港時，到新亞去拜訪他，談了二、三十分鐘的話，他的精神還非常好，當天他要爲學生上課，所以我不便多打擾，談了一會就起身告辭，事實上學生們已在課室等他。臨走時，他對我說：「我過了農曆年，大概要到臺北去，再檢查檢查一下身體。」就好像十三年前他在日本京都醫治眼疾一樣，臨回香港時，也是這樣對我說：「大概過些時候我還要來京都檢查一下。」那曉得這回說的「檢查檢查一下」就沒法實現了，他老也算是食言了。

我回臺北，不久又去東京，然後再返臺北，以爲這次在臺北還可等到他來，又可共敍一番。不料，這回我也估計錯了，就好像當年估計王貫之先生一樣，說好我由京都回臺後，在華岡等他，並要我設法替他安排一處比較安靜的地方，他想在華岡住一陣子，寫點東西，說是曉峯先生已經邀他。唐先生這次說的，就幾乎和貫之先生一樣，也說好我們在臺北見面，而結果卻都是一樣：「一約成永訣」。

看完報紙上簡單的報導後，我才將他的來信抽出來細讀，原來兩封都是討論問題的，第一封他回答我的信，兼敍一些問題，第二封他補述第一封的問題。我在一月中旬有封信給唐先生，告訴他，我主編的「現代佛教學術叢刊」上收了他幾篇文章，他在第一封來信上，就是表示同意我選他的那幾篇文章，並順便談到牟宗三先生對華嚴與天臺分辨的看法，他認爲牟先生的「佛性與般若」一書，貶華嚴爲別教，奉天臺爲圓教，可能是對華嚴的義界問題不清而致。第二封信則談到牟先生的「如來禪與祖師禪」一文。問我有無選此文，如已選，並希望我就近和牟先生討論一下，或將他的信附在牟先生文後，以表出他的質疑，留待後日有人作進一步的討論。我看了這兩封信後，深覺唐先生的爲學精神，實在令人五體投地。在身體那麼痛苦，病情加重的時候，仍念念不忘與友人論學談道。一以

「眞」「誠」出發，不敷衍，不怠忽，實是一代哲人風範，儒林楷模。玆爲悼念起見，特將唐先生此二信發表，並略抒淺見，以慰先生之靈。

唐先生來信一

曼濤兄：

一月十八日示奉到，承收拙著若干篇於所編佛學論文集中，感意至感。其中論華嚴、論吉藏之般若學二文可用。三論宗與柏拉得來一文，作保存文獻看可用。但此是我在大學生時代所寫，文章幼稚，又似不宜用。看兄選文之標準如何為定。略說中國佛教教理之發展一篇，無特殊之見，不可用。但最近學生所記，在最近期哲學與文化發表之「中國佛學中之判教問題」，經我改正，其中後半部份所說者或為世所忽，亦有若干處，可稱新見，如對圓教之義界問題，卽亦一大問題。依年先生之近作佛性與般若，竟貶華嚴為別教，皆由此問題原不清而來。此問題應有人進而細論，但我文之提出此問，亦可能有一些意義。

又拙著論華嚴宗之判教一文，原在新亞學術年刊發表者，錯落不堪，後此文收入我之中國哲學原論原道篇卷二，再版並有所改正。如選此文，應照此原論卷二再版改正。吉藏之般若學原在佛教叢刊（曼濤按：應是「佛教文化學報」）發表，錯落亦多，此文後亦收入原道

論卷二再版，中論吉藏學之二章，亦煩照此排版。兄主編此刊，自為極艱鉅事，但畢竟為對佛學文獻之整理建一大功。匆此不一，並候

文祺

弟　唐君毅啓　一月廿三日

唐先生來信二

曼濤兄：

日昨函

兄謂拙著「中國佛學教理之發展」一文，不值選入，望勿選。忽憶牟宗三先生曾在哲學與文化發表「如來禪與祖師禪」一文，不知兄已選入否？經牟先生同意否？如未選入則作罷。如已選入，兄可就近問牟先生此文有無改正之處？就弟記憶，牟先生此文乃以宗密禪源諸詮集都序中所說之直顯心性宗之禪之二種之第一種，為祖師禪，即惠能禪，並與天臺教理配應者。第二種為如來禪，即神會禪，與華嚴教理配應者。此中所包涵之問題，似甚多。首則宗密在「禪門師質承襲圖」中，明謂其所謂直顯心性宗之第一種，乃指惠能門下之旁支，即馬祖之一切皆真之禪（後指月錄之馬祖卷注，則以宗密太貶馬祖），而第二種，則為神會所承之惠能禪，即如來禪（此名似初見楞伽經，為此經所謂最上乘禪）。但宗密並無於如來禪之

上，另置一祖師禪之說。在傳燈錄中仰山謂香巖會得「去年貧，未是貧；去年貧，貧無立錐之地；今年貧，連錐也無」為如來禪。而以其後之會得「我有一機，瞬目視伊，若人不會，別喚沙彌」為祖師禪（曼濤按：此後則引文，出在指月錄不在傳燈錄）。但二者涵義之分別，實不清楚。太虛法師文集中論中國禪宗史，又有「超佛越祖乃燈禪」之說。此乃由「逢佛殺佛，逢祖殺祖」之言借用而成名。但此與「貧無立錐之地，錐也無」之分別亦不清楚。不知何書對此二名有清楚之說明？

至於說華嚴教理與宗密之直顯心性宗第二種相應合，自無問題。若說其第一種與天臺教理相應合，則宗密無此說，自來亦無此說。若要主此說，恐須請年先生再作補充。如印刷時間來不及與年先生往復商討，可否將弟之此疑附註於年先生之文後，以供後人作進一步之研討。

弟 唐君毅啓 一月廿五日

從這兩封信中，我們可看出來唐先生對學術思想之認眞，對自己的作品要求之嚴。「略說中國佛教教理之發展」，和「三論宗和柏拉得來之比較」，大致說都不算很壞的文章，只是沒什麼特別創見而已。尤其三論柏拉得來之比較，那是在他大學時代寫的東西，就有這樣的程度，已經相當不錯了。

從這篇文章亦可看出來唐先生對佛教思想下功夫之早，並非近二、三十年才開始起步。我基於對西方哲學作比較的立場，還是把他這篇文章收了進來。至於「略說中國佛教教理之發展」一文，雖唐先生說不用收入，但文章並無毛病，只作爲一篇敍述式的文章看，亦無大碍，且恰好在我編輯的「中國佛教的特質與宗派」一書裏，也需要這麼一篇概述式的文章作前導，因此也就違背了故人之意，仍把它選了進來，沒有尊重來信的囑咐，這是非常抱歉的。不過，這也反證明唐先生對其自己言論的謙虛與謹愼，作爲後學的我，當也不能就因他的謙虛而抹煞其文章的眞實價值。「中國佛學中之判教問題」一文唐先生有自信，亦自許，自然我亦同樣選入了「中國教佛的特質與宗派」一書中。在這兩封信裏。我們可看出，他所要討論的還是華嚴與天臺的判教問題。第二封信談牟先生的如來禪與祖師禪亦同樣如此，雖在名辭上欲求詮定淸楚的來源，而事實上是在質疑牟先生以天臺配應宗密的直顯心性之第一種爲祖師禪，以華嚴配應第二種爲如來禪之比會，希望我與牟先生往復商談，希望牟先生再作補充說明，或將其來信附註於牟先生之文後，以供後人作進一步之硏討。此事我至今仍未函告牟先生，因爲當我看到來信時，唐先生已離世，此間又正是農曆除夕，新年假畢，又是一連串的忙碌。總希望和牟先生當面一談，而牟先生又於農曆年返港，並且還直接主持了唐先生的追悼會。人已去，此種學問之追究，自也不在急於一時了，因此，我也就緩忽下來。現在爲文悼念，自然，也就想到，還是先把唐先生的信公布，讓大多數崇敬唐先生的人知道，他在臨終前的數日，還在念念爲學，還在求與友人討論問題。同時此信發表後，想牟先生必會看到，牟先生亦自會表示他的意見，算作補充了。但在牟先生沒有表示意見前，就我所知者，也不妨在此對唐先生的信作一答覆，雖然他老已看不到了，但信在、問題在，而此問題亦可說非唐先生個人之問題，乃是佛教思想史上一個問題，從事此門學術者，亦可能是共有的一個問題。所以我亦不妨先簡略地在此一說。

華嚴與天臺之判教，向來互有攻訐，天臺判華嚴爲別教，自非牟先生始，乃是天臺之根本立場，早在天臺宗創「五時八教」說時，就表示此一立場了。雖然在八教中，華嚴被判爲是頓、是圓，但華嚴的圓，是圓中兼別，故說華嚴會中尚有二乘在座，只是如聾如啞而已。臺宗的圓，則以法華的一乘爲最究意，無二亦無三，故後世有稱其爲至圓。然賢者亦有其抑臺宗之辦法，他在判敎中雖受臺宗之影響，但爲了出乎臺宗，超乎臺宗，他不得不找尋新的思想資源。這便是智儼從光統律師文疏中取得的「別敎一乘說」，（別敎一乘對同敎一乘言）給了賢首的靈感，所以後來他的五敎判，就將天臺列同敎一乘（在華嚴來說，同敎是貶，意卽仍在三乘以內，取法華的門三車之喻，而別敎一乘則以通衢牛車之喻自況）。甚至有時也判天臺爲終敎。但在臺宗門下看來，自不會同意此種判法的。到了後世，臺宗對華嚴的批評更加嚴厲，如對其內容的組織，批評是「有敎無觀，有觀無行」。此種公案由來已久，我想今天牟先生貶華嚴爲別敎，並非對義界問題不清而來，乃是順天臺系統必然而有的立場。我對牟先生的大作「佛性與般若」，至今尚未閱讀，原因是近兩年來，爲了搜集「現代佛教學術叢刊」

的資料，和編輯整理，忙碌得已無法再看其他書籍。而我讀書的習慣是，要讀就一口氣讀完。所以雖知道牟先生的書已出版了近十個月；但仍未購來一讀，只從朋友處得知內容大概，最近爲了唐先生此信提及，我才向學生書局買了一套（上下兩册）稍爲翻一下，牟先生的敏慧處處可見，但要從整個佛學立場上講，當然仍有研討的餘地，順中國佛學思想的發展看，牟先生的路子亦大致不差，此書如若詳評非得數萬字不可，我打算在「現代佛教學術叢刊」這工作完成之後，再專讀一遍，撰一評述，到時或可以與牟先生作一仔細討論。今再就唐先生第二封信上所指的如來禪與祖師禪一談。

牟先生的「如來禪與祖師禪」我已細讀，無疑的，這是牟先生談中國佛學中傑出的一篇文章。不論你贊成不贊成，他用如來禪與祖師禪分辨神會與惠能的細微差異處，實在令人心服。亦證他辨析之入微，思慧過人。但若從歷史上求證，前人是否有此一說法，或宗密是否有此層用意，那大可不必。如來禪與祖師禪是否有此一層分野，同樣亦無法追究。事實上用如來禪與祖師禪對華嚴與天臺作配對，對神會與惠能作分際，這也是牟先生的創見，他的創見是否有道理，其根據也就在神會與宗密身上。宗密將華嚴與禪宗相結合，這原是後世的華嚴家所反對的。他既然做了這樣的結合，牟先生今天做這樣的判別，也可說十分合理。只是華嚴家不一定能十分接受，因爲就早期日本的華嚴學者鳳潭一覺洲師弟，就曾經對清涼、宗密作過指斥，認爲他們兩個繼承賢首法藏的發展，已經是歪曲了的發展，沒有正確把握到賢首的眞意。連在華嚴宗思想的本身，尚且有人指斥宗密師徒，何況他承受荷澤的觀念，再把華嚴結合禪學，混爲敎禪一致，那豈不令純粹的華嚴學者，更要氣結！因此就這一點說，我不認爲牟先生的評斷，就會爲華嚴家所接受。只是就宗密談宗密，也許牟先生的評斷是很値得參考的。不過在宗密的心裏，他是沒有祖師禪這個觀念的，他的如來禪已經就是最高了，他所要表現的自家宗旨，就是究竟一乘如來禪，這不管是達摩的「楞伽傳心」也好，還是惠能的「何期自性」也好，他都包含在裏面了。牟先生的分辨，固有特慧，但宗密本人是沒法意識到的。祖師禪一語最早的出處，和最早與如來禪作如何對照，我們今天也無法查出最初的第一手資料。就我所知，最早的記載，祖師禪與如來禪的出處，是在「祖堂集」裏，祖堂集是南唐保大十年（西元九五二年）由泉州招慶寺、靜、筠二禪師所編。他比宗密（西元七七九——八四一年）的時代晚一百多年，比景德傳燈錄的問世，早五十多年。爲現存的最早禪宗的史籍。當然，從時代的比較看，祖師禪一語，在未入「祖堂集」編者手上之前，也許早已流行了的，但在宗密的時代，這句話還未曾出現。同時從後世重視祖師禪超過如來禪這一點看，相信也必定是宗門下對宗密的評論不滿，才會有此一語的出現，以便遮蓋他的宗判。關於此點暫且不說，現在僅就「祖堂集」所載來看，這和景德傳燈錄所載仰山所區別的祖師禪與如來禪是一樣的。大概傳燈錄是從祖堂集轉抄而來，唐先生所引的，則又是從傳燈錄抄到指月錄的。祖堂集的所載是：「……香嚴便造偈對曰：『去年未是貧，今年始是貧，去年無卓錐之地，今年錐亦無』。仰山云：『師兄在知有如來禪，且不知有祖師禪』。」這是現在看到的資料中最早出現的分別。可是祖師禪是什麼意思仍沒有說明。去年未是貧，今年始是貧，去年無卓錐之地，今年錐亦無，此種連「錐」都空去了，尚不是祖師禪，只是如來禪，可見當時宗門下對祖師禪的境界已經立標至極了。唐先生引傳燈錄（實爲指月錄）「去年貧未是貧……」一公案未言如來禪，與上面祖堂集所言者大致相同（只是「去年」下增添了個貧字。至於祖師禪謂是：「我有一機，瞬目視伊，若人不會，別喚沙彌。」這在祖堂集裏未載（傳燈錄中亦無），不過照此意看，亦可理會得，似乎如「枯木龍吟」、「三冬草暖」一樣，在絕處逢生始是祖師禪。貧無立錐之地連「錐」也無，是太「空」了，空得近乎沈空落寂，立境雖高，可是仍不免屬於如來禪而已，此過在「空去一切所有」。「我有一機，瞬目視伊」，則機中目，經已轉活，活便是春來花發，雖空而實成「妙有」了，這自非連錐也無者可比，這也才就是祖師禪。換言之，有活活潑潑的生機始是祖師禪，只是一味向上，人我兩忘，體會到「眞空」，還是如來禪而已。這個區別，大致是仰山的意思。在後各家的語錄上，亦可找出這條線索來。此外傳燈上另有一則說：「僧問如何是如來禪，師曰：『橫擔持狀，緊繫草鞋。』如何是祖師禪，師曰『く上大人。』」（此是日本禪學辭典所引，曼濤未暇覆檢）橫擔持狀，緊繫草鞋，還有待前進，這只是評判，不是指陳內容。祖師禪算是到家了，喊一聲「く上大人」。這是無謂的分辨，遠不如牟先生的大作來得「切實」。當然這只是硬要把如來禪和祖師禪作出一個彼此的分際來，才可以這樣說，如果不從名言敎相著手，反身向上一問，那裏又有這些閑葛藤。此所以道元禪不客氣的說：「如來禪、祖師禪、往古不傳，今妄傳，迷執虛名……末世之劣因緣也。」（同上所引）牟先生之主此說，除了他對宗密、神會、惠能等有所見外，想必亦是他有得於天臺後，爲貫徹其立場而有之表現，在爲學而言，我不反對牟先生此一慧「見」。此亦如荷澤在滑臺之定是非同，若爲道則又爲一說。至於唐先生之疑，則亦正是啓後學之學也。

可惜的是唐先生此信來時，我正在日本，未能在其歸道山之前回答，以求深論。今只好趁此悼念之餘，略表淺見，以作敬學敬長者之意。至於我與唐先生之交往，及對其學術思想之認識，則稍待略日，另作專文敍說。

（一九七八年四月，「哲學與文化」第五卷第四期）

兩間正氣　一代宗師

——敬悼唐君毅先生

方劍雲

昨日（二日）上午由輪渡過海，遇到饒固菴先生，固菴先生面色凝重，拉着手剛一句：「你知道唐先生……」我不等他說下去，急急問：「什麼時間？」固菴先生說：「今晨。」說過兩人相對黯然無言。

說來也很奇怪，昨天看到報紙上刊出一篇譯文「如何戰勝癌症」，不由得想起君毅先生。大概是三個月之前，與新亞研究所總幹事趙致華老弟喝茶，致華告訴我，唐先生在吃中藥，並介紹在臺灣屏東找到一位中醫，治癌神乎其神，唐先生吃了很有效。我當時既感慶幸，也頗爲懷疑，因爲在港二十幾年，送走的癌症朋友不會少於三十，從未聽到有一個人是吃中藥吃好的，最顯著例子是亡友徐亮之先生，患了此症，在西醫無法着手時，遇到一位中醫，吃了他幾付特效藥，居然好了，在中國筆會開會時，亮之先生大口吃饅頭，有意以事實來證明此神醫之效，但不過一個月，突然病倒，從此撒手人間。自那次之後，我對癌症的看法認爲絕望，多診治多受罪，下定決心，如果有一天自己患了癌症，立刻自殺，決不累家人又害自己。

雖然如此，但對於唐先生之病，我倒存了希望，前天看報想到唐先生，覺得唐先生也許逃過大刼，因爲照時間算，唐先生眞有問題，應在幾個月之前，不會拖到今日，萬不料一代哲人，仍未能脫此災難。如可贖兮，人百其身，凡知唐先生者，無不感到惋惜。

筆者同唐先生交情在師友之間，同事十五、六年，交談機會並不多，但對唐先生卻非常尊敬。他是一個百分之百的書生，一生就是讀書、教書、著書，此外不知其他，平日對人情世故不太了了，但有關大節，卻毫不苟且，對國家忠誠，對父母盡孝道，夫婦朋友之間，始終如一，平生私德無半點瑕疵，是百分之百的完人。

新亞研究所脫離中文大學獨立後，唐先生擔任所長，雖然局面已不如昔，但對於舊日規模仍然保存下來，成爲海外學術界一塊乾淨土，其功尤不可沒。

這幾年來，自從「尼克遜旋風」吹起之後，不但把美國許多中國人吹落了海，就是香港也不免，數年來砥柱中流，不向惡勢力低頭者，實在不多，君毅先生便是此中中堅分子。

人生歲月不過幾十年，所作所爲不但要對得起國家民族，更要對得起自己，求心之所安。固菴先生告訴我：「君毅先生走的很平安，只有一個鐘頭，毫無痛苦。」因想到君毅先生一生作人毫無遺憾，走時當然毫無痛苦，這便是福報。

（一九七八年二月三日，「香港時報」）

悼唐君毅先生

——一代哲人之逝

溫心園

前天閱報，驚悉新亞研究所所長唐君毅教授，已於本月二日以癌症病逝浸會醫院。我和唐先生之間，雖只有一面之雅；但是唐先生之逝，所引起我的震驚，卻不下於任何政界大人物之死。第一，因爲唐先生是中國哲學這門學問的權威，素爲我敬佩。第二，因爲我的師友之間，有不少和唐先生的關係是頗密切的。

中國哲學這門學問，自從民國八年（一九一九），胡適之先生出版了他的「中國哲學史大綱卷上」之後，便蔚成風氣，接着的是馮友蘭氏，在民國二十二年（一九三三）出版的「中國哲學史」。用新觀點新方法寫的中國哲學史，胡先生的這書，可算是開山之祖。但是卷中及卷下未出，所敍述的時代，只限於先秦而止。馮書所述，則自古代至近代，可謂完璧。此二書之外，雖亦有同類之書，陸續出版；然而考據之詳確，系統之分明，殆無出其右者。

假設胡馮兩氏的哲學史之後，眞是「後無來者」，那末，豈不是中國哲學之研究，數十年來沒有進步？事實上卻不然。民國五十五年（一九六六），唐君毅先生的「中國哲學原論」出版了，可以說是中國哲學研究的里程碑。唐先生略仿德國哲學史家溫德班特（W. WINDLEBAND）所著哲學史之體制，以若干問題爲研究之中心，不以個別哲學家爲對象，而擺脫胡馮兩氏之窠臼。因此，中國哲學之特性及其問題，尤其是各個問題之起源、發展及其影響，特別顯現於讀者之前。此種編制，較諸以個人爲單位之體制，其長短優劣如何，姑不具論；惟其爲中國哲學史開一新道路，絕無可疑。

唐先生早年便從事於中國哲學問題之講授，以後又繼續講授中國哲學史不輟，其方法與材料，屢有變更；最後，乃成六十餘萬言之「中國哲學原論」，一册共六百餘頁。其用心之專，寫作之勤，殊覺驚佩。此書雖卷帙甚繁，但並非將前賢著述轉錄而成，如黃宗羲之「宋元學案」及「明儒學案」也。書中一名一義，必反覆推敲，以期至當，其著作之認眞不苟，尤可佩也！

於「中國哲學原論」之外，先生尚有「哲學概論」上下兩册，同樣巨帙，每册六百餘頁，合計一百二十餘萬言，嗚呼痛哉！此「哲學概論」，其先生之精心巨構，蓋合中國西洋及印度三種哲學系統而共冶一爐，爲時下一般哲學概論之書所未有也。唐先生自序云：「愚之初意，是直接中國哲學之傳統，而以中國哲學之材料爲主，而以西方印度之材料爲輔」。但書成以後，此種理想，未能達到。「所取之中國哲學之材料，仍遠遜於所取西哲者之多」。唐先生頗感遺憾，蓋他始終尊崇中國文化之傳統。惜於此書中尚未能達到其理想耳。

除上述兩大巨著外，唐先生尚有其他著作約十種，皆關於中西之哲學者，於戰前及戰後陸續出版，玆不贅述。總之：唐先生爲維護東方文化，發揚孔子之道的一大健將，怪不得錢賓四先生稱之爲「大儒」了。記得前年中共「批孔」很熱烈的時候，唐先生曾發表一篇數萬言的文章，辨明孔子殺少正卯之傳說，乃法家之徒所僞造，種種考證，至爲詳盡。此文之影響力，當然不小，可做爲關係此問題之一種文獻。

至於唐先生與本港新亞書院和新亞研究所之關係，其貢獻如何，爲社會所共知，世必有能言者，寡陋如余，恕不敢喋喋了。

人生雜誌，唐先生也是創辦人之一，惜現在不能繼續。

唐先生謝世之年，據說是六十九歲，尚可大有作爲，使天假諸年，其成就當不止此。當我們正要復興中華文化之際，唐先生之死，不僅爲中國哲學界之損失，也就是國家民族之損失了。

（一九七八年二月十二日，「華僑日報」）

敬悼 唐君毅先生

——兼述唐先生所著各書之大意與旨趣

蔡仁厚

一

大雅云亡，邦國殄瘁。唐先生的逝世，又豈止是哲學界極大的損失而已。雖說老成凋謝，典型猶存，但無論如何，值此中華民族花果飄零的時候，在文化學術和教育的崗位上，已經缺少一個閎識悲懷，擔當文運的碩果了。

我個人最初知道先生，是民國三十八、九年間，讀他在「民主評論」發表的文章，而最令我衷心感動而印象極深的，是三十九年孔子誕辰專號的「孔子與人格世界」一文。之後，唐先生的「中國文化之精神價值」、「人文精神之重建」等書，相繼在臺港出版，我都一一買來讀。牟宗三先生亦常說起唐先生，所以那時我雖未獲拜識唐先生，而在精神心靈與文化理想的企向上，卻一直有着內在而親切的仰慕和感通。

四十五年暑假，唐先生隨港澳教育文化訪問團來臺灣，我纔在牟先生的寓所東坡山莊，初次拜見唐先生。那次唐先生在臺停留了十多天，他特別參加牟先生主持的「人文友會」第五十次聚會，講了一段非常懇切的話，當時由我擔任紀錄。（現特請「鵝湖」將此講詞刊出，以留紀念。）次日，牟先生與友會諸友請唐先生吃飯，飯後又到新店溪畔螢橋竹林茶館喝茶。一二日後，還聽了唐先生一次講演，題目是「民主科學與道德宗教」。自從拜識了唐先生，便常寫信請教，四十九年，拙著「家國時代與歷史文化」出版，並承唐先生賜書名。以後，唐先生每次來臺，我總前往客館拜謁，以親教益，而得到很多的啓發和鼓勵。

前年九月，唐先生在榮民總醫院動手術，之後，又移劍潭養病。我兩度前去探望，爲恐唐先生話說多了傷神，屢欲辭出，而他總說今天精神很好，難得見面，該多談談。於是，那一貫藹然親切的話語，便娓娓道來，了無倦容。臨別，唐先生和唐夫人送出門來，看見天氣很好，不覺走到池邊，我再三請留步，唐先生說：「不要緊，大家一起多走幾步，我自己也高興。」我看唐先生舉步雖有些遲重，但心境很開朗而貞定，他是無視或者平視那病魔的糾纏的。我默默禱求上蒼，保佑這位我敬愛，也是大家所敬愛的哲人，早日康復。沒想到劍潭的揖別，竟是最後的一面。如今人天遙隔，更從何處親接先生的音容？……

唐先生留在人間的，是他的精神志業，人格型範，和哲學思想，還有較具體的，就是他的著作，不學如我，實在不足以言介述唐先生的學術思想。在此，只能循着他的著作，就一己之所知作一箇述，以略明各書之大意與旨趣。疏漏是必然的，若更有差誤失旨之處，則敬俟讀者之指正。

二

唐先生最早印行的書，是民國三十二年正中書局出版的「中西哲學思想之比較論集」。在此書印行之際，正是唐先生的思想有一進境之時，回視該書，看似內容豐富，而實多似是而非之論，所以唐先生願以三十三年由中華書局印行的「人生之體驗」爲自己出版之第一本書。此書頗帶文學性，多譬喻象徵之辭。主旨是在啓導人向內在的自我，以求人生之智慧。具有向內而向上之精神的青年，必能因讀此書而引發深心的感動。

接着，「道德自我之建立」亦由商務印書館於同年出版。這部書的文筆，特顯樸實而單純。若與前書相比較，則前書的內容大體本於悟會，觀照欣趣的意味較多，後書的內容則多本於察識，而鞭辟策勵的意味較重。因爲前書是唐先生依於他個人的性情，流露而出的對於人生之興感；而後一書則爲求建立其道德自我，而對道德生活所作的反省之表述。

在此二書中，唐先生不取西方一般人生哲學道德哲學的方式，所以並不把人生問題道德問題，化爲一純思辯之所對。但在唐先生自覺地流露表述中，亦自然而加上了許多思想上的盤桓，因而此二書之寫作方式，與東方先哲直陳眞理以論人生道德的書亦有所不同。而是用思想去照明我們自己具體的人生之存在，以展露它所欲決定的理想與生活行為之方向，以及在決定方向時所感到的困惑疑謎，進而面對此困惑疑謎而求加以消化。這種思索，和第二次大戰以後在歐洲盛行的存在哲學所說的存在的思索，卻相類合。

與上述二書相連的另一部書，是「心物與人生」。此書本當與前二書同時出版。但唐先生覺得，眞要講哲學以直透本原，則當直接由知識論到形上學到宇宙論，或者由道德文化反溯其形上根據，再講宇宙。而從自然界之物質、生命、講到心靈、知識、人生文化、雖然亦是一條路，但卻是最紆曲的路；所以暫將此書停止出版。後來，唐先生又發覺一般青年學生所易於感到的哲學問題，仍然是如何從自然宇宙去看人的生命心靈之地位與價值，並依此以決定其人生文化理想。人如此去想問題，一方面自易獲得一般科學知識與流行的哲學見解作憑藉，一方面亦易於引生各自的意見而停在一些膚淺混亂的談論上。而唐先生此書，是採對話體的論辯方式，以一根思想線索貫穿其中，正可使人對自然宇宙之認識，由物、到生命，再到心靈，以及心之求眞理，而步步深入，以漸次上達於高明。只要人能耐心依序而觀，並綜貫前後文之理想，自能袪蔽而得其要歸。乃決定增加幾篇論「人生與人文」的文章，合編成册，於四十二年，交由亞洲出版印行，以利讀者。唐先生曾經表示，此書只是一橋樑，一道路，而不是一依止之所。因為這是唐先生青壯年的作品，他的話還沒有說完，他的思想亦還有進一步的開擴和升進。

在此，我要略說聞之於牟先生的一些意思。牟先生與唐先生雖早相知，但直到抗戰期間纔在重慶見面，牟先生當時已寫成「邏輯典範」，正在爲「認識心之批判」蘊釀構思，這是架構的思辯的路，那時牟先生對西方形上學不甚措意，尤其對黑格爾起反感；而唐先生則對形上學有強烈的興趣，而且是黑格爾式的。在兩位先生見面接觸之時，有一回唐先生講到辯證法與唯物辯證法之不同，雖只講了幾句，牟先生覺察到他講時頗費舌吐之力，便立即知道這必須有強度的心力往外噴，並感到唐先生是一個哲學家的氣質，有玄思的心力，而以前發表的文學性之體裁的文章，並不足以代表他的生命之實。同時，「邏輯典範」一書所函形上函義，在牟先生自己撰著之時並不自覺，而唐先生卻能替他說出來。這使得牟先生在接近了康德之後，因着唐先生的談論，對黑格爾亦發生好感，而契入了精神哲學。牟先生認爲，從知識對象方面作概念的思辯與分解，乃西方觀解的外在的形上學所從事，這是希臘哲人所開啓，而由自然哲學發其端，順對象或存在本有的各種面相而分解爲各種概念，再順各種概念之相順相違或相融相抵而展開爲各種系統。這些分解與系統自皆有其價値，但並非眞實形上學所以成立的本質關鍵，亦非眞實形上學所以得究竟了義以圓滿落實的所在。這些分解與系統不過是外部的枝葉，是有待被消化的零碎知識。如柏拉圖、亞里斯多德而後，中世紀的神學，近代大陸的理性主義（經驗主義無有形上學），當代受物理學、生物學、數理邏輯之影響而出現的各種進化論、自然哲學、宇宙論、邏輯原子論等，全都不是眞實形上學之本源的義蘊，只不過是順著關於對象的若干知識或觀察，而來的一些猜測性的知解或形式的推證。眞實形上學之本質的義蘊，還是康德的進路爲能契入。由康德之路而契入的眞實形上學，以及其究竟了義與究竟落實，則根本是精神生活上的事。因此，牟先生感到自己當時所作的，只是根據「知性」而有一個形式的劃分，而由此形式劃分而分出的超越形上學問題，則是實際人生所要求的具體的精神生活之問題，這必須進入具體的精察與感受。形式的釐清與劃分，是康德的工作；而具體的精察與感受，則是黑格爾的精神哲學所展示。在此，佛教大乘三系有很大的貢獻，而宋明儒的心性之學，則得到其最中肯的一環。所有觀解的形上學中的那些分解，必須統攝於這一骨幹中纔算有歸宿，有其落實而洽浹的意義與作用。以儒家之學爲骨幹，要分解更須是「超越的分解」，如康德之所爲。其次是辯證的綜合，而辯證的綜和卽含有辯證的分解，如黑格爾之所爲。同時亦須正視其哲學中抽象的普遍、具體普遍、在其自己、對其自己、等名詞之眞實意義。康德黑格爾的建樹，可以接上中國的心性之學，亦可以補中國文化之不足。而在中國哲學界裏，首先對黑格爾的精神哲學有眞實相應之了解的，便是唐先生。(唐先生有「黑格爾的精神哲學」一長文，編入中華文化出版事業委員會印行的「黑格爾論文集」上册。)

三

在「道德自我之建立」書中，唐先生雖已談到人倫關係與客觀社會文化理想，但那只是在個人求建立道德自我，而提起其自己的向上心情之氣氛下，而談到這些。此向上心情氣氛，如充滿其量而言，當然亦可說是涵天蓋地而至大無外。因而一切人倫關係與客觀的社會文化理想，亦都可以爲它所籠罩。但這種向上的心情，畢竟只是屬於個人的。而由於當時並未眞正涉世或入世，所以對人倫關係與客觀社會政治文化之理想的嚴肅性莊嚴性，亦認識不深。直到抗戰勝利回南京，唐先生乃感到家、國、天下之觀念的重要性。後來又到江南大學擔任教務行政，乃由人與人的共同事業中，體悟到社會組織之重要，而開始撰述「文化意識與道德理性」一書，以爲社會文化建立道德理性之基礎。

在這部書裏，「道德性遍運於各種社會文化意識」是一個綱領性的觀念。這表示人類一切文化活動，皆統屬於道德理性（道德自我）自爲道德自我之分殊的表現。人在各種不同的文化活動中，其自覺之目的，固不必在於道德之實踐，而常只在於一文化活動之完成或一特殊的文化價値之實現。譬如藝術求美，經濟求財利，政治求權利之安排等等。但一切文化活動之所以能夠存在，則皆依於一道德自我爲之支持。因而，一切文化活動，亦皆不自覺或超自覺地表現一道德價値。道德自我是一、是本，是涵攝一切文化理想的。文化活動是多、是末，是成就現實之文明的。人若不能自覺各種文化活動所形成的社會文化之諸領域，實皆統屬於人之道德自我，而舍本以逐末，廢一而泥多；則只見現實文明之千差萬別，而不能反溯其所以形成的精神理想，以見其貫通。人若徒知客觀社會超越個人，而不知客觀社會亦內在於人之道德自我；則人文世界對日益趨於分裂與離散，人的人格精神亦將日趨於外在化、世俗化。所以此書之目的，一方面是推擴我們所謂道德自我的涵義，以說明人文世界之成立；一方面則統攝人文世界於道德理性的主宰之下。唐先生認爲，中國文化過去的缺點，是在於人文世界未曾分殊的撐開；而西方現代文化的缺點，則在於人文世界盡量撐開而淪於分裂。中國將來之文化，應更由本以成末，而現代西方文化，則應由末而返本。這亦就是爲中西文化理想之會通，建立一理論基礎。在此書中，唐先生已提出一文化哲學之系統。同時亦對自然主義、唯物主義、功利主義之文化觀，予以徹底之否定，以保人文世界之長存而不墜。（此書於四十一年全部完稿，而延至四十七年始由友聯出版社印行。）

三十八年，大陸淪陷，唐先生流亡到香港。瞻望故邦，臨風隕涕。乃發憤撰成「中國文化之精神價值」一書，於四十二年正中書局出版。此書引申中國哲學之智慧以論中國文化之「精神價值」，統之有宗，會之有元，是民國以來通論中國文化的最佳之作。首四章縱論中國文化之歷史發展，包含中西文化之精神形成之外緣、中國文化與宗教之起源、中國哲學之原始精神、孔子以後的中國學術文化之精神。第五章至第八章，分論中國先哲之自然宇宙觀，心性觀，以及人性道德理想。第九章至十四章，則橫論中國文化之各方面，分爲中國人間世界、中國藝術精神、中國文學精神、中國之人格世界、中國之宗教精神與形上信仰：悠久世界。最後三章則專論中西文化之融攝問題，以解除近百年來中西文化問題之糾結，而昭示中國未來文化之遠景。

唐先生此書，對於具體的歷史社會之事實，所論較少。而對中國文化的特殊精神，則力求以較清礎的哲學概念加以表達。對於中國文化的精神，唐先生不取中國無宗教之說，而認爲中國的哲學與道德政教之精神，皆直接由原始敬天的精神而開出。所以中國文化並無宗教，而是宗教融攝是人文。中國文化精神之神髓，唯在充量地依據內在於人的「仁心」，以超越地涵蓋自然與人生，同時普遍化此仁心以通觀自然與人生之一切，並實現此仁心於自然與人生，而達於人文之充分化成。此仁心即是天心，仁心是其內在義，天心是說其超越義；實則合內外、通天人，故最後必歸於：見天心（仁心）、自然、人性、人倫、人文、人格之一貫。到此方是論中國文化精神之究竟了義。

自唐先生到香港之六七年中，面對吾華族文化之厄運，情志激昂，悲智宏發，充分地披露了他對文化學術之通識與熱忱。於是繼「中國文化之精神價值」之後，又有「人文精神之重建」與「中國人文精神之發展」兩部大著出版。（前書於四十四年出版，後書則於四十七年印行。）這是從客觀的社會文化觀點，以通論當世所謂：民主、自由、和平悠久、科學、社會生活、社會道德、以及宗教精神等等之問題。這幾部切關時代文化與民族國家之前途命運的書，雖不是哲學的專著，但其價值與影響，實較專著更爲深遠、更爲廣大。雖然唐先生自己覺得這種即事言理之文，隨事宛轉，意氣激昂，亦於使人心志外馳，往而不返；但同時亦指出，一般學院式的著作，其純客觀的敍述與分析，使一切人之觀念思想皆定位化於一個系統之中，這雖亦是學術目的之一種，但平鋪陳設在那系統之中的內容，其對理想與嚮往的引發性，便喪失了。這好比一一之珠雖須定位於盤中，但這些定位之珠，仍須流轉於盤，乃能有運動力。因此，一切思想系統中之內容，亦仍須再以「生命」貫注其中，加以活轉，乃能內在化主觀化，以誘導出根於道德自我而生發的眞實之理想與嚮往。由此可知，唐先生這幾部書的價値，並不是一般哲學的專著所能代替。我個人以及許多朋友，都特別喜讀這幾部書而深有感發。因爲唐先生之所論，與民族文化生命的脈搏以及中國乃至世界人類的前途，皆是密切相關連的。而且這幾部書中，隨文隨頁都有唐先生的仁心悲願與人格精神之流注和映現，此時重讀，更覺唐先生音容宛在，而仍可相契相遇於旦暮。

另外，在上述各書撰作之同時與稍後，唐先生又陸續寫成「人生之體驗續篇」。前作「人生之體驗」，是基於對人生之向上性的肯定，以求超拔於現實煩惱之外；而此續篇，則更正視了人生之艱難、罪惡、悲劇等方面。這人生負面之事物，旣無可躲閃逃避，乃通過曲折盤桓之思想，一一加以剖析與陳述。這方面的照察之微、體驗之深、以及感受之切，可說舉世罕有其匹。唐先生之意，當然是致望於讀此書者，正視人生之艱難與成德之不易，警惕人生上達之層層阻礙，而動心忍性以斬彼葛藤，將此人生負面之事物一一加以轉化，以歸於人生之正道。但天下人並不皆有唐先生之悲智與心力，氣性較弱而志不堅卓者，或易爲此書紆鬱沉重之氛圍所壓，而在無可奈何的感歎中減失其剛銳之氣，這是讀唐先生此書者，首應惕勵而善自珍重的。

四

在前述各書出版之後，唐先生又應香港孟氏教育基金會之約，撰著一部「哲學概論」，於五十年分兩厚册出版。以「哲學概論」爲書名，在西方亦是遲至十九世紀末葉纔有的事。而西方人所著的哲學概論，或着重一系統之說明而帶有一家言之色彩，或着重在選擇若干哲學之基本問題加以討論，但無論那種類型之哲學概論，皆只以希臘傳統以下的西方哲學爲取材之範圍。而唐先生此書，則兼及西方、印度、中國之哲學思想，在撰述的方式上亦頗採取各類型之優長，可以說是最完整博通的一部哲學概論。

五十五年，「中國哲學原論」上册，由人生出版社印行，書中分原理、原心爲導論編；原名、原辯、原言與默、原辯與默、原致知格物爲名辯與致知編；原道、原太極、原命爲天道與天命編。唐先生之意，此三編即可分別代表中國哲學之三方面，而與西方哲學之論「理性的心靈」、「知識」、「形上學」之三方面，約略相當。由此以見中國哲學自有其各方面之義理，亦有其內在之一套問題；它既具有獨立自足性，而亦不礙其可旁通於世界之哲學。下册爲「原性篇」，本當與上册合印，以篇幅繁多，乃至五十七年由新亞研究所單册印行。此書是通貫中國哲學之全史，以論述二千餘年人性思想之發展。既明其演生之迹，復觀其會通之途，以期學者之循序契入，而由平易以漸達於高明、由卑近以漸趨於廣大。進而證見中國哲學中之思想，實豐密而多端，而可合成一獨立自足的義理世界。

在「原性篇」完成之後，唐先生卽罹目疾。屢經求醫，幸能保住一目之視覺。乃又寫成「原道篇」三大册，以論述中國哲學中之「道」的建立及其發展。上自周秦，下迄隋唐，彌綸開合，交光互映，意欲綜述其經緯縱橫之綱宗條脈，事屬非易。但讀後有一義深契於心，是卽唐先生此書之主旨，是在揭示：中國思想的慧命相續之流，實歷千百年而未嘗停滯不進，雖然有時昭顯而趨正，有時歧出而隱伏，但通觀其升進之途程，實有如江河之納細流，而日趨於浩瀚；在二千餘年中，實展現一社會政敎「舉體俱運，順流平進」之浩浩蕩蕩的民族文化生命之大流。而唐先生此書，雖因卷帙之巨，看來只覺其渾沌一片，但讀者苟能有會於中國思想之慧命相續，並默存此念於心，以漸次熟習，以漸次領攝，則亦可看出唐先生之論述，雖詳略不盡一致，而義理觀念卻能先後照應，而有一自然之節次貫運其間。這亦或者正是唐先生最所用心措意之所在。

繼「原道篇」之後，唐先生又於六十四年出版「原敎篇」，以論宋明儒學思想之發展。書出之後，我曾寫一文介述書中大意，刊於「哲學與文化」，玆不復贅。同年，唐先生並輯印「中華人文與當今世界」一書（學生書局出版），這是唐先生歷年來身居香港，一面回念中華民族之人文精神，一面放眼看當今之世界，而絡續寫成的文章。編印之時，以「發乎情」之部爲導言，以「止乎義」之部論人文學術之意義，以「愛乎世運時勢」之部論世界文化問題與中國人文精神之發展。書中所論雖比較通泛，而實與「人文精神之重建」、「中國人文精神之發展」二書同其性質。書後並附錄民國四十七年元旦與牟宗三、徐復觀、張君勱諸先生聯名發表之文化宣言。（題爲「中國文化與世界」。）全文分十二節：⑴我們發表此宣言之理由，⑵世界人士研究中國學術文化之三種動機與道路及其缺點，⑶中國歷史文化之精神生命之肯定，⑷中國哲學思想在中國文化中之地位及其與西方哲學之不同，⑸中國文化中之倫理道德與宗教精神，⑹中國心性之學的意義，⑺中國文化史所以長久的理由，⑻中國文化之發展與科學，⑼中國文化之發展與民主建國，⑽我們對中國現代政治史之認識，⑾我們對於西方文化之期望及西方所應學習於東方之智慧者，⑿我們對世界學術思想之期望。

去年，唐先生出版其最後一書：「生命存在與心靈境界」，以論述生命存在之三向與心靈之九境。此書之導論與後序已發表於「鵝湖」。所謂生命存在之三向，是指生命心靈之⑴前後向的順觀，以觀體爲主；⑵內外向的橫觀，以觀相爲主；⑶上下的縱觀，以觀用爲主；而此三者實又交互相通，未嘗不可合而爲一。由此三向開出心靈之九境；初三境爲萬物散殊境、依類成化境、功能序運境。中三境爲感覺互攝境、觀照凌虛境、道德實踐境。後三境爲歸向一神境（神教境）、我法二空境（佛教境）、天德流行境（儒教境）。至於全書之歸趣，則不出於「立三極，開三界，成三祭」。唐先生自謂，數十年來之一切所思，皆可概括於此。所謂「三極」是人極、太極、皇極。「三界」是人性世界、人格世界、人文世界。人性直通於天命與太極；人格之至，是爲聖格，此即所以立人極；全幅人文之化成而不以偏蔽全，是卽所謂皇極。而祭天地、祭祖先、祭聖賢之「三祭」，則專爲徹幽明、通死生、貫天人而設。三祭之有形者屬於宗教，此本是儒家禮敎之一端，唐先生則意在本此三祭以開攝未來世界之宗教。而三祭之無形者，卽存於人之德性與智慧之一念契會中。祭者，契也；故當下具足，不待外求。此三祭之事，志不在祈福，而唯是本乎人義之所當爲，以順吾人之性情，而立人道之至極。（至於一般之宗教，則猶未脫巫道而志在求福，不免使「人道」倒懸於「神道」，而以宗教凌駕於人文世界之上，離越於人文世界之外。）

五

唐先生一生盡瘁文化學術，德教遠播，作育功深。天下契知其學而能承風接響者，所在多有，必能有較詳實之介述發揮與申論。而此之所述，乃在心情沉重之下匆促寫成，不過略陳一己之知見，以爲好學青年告而已。

二月三日下午，臺大黃君瑞明與鄧君克銘來訪，告以唐先生已於昨晨在港逝世，聞之而驚，覓報索閱而消息簡短。半小時後，師大林君安梧又來舍下，亦首先說到唐先生謝世之事，相與感歎，不勝其哀悼之情。當日晚間，上一簡函請唐夫人節哀，而實又無言以相慰。次日再爲新亞唐端正兄寫一信，請與在港諸友勉節愴痛，敎襄喪禮，並敬附輓聯，託他上獻於唐先生之靈前，以申衷心之哀仰。

其辭曰：

香江雲天，遽隕山斗，哀仰情何限，賴有哲士盈庭，永續慧命。

蓬島客館，屢接音容，啓沃意特多，今唯青燈含淚，常誦遺書。

鵝湖社諸君子，決定卽期出一專號，以紀念一代哲人之謝世。此乃學術良心之表示，可欽可愛。主編曾昭旭先生特來急函，囑寫一文，乃不揣譾陋，敬述唐先生所著各書之大旨如上。竊念學術乃國家民族之命脈，前修開啓，後學繼踵，賴代代之相續，民族文化之生命，乃能繩繩繼續，以勿陷沒。如有能弘發而光大之者，則尤爲華族之肖子，是在有志者。

六十七年二月八日於深夜燈下

（一九七八年三月，「鵝湖」第三卷第五期）

唐君毅先生的生平與學術(註)

（三月二十二日講於中國文化學院哲學學社）

蔡仁厚

唐先生逝世，到今日已經七七四十九天了。去年秋天，唐先生服用中藥的情況還很好，所以香港新亞方面發起爲唐先生七十大慶印一本祝壽論文集，約我寫稿。寒假期間我開始動筆，寫了一篇「中國近千年來學派的分合與流衍」，一月底完稿，二月一日寄往香港，不料第二天唐先生便與世長辭。第三天報紙的消息很簡短，我沒有看到，到了下午，臺大師大有幾位同學來到我家，告知這個不幸的消息。次日晚上收到鵝湖的限時信，說要爲唐先生逝世出紀念專號，希望我寫篇文章。就在過年那三天中，寫成一篇介紹唐先生著作的文字，已在鵝湖三月號發表。

三月七日，我應約參加了臺北「書評書目」雜誌社紀念唐先生的座談會，我也講到唐先生的著作。三月十一日，唐先生的靈柩，由唐夫人和女公子，還有新亞早期的學生，護送來臺安葬。十二日在臺大法學院禮堂開追悼會，我和友人周羣振先生合送一幅輓聯，辭云：「蜀江蔚哲思，悲智宏發，重振人文爭世運；嶺海流教澤，德慧孔昭，更弘聖學卜天心。」十三日發引觀音山行安葬禮。這三天的儀式我都參加了。唐先生的長眠之地，俯瞰淡水河，面對七星山，視界開廓，有山有水，形勢景觀都很好。在那裏可以看到華岡，使我們覺得唐先生離我們很近。

那天在松山機場迎靈，臺大哲學學社的社長，約我作一次紀念唐先生的演講，我說我臺北臺中來回上課，恐怕沒有時間，當時沒有說定。上週，本校哲學學社的同學又要我作一次演講，談談唐先生的生平與學術。對於這個題目，我並不是很合適的發言人。那末誰最合式呢？我想應該是唐先生的門人弟子。而最有資格講話的，則是唐先生生平最相知的朋友牟宗三先生。但牟先生還在香港，就是四月底回到臺大講習，我想他也未必願意來講這個題目。因爲唐先生的逝世，牟先生非常傷痛。好在他有一篇哀悼文字在鵝湖發表，我們可以去看那篇文章。牟先生不講，唐先生的門人弟子也不能來講，所以我就答應了這一次的講習。

我認識唐先生雖已二十多年，但只有唐先生每次來臺灣時才有向他當面請益的機會。平常就只有通信和看他的文章，讀他的書。此外，我在牟先生那裏也聽到一些有關唐先生的性情和爲人。下面就依據我個人所知道的，分爲三點來講。第一是唐先生的家世、生平與師友，第二是唐先生著作的三個階段，第三是唐先生在文化學術上突出的表現和貢獻。

唐先生的家世、生平、與師友

唐先生是四川宜賓人，祖籍則是廣東五華的客家，自六世祖遷入四川，到唐先生父親這一代開始正式讀書。他父親廸風先生，是清代最後一科的秀才，但從他的性情看，他是一位聖門狂者型的人物。廸風老先生是唯識學大師歐陽竟無的學生。但他初見歐陽大師第一句話便說：弟子不願學佛，願學儒。對一位佛學大師說這樣的話，便正是狂者性情的當下流露。廸風先生曾在四川各中學、大學教書，留存的著作有「孟子大義」。唐先生的母親陳太夫人是一位賢母，也是一位女詩人，有「思復堂遺詩」五卷。這兩部書，在前幾年都由唐先生印出來了。唐先生有一個弟弟，三個妹妹，都留在大陸。唐夫人謝方回女士，擅長琴書，學養也很深純。女公子安仁，在美國修習文學博士。唐先生的女婿王清瑞博士，是本省臺南人。

唐先生民國前四年戊申臘月生，換算陽曆則是西元一九〇九年春天。他在成都重慶讀小學中學。十七歲到北平讀大學，一度入中俄大學，後入北京大學，因而認識了梁漱溟先生，以後便對梁先生執弟子禮。唐先生在北平的時間不長，第二年便休學，又過了一年，十九歲，入南京中央大學哲學系。方東美先生，還有宗白華先生，都是唐先生在中大讀書時的老師。那時候，北京大學有二位先生也在中大作過短期講學，一位是佛教史專家湯用彤先生，一位就是熊十力先生。唐先生對熊先生也執弟子之禮。中大畢業之後，曾留校做過助教。後來回四川，在四川大學、華西大學教書。抗戰時期，一度在重慶教育部擔任編審。同時和周輔成先生創辦「理想與文化」雜誌。

那時候，唐先生父親的老師歐陽竟無先生七十歲了。他忽然要唐先生進內學院，長期做他的弟子。唐先生不肯，歐陽大師大怒，怒稍息，又以悲惻蒼涼的聲音說道：七十年來，我在黃泉道上獨來獨往，只是想多有幾個路上同行的人。唐先生聽了這幾句話，大爲感動，而俯身下拜，歐陽大師也下拜。但唐先生仍然沒有做歐陽大師的弟子。這是表示，接受一個生命上的老師是一件極其鄭重的事情。敬他的爲人而不能契接他的學問和慧命，就不能輕易居弟子列。這是自重自尊，也是對於對方的一種尊重。從這件事我們可以看出唐先生那強毅眞摯的性情。

後來，唐先生回到中央大學教書，抗戰勝利，又隨中央遷回南京。這段時間，他和牟先生同在中央大學哲學系。唐先生同輩的朋友當然很多。但在性情、學問、思想上能相知相契，而且能相資相益的，就是牟先生。當時，中大哲學系的系主任採取一年輪任的辦法，唐先生一年期滿，三十年就輪到牟先生擔任，因爲顧及學生的課業，在課程上作了一個權宜性的調配，竟招致某資深教授的誤解，並因此而受到排擠。唐先生挺身而出爲牟先生仗義抱不平，但沒有結果。於是唐先生決定與牟先生共進退，在三十六年秋天離開中大到無錫新創的江南大學做教務長，牟先生則同時接到金陵大學和江南大學兩校的聘書。這件事上，唐先生在爲了「正是非」，爲了對朋友作道義上的支持，不惜離開母校，實充分地表現了一種情義深重的古風。他以「性情」對「意氣」，爲師友風義作了一次莊嚴的見證。在這裏，我再說一件事，三年前唐先生來臺大講學，臺北某大學一位研究生，想就熊先生的新唯識論做博士論文，唐先生和他談了幾句之後，就勸他不要寫這個題目。有一天我去看唐先生，唐先生提起這件事，他說：如果對儒家的學問和大乘佛學沒有眞切的了解，就不能把握到新唯識論的理路；如果對熊先生的生命人格和哲學思想沒有相應的契會和敬意，就更無法了解新唯識論的地位和價値。如今只想拿熊先生的書作材料，拿來隨意排比，做成自己的論文，這怎麼可以？唐先生加重語氣地說，唐先生這種尊師、尊學、尊道的眞誠，正是今天學術界最欠缺的。現在一般知識份子，大體只停在「知識」的層次，還沒有進入「學問」的領域，所以不懂這個道理。雖然也都會說「尊師重道」，那只是人云亦云，口頭上說說而已。

三十八年，大陸淪陷，唐先生流亡到香港。爲了延續民族文化的生命，弘揚文化理想，他和錢穆先生、張丕介先生創辦了新亞書院。沒有錢，沒有校舍，借別人的教室晚上上課。他們動心忍性，表現艱苦卓絕的精神，終於獲得國內外人士的欽佩，而且得到美國耶魯大學教育基金的捐助合作，才有了現在九龍農圃道的新亞校舍。在耶魯大學合作前一年招進來的學生畢業之時，唐先生正在國外，特別寫了一封信給他們，大意說，大家要記住耶魯大學給我們的捐助，我們也要立志，將來對耶魯乃至對美國作經濟上和文化學術上的還報。這封信當時發表在人生雜誌上，我和幾位朋友看了，非常感動。近百年來，中國一直受西方的侵略，使我們滿身是傷。但我們也一直受到西方文化學術上的好處，所以也滿身是債。滿身是傷，我們可以咬緊牙關撐下去；但滿身是債，是會使我們挺不起腰抬不起頭的。我們豈能永遠滿身是債？目前，我們也許沒有能力還報西方，可是，如果連還債的心願志氣都沒有，我們將有什麼臉面說自己是黃帝子孫，是有光榮悠久的文化傳統的中國人？所以，唐先生囑咐新亞學生的話，是每一個中國知識分子都應該永銘在心，不可忘懷的。

到五十二年，香港成立中文大學，這是由新亞書院、崇基書院、聯合書院起來的。在當時，新亞是否要參加中文大學，曾經引起內部的爭論。一般的教授希望參加以提高待遇，學生也希望參加，因爲官立大學畢業，在香港易於找到工作。但參加進去，就要受到香港政府的控制，文化理想就不容易維持。唐先生爲這件事非常痛苦。最後爲了替學生現實的出路着想，終於忍痛參加。參加之後，唐先生又力爭中文大學要採聯合制，使三個書院的教學與行政能夠獨立，以維護各個書院特有的精神和風格。香港政府雖勉強答應了，但併吞統一三個書院的陰謀陽謀，一直在進行着。尤其對新亞，更是極盡挑剔刁難之能事。因爲聯合書院的董事，多半是香港紳士，所謂高等華人，他們都聽香港政府的。崇基是教會學校，只要方便傳教，香港政府對於教學與行政上的措施主張，他們無所謂。只有新亞代表中國文化的理想和立場，所以處境最艱苦。而最可悲可歎的是，那些二毛子之流，居然在「中文」大學的校政會議上，不說中國話，不用中國文，而一律說英語、用英文，終於氣走了新亞校長錢穆先生。後來張丕介先生也爲新亞的理想而憂傷成疾，而退休、而去世了。當時，徐復觀先生有篇文章，他說新亞是靠錢穆先生的名望，唐君毅先生的理想，張丕介先生的頑強精神，而支持的。如今錢穆先生撤走了，張先生去世了，唐先生陷於孤軍奮鬪，更為吃力了。

後來牟先生由港大轉到新亞與唐先生共事，但也只能在精神上和唐先生合力，來支撑這一個文化理想。等到六十三年兩位先生同時退休以後，香港政府便露出了它那老帝國主義的面目，併呑統一了三個書院。新亞的董事們憤而辭職，但已經於事無補了。同時，新亞研究所也被中文大學裁撤。唐先生為了維持中國文化的理想，又和牟先生、徐先生等在新亞書院的老校舍重新恢復私立的新亞研究所，後來又得到我們教育部經費的資助，才能夠維持下來。六十四年唐先生來臺大講學，臺灣許多後進、學生圍繞著他，這恐怕是唐先生歷來最歡暢的一段時間。說到這裏，我們可以清清楚楚的了解一個事實，那就是：要講文化，必須要有自己的國土。離開國土是無法使文化的種子長成大樹、開花結果的。但也正因為這樣，對於唐先生在英國殖民地的香港，為中國文化理想所作的艱苦奮鬪，我們應該致以最崇高的敬意。

註：本文曾經刪節。——編者

天涵地負憶哲人

——追懷唐君毅先生逝世一週年

林繼平

唐君毅先生去世一週年了，仍令人無限追思。回憶去年二月，港臺各界參加追悼會，盛況空前，尤其和尚、教士也加入了追悼行列，顯得意義極爲特殊。臺北方面，前行政院長蔣經國先生親臨悼念，並致贈「痛懷碩學」輓額。前教育部李元簇部長主祭。錢賓四、陳立夫、楊亮功……諸先生及各界名流數百人，齊集一堂，同聲悲悼，極盡哀榮。陳立夫先生的輓聯：「篤行勵學，死守善道，四十年文字因緣，最早知君莫如我；抱璞懷寶，成功弗矜，五千載道統闡述，而今繼起屬何人?」李幼椿（璜）先生的輓聯：「菩薩心腸，聖賢抱負；精神不死，教澤長存。」似可代表黨國對唐君毅先生的人格、道德和學術的評價。我國近代學人中，身後榮獲這樣崇高評價的，或不多見。

追悼會上，程兆熊先生致詞說：「唐君毅教授的去世，和當年王陽明去世的情形一樣……。」言下之意，唐君毅就是現代的王陽明。王陽明的學術地位，宿爲國人所欽崇，現在由王陽明來看唐君毅，他在現代中國的學術地位，也就可以想知了。一年以來，悼念他的文章不少，有的痛懷巨人凋謝，有的喟歎彗星殞落，大家都爲這位偉大哲人去世而感傷。一位偉大哲人去世了，普遍爲國人所感傷、悼念和惋惜，這種心情，我們可以瞭解；但是他的偉大處在那裏？一般國人不一定都能曉知。因此，作者謹就其治學的蒼涼苦境、思想的理解時代、哲學知識與哲學智慧、對當代學人的品評、以及天涵地負的哲學諸境等方面，略加申說，或有助於國人對他的認識和瞭解，同時亦藉此文來紀念君毅先生逝世一週年。

一、治學的蒼涼苦境

我和君毅先生雖有同鄉之誼，卻無師友淵源。直到近年，才有一兩次信札來往，而又緣慳一面，我和他的治學路徑不同，照理說來，在學問上委實沒有契會的可能。然而事實的演變，竟有超乎常理之外者。由於十八年前投稿香港「人生」雜誌，始知唐君毅其人；以後逐漸了解國際學人訪問香港時，常常以「錢、唐、牟」三先生並稱。儘管唐氏學術地位爲海內外學界人士所推崇，然而此時的我，或由於孤陋寡聞，卻一無所知；但擇其緣由，仍出在不同的治學路徑上。一日，偶爾讀到他勉勵青年人做學問的文章，主要意思是：一個人做學問必須要經過一番「蒼涼苦境」，才能在學問上眞正有所成就。他說這番蒼涼苦境，卻激起了我的無限共鳴。過後，向友人說道：「唐君毅先生這句話，我由衷敬佩，因我亦有同樣感觸。由這句話，我可以推知他做學問是經歷過蒼涼苦境來的。」於是我曾默默的讚許，會心的微笑。這對今日青年學人，實在有莫大的啓發作用。凡是在學問上眞有成就自闢蹊徑的，無不經歷過一番蒼涼苦境，才能奠定學問的深厚基礎。唐先生的學問，必然以此奠基，才能道出這樣的關鍵語來。惜乎那篇文章沒有一一說明他所經歷的苦境，以及衝破苦境和克服難關的重要條件與方法（指純學術問題），這是我感到美中不足的。我想親炙唐氏多年的門弟子，如能察知這段史實，把它描述出來，是很有意義、很有價値的。

二、思想的理解時代

唐先生曾說：每個時代的學人，都有他們的貢獻。……宋明是理學時代，滿淸三百年是考據時代。民國以來的學人，也有貢獻，是對中國思想的理解，是「思想的理解時代」。我對「思想的理解時代」一語，特別矚目。在這樣的價値判斷之下，無論對中國思想的理解，是正面的或負面的，浮淺的或有深度的，都作了全盤的肯定。既如此肯定，那民國以來的學人，在現代中國思想上，都有他們的位置了。這樣的評斷，倒很客觀而公平，兼收並蓄，鉅細不遺。玆以一例爲證。三年前，我着手寫「李二曲研究」一書（刻正由臺灣商務印書館出版中），當時就有友人轉告唐先生的話說：民國初年，「學衡」雜誌刊載王庸「李二曲學述」一文，可以參考。其留心、尊重他人的著作，可見一斑。至於他自己如何理解中國思想的問題，我曾經從一位前輩學人處推知，以爲他是從認識入手。經近年函詢後，由友人告知：唐先生理解中國思想，據他自己說，是從西洋哲學入手，不是從認識入手。也許由於唐氏長於分析的性格，使他的治學路徑與乃師熊十力先生，極爲不類。正因其如此，分析中國哲理之細密，民國以來的學人，尙無出其右者。而我與君毅先生最爲契合的，莫如研究思想的方法問題。經我暗中摸索多年的結果，才發現要眞正瞭解一位中國偉大哲人的思想，只有先從縱的一條線索，去探究它的深度，其次再從橫的一條線索，去測知它的廣度；如此把這縱橫兩面作垂直的融貫，郎鑄成這位哲人思想的整體。我們要認識他的思想的眞面，這是一種最有效的方法。及到近年，讀唐著「中國哲學原論」，才知道他說研究學思想，要用縱剖面與橫斷面的方法。他所見的，與我不謀而合。這一思想方法上的契會，眞有無可名狀的喜感。我們要理解中國思想的一些眞相，尤其在高深的形上學方面，上述方法，又是絕對不可缺少的。

三、哲學知識與哲學智慧

清末民初以來，研治中國思想的學人，似不外走以下兩條路線：一是中國的路線，一是西方的路線。前者沿用中國固有的治學方法，來研究中國思想，如章太炎、梁任公、梁漱溟、熊十力、錢賓四諸先生，郎是走的這條路線。後者改用西方哲學及其方法，來研究、解釋中國思想，如嚴又陵、胡適之、張君勱、馮友蘭、張東蓀等先生，其中尤以馮友蘭最具代表性。這條研究路線，民國以來，風靡一時。唐君毅先生亦不例外；不過，他與張君勱的思想較爲接近，和前述其他學人，就完全不同了。也許由於深受家學的影響（按唐先生的父親廸風公，曾從歐陽竟無大師習內典，遺著有「孟子大義」，是爲研究儒、佛思想的學者。母陳太夫人，著「思復堂遺詩」，爲一女詩人。）才使他回復到中國思想線來。這是治學過程中一個極大的轉變。他說的蒼涼苦境，或許就展現在這一治學過程的轉變中。以他特具的縱剖面與橫斷面的研究方法，對中國思想，尤其形而上學方面，有驚人的發現和突出的理解。此卽中國思想裏所包蘊的「智慧」問題。（按此處用「智慧」一詞的含義，切不可誤解。）他說：中國大部份的哲學思想，經過研究者的證驗工夫之後，其所呈露的，是「哲學智慧」；如作純理論的探討，則只是「哲學知識」。這實是近代學人理解中國思想的極具價值的一大貢獻。中國思想的高度價值，乃至超勝西方思想的獨特處，都從這裏透顯出來。唐先生所創「哲學智慧」一詞，就其最高層面的意義說，實是一種形而上的、富於光明的靈知慧境或人生妙境，從生命心靈的最深處，經過一番證驗工夫之後，由洗煉昇華，而呈露出來的。因他（指此靈知慧境）當下呈現，不假人力安排，不經推理過程，便可朗照乾坤，映出萬象，牟宗三先生特名爲「直覺的智慧」（按牟氏卽以此名書）。在中國思想裏，以老莊、易傳、中庸、及此後的禪學和宋明理學最爲彰顯。這是中國人文思想精蘊之所在。其中含有無窮的奧秘，高度的「哲學智慧」，想之深度，多不及此。惜乎近代學人理解中國思亟待我們探究與宏揚。如把他（指此靈知慧境）當作純哲理來研究，卽成爲有系統的「哲學知識」；

如進而求取工夫之證驗，讓他一一呈現出來，也就轉成「哲學智慧」了。

十多年前，我初讀君毅先生的「中國哲學原論序」（刊香港人生雜誌），猶記其中引錄唐代禪宗大德名句云：「舉手攀南斗，翻身躍北辰；抬頭天外望，是我這般人。」這就是高度的「哲學智慧」的展現；不過，在表達的方式上，把他儘量文學化了。緊接此句之後，原著者更興奮地說：我以後應多做修道工夫，從此投筆，不再寫文章了。三年前，曾託友人問及此事，他回答：「不過一時興到神來說說罷了，文章照寫。」由此可見唐氏畢生的努力，仍在「哲學知識」的貢獻上。無怪張起鈞教授當天離開追悼會場後，曾對我說：「唐君毅先生倒像一位西方哲學家，並不十分像中國的儒家學者。」如單就他對「哲學知識」的貢獻的觀點說，張教授的考評，亦不無道理。

四、對當代學人的品評

六十五年的冬天，唐先生正主臺大講席，我當時有幾部著作準備出版，請他寫篇總序，特託友人王澈兄致意，並附著作目錄及長函，詳加說明。信中特別提到當代若干學人的問題，唐先生均一一有所品評。他的品評，客觀公允，而別具一格，民國以來的學人中亦屬罕見。如說：「錢（賓四）先生講史學，總有他的見解，不管他講得對不對。」「牟（宗三）先生講哲學，總有他的見解，不管他講得對不對。」如此考評，卽使後代中國學人看來，亦必點頭首肯。我們知道，「錢、唐、牟」，加上徐復觀，四位先生，他們之間，過去爲了學術問題，關係微妙而複雜。但是君毅先生在「思想的理解時代」的肯定之下，以他自己作中心，使他們之間的人際關係，重新排列組合，而各如其分，各得其所。這是一般學人難以想像，永遠無法企及的。

又說：「陳立夫先生……以他的政治地位，領導中華文化復興運動，是最適當的人選。試想：陳立夫先生外，又有誰能領導呢？」儘管有些學人對文復會的工作有微詞，但唐先生的評鑑，仍是正確的。至於胡秋原先生，有人認爲思想偏激，但唐先生的看法不然。他說：「胡秋原先生的淵博，在做學問的功力上，是很難得的。」（按胡氏史學思想體系，已於最近完成，不僅見其博洽，更可見其精深。）欽遲之意，已流露於言談間。無怪胡先生亦參加了當天的追悼行列。

另外，又提到一位海外耆宿，唐先生說：「×××先生，過去在香港教書，我亦認識，他的理學造詣很有限。」「又如×××先生，只在理學考證方面很博雅，談造詣，說不上。」「又×××，以傳教士身份，而講理學，眞是胡說八道。」談話間，竟怒形於色。像這類貶多於褒的學術批評，尤其對當代學人，是很困難的。但以唐先生的「菩薩心腸，聖賢抱負」，似有不容已者。這可窺知他的「思想理解」的又一面。

至於作者本人，唐先生的衡評是這樣的：「林繼平先生，過去在香港人生雜誌發表有關王學方面的文章，我早就看過幾篇，他的造詣很高，以後不復再看。……他如繼續用功，將來的成就一定很大。……今天臺灣講宋明理學，如林繼平先生者，並不多見。」古人說：「得一知己，死而無憾。」今得學術界的前輩知己，亦可作如是觀。

臧否時代人物，固然很難；但評隲學術的高下得失，亦同樣不易。若非其人在學術上具有卓越的造詣，宏大的襟懷，及徹底根除鄉愿氣習，又在「思想的理解時代」的前提之下，是不容易做到客觀公正的批評的。唐先生正具備了這些條件，他對當代部份學人作如上的品評，是否客觀公正，只有留待後人來考評了。

五、天涵地負的哲學詣境

最後則說唐氏思想體系的完成及其哲學的終極詣境。已如前說，唐先生係由西方哲學入門，即對西方哲學思想理解後，再回頭來理解中國思想，進而印度思想，以儘量擴展其思想理解的範疇，為他浩瀚磅礴的思想，奠一廣大宏深之基礎。進而純從「哲學知識」的路線，把中、西、印三方面的思想融為一體，於是卽完成了他自己的龐大思想體系，如其鉅著「生命存在與心靈九境」之所代表者。然而其中卻有一絕大的關鍵問題，適如程兆熊先生「悼唐君毅教授」文中所說，沿用隋唐智者大師及法藏大師的「判敎」方式，而進行「新判敎」的思想鎔鑄工程。（按唐先生所以走這條路線，可能跟他的家學淵源有關。）於是卽開出心靈九境：（一）「萬物散殊境」，（二）「依類成化境」，（三）

「功能序運境」一一偏重在心靈的物質層面。由此進入心靈的精神層面，而有（四）「感覺互攝境」，（五）「觀然凌虛境」，及（六）「道德實踐境」。至此，再上層樓，進入超越精神的（或心理的）精神層面，卽躍昇形而上學的範疇，又有（七）「歸向一神境」，（八）「我法二空境」，並以（九）「天德流行境」爲思想的終極境界，歸宗於儒家。由上面開出的心靈九境，可以展示中、西、印三方面的文化思想的特色，同時，亦鑄成了他博大精深的思想體系。

在此，將就「天德流行境」，略作申釋。所謂天德流行境，亦卽「盡性立命境」；而盡性、立命，又是宋明儒最常用的術語，可以代表理學思想的核心。如由工夫臻至盡性立命的境界，自然天德流行，亦卽「天理流行」。現在，我們來看君毅先生的解釋。他說：「所謂天德流行境，要在以赤縣神州之中國儒家之言道德實踐境之勝義，乃以人德之成就，同時亦是天德之流行而說。」「所謂天德流行境，乃切於吾人當下之生命存在與當前世界而說。」並就此天德流行境與「歸向一神境」及「我法二空境」之相互關連，加以詮釋。如云：「今已代西方一神敎之歸向一神境，而解紛釋滯，並代佛敎說種種義諦後，進而論究儒者天德流行境更進於此二境者何在？主要在與大敎，立人極，以見太極。使天人不二之道之本末始終，無所不貫，使人文化成天下，至悠久無疆。而後一神敎之高明配天，佛敎之廣大配地，與儒者的人間道德之尊嚴，合爲三才，而於此境並行不悖。不特中國爲神州，整個世界，皆可爲神州矣。恰如程兆熊先生在前文中說的，「是一種極大而又極新的判敎工作。」

茲爲加深其形上哲學之義蘊，或容作者如次之續貂。按「天德」一詞，首見「中庸」第三十二章。其義蘊，以明代理學家許鍾斗「四書闡旨合喙鳴」的解釋，最爲精審。如說：「天德，卽天命之性，具在心體中；心體至神，無所不聞見，無所不通曉，洞然朗然，一天命之本體，是謂聰明聖智達天德者。」照理學家的觀點說，吾人與生俱來的一點靈明眞性，本來完全具之，潛藏於我們的心靈本體中。而此心靈本體，人是「心體」的簡稱，實爲一點靈明眞性寄寓之所在。故此心體所具之靈明眞性，卽謂之天德。（實則卽是天理的異名。）而心靈層面既涵九境，其中人以天德流行境爲終極，必有一至理存在。蓋由證驗工夫得知：從心靈本體中可以呈現一富於光明靈知的人生妙境或靈知慧境，他的深度和廣度，恰與證驗者的工夫成正比。既富於靈知的特性，可通曉一切，又富於光明的特性，更可燭照一切；似此洞然朗然的「哲學智慧」，難道還不神奇嗎？就我們停留在觀念世界的認識心來理解，眞是不可思議。如證驗者的工夫，純一不已，緝然不斷，而能整全地透顯此無邊無際的靈明眞體，就達到了聰明聖智的天德境界，亦卽儒者的聖人境界。這是就本體世界中的體說。現在就其用說，透過界境與存在的雙重體用關係，可以朗照乾坤，可以涵蓋萬象，而當下卽是，展現生命之永恒存在，心靈之廣大無邊，可化成一理想的人文世界。此卽天德流行或天理流行，極富於中國形上哲學的意義。我如此闡發，君毅先生，如其生命亦存在而有知，不識能當其萬一否？

由於中國近百餘年來遭受西方文化的衝擊，以致形成中國文化的危機，近代中國的智識份子，無不爲解救這一危機而致力；於是如何理解中國文化，攝取西方文化，以解救文化危機，便成爲近代中國智識份子所面臨的嚴重課題。過去馮友蘭曾提出解決方案，惜乎他對中國哲學思想的理解程度不夠，甚至還造成種種誤解，故馮氏方案，早成明日黃花。現在唐君毅先生根據他對中、西、印三方面思想的理解，進而綜攝會通，鑄成一龐大的思想體系，實爲近代中國所僅見。其哲學境界的創闢，融中、西、印思想於一爐，眞是天涵地負，冠絕羣倫。儘管我們還可以開出第二條乃至第三條路徑，來解決上述文化的難題，然而絕不損於唐氏所闢之路線爲有效途徑之一，及其對現代中國哲學與文化思想的重大貢獻。方東美先生曾慨喟道：「中國近三百年來在哲學上沒有成就！」我想唐先生的鉅構，或可彌補這一缺陷了。

（一九七九年二月，「出版與研究」月刊第四十七期）

陽來復的儒學

——為紀念一位「文化巨人」而作

杜維明

在美國麻州的康橋，讀了友人寄來聯合報「中國論壇」的當代儒家專號之後，才三天就應邀到這個以湖光山色著稱的歐洲名都——翠綠城（Zürich），來參加由翠綠大學哲學部主辦的國際禪學討論會。能和萊登的許理和（E. Zürcher）、加州的阿部正雄、東京的杜慕蘭（H. Dumoulin）、及海德堡的謝科（D. Seckel）等學界高人聚談請益，已有不虛此行之感，又因東道主賈保羅（R. Kramers）的安排能和從事研習中國文化的瑞士同學交換求學經驗更覺機緣難得。

我雖以中國哲學從業員的身份來此發表有關早期禪學特質的公開演說，但因為我的教研重點集中在儒學，同事和同學們在會外提出的問題多半和「孔孟之道」有關。賈保羅教授曾在香港從事學術工作有年，又曾負責編輯專門介紹中外新思潮的「景風」，因此對當今儒家的代表人物——唐君毅、牟宗三和徐復觀三位教授有相當程度的認識，話題常自然地轉到儒學與現代化的領域。有兩位研究生正分別從事於以陸象山和劉宗周的思想為重點的論文撰述，交談的對象不期而然便觸及到宋明心學能否爲當前西方道德哲學提供新方向之類的題目。會議結束之後，我參加了「翠綠城交談」（Züsicher Gespräch）的主持人之一——凱士特波（M. von Castelberg）女士爲我安排的午餐。因爲唐先生十年前曾在她的別墅和歐洲思想家如馬塞爾（G. Marcel）進行過對話不免又談到儒學。

「中國論壇」的當代儒家專號，對我在翠綠城所接觸到的課題提供了一些運思的線索，幫助我對儒家的現代轉化獲得了一個較客觀、較全面的理解，使我能站在學術立場，心平氣和地申述自己的觀點，因此獲得了對繼續反省這類課題極有教育意義的回應。我寫這篇感想的目的之一卽是對參與儒家專號的海內外學長們表示敬意。不過，儒家專號對唐牟徐三公的哲學探究、學術成績乃至公衆形象都只是根據個人的認識提出想當然耳的意見，難免給人一種浮光掠影印象。當然，這本是座談紀錄的特色。其實儒家專號不論從發言內容或編輯形式來看，都可說是水準極高的座談紀錄。可是，要想評價當代儒學，談何容易。至於品題五四運動以來獻身「斯文」的新儒那就更非只宣洩情懷所能達成的了。由於這個原因，我雖然肯定專號從各種角度來介紹「新儒家和中國現代化」的大膽作風；對其評價當代儒學和品題當代儒家的結論則大有保留的餘地……。

這是我不顧旅途奔波的干擾而決定動筆行文的另一目的。然而，眞正激勵我自知浮蕩心境不易成思而又不得不勉爲其難申述己懷的動機，則是對唐君毅這位「文化巨人」（牟宗三先生語）表示一點懷念和欽慕之情。這才是撰寫這篇感想的主要目的。

嚴格地說，我因無緣長期親領唐先生的教誨，不能算是他的及門弟子。但自從五〇年代因東方人文友會的關係，在臺北和他初次見面並向他請教「中庸」裏「鬼神之德其盛矣乎」一句的含意以來，我從未間斷過私淑其人的意願。六〇年代我曾到香港向他請益，後來因參加各種學術會議的機緣，曾和他同遊紐約、京都和佛羅倫斯。六八年夏天乘第五次東西哲學家會議之便，我還一償宿願在夏威夷聆聽了他向美國大學生介紹中國哲學特質的演講課（lecture course）。

唐君毅先生到翠綠城參加「交談」不久，也許是七一年吧，我在海德堡碰到兩位剛才親睹唐先生丰采的西德學人，他們很興奮地表示能夠列席唐先生和馬塞爾「對語」的盛會眞是三生有幸。他們對唐先生引用西方哲學傳統的譬喻闡明儒家智慧的方便善巧，感到由衷的嘆佩。他們還特別告訴我說年屆八十的馬塞爾和唐先生對語之後，興致勃勃地和大家暢談到深夜，並且再三囑咐年輕的朋友們千萬不要忘記東西文化繼續交通的重要性。

在東西文化交通史上，保羅•田立克（P. Tillich）和日本以禪宗爲基礎的京都哲學學派的「問答」可以說是一次高峯。不幸田立克從日本返美後不久就謝世了。他在哥倫比亞大學發表的有關基督教因遭受非西方文化的挑戰而湧現新思潮的演講集只透露一些晚年定論的消息而已！和田立克問答時代表京都哲學的，也卽是目前榮任日本哲學界祭酒之尊的西谷啓治教授也參加了翠綠城交談。他曾親自對我說唐先生的學養和洞識是當今絕無僅有的文化現象。日本學術界推崇唐先生爲中土碩儒，絕非捧讚而已。哥倫比亞大學的狄百瑞（Wm. T. di Bary）教授曾決定把一次由美國學術團體聯合委員會（American Council of Learned Societies）所支助的國際宋明儒學研討會的論文集獻給也參與其會並提出論文的唐君毅先生。當時在會上發表專論的還有日本由崎闇齋學派的傳人岡田武彥，參加討論的還有日本漢學界的元老吉川幸次郎。但是唐先生在大家心目中還是衆望所歸的長者。

我曾陪伴唐先生乘火車，從米蘭前往佛羅倫斯觀光。還記得他老人家一路論學，幾乎沒有片刻休息的念頭。談到西方哲學，他的淵博和洞識竟泉源活水般地湧現出來。我雖然以前曾到過這個意大利的名都而且也已旁聽過一些專門介紹文藝復興的大班課，但是當唐先生面對米開蘭基羅的石雕，闡述西方人文精神的時候，我只覺沉醉其中，意味無窮。

唐先生對西方哲學曾下過系統而深入的工夫；從蘇格拉底以前的希臘到海德格後期的德國都在其觀照之中。他對黑格爾自然知之甚稔，不過說他因爲用黑格爾的思考方式來研究中國哲學結果犯了語無倫次的毛病是無稽之談。推崇英美自由主義的學者常不自覺地就暴露出對歐洲大陸哲學，特別是德國哲學的偏見和無知。最近德國海德堡大學的韓理西（D. Henrich）教授在哈佛大學訪問，特別開設了一門介紹黑格爾哲學的課程。

根據我聽講的經驗，黑格爾哲學中確有不少艱深難懂的地方，但這絕不是因爲語言運用不夠精鍊，更不是邏輯思考尙欠緊密所導致的不良後果。唐先生的接觸面極廣，思想極豐富，行文時又常主動地採用辯證的方式，如果用一般所謂文從字順的尺度來衡斷，自然會得出糊裏糊塗的結論。但是我們假若肯以「學心聽」的態度慢慢地去體味他的心跡，即使不能登堂入室，至少也會意識到唐先生鞠躬盡瘁以畢生精力開拓的心靈境界，當有其莊嚴雄偉的門牆。

說到心靈境界，唐先生在佛學方面確也下過系統而深入的工夫。他對華嚴宗有精湛的妙悟是可以想見的。其實，當代儒學大師對佛教有一定的理解是常態而非例外。熊十力先生以造「新唯識論」而歸宗大化流行的「易經」固然不待說，梁漱溟、方東美、牟宗三諸先生也都深體中國佛學的「波羅」與「涅槃」。如果一個從事東方學術思想研究的學人對佛教竟毫無興趣可言，那才是不可理解的怪現象。陳觀勝先生曾對我說梁啓超的佛教思想並不容易掌握。中國現代化的先驅受佛教影響的當然不止任公而已，章太炎卽是一例，誰又能判定他的弟子們不曾受大乘思想的薰陶呢？至於高唱實證主義的胡適爲什麼花大氣力從敦煌文獻中重建神會和尙爲南宗奪回法統的聲威那就更耐人尋味了。

然而，必須指出，唐君毅先生任重道遠，死而後已的學術生命是當代儒學經過好幾代花果飄零後得以靈根再植的明證。他這種夙興夜寐不辭辛勞地既研讀哲學名著，向西方知者如黑格爾學習，又細嚼佛教寶典向中土大德如杜順學習的求道精神，是使得淡泊如今的儒門，能夠一陽來復，逐漸光大其思想境地的動源。

瑞士翠綠城八二、十一、廿一

（一九八二年十二月二日，「聯合報」）

感愧與懷念

陳修武

唐君毅先生逝世已整整三週年了。

在唐先生剛去世的時候，就有哲學與文化月刊來信要我寫一篇紀念性的文字給他們。信是羅光總主教之親筆，可見其誠意。我自不能不寫。我當時改莊子「人相忘於道術」爲「人相親於道術」以爲題目。用這樣一個題目來表達我對唐先生的感念，是再好沒有的。我本想好好寫篇文章，不意終未寫成。至今尙未繳卷，自然就不繳卷了。心中很是慚愧，旣是對哲學與文化月刊慚愧，也是對唐先生慚愧。

我那篇文章之所以未寫成的主要原因之一是我在那時間看到有些紀念或悼念唐先生的文字有極其顯然的文過於質之病。甚至，亦頗不乏藉名以自我誇張者。這便是一種極不道德的淺薄了。我與唐先生的淵源極淺。我旣不願更不忍陷入這種淺薄中——那怕只是一個「嫌疑」！

現在學生書局又我要寫這樣的文章了，而且規定要寫我與唐先生的交往。學生書局負責諸先生與我都有十多年的交情了，辭是辭不掉的。所以，我就沒有作任何推辭的表示。但是，這又讓我怎麼樣寫呢？

我與唐先生的關係，可解釋爲師生，絕不能稱之爲朋友。我當面稱唐先生爲「唐先生」，寫信時則稱「君毅老師」。對唐夫人，我無論當面或寫信都稱「師母」。唐先生當面叫我「修武」，寫信時必以「修武兄」爲上款，下款則署「君毅」二字。唐師母當面叫我「陳先生」，寫信以「修武先生」爲上款，下款則自署「謝方回」並綴以「上」或「拜上」等字樣。我是一個從大陸隨軍來臺的流亡學生。四十二年考入師範學院國文系，對牟宗三老師的新儒家哲學極其神往。我那時不知天高地厚便以牟先生的學生自居了。凡牟先生的學生沒有不欽服唐先生而不尊之爲師的。我自不例外。這便是我與唐先生的關係可解釋爲師生的原因所在。

在民國四十三、四年的時候，有一個學術與政治之間的有關「國家」問題之辯論。我很討厭由當時「自由中國」雜誌所秉持的態度。他們抄襲盧梭民約論的契約說 contract theory 並漫無規範地使用以否定「國家」作爲一個實體的存在價值。他們不喜「國家」nation 改用「邦國」state。他們只能承認個人實體。只能從這實體出發以講平面的政治層次的自由與人權。我以爲個人當然是一個實體，國家也是一個實體。我們不能因肯定國家實體以否定個人實體，同樣也不能因肯定個人實體以否定國家實體。同時，我以爲自由與人權不能只從平面的政治層次上講，必須通著道德心靈。因爲那裏是一切人文建構的根本。於是我在氣不過之餘便草成一篇文章發表在師院一個學生雜誌「鐘」上面。

題目我忘記了。我只記得我因不願使用眞名而附庸風雅改用一個筆名「陳思哲」。這事，除主編外只有吳自甦先生知道。

民國四十四年夏，唐先生首度來臺參加陽明山談話會。我們圍繞在牟先生周圍的一批同學是最興奮不過的了，自然要安排聚會。同時唐先生也知道在牟先生旁邊有一批學生，自然也想見一見。我們共安排了三次聚會。第一次在螢橋紫竹林露天茶館吃下午茶。除我們同學外，周文傑兄還帶了他兩位就讀建國中學高二的高足參加。其中一位就是現在鼎鼎大名的杜維明教授。第二次是牟先生要我安排請唐先生到我們人文友會來主講一次，會場最好能在會議室。我知道學生聚會借會議室是一定要被碰回來的。於是我直接找劉白如校長；劉校長不僅滿口答應而且他還要親自參加並要我通知事務組準備茶水西瓜招待。那是我們人文友會最濶氣的一次，自然是蒙唐先生之福的。我們都知道唐先生無論到那裏都是最喜歡接近青年人的。在這兩次聚會中，唐先生無論對那位同學都是垂詢備至。我因爲自小不敢在人前講話，所以總巧妙地避開唐先生的話鋒；唐先生也察知了我的意思，所以也就放開我免得使我窘急。我們的第三次聚會是在民主評論社請唐先生吃飯。在飯前我們聊天中，話題不經意的就集中在當時「自由中國」對「國家」的論點上來了。唐先生自有一番理論。這時吳自甦先生突然從架上拿出一本「鐘」指着我說：「他這裏就有一篇文章也是這樣說的。」我頓時滿臉通紅連說：「不是的，不是的。」唐先生自知我意，只繼續講他自己的。倒是吳先生有點奇怪。停一會兒，唐先生要去別室休息，只我們同學在聊天。半個多鐘頭後，唐先生回來了，手裏卷拿著一份雜誌。天哪！就是那份「鐘」！我又是滿臉通紅，坐立不安。我的反應是只裝做沒看見；唐先生也只裝著沒看見我，只把「鐘」放在書架上坐過來和我們聊天。我實在身上每個細胞都是不自在的。

這是我第一次和唐先生結緣。我不知怎麼形容才好。

四十五年暑假後牟先生離開師大去東海。四十六年暑假我從師大畢業去中壢教書。到中壢後，我開始了一段墮落的生活。那兩三年間唐先生曾來過臺灣兩次，我都未去看他。牟先生我都不來往了，何況唐先生。同學中與我保持來往的只有陳癸淼兄。癸淼每到北部必來中壢看看我，我則必問他牟先生的情況。我雖在生活上遠遠地離開了牟先生，心中卻時常念著。有一次癸淼說：「不但老師常問起你，唐先生兩次來都問你。」我聽了心中十分難過。那時我正在讀哥德對話錄。書中有哥德的一句話說：「與大人物們在一起是有福分的。」我無限感慨地在那書眉上記道：「陳修武有這樣的福分，可惜陳修武卻隨便把它丟掉了！」

我在中壢浪蕩的結果，是塌下將近四千元的公私債務。那是個很大的數字！四十九年底一位舊時同學考取中山獎學金赴美留學，我自然隨著其他同學恭送如儀。我心中的感覺是痛苦而慚愧的。我開始重讀牟先生和唐先生的書。我自我發誓一定要回頭了，而且絕不再借債——事實上也無處可借了。

五十年三月唐先生的哲學概論出版，定價十一元港幣。我實在買不起。十月份我一位時在念新亞研究所的好友陳大敦兄來臺小住，我很「豪爽」地要他返港後給我買一套寄來。十二月中，大敦把書給我寄來了。我爲了不辜負我這份「豪爽」，不辜負大敦的友情，更爲了想契接上唐先生的文化悲情與信念，我結結實實地仔仔細細地把這部書讀了兩遍。

大學中開有許多課，實在說多是非想作專家就不必選的。唯哲學概論這門課，我以爲，無論任何系都是應該列爲必修科。它實是學問中的學問。可是近些年來，我常聽到許多大學生對這門課的抱怨，都說是「非常無聊」。在我追問之下，他們又告我那不是這門課無聊而是臺上講書的人胡「蓋」得無聊。哲學概論竟成哲學「蓋」論！我很奇怪這些哲學先生們爲什麼不把唐先生此書指導給學生們好好讀讀？那不是很「有聊」的嗎？前年我曾建議一位正在教哲學概論的年輕先生就以唐先生這本書作爲教材。他告我：「不行！我自己都看不懂，怎教學生讀？」我很欣賞他的誠實。他說他不是哲學本科出身的，所以才敢這樣誠實。

唐先生這部哲學概論加上我在那幾年浪蕩生活中的具體感悟，使我在以後的歲月中讀水滸傳、紅樓夢、老子、莊子和論語，都常有意想不到的體會與印證。

五十五年我來臺北做事教書。六十四年秋天牟先生來臺北講學，我又重新撿拾起了我作爲牟先生「學生」的身分。

六十四年春天，唐先生來臺大講學。我曾好幾次鼓起勇氣想去拜訪他，可是被我鼓起的勇氣總不能支持我走到唐先生的休息室去。

大概是五月初的一天上午十點鐘下課後，我不經意地在臺大文學院正廳的樓梯上與唐先生撞個正着。我是怎麼樣也躲不了的。於是，上前深深一鞠躬通名致敬，說：「唐先生好，我是陳修武，這邊中文系的，牟先生的學生。」唐先生馬上伸過手來與我握手，很高興地說：「啊！我正在找你！原來是牟先生的學生。你在幼獅寫的論語很好。」唐先生的嗓門很高，我眞有點不好意思。唐先生把我介紹給唐師母並邀我至哲學系休息室坐一坐。唐先生顯然是不記得二十年前一面之緣，我自然也不必再提起了。

唐先生剛一坐定，便開始談話。凡與唐先生熟識的都知道這是唐先生的習慣。唐先生告我：「原來這些雜誌我都是從來不看的，不過近來我發現這本雜誌還不錯。可見每個人都是不免於偏見的。」接著歘然地一笑。那笑容，如果當時「幼獅」的編者能看到心中一定是很安慰的。接著唐先生又說：「你那論語寫得很好。」我自然是非常「不敢當」的。唐先生告我：「你不必太客氣了。你那文章的好處在『相應』。寫這些東西『相應』是很難的。」

這雖是一段很簡單的對話卻有一大堆相當複雜的背景。這背景也是與唐先生有關係的。

原來在大敎給我買來唐先生哲學概論之後不很久，我意外地與哥倫比亞大學教授漢學家畢漢思先生有幾天的緣分。那時，他是教育部的貴賓，白天到處參觀很忙，晚上與星期天我們常在一起聊天。

我們的題目大致是以中西文化之衝突與當該有的協合爲中心的。在他臨行前的午餐小酌中，自然應該是我們下結論的時候。我說：「這個協合必須以互相了解爲基礎。」他告我：「僅互相了解是不夠的，必須還要有互相尊重。」

近幾十年來，我們常怪西方人對我國文化不夠了解與尊重。其實我們自己何嘗尊重了解過我們自己的文化？畢漢思先生走後，這個問題一直在我心裏。尊重與了解基本上是一件事，所以，只說了解也就可以了。我以爲不能了解孔子便無法了解中國文化；不能了解論語便無法了解孔子。了解論語，卻正是一件非常困難的事情。因爲這本書在近世所遭受到的曲解與誣衊太大。直到今天，五四輕薄少年型的假洋鬼子與「孔敎會」型的眞多烘官僚，在了解孔子與論語方面，都不過是康熙皇帝那套奴役道德之下的忠臣孝子而已。既以自誤而又誤人！都是應該徹底被揚棄的。

我的結論是，今天要眞正了解論語與孔子，就非通過唐先生和牟先生的學術方式不可！

我就是在這種心情中讀唐先生這部哲學概論的。

在唐先生哲學概論中，我得益最多的是哲學綜論、形上學和價値論三部份，知識論限於我的學力與興趣我讀不大進去。好好讀完兩遍之後，我本計劃接著讀論語的，可是太累了，我必須休息一陣。於是，我看水滸傳與紅樓夢以爲消遣。這都是我看過不知多少遍的老小說了，誰知在讀過唐先生這部哲學概論後，它們對我而言都變成了嶄新的兩本書。我在其中發現了許多許多不可思議的東西。非常令人舒服。之後，我仍不敢動論語；我讀朱子所謂的「異端」老子與莊子。我讀這兩本書，本也是想暫時避免論語，休息一下腦筋的。誰知像看水滸傳和紅樓夢一樣我又進入一個嶄新而不可思議的世界之中了。那自然也是非常令人舒服的。這一切自然都拜唐先生這部哲學概論之所賜。

老莊讀完，我又好好地玩了一陣。

五十三年的春天，我開始讀我的論語。這次讀論語，與以前完全不同。孟子曰：「君子深造之以道，欲其自得之也。自得之，則居之安；居之安，則資之深；資之深，則取之左右逢其源。故君子以其自得之也。」我絕不敢說我讀論語就達到了這種程度，不過我讀完唐先生哲學概論之後，挾著在水滸傳、紅樓夢、老子、莊子中所得到的舒服來念論語完全是一種趣味盎然的享受，了無昔時的枯燥、煩瑣，則是事實。我這樣讀論語，也這樣寫論語。

那天，唐先生顯然非常高興。對我勗勉有加。談了許多話。正談間成功大學教授唐亦男學長特從臺南來看唐先生。亦男學長是牟先生門下的高足女弟子，多年來與唐先生伉儷來往甚好。唐先生唐師母都更高興了。中午，唐先生一定要反賓爲主請我們吃飯，並堅持要內人彭小甫女士帶小孩一起來，我自然不能不從命。唐先生又要我們請了張亨學長一起。我們在新生南路嘉園川菜館吃了一頓豐富而愉快的午餐。

這樣，我們夫婦便與唐先生、唐師母伉儷結下了這份十分令我們感到愉快的「親近」。正像哥德所說，我們在這「親近」中得到許多福分，許多高貴的福份。這福分，是道術的也是生活的；是生活的也是道術的。我們在唐先生的交遊圈中自是名不見經傳的，但唐先生所給予我們的，在在皆值得我們感念終生。遺憾的是我那論語當時因小孩太小，未能繼續寫下去，實太辜負唐先生殷殷垂愛之至意。現在，我們的小孩們都稍大一點了，每天總有點空暇，我自要好好寫一寫以仰報唐先生在天之靈。

（一九八一年三月，「書目季刊」第十四卷第四期）

中國人的姿態

胡菊人

一、儒者的形象

我們觀察一個人，最好在他單獨的時候。這個人平常你見的態度是雍容閑靜的；有一天你搭巴士的上座，俯視街邊，卻見他在道路上慌急忽遽如喪家之狗。平日你見到他時，他都笑口常開，某次你和他狹道相逢，他看不見你，但見他愁皺着眉頭滿臉的焦慮，這是我們現代都市人常見的現象，不識的每張孤獨的臉，幾乎都是焦愁的。這是我們內心的表露。祇在你和他打招呼，他認得你，纔會轉過顏色來。

奇怪的是唐君毅先生的貌顏和態度，幾乎都一樣。將近二十年，我見他的機會當然不少。我見到他他見不到我，這種機會誠然不多，但也是有過多次。在舊的園庭邊上、在街道他等車的站上，他一個人，也還是那個樣子。

他西服的顏色常常一樣，他步路的姿態常常一樣，但他的頭部和眼臉，給我最深刻的印象的正是他有恆常的姿態。我未見過他在個人獨步的時候，低頭縮縮的沉思，亦未見他仰首高視闊步的走路。

他的頭部總是平直的，略略的小仰，應該說是「平仰」，眼睛又總是向前望，打個恰當的譬喻，便是在古畫中唐代人常見的那種姿態。

他給我最清晰的記憶的便是這姿態。今日回想，又記起好像是他寫過或講過的一段話，用極準確的形象性語言，來說明大宗教的特性。基督教畫中代表性的人像神像，大都是仰臉雙手高舉蒼穹，向上祈求，代表了對超自然的神權之崇拜。佛教之觀音像，則從雲端俯視人間，對人生世界抱有無限的「悲情」。孔子或其他儒者的像則是平直的遠視。

那麼唐先生在我記憶中那種眼臉「平仰」的姿態，便正是中國的姿態。而我認為這不是唐先生有意作出來，實是他自然而然的態度，在獨處時如此，在公衆時如此。佛家對人生有大悲情，然那種「俯視」卻正是它之捨離俗世的暗示；基督之仰視，亦契合了視現世為過渡的教理。儒家那種平視或平仰，實象徵它落足於現世又抱無限希望的人生觀。他是我記憶中最有「中國性」的中國人，雖然他向來穿西裝。

二、大情與一信

唐君毅先生之母，為兒子五十歲作詩祝壽，又代兒女向君毅長兄賀壽，有詩一首，其中「我有長兄，同胞足手，浴德仁考，高蹈前修，薰然仁慈，無我無咎……」慈母對兒子可謂讚美備至。局外我們看，用在唐先生身上，卻亦不覺有半點誇飾。唐母語語以儒家大美勉兒子，「相彼君子兮，仁爲裏兮義爲衣」、「理無大小何由達，仁者須當斬亂麻」、「世界大同．責在華胄，溫溫君子，惟道是求」，等等。但亦有「臨江仙」一首，勸兒子學陶淵明和莊周：「遊子無家歸未得，十年憩息香洲。老身差健可無憂。放懷家國事，開展皺眉頭。宇內忘形能有幾？委心隨運歡遊。淵明味道恰相投。蝶周同一夢，栩栩欲何求？」

這首詞，題「偶書以寄毅兒」，點出了唐先生弱點和優點的所在。所謂弱點，是自道家的角度看，唐先生一生如此栖皇，凡事雖知其不可亦必奮力以求，正是不善「養生」的人物。唐先生人格中，有包容天地人倫的大情，然而情之爲物，引人憂，發人苦，逼人勞，唐先生歷經家國大變，五千年文化絕滅危關，他的本於大情的「關切心」自不忍坐視，但他的勞苦憂傷則逾恆矣，這自爲他的慈母所深知。出自於愛惜，勸他委心隨運，然必亦知道，唐先生是不會聽得勸解能「放懷家國事，開展皺眉頭」的。

我們欣賞和尊敬唐先生亦在於此。他終身爲抱持一信念，鞠躬盡瘁，環視當世，能有幾人？展望將來，又何可求？唐先生此一信念，並非如一般學子所以爲乃是發自對中國傳統的愚忠，而是通透中外古今歷史文化，比較反省而得來。以在他父親唐迪風先生所著「孟子大義」一書裏，在序言中寫到他當年崇拜西方哲學，認爲中國哲學「析義未密，辯理不嚴，而視若迂濶，無益於今之世。」是則今日之青年學生，或以有所持論而反對唐先生者，殊不知當年唐先生亦以此反對過父親。他與父親辯論，句句與父親辯論所說相左，語氣之間，更是全無兒子對父親應有禮貌。他父親祇是說，你現在不相信我的話，等我死後，你就知道了。如今唐先生亦死，反對他的人，未知亦有所悟及唐先生此大情一信否？

三、儒者的談晤

七八年前，筆者與一位P兄就訪唐君毅先生，諮商聯名反對臺獨，與唐先生晤談良久。告辭出來後，友人突然冒出一句話：和唐先生談話，感到眞的安舒，以後要常常來。是時，友人有魏晉文人的狂狷，尼采式的暴烈，對於時局和社會現狀，恨不得一把火燒個乾淨，他五內鬱結、跳騰難安，唐先生談話之後，有此舒泰，前此從未見之。

唐先生和我們談的是歷史文化、政治思想問題，仍祇是一般性的閒談，至今細思，使我們有此安舒的感受者似不在談話內容。

唐先生固然善談，但絕非口舌便給、怡人如醉的講者。我親炙唐先生將近二十年，從未見他哈哈大笑，則在談話中所予人者，便絕非「快樂」「酣暢」如此輕簡字眼可以形容。他的聲調亦非抑揚頓挫，他的眼神臉色，更不是隨語而變而引人者。他沒有一句話、一個手勢，是爲了影響聽者而着意使用出來的。一切動靜，盡是如常如恆。

唐先生之對我們有如此的感染力，由於他每話每態，沒有一點的「假借」與「裝作」。他泱泱而篤實，不僅是每次晤談見之，在公開演講、在課堂、在凡常的待人接物裏，莫不如此。他講的又都是大道大理。我從未聽過他在講話裏，以小語小道的語態，論涉私人的是非好壞。若有恥及於個人者，絕不因爲私人私事，必因有違於大原則大理想而纔及之。

他語語懇切，字字關心，所關心者又都是大空間如家國人類，大時間如歷史文化的過去未來，無形中便使我們不再局限於小人小事，水流引出大海纔見舒泰。又因他寬厚溫煦的態度，不覺絲毫大學者的壓力，而祇覺容易親近。總之是一個完整的人格在感染我們。他的學問知識固極博大，但學問知識或學理思想，有見仁見智的論難，亦可由他人的書籍替代，人格所表現的言行態度，則不可替代、不可駁議。

那位友人和我，不必如一般世俗人謁教堂，藉超自然力，纔能得到心靈的安頓。唐先生以他的言語，閒常對晤，便使我們有此安順有此舒祥。所謂中華人格之教，亦自此中顯。

四、唐先生的成就

今天港臺海外華人社會、文化界、學術界和一般的國人，對於唐先生之逝世，我覺得仍然反應淡薄。我們對一位理應受到普遍痛悼和尊崇的人物，可能還不夠那種深度去認識，還未自覺到唐先生的成就，對中國之意義重大，並且是中國人的驕傲。

國家分裂、文化凋零、人心沒有價值取向的社會，這乃必然的現象，因此，本報二月三日的社評便彌足珍貴。此社評稱唐先生之逝是「中國人的損失、中國文化的損失」、「唐君毅先生的爲人和學問，都代表中國文化中最優秀的部份」，唐先生「立功立言立德」，這些評語恰得其份，徐復觀先生讀了，不禁對我稱嘆本報主筆畢竟高人一等。

我相信在將來，也許五十年、一百年，也許不知什麼時候，唐先生的學問思想，必將產生重大的影響。這種影響將不是圖書館書架上的鉅著，課堂上的教科書，學者的基本參考書，哲學史上佔上一章「新儒學」如此簡單，而將是直入人心落實於人生的大思想。或者會成爲信徒衆多的運動，這就要他的弟子中有孟子式的人物出現了。

筆者於哲學不通，然而有點簡單的道理可以肯定，二十世紀的大哲，還沒有人做過唐先生同樣的大學問。西方的哲學家，我們不少中國年青人，崇拜的海德格、雅斯培、沙特、羅素等人，他們無論智慧有多高、知識有多博、胸懷有多大，都不可能做唐先生同樣的工作、建立同樣的大系，他們或不解東方，或對中國學問一知半解，就整體人類思想言，他們最多祇通其中一半，此一半中並自成一支，又如何涵融和廣大？

現代中國知識分子，溶滙中西，成爲濫語。文學界、思想界、藝術界都要向此目的進展。但除唐先生外，我們各界各種學問，都還未有人做到。唐先生是第一個完成了這個任務而有偉大的成就的人。站在世界立場上，可能也是第一個有此成就的人。他的最後遺著「生命存在與心靈境界」一千多頁，融攝了中外古今的大哲學、大宗教、大思想，所達到境界，借用牟宗三先生的話，是他已成爲「文化意識宇宙中之巨人」。

（一九七八年二月十四日、十五日、十七日、十九日，「明報」）

永恒的悼念

——敬悼君毅師

唐端正

一九七八年二月二日凌晨六時許，耀東兄來電話，略謂君毅師在浸會醫院，可能馬上去世，囑卽往視。我通知了若棠兄及韜晦兄後，卽與笑芳趕往醫院。一進入七〇八室，見到君毅師躺在床上，沒有醫生，也沒有護士，師母則由關先生和李太太陪伴着坐在對開的椅子上，看見我們，便說：「唐先生去世了！」當時我呆立在床邊，凝視着君毅師的遺體，心中感到一片茫然。

對於君毅師的逝世，大家早已有了心理準備，但誰也料不到竟是來得這樣突然。在一日上午，我和師母通電話時，還囑我翌日下午接君毅師參加聚餐，可見君毅師的健康情況還是不錯，怎會一夜之間便與世長辭呢？

據師母說，在一日下午，君毅師讀報得悉大陸爲孔子誅少正卯事平反，且其間論點，多與君毅師所撰「孔子誅少正卯傳說之形成」及「孔子誅少正卯問題重辯」二文相同，心情特別興奮，還興致勃勃地要師母貼春聯，準備迎接農曆新年。因此師母在電話中還要我順便買幾枝大紅劍蘭，佈置客廳。

那知在二日凌晨三時許君毅師便咳嗽氣喘，不能安睡，至五時許，乃起來坐在廳中的安樂椅上休息。突然氣喘大作，正當師母忙亂地撥電話與醫院聯絡時，君毅師一時接不上氣，便瞑目而逝。送到醫院，已返魂無術了。因此，君毅師的去世，的確有點突然，相信他自己也沒有預料，所以連一句遺言也沒有，這是大家都感到遺憾的事。不過，君毅師因體虛肺弱致死，並沒有直接死於癌症，可以免於癌症後期痛苦的煎熬。他的遺體沒有怎樣消瘦，遺容態度安詳，沒有一點痛苦掙扎的迹象，這是我們可以用來開解師母，也用來開解自己的唯一理由。

君毅師在一九七六年秋，赴臺動大手術，割治肺癌時，趕緊在醫院親自校其最後遺著「生命存在與心靈境界」。入手術室前，對師母說：如果這次出不來，能葬在臺灣也好，因爲這到底是自己的國土。可見他早已預料自己的生命隨時有結束的危險，但卻表現得非常鎭定。在他離港時，只對我們說赴臺檢查身體，很快便可以回來。說時輕描淡寫，使人不起驚動。那次手術順利，身體雖然損耗不少，但到底很快便回來了。三個月後，赴臺複驗，臨行還說要趕回來過舊曆新年。結果發現癌菌已深入淋巴腺及背脊骨，情況嚴重，只好留臺休養。初期醫生怕君毅師及師母受不了這種壞消息的打擊，在農曆新年前，都不敢透露實情。但後來證明這種想法是錯的，因爲當君毅師及師母得悉眞實情況後，都沒有引起慌亂，只是在西醫宣告無能爲力之餘，積極地訪尋中醫，改服中藥而已。在一九七七年三月初，當我赴臺探視君毅師時，病況已經好轉。返港後，經常回研究所辦公，至上次入浸會醫院前，從未缺過課。大家都勸他不要這樣勞累，應好好休息，他總不聽。我最後一次在浸會醫院探望他時，師母說醫生要他少說話，以後不能再教書。君毅師還和師母爭辯，解釋醫生的意思，只是說不宜講演，但以後上課可改用討論方式，還叫我也去參加討論，這樣可使他省點氣力。他說：「如果什麼事都不做，豈不變了個廢人嗎？」君毅師並不諱言生死，但他不能做一個爲活着而活着的廢人，因爲這將比癌細胞的病毒所加於他的痛苦更難忍受。他這種鍥而不舍的精神，其實也是他的病體能撐持下去的主要原因之一。

我認識君毅師，是從一九四九年秋考入新亞書院的前身——亞洲文商夜學院開始。那時他才四十一歲，我則只有十九歲，二十九年來，我們大體都是時常相見的，因此，就是我和父母，也沒有在一起相處得這樣久。君毅師給我的印象，始終有沉重的道德的擔負與歷史文化的擔負。這種感覺，越到他的晚年越甚。在他走路的時候，就像一個負擔的老人，隨時都會被重擔壓倒似的。去年三月，他和我到臺北孔廟參觀，拖着沉重的步伐，在大成殿、崇聖祠和東西兩廡流連，從他內心深處流露出來的懷古懷鄉之情，實在使人感動得不忍卒睹。

君毅師的生活是嚴肅的，可說沒有一般人的娛樂，二十九年來，除了擔負繁重的行政工作外，手不釋卷，筆不停揮，共寫過五百六十萬字以上，平均每年差不多要寫二十萬字。出國訪問共十四次，參加過十二個國際性的學術會議，足迹遍及臺、韓、日、菲、美、意、瑞士諸國。他最喜歡講話，但不是談學問便是談正經事，決不閒聊，也不議論別人。獨個兒靜下來，便沉思冥想，沒有一分一秒是白費的。眞使人有一種栖栖皇皇，時不我與的感覺。師母面對君毅師遺體時，曾對我們說：「唐先生一生都在努力用功，他實在是一個有用的人，我自己反正沒有什麼用，所以樂於成全他。」正如徐復觀先生所云，唐師母是「有長才而未嘗以才自見」的人，她說自己無用，只是自謙。她所以甘心用自己的生命來成全君毅師，等於甘心用自己的生命來成全君毅師所擔負的文化理想，沒有師母的照顧，固然君毅師的生命不可能發出如此的光輝，但沒有君毅師擔負文化理想的眞誠，相信也不能感動這樣一位偉大的女性。

君毅師自律甚嚴，責望於自己的多，要求於別人的少，因此從不疾言厲色。但無論他使自己的生命擔負着千百倍於人所能擔負的重擔，並爲自己所擔負的理想而盡心竭力，他依然好像比一般人對自己的生命有更多的歉疚，他總覺得自己做得不足，做得不好，很少怪責別人。在桂林街時期，有一位居住在難民營的青年朋友，說是仰慕君毅師的道德學問，常向唐師請教，還時常向君毅師借錢借書。他是君毅師的同鄉，當時也實在艱難，而且好學，所以君毅師都不加拒絕。後來他對君毅師諸多要求，不得要領，惱羞成怒。一次，寫信給君毅師，說君毅師在中文大學塡報的年齡是假的，如果不幫助他進入中文大學教書，便要加以告發云云。君毅師曾對我們說，他以前諸多不是，我都可以原諒，唯獨他這樣無賴要脅，我不能原諒。並說，「天地可毀，唐君毅的年齡是不可以假的。」在公祭的一天，君毅師靈前放着一個敬辭跪拜的牌子，這位同鄉卻跪倒在君毅師的靈前，長拜頓首。相信君毅師在天之靈，還是會原諒他的。

倘使人世間沒有完人的話，那末君毅師也不是一個完人，特別是拿他所擔負的偉大理想和他的現實生命相對照時，顯出他還有許多不足的地方，他不諱言自己生命的夾雜，更深切地認識到生命的負面是不容易克服的，因此時常都流露出艱難之感。儘管君毅師的現實生命和所擔負的理想仍有距離，但爲了實現這些理想，他確實認眞地、不斷地策勉自己和敦促自己。君毅師最使我感動的，不是他所擔負的偉大理想，而是他負荷着這個偉大理想時所作出的努力。他用他的軀體來背負時代的重任和文化的理想，就像當年耶穌背負着十字架一般。我們覺得君毅師很吃力，但他始終沒有卸下來，一直擔當到死。就此而言，他實在是個宗教道德的人物，而不止是一個學術文化的巨人。李璜先生挽君毅師有云：「菩薩心腸，聖賢抱負」，這決非溢美之辭。

君毅師去世前一個下午，無端興感，對師母講述三個故事。其一是關於梁漱溟先生的。時君毅師在北大讀書，太老師廸風公與梁先生稔熟，臨別付託梁先生照顧君毅師，這原是朋友間的一般禮貌。後來梁先生作連續性公開的學術講演，門劵銀洋一元，君毅師初亦列坐聽講，後因左派對梁先生攻擊，頗受影響，遂中途缺席，梁先生以爲君毅師無錢購劵，乃差人送他銀洋五元。此種前輩對後進關懷愛護之情，君毅師終生感念不已。其二是關於日人宇野精一先生的。一次、君毅師訪日、宇野精一先生邀請他逝家，與其父子宇野哲人先生一起拍照。精一先生讓君毅師與其父並坐，自己則侍立於後。當時宇野哲人先生已年逾九十，閒靜少言，惟與之對坐，如沐春風。君毅師以此感念別人之盛德隆禮，對自己國家民風頹敗，咨嗟不已。其三是關於美國哲學家威廉可敬（William Hopkin）先生的。當君毅師於一九五七年應美國國務院邀請赴華盛頓訪問時，已故名哲學家威廉可敬先生乘搭數小時火車與君毅師相見。談及他曾去信與中共哲學家討論唯心唯物問題，所得答覆，謂現時中國已決定尊奉唯物論，不必討論。他對中國文化竟淪落至此，感到非常難過，問君毅師意見，可否附寄些書刊，再去函討論，其對中國文化前途關切之誠，君毅師重述時，不禁潸然下淚。

以上三個故事，都是在君毅師去世前幾小時自述的。在感念疇昔之中，都洋溢着對國家民族歷史文化的深厚感情，這是君毅師一切學問的根。君毅師在「中華人文與當今世界」的序言中，說明附錄之部所載的幾篇懷鄉懷友的文章時，有謂：「我對中國之鄉土與固有人文風教的懷念，此實是推動我之談一切世界中國文化問題之根本動力所在。」君毅師的學問，雖然氣象萬千，到底歸本於性情，在艱深的背後，其實也是很簡易的。

君毅師之最後遺著「生命存在與心靈境界」，乃其平生學問的結穴。目的在合哲學、宗教、道德爲一體，以成一學一教之道。他認爲人可由哲學的思維，以知理想有一必然趨向於實現的動力，如是實見得一切不善者不合理想者終當被化除，而趨向於非實在、不實在；而一切善者合理想者，終當獲得實現，而趨向於實在。如是我們便可形成一只有善的合理的才是實在，惡的和不合理的都不實在的絕對信心。人依於此絕對信心而成的盛德大業，亦可反過來證實這信心。如是形上學的信心與道德上的行為互證，即成中國儒者天人合一之教。這種合哲學、宗教、道德為一體之道，其核心即本於好善惡惡的本心本性。此一本心本性，實為一足以旋乾轉坤的天樞。但人若自覺生命力微小，而思慕有一宇宙性的神聖心體，這便趨向於一神教。人若不觀此一宇宙性之神聖心體，而遍視一切不合理想者皆出於生命的妄執，其本性皆虛幻而空，隨而彰顯潛隱的眞實，這便趨向於佛家。這兩型的宗教思想，都不是中國傳統性情之教的核心，但又非不為儒家思想所多少涵具，而視為人所當有。但依儒家觀點，人對於具全體大能之宇宙性神聖心體，與出於生命妄執的一切虛幻，只當取其消極的超拔卑俗與破除斷見的意義、不應使人只作希高慕外之想而忽略當前盡性立命之事。人若眞依內心之實感，見一善善惡惡的性命之原，至誠不息，充內形外，以成其盛德大業，即步步見有不合理者之自化自空，終至完成滅度，亦步步見此合理者之彰其德，終至全德全能，實不必先肯定一緣生性空之宇宙性的寂滅本體，與全德全能之宇宙性的神聖心體。君毅師以儒家踐仁盡性之教，天人合一之教，大開大闔，終於融通基督教與佛教，其智慧之高，魄力之大，悲願之弘，可謂得未曾有。君毅師的生命，即此便可以不朽了。

最後，謹以一聯，輓君毅師，詞曰：

發乎情、止乎義、感乎時，全副精神，盡瘁當今世界。據于德，依于仁，游于藝，滿腔理想，無愧百代宗師。

（一九七八年三月，「明報月刊」第十三卷第三期）

偉大的中國文化運動者

唐端正

君毅師逝世未及一月，他作爲一個偉大的中國文化運動者、人文主義的宗師、文化意識宇宙中的巨人之形象，已慢慢地爲世人所共認。

近百年來，中國人所遭遇到的種種苦難，皆由文化失調、觀念混亂所導致。自從鴉片戰爭以後，西方文明的種種勢力，像無盡的潮水般洶湧而至，對傳統文化加以無情的冲擊與徹底的摧殘，中國的命運，危如壘卵。面對這一亙古未有的奇變，國人大都對傳統文化失去信心，而主張全盤西化。他們一時主張模仿德、日；一時主張學效英、美；一時主張倒向蘇聯；朝秦暮楚，東歪西倒，使中國的政局，始終動盪不安。部份對中國文化的偉大價值有眞知灼見的豪傑之士，以其開盲啓聵的聲光作獅子吼，卻被視爲抱殘守闕。少數能對東西文化作比較者，則又頗嫌其零碎雜亂，顧此失彼。其能通過對人類文化全面的批判，與徹底的反省，綜覽全局，高瞻遠矚，爲中國文化重新開示一個明確的方向者，當今之世，唯君毅師足以當之。

君毅師回應西方文明長期以來的挑戰，是通過大判教的方式來重新肯定中國文化的價值的。他樹起儒家人文主義的旗幟，疏導一切文化問題，融攝一切價值理想，使各種不同的思想理論、價值觀念均在適當的層次中回復其應有的地位，因此在君毅師的思想中，對人類文化採取大肯定而非大否定的態度，他對於孝悌、人倫、人性、理性、正義、理想、自由、民主、科學、知識、家庭、國家、大同、宗教、以至個體性、普遍性，都無不加以肯定，無不加以成全。他確實能夠開拓萬古之胸襟，卻不必推倒一世之智勇，而要成全一世之智勇。其智慧之高，悲願之弘，魄力之大，都是驚人的。由西方思想觀念東來所掀起的澎湃怒潮，經君毅師爲之批判疏導，融和統攝後，已如百川歸海，各得其所了。因此君毅師的成就，實具有劃時代的意義，他代表着中華文明在近百年來回應西方文明挑戰所取得的偉大成就。

君毅師對中西文化的反省與批判，是通過數百萬言的著作艱苦地進行的。他所著兩大册的哲學概論中，論知識則終於論知識之價值；論形而上學則終於中國的倫理心性論；論價值論則終於人道的實踐。在哲學概論的自序中，君毅師自言以儒家思想爲歸宗之趨向，在本書之總論及知識論之部中已隱涵，在形上學之部中已顯出，而在價值論之部則彰著。他所著的「生命存在與心靈境界」一書，把人之生命心靈活動，依次開爲九境，一爲萬物散殊境，二爲依類成化境，三爲功能序運境，四爲感覺互攝境，五爲觀照凌虛境，六爲道德實踐境，七爲歸向一神境，八爲我法二空境，九爲天德流行境。把東西文化治於一爐，結果仍歸宗於儒家，他所著「文化意識與道德理性」。將人類一切文化活動，均本於道德理性，亦以儒家為依歸。

君毅師以儒家思想為人類一切文化思想之極致，為了取信於我們這個崇洋懼外，妄自菲薄的時代，便要曲折繳繞，艱難其事，不厭覼縷，反復辨難，結果他的著作，如長江大河，滔滔不絕，他在最後遺著的序言中說，「昔陸象山嘗言：人之為學，不當艱難自己，艱難他人。吾既艱難自己，不當無故更艱難他人。」讀着這幾句話，使人體味到君毅師的一生，有一種我不入地獄誰入地獄的悲情。

君毅師是個充滿理想主義的柔情的人，原來並不喜歡分析辯難，民國三十二年，他在人生之體驗導言中說：「我喜歡中國之六經，希伯來之新舊約，印度之吠陀，希臘哲學家之零碎箴言。我喜歡那些著作，不是他們已全道盡人生的眞理。我喜歡留下那些語言文字的人的心境與精神、氣象與胸襟。那些人，生於混沌鑿破未久的時代，洪荒太古之氣息，還保留於他們的精神中。他們在天蒼蒼野茫茫之世界裏，忽然靈光閃動，放出智慧之火花，留下千古名言。……他們之留下語言文字，都出於心所不容已，自然眞率厚重，力引千鈞。他們以智慧之光，去開始照耀混沌，如黑夜電光之初在雲際閃動，曲折參差，似不遵照邏輯秩序。然雷隨電起。隆隆之聲，震動全宇，使人夢中驚醒，對天際而肅然，神為之凝，思為之深，這是我最喜歡上列之原始典籍之理由。」然而，我們所處的時代，是個破裂的時代，不容許我們躭注於一切原始和諧之中，何況君毅師已自覺地承擔起歷史的任命，對這個破裂的時代加以批判疏解，如是，君毅師的生命，亦為之破裂馳散。時代是必須批判的，但必須有大智大仁大勇才能擔負這個重任，君毅師之所以不厭其煩，上說下教，豈好辯哉，不得已也。

許多人都說君毅師的書難讀，他爲了疏解時代的種種鬱結，不厭覼縷，反復辯難，的確使人有不勝誦讀之苦，但君毅師的千言萬語，其源頭也不過是我們自己的性情。所以他在「中華人文與當今世界」的序言中，說到附錄之部所載幾篇憶友懷鄉的文章時謂：「我對中國之鄉土與固有人文風教的懷念，此實是推動我之談一切世界文化問題之根本動力所在。」在懷鄉記的篇末也說：

> 處此大難之世，人只要心平一下，皆有無盡難以為懷之感，自心底湧出。人只有不斷的忙，忙，可以壓住一切的懷念。我到香港來，亦寫了不少文章，有時奮發激昂，有時亦能文理密察，其實一切著作與事業算什麼，這都是為人而非為己，亦都是人心之表皮的工作。我想人所真要求的，還是從那裏來，再回到那裏去。為了我自己，我常想只要現在我真能到死友的墳上，先父的墳上，親宗的墳上與神位前進進香，重得見我家門前南來山色，重聞我家門前之東去江聲，亦就可以滿足了。

君毅師序「生命存在與心靈境界」中，曾引一位禪師的詩云：「出原便遇打頭風，不與尋常逝水同，浩浩狂瀾翻到底，更無涓涓肯朝東。」這首詩實可爲君毅師學問的註腳。可見他的學問，本於性情而歸於性情，原來也是很簡易的。不過，爲了面對破裂的時代說話，爲使我們免受生命破裂之苦，他不惜破裂其自己的生命，以求中國文化、人類文化的返本與開新，這種菩薩心腸，聖賢抱負實在使人肅然起敬。我們今天來哀悼君毅師，亦不能只是哀悼而已也。

（一九七八年四月，「哲學與文化」第五卷第四期）

回應西方文化挑戰的巨人

唐端正

中華民族自建國以來，曾本著其傳統的文化精神，對歷史上不斷湧現的挑戰，作出了種種回應，這些回應，大體上都是成功的，因此中華民族才能始終以光輝燦爛的姿態，雄立宇宙中。然而，近百年來，中國文化卻遭遇了空前未有的奇變。西方列強，以其軍事、經濟、政治、文化的種種勢力，如排山倒海般洶湧而至，使素來平靜的中國文化，激起了滔天巨浪，擾攘到今天，中華民族究竟要往何處去，似乎還是個未定之天。

國人為了救亡圖存，曾病急亂投醫地，各就所知所見，提供種種靈丹妙藥，然由於對文化的整體性和一貫性缺乏認識，只是頭痛醫頭，腳痛醫腳，未能原原本本地對西方文化作有系統的介紹，徒然使文化陷於蕪雜混亂，支離破碎的境地，到底不能解決問題，於是有人振臂高呼，要把中國文化連根拔起，全盤西化。

倘使中國文化都是一些毫無價值的東西，那末面對優秀的西方文化，則我們盡棄故常，以求改頭換面，脫胎換骨，都是很應該，而且是很容易的事。無奈中國文化並不如全盤西化論者所想，一無是處，而且在工業革命前，歐洲的學者，多對中國文化在道德、政治、法律以及文學、藝術各方面的成就，無限欽美，如重農學派的元祖魁奇號稱歐洲的孔子，而百科全書派的猛將服爾德竟是個全盤華化論者，卽使二十世紀的杜威、羅素，亦對中國文化的優良多所論列。試問對於這樣一個傳統文化，我們要求把它完全捐棄，究竟是不是一件合情合理的事？

而且，全盤西化論者尚有一不可通之處。卽西方文化並不是一本的，而是多元的，我們卽使要捨己從人，也不知何去何從。於是有人要學德日，有人要學英美，有人要學蘇俄，彼此互相矛盾，互相否定，這一個四分五裂的局面，結果由馬列主義出來加以摧陷廓清，其極則發展爲紅衞兵的文化大革命，使中國文化由波濤洶湧變作一池死水，導致一場曠古未有的悲劇。

然而，殷憂啓聖，多難興邦，中華民族在這段憂患和災難的日子裏，終於產生了一些偉大的學者與哲人，爲中西文化問題，澄清出一條康莊大道。這條大路雖然是許多人走出來的，但今後的歷史家如要爲這一思潮尋找一個有代表性的人物，相信只有爲中國文化問題寫下數百萬言的唐君毅先生始足以當之。

君毅師認爲中華民族自形成其原始的文化精神後，一直都是本著這原始的文化精神，回應歷史上的種種挑戰。因此民族與文化，原是血肉相連的，他叫這是兩條腿走路。然而，自滿淸以部族意識入主中國後，原來合二爲一的中華民族與中國文化，卻分裂爲二。最顯著的例子：一爲雍正與曾靜的事件，一爲洪楊與曾羅的事件。前者雍正爲了維護其部族政權，著大義覺迷錄，以中國文化中之大同思想，反對曾靜所講的民族大義和夷夏之辨。後者是曾國藩、羅澤南爲了維護中國文化，組織湘軍，反對洪楊的太平天國。這便演變爲民族與文化的分裂。民國以後，像熱愛中國文化的辜鴻銘仍拖著辮子，穿着滿服，在北大講學，以清朝的遺老自居，便是這一悲劇的延續。這使中國文化與中華民族的步調無法齊一，加上西方文化的入侵，使中華民族的國魂，完全陷於分崩離析的狀態，這是近代中國問題始終無法解決的根源所在。

君毅師在窮究了近代中國的文化問題後，他認爲中華民族自救之路，仍應本着原始的文化精神去回應西方文化的挑戰。要中華民族站起來，亦必須同時使中國文化的原始精神復興過來。他反對冬烘式的抱殘守闕，因爲這不能取人之長，補己之短；也反對襲取式的便宜採摭，因爲這種吃現成的功利態度，不但無法成爲文化的創造者，而且無原則地隨便採獲，也容易招致矛盾與衝突。君毅師當然更不是一個全盤西化論者。中國文化的優點，不但不應捐棄，而且也是捐棄不了的，那麼君毅師是個中體西用論者嗎？也不是，因爲張之洞的中體西用論，雖有他的時代意義，但在接受西方文化的時候，對創造西方文化的精神是缺乏同情了解的。西方文化也有體有用，體用原是不能分離的，如今截取其用而捨棄其體，結果便成爲無根之木，無源之水，不旋踵便會枯竭，這又怎能獲致功用的價值呢？君毅師對創造西方文化的精神，有很深切的體會，他在接受西方文化的時候，更重視攝受他們的文化精神，因此我們不宜稱他爲中體西用論者。

君毅師一面要本着中國原始的文化精神去回應西方文化的挑戰，一面又不能說他是中體西用論者，那麼他的立場究竟是怎樣的呢？我們可以說，君毅師是個理想的人文主義者，他的立場，是理想的人文主義的立場。從理想的人文主義的觀點，對中西文化作全面的反省，重新肯定其在人文世界中的意義與價值，這是君毅師在其臨終前始出版的巨著「生命存在與心靈境界」一書中所揭示的偉大見解。

君毅師認爲中國文化的原始精神，爲理想的人文主義精神，人文主義從最寬泛的意思講，乃指以人類生命主體爲本，並肯定此主體爲實現其價值理想而創造出來的一切文化的一種觀點。一般學術文化都是要實現生命主體所嚮往的一部分價值理想，但因這些觀點本身沒有全幅肯定一切人文價值的自覺，因此他們只能是人文主義者所當尊重的，卻不能說是人文主義的觀點。一個人文主義者，必須自覺地肯定及實現生命主體的一切價值理想，並須努力開發生命主體的價值理想，使我們的生命，成爲一個完美的生命。因此，西方文化中的一切優點，只要和人文精神不牴觸，都是人文主義者所當容納和攝受的。

君毅師在「生命存在與心靈境界」一書中，將儒家的生命心靈之活動方向，開展爲觀客觀境界、觀主觀境界與觀超主觀客觀境界之三觀。而三觀又皆可分別觀之爲體、相、用，如是乃可開出萬物散殊境、依類成化境、功能序運境、感覺互攝境、觀照淩虛境、道德實踐境、歸向一神境、我法二空境、天德流行境九境。而吾人之心靈，亦可通達於中外古今一切大哲所成之理想境界。吾人若能對此九境有如實知，而起眞實行，則不但可使人生達致眞實無妄，普遍無限的境地，即文化亦可臻於充實飽滿，悠久無疆的境界。

君毅師認爲一個人文主義者的心靈，在理上是可以通達於以上九境的，這九境中如依類成化境、觀照淩虛境、歸向一神境等，均爲西方文化精神之特色所在，然亦爲理想的人文主義者的心靈所必涵，如是由體起用，乃能將西方文化之優長，原原本本地攝受過來，這是和中體西用論者不同的地方。然而，這種兼容並包、宏納衆流的胸襟與度量，卻是中國文化的原始精神所本具的，因此，在攝受西方文化精神的同時，不但不必打倒中國文化，相反地，這正所以使中國文化在原來的基礎上有新的開展和轉進。我們於此不必自卑，亦不必自滿，而大可以用不亢不卑的平正態度去接受西方文化的優長，其間若有矛盾衝突的地方，亦須依生命之三向與心靈之九境，重新安排一個適當的層位，使一切文化無不調適而上遂，化戾氣爲祥和，而達致中庸所謂萬物並育而不相害，道並行而不相悖的境界。這是君毅師爲中西文化問題所開示的一條康莊大道，也是中華民族唯一可以自救之道。在君毅師逝世三周年的今天，我們殷切地期望着國人能珍惜這一智慧，使百川灌河所激起的濁浪，終能平靜地流入大海，為中國文化創造一個更浩瀚的新境界。

（一九八一年三月，「書目季刊」第十四卷第四期）

敬悼吾師唐君毅先生

李杜

唐君毅先生不幸於一九七八年二月二日逝世。唐先生逝世後，在哀慟之餘，我常想寫一篇悼念的文章。在一九七四年唐先生由香港中文大學退休時，我曾在新亞學術年刊發表了一篇「唐君毅教授學術述略」，對唐先生的生平與學術略作介紹。唐先生看到後，認爲寫得很扼要。由七四年到現在唐先生又有不少新的著作出版。因此，我曾想另寫一篇「唐君毅先生的生平與學術簡述」。在此簡述中將唐先生新近著作的要義包括進去，並多介述他的生平。但因爲近來別有所忙。故對唐先生最重要的近著「生命存在與心靈境界」尚未看完，有關他的生平事蹟的資料亦未及多收集，故此「簡述」只好待之來日了。

在唐先生逝世後至大殮期間，我曾一再默默思想用甚麼話最可以表示對唐先生的悼念。於二月四日早晨我寫成了下面的輓聯：

博通於中外古今，取遠取近，獨尊孔孟，開新儒學；

兼究乎老釋耶回，希天希聖，同存朱陸，為百世師。

「博通」與「兼究」是得到牟宗三先生的指教後採用。我原來是用「泛濫」與「出入」。「同存朱陸」亦是後來改用。原來是用「同任經人」，意指集「經師」「人師」於一身。後來以「經人」一詞不常用，故改用「同存朱陸」。此亦是寫實話。因唐先生有關朱陸的文章結論都是「同存朱陸」的。

唐先生的學問確是博通於中外古今。他的「哲學概論」、「中西哲學思想之比較論文集」、「人文精神之重建」、「文化意識與道德理性」、「心物與人生」、「人生之體驗」、「道德自我之建立」等書是通中外古今以爲說，其他看似專論性的書，如「中國哲學原論原性篇」、「原道篇」、「原敎篇」、「生命存在與心靈境界」等亦是通中外古今以爲說。「取遠取近」出自易傳。原指「物」與「身」。我用此兩詞則不限於原來的意思，而是以之相應於「中外古今」，及引申其義以指唐先生爲學的方法。「獨尊孔孟，開新儒學」是唐先生學問的歸根與結果。唐先生平生爲學不限於一家之說。但其最高的期向則爲孔孟性命義理之學。性命義理之學萬古常新，本無所謂開新。但中國學術發展至現代，受到西方各派學說與近代科學思想的挑戰，原來孔孟心性義理之學，必須通過現代學術的觀念去重新加以肯定，發其潛存的涵義，爲其開新面目，然後可以在現代學術思想中見其一定的地位。唐先生的著作大部份即是通過現代學術觀念去對中國文化與儒學重新疏論與肯定的論述。「兼究乎老釋耶回」雖是相對於「博通於中外古今」而爲說，但可爲其所包括。但唐先生對老釋耶回都有尊重的意思，而不僅爲博通的對象。故此「兼究」應與「希天希聖」相並說。由治喪委員會撰寫的「唐君毅先生事略」中曾說唐先生「慨然有希聖之志」。此亦是實錄。因唐先生爲學實不以言說辯論爲旨，而以生活踐履爲宗。

大殮前夕，我另代新亞哲學系擬就一輓聯。從輓聯的規律上說或有缺點。但從其涵義上說亦爲一眞切而寫實的悼念：

析心物，建立道德自我，原性，原道，原教，洋洋數百萬言，先生豈好辯哉；
論中華，痛惜花果飄零，懷鄉，懷土，懷國，默默一片悲情，夫子不得已也。

前聯敍述唐先生的學問主要在歸本於人的道德心靈。此亦卽儒家心性義理之學的本源所在。由此而成率性之道與修道之教。「洋洋數百萬言」卽在明此本源所在與「道」「教」的意義，而不是在辯論。後聯主要是就唐先生的「論中華民族的花果飄零」而說。但除此文外，唐先生其他的書文亦常流露出一片關懷民族文化，想念故國故鄉故土之情。

中國傳統文化在現代受到了史無前例的挑戰。這挑戰不但由共產黨人而來。亦由現代的西方學術而來。唐先生一生本中國文化的反本開新而奮鬪。他對中國文化有深厚的感情，對人類學術有廣博的識見。故能面對上述的挑戰由博通兼究中而獨尊孔孟，開新儒學，儒學植根於人性。人性不滅，儒學卽不死。但如何能使此不死的根苗發揚於當代的土壤中，則有賴如唐先生的儒者對儒學的弘揚，然後能使其在當代的學術中起一定的作用，對世道與人心發生一定的影響。

唐先生逝世後有一位朋友問我唐先生在哲學上的地位如何？可否與西方的聖多瑪與康德相比？我想此是一不容易回答的問題。因唐先生所面對的問題與他們不同，故成就亦不同。聖多瑪與康德在哲學上崇高的地位已確定。他們各別地面臨了西方學術文化所發展出來不同的問題，而各別地提出了相應於當時的西方學術進一步的解答。唐先生所主要用力的不是西方的哲學，而是中國的學術與文化。現代國際學術界推重唐先生爲新儒者，而不是由西方哲學觀點上稱唐先生爲大哲學家。蕭立聲先生追悼唐先生的輓聯有「他年爲聖哲畫像，位君於濂洛關閩之間」句。這是出於一位畫家對唐先生尊敬的表示。但我想亦適當地表示了唐先生在中國學術上的地位。宋儒對儒學有開展的貢獻。相對於先秦儒學來說，宋代的儒學是新儒學。唐先生所闡揚的儒學對傳統的儒學亦有新的開展。故亦爲新儒學或新新儒學。

這位朋友又與我談到唐先生所講的學問是中國學術的主流或支流的問題，儒學在過去是中國學術的主流是沒問題的。但就現代中國學術說，儒學已不再居於主流的地位，或說不是當令的學術。至於將來如何？什麼時候可以再成爲主流？這是問題。希臘哲學在西方中古經歷了一長時期的晦闇。中國儒學在魏晉南北朝與隋唐亦經歷了一長時期的晦闇。但西方經歷了中古有近代的文藝復興，中國經歷了魏晉南北朝與隋唐亦有宋明七百多年的儒學復興運動。將來的中國學術如何？現在誰也不能預說。但如果儒學所講的是對人的肯定，是有關人之所以爲人不可以不講的問題，則人旣是人卽要講此有關人的學問。中國人更要講此在中國生長而發展了幾千年的學問。故儒學不會永遠晦闇的。它總要因應未來時代的需要而復活再生。

（一九七八年三月，「新亞生活」月刊第五卷第七期）

對唐君毅先生的哲學的不同稱謂及不應有的誤解

李杜

唐先生在世時曾被稱爲人文主義者、新儒者、道理的理想主義者、文化哲學家、超越的唯心論者等；逝世後更有「文化意識中的巨人」、「大儒」等推尊。此等稱謂或推尊皆表現了唐先生的思想或人格的一方面。我們由此可約略地知道他是怎樣的一位哲學家。

稱他爲人文主義者是一種很相應的稱謂。因爲他不僅寫了「人文精神之重建」與「中國人文精神之發展」二書以倡言人文主義，更與錢穆先生、張丕介先生和其他愛好中國文化與維護學術自由的人士共同創辦新亞書院推行人文主義的教育。他深深感覺到現代的學術思想有使人失去其爲人的危機。唯物論、共產主義否定人性，物化人生，固是使人不能安身以樹立高尚人格的思想；現代的西方思想太過份重視抽象的知識而忽略具體的個人，亦是不能正視人生與人文的事，故有現代存在主義的運動，又西方神本主義的宗教哲學以上帝爲絕對的外在而超越於人，亦使人永遠與上帝疏離而不能有人神眞正的交通。因此他乃倡言人文主義以試圖糾正現代學術思想的流弊。

稱他爲新儒者亦是很相應的稱謂。因爲他不但對孔子、孟子與傳統儒家的聖賢人物有崇高的敬意，他的學術思想亦以儒學爲歸宗。他的思想本甚廣博，於中國儒家之外其他各家的思想無不注意，中國之外的印度與西方的哲學亦一生用力研究。但他由對儒家以外的哲學思想的注意與研究中而了解到它們多有可爲儒家思想所涵攝之處，他亦常藉對它們的比較與討論，尤其對西方哲學思想與儒家的比較與討論，以引發傳統儒學的新義理。他對於宗教形而上學、邏輯、知識論、科學知識等無不用心，但他在對它們從事分辨與了解之後，最後皆納入儒學中去，而成爲以道德心靈爲主導的儒學所應具有的內容。因此他對儒學的論述不是抱殘守闕的論述，而是相對於現代人類學術的新成就而來的新開展的論述。宋明儒者相對於宋明兩代的新的學術環境而從事儒學的新闡揚，後世稱他們爲新儒者。唐先生相應於現代的學術的新成就以闡揚儒學而使其有更進一步的開展，亦應被稱爲新儒者或新新儒者。

稱他爲道德的理想主義者亦是很相應的稱謂。他自從肯定了一「道德自我」爲他的哲學的中心觀念之後，卽一直在說明此一觀念，並依此而建立他的道德的理想主義的哲學。他的「道德自我之建立」、「人生之體驗」、「心物與人生」、「文化意識與道德理性」是對此一理想的肯定與展示的書，他的「生命存在與心靈境界」亦以道德的理想爲歸宗而顯示「學在成德」成其「一學一教之道」

的書。

稱他爲文化哲學家則是從他所肯定與倡導的人文主義的文化理想、儒家的文化理想，或道德的理想主義的文化理想上說的。他所著的「人文精神之重建」、「中國人文精神之發展」、「文化意識與道德理性」、「中國文化之精神價值」，以及其他的著作所一再表現的人文世界、人格世界、價值世界等亦皆是由人的仁心善性或人的道德心、道德理性以建立一理想的文化哲學，以說明人生的意義與人生的價值所在。

稱他爲超越的唯心論者則是就他由人的超越的心靈以建立他的哲學系統上說的。他曾由此心靈以反省人所經歷的不同生活，亦由此心靈以辯論心物與人生的關係，以說明心靈的先在性及人生的意義。前面所已說過的「道德自我之建立」是他依超越的心靈的反省活動以肯定其自己的表現，「文化意識與道德理性」則是依此心靈的活動以見道德理性的分殊表現。於此外，他對於上面所說有關人文主義的文化理想，儒家的文化理想，道德理想主義的文化理想，理想的人格世界，價值世界等的論述亦皆爲由人的超越的心靈的反省，肯定與開展等上說的。他的「生命存在與心靈境界」的心通九境論的系統的建立更是由超越的心靈的活動而來對心靈與客觀事物的個體、類、因果關係的了解，對心靈自己反省其自身所表現的感覺活動、理解活動，道德實踐活動的了解，以及對心靈反省其超主客的嚮往而顯示或爲歸向一神，或爲去除我法二執以嚮往一涅槃境界，或爲由盡心知性以知天以上達於天德流行的境界而寫成的巨著。

由以上的說明，我們以爲唐先生在世時，學術界對他的稱謂都與他的哲學精神相應。至於逝世後被推尊爲「文化意識中的巨人」、「大儒」等，則帶有頌讚與悼念的意義。但大致上亦爲根據唐先生對學術文化的貢獻而來的推崇，亦與上述他在世時所得到的稱謂相符合，而不是完全沒有根據的讚美之辭。

唐先生既是如上所說的人文主義者、新儒者、道德的理想主義者、文化哲學家、超越的唯心論者，則他不應被誤解爲一位狹義的中國文化本位者。但由於唐先生於其著述中常流露出一種對民族文化愛護的深厚感情，故容易被誤解爲一位狹義的文化本位者。但如我們在前面所多次提到的，唐先生雖然有深厚的民族感情，亦有淸明的理智。在他本他的超越的心靈或道德的理性去了解問題時，中西哲學思想與人類文化問題皆成爲他心靈了解的對象。它們的是非得失，歸向所在皆依理性了解的自然歸向而定。他對中國古聖先賢的推重爲本於人的道德理性而來的要求，對西方知識問題的疏論亦爲依於人的理解而來的辨別。因此，就唐先生哲學所依以建立的中心觀點上說，他對中西哲學與文化思想的論述沒有先在的偏見，任何文化與學術都同等的看待，皆爲世界學術思想的一部份。中國的學術文化亦成爲人類文化或世界思想的一部份。依唐先生論述「生命存在與心靈境界」的意義上說，卽成爲表現人的超越的心靈活動的了解的一部份。

唐先生既不是狹義的民族文化本位者，自然亦不是受西方思想影響甚深，以西方的概念去曲解中國傳統學術的人。我們不否認，唐先生更肯定，中國傳統學術有其特殊的意義。要對此一特殊的意義有了解，自然要顧及形成此特殊意義的歷史環境、地理因素、民族氣質、社會形態、思考方式等。但我們卻不能因此而將所要了解的意義永遠特殊化，而不可普遍化，和不能用普遍的概念去了解，此處所說的普遍的概念，在其初被用時雖或是西方的或中國的，但當其被大家所熟習，而爲人的理性所應用以從事了解時，則不再爲任何一民族所私有，而成爲公共的概念。因此，我們不能以唐先生運用很多西方的概念以論述中國傳統的學術思想問題，而即認爲他曲解了傳統的中國學術。事實上，任何一學術傳統所用的概念、詞語都不斷在生長。就中國傳統來說，魏晉時人所有的概念與所用的詞語已不同於兩漢與先秦，宋明理學家更是融會了佛學而獲得了新的概念與應用新的詞語去開拓儒家。沒有任何人要對傳統的學術有繼承與發展而不運用新概念與新詞語的。唐先生對傳統學術，尤其是對儒學的一大貢獻，正在通過現代學術的觀念去重新肯定與發揚傳統的儒學涵義，爲其開新面目，而建立一新的儒家哲學系統。

（一九八一年二月，「新亞生活」第八卷第六期）

文化意識長存　道德理性不朽

——敬悼唐君毅師

吳森

我讀近人著作中，發現了一段特別使我感動的話：

「故一家之慈父慈母，其情或只限於一家。一鄉之善士，其情或只限於一鄉。而文天祥、史可法，卽其情長在中華。孔子、釋迦、耶穌，則情在天下萬世。」（人生之體驗續篇第九十七頁。）

唐君毅先生與世長辭了。他的教澤永存，其情長在弟子們的心坎，他雖然不是忠臣烈士，但他捍衞祖國文化、和共產主義搏鬪的精神，其情長在中華。他雖然不是宗教主，但他對天心、仁德、理性的弘揚，救人救世的熱忱，其情長在千秋萬世。生死永隔，人別路殊，文化意識長存，道德理性永垂不朽！（按『文化意識與道德理性』一書，爲唐氏精心巨著之一。）

唐氏一生的精神生活，充滿着存在意識和憂患的悲情，然而他的思想並不因此而帶有悲觀和抑鬱的色彩。他的哲學系統，博大圓融，滙衆說而成一家之言，但他對共產唯物論從不作容忍的妥協，他的抱負，「爲天地立心，爲生民立命，爲往聖繼絕學，爲萬世開太平。」可是他全沒有唯我獨尊而看輕別人的傲態。在專業職位言，他雖然只是個哲學教授，但他對歷史、文學、訓詁、其他學科的功能和價值，從不低估或抹殺。他雖然被公認爲當代中國哲學之祭酒，但他對其他哲學者從不妄加貶抑或批評。孔子說：「君子尊賢而容衆，嘉善而矜不能。」其爲唐公乎！其爲唐公乎！

唐氏自少好沉思，深於玄想。未進大學之門，便已對宇宙人生問題旦夕苦思。另一方面，他天生性情純厚而質樸，對人生經驗的感受力特強。早期的著作，像「道德自我之建立」、「人生之體驗」，及「心物與人生」各書，都是苦思和性情的結晶品。這時，哲人的心聲，往往像詩人的囈語或天外飛來的獨唱。大陸淪共、神州陸沉的劇變，給唐氏極大的刺激，把他從玄想的迷夢中喚醒過來，去擔當「中流砥柱」、「力挽狂瀾」的重擔。他中年所作的一系列的作品，像「中國文化之精神價值」、「文化意識與道德理性」、「中國人文精神之發展」等書，都充滿着爲中華文化奮鬪的熱忱，和復興中華文化的理想。在這一階段，他不只是一個思想家，而且是一個教育工作的實踐者。他和錢穆先生在香港九龍桂林街創辦的新亞書院和研究所，篳路藍縷、克難經營，後來終於成爲海外中國傳統文化的重要基地。後來新亞書院歸併中文大學，唐氏受聘爲哲學講座教授，先後出版了六大册的「中國哲學原論」，把中華民族的偉大哲學傳統，來一個重新整理和說明。在這一段的時期，同時發表不少了針砭時局和警策國人的論著。目的在承先啓後，繼往開來，爲往聖繼絕學，爲萬世開太平。

筆者對唐氏的認識，遠在二十多年前在香港讀中學的時候。國文老師們常常介紹錢、唐兩位先生的著作。我最喜歡的是唐氏的哲理散文，像「論讀書的難與易」和「死生之說與幽明之際」。因爲它們常常把我帶到曲徑通幽之處，體認宇宙人生無窮的理趣。中學畢業的時候，雖然有一位經商致富的堂兄答應供我讀香港大學，但我卻只投考了桂林街新亞書院文史系。新亞書院的入學試，除了答卷的筆試之外，還有經過當面晤談的口試。那時給我口試問話的正是唐先生。我雖然聽不懂他的四川國語，但也不覺得難堪。唐先生平易近人，雍容儒雅的風度是不會使學生望而生畏的。我終被取錄了，但還未得如願以償，因爲我能選唐先生的課，只有理則學一科，其他的老師我都不大喜歡，所以不久便退了學。第二年，考進了臺灣省立師範大學教育系，但對新亞還念念不忘。畢業後回到香港投考新亞研究所。這一回，比以前「如願以償」多了。唐先生在研究所「中國哲學」一科的講演，正是後來「中國哲學原論」一部份的題材。他在堂上從不講閒話，從不批評或嘲諷別人，每一句都是嚴肅而正當的話題。每一堂課，都從平淡的語調講起，似愈講愈吃力，而思路愈彎曲而迂廻。有時像「山窮水盡」，有時若「四顧無人」，有時彷彿「前無去路、後有追兵」。有時卻像「雨過天晴，豁然開朗」。峯廻路轉之際，驀然回首，眞理卻在路旁。冬天的時候，唐氏穿着大衣進課堂來，脫下大衣開始講。但講到一半的時候，外衣也要脫下來了。唐氏一面講，一面苦思，用心力的時候，往往額上冒出汗珠兒來。不一會，背心兒也要脫下來了。大抵到領帶解下來，便是一節告終的時候。唐氏的教書，眞可謂鞠躬盡瘁、絲毫不苟。他對古代先賢及西方諸哲的學說，都能提要鈎元、畫龍點睛地複述出來；而對時賢及其他學者，從沒有作誇大的頌揚和有意的貶抑。但他常常自我批評、自我咎責、自我檢討，從來沒有一句自大獨斷的話。筆者出國前到他家辭行的時候，他自貶一番之後，囑咐筆者千萬不要效法他走那些迂廻曲折的路。這種光風霽月、大公無私的胸懷，在當今哲人中恐怕難找第二人吧！

筆者出國後，經常還和唐氏通信，他有信必覆，每次覆信都不會超過兩星期，而且內容都很詳盡。一九六八年，謝幼偉先生從中文大學新亞書院退休，唐氏來函邀筆者返新亞任教，頗爲懇切。可惜那時筆者答應了芝加哥羅若拉大學客座之聘，未能應命返港。一九七三年（民國六十二）筆者第一次出國後由美返港渡假，唐氏特別爲筆者在九龍豐澤園菜館設宴，使和新亞師兄弟重敍，舞雩沂水，其情甚懇。此後筆者每返港渡假，必去拜會他。許多時，聽他席上一番話，回到美國便有靈感可以大寫文章。最近筆者發表批評毛澤東思想文章（英文寫成，在 Studies in Soviet Thought 發表）及「克己復禮辯」（鵝湖月刊六十六年十二月號），都是返港渡假在慶相逢茶樓給唐氏啓發或策勵之後寫成的。

兩年前的秋天，我應聘到臺大哲學系當客座教授，路經香港要拜會他的時候，一位新亞的師兄弟告訴我，唐先生病倒了，正在臺北療養。這一次病倒，非同小可。事情的經過，也頗爲曲折。原來在謝幼偉先生退休後，新亞哲學系從美國聘了一位年青的學者任教。唐先生一向以爲這位年青學人是立場中正向爲中華文化奮鬪的學者，所以非常器重他。可惜這位學人在新亞豎立勢力之後，只曉得玩弄權謀術數，投機取巧。他繼唐先生當了權，爲了個人的私見，竟用奇謀將其中最有資格的申請人擱置一旁而不理。唐先生爲了正義而干涉。可是那時，唐先生已退休，沒有實權了。而這位反骨的年青學者，竟露出猙獰的面目，給唐先生無情的攻訐。最後，更寫了一封信和唐先生宣佈絕交，還把這封絕交信影印分發給唐先生的要好朋友。唐先生一向以仁厚待人，香港思想界的敵人，甚至連左傾份子都尊重他。這位絕情的、苛刻的年青人太不擇手段了。不過唐先生並不與之計較，兩年來仍然勉強支持着力不從心的軀體，還對宇宙人生問題作苦思玄想。我們每次探望他的時候，還不斷給我們作精闢的策勵。不過，他對自己的病，似乎已有自知之明。在第一次到劍潭療養寓所探候他的時候，他把歷年出版的英文論文及稿本全部交給我，囑託我將來替他校訂出版。我在親手接受這一叠文稿的時候，喉頭哽咽不成聲，淚珠兒簌簌的滾下來。我怕師母看見，勉強忍住，顧而之他。後來，我離臺赴美，寫信問候他的時候，他還親自回信，但對痊癒方面完全沒有信心。本年初我再度返港，由新亞師兄弟唐端正、霍韜晦兩人陪着我到他和域道寓所探候。他老人家覺得氣喘，還滔滔不絕闡述最近體會所得的人生奧秘。顏容雖有點憔悴，但看來也可以維持一年半載。他老人家還親手把最近出版的「生命存在和心靈境界」（爲唐氏一家之言的巨著）簽了名送給我。這次簽名，有點奇怪，在他的名字下只寫

「一月九日」，沒有寫那一年。他把書拿給我的時候說：「這是給你的，是我最後的一本書了。」說來有點黯然。我眞的不知如何應答。幸好韜晦在旁插口安慰他。眞想不到他把最後一本書送給我時竟然是我見他的最後一面！

二月十日接到韜晦的來信，報導唐師二月二日病逝的噩耗。我眼前一陣昏暗，咽不成聲，欲哭無淚。泰山頹，樑木壞！鬼哭神愁，衆生眼滅！在海外爲中華文化奮鬥半生、德慧雙修的一代哲人溘然長逝，把「挽狂瀾」、「繼絕學」的文化重擔傳到我們這一代的肩膀上來。幽明永隔，人別路殊，唐君毅師精神不死，其博大之量，仁厚之情，凝毅之德，海外培育英才之功，國際文化交流之業，長在中華！長在千秋萬世！文化意識長存！道德理性永垂不朽！

民國六十七年四月十五日脫稿於美國加州大學

（一九七八年五月，華僑日報「人文雙週刊」第一七二期）

花果未飄零

逯耀東

這半年來，我接二連三地痛失良師。先是去年八月一日，颱風帶來了狂風驟雨，卻也帶走了我追隨了十年的業師沈剛伯先生。辦完剛伯師的喪事，我懷着悲痛的心情暫時告別臺北，來到這裏。耶誕節我又回到臺北，風塵未掃，就接到魯實先師突然逝世的耗訊。實先師是我中學的國文老師，從那時開始，二十八年來雖無緣得他的絕學，但卻維持着情若父子的親密情誼。他生前常開玩笑地說，他死了，不論我在天涯海角都得趕回來奔喪，沒有想到竟一語成讖，於是我回去渡假卻變成了奔喪。實先師在臺北沒有子女，後事由我們弟子料理，在去年最後一天淒風苦雨的黃昏，二十幾個在大專任敎的魯門弟子，披麻帶孝送他上山。然後，我又懷着悲痛的心情離開臺北。

現在，唐君毅師又去了。君毅師是二月二日黎明過世的，第二天就是他七十歲的生日。接到病危的電話，冒着冷冽的寒風趕到醫院病房，師母忍着悲痛，哽咽地說：「先生去了。」我走到病床旁看着安祥離去的君毅師，突然想起我書房案頭還放着一張君毅師的請柬，原訂當天晚上請我們歲末聚餐的。如今柬在人已去，這個聚餐永遠無法踐約，想着想着不禁泫然欲涕了。

雖然，君毅師得了不治的絕症，這一年半來，經過割除腫瘤、治療、休養，一直和疾病搏鬪着，直到生命最後一刻。前年暑假，我接到君毅師得病的消息，準備到臺北開刀，要我在那邊爲他安排醫院。在機場接到他和師母，看起來似乎消瘦了些，可是精神卻很好。在朋友熱誠的協助下，以急診的方式住進了臺北石牌的榮民總醫院。剛住進病房，師母還沒有將行裝安置妥當，他就催我打電話給學生書局，要他們把一本準備印行的新書校稿送來，因爲準備爲他動手術的盧光舜大夫，正出國開會還沒回來，他要利用這個空檔，把這部書校好。我每次去看他時，他總在那裏伏案校稿，我怕他太勞累，勸他等病好再校不遲，他總是不聽。師母在旁低聲地說：「由他去。」這部百餘萬字的書，終於在他手術的前夕校妥。這部書就是他最近出版的最後一部書——「生命存在與心靈境界」。後來，我才體會到，君毅師對這次的手術，作了最壞的打算，最好的準備。如果萬一手術不幸，他已對自己的哲學思想作了最後肯定的總結。君毅師治喪委員會，在爲他寫的事略中，這樣說：「『生命存在與心靈境界』凡一千二百餘頁，乃其平生學思之綜化，亦即其思想體系之完成，涵攝廣大而一以儒家之盡性至命爲歸極。其造詣所至，著作所及，我國自『哲學』一詞成立而有專科之研究以來，蓋未嘗有也。」

對於他自己的病似乎並不放在心上，見面總是滔滔不絕談論中國文化的問題，及中國文化的前途。偶爾提到自己的病，竟也以文化的問題來處理，他說中國文化講的是化解，將有化無，由無生有；西方文化卻是講揚棄的，如果不適合就拋棄或割解，如今既然無法化解，祇好找西醫把它割除。

君毅師是前年十一月動的手術，那天一早我趕到醫院，君毅師已經進了手術房，師母、安仁——君毅師的小姐，已從美國趕到，和我在空洞的病房裏，焦急地等待着。安仁忍不住走出病房，站在走廊的一角偷偷地垂泣。我走過去要她忍住，回房陪伴師母。師母靜靜地坐在那裏，反而比我們沉着鎮定。君毅師是七點半進入手術室，下午一點半回到病房，醫生說左肺切除一葉，手術進行良好，但有擴散的可能。橫隔膜已有蔓延的跡象，不過眼見到的都已切除乾淨。這次的手術由盧光舜大夫率領最佳的醫療小組進行。五點多鐘君毅師醒來，盧大夫到病房觀察病情，並且告訴君毅師說毛澤東死了。君毅師聽了，微弱地說：「我身上割了個瘤，中國也去了個瘤。」

君毅師的開刀傷口復原後，移到劍潭去休養。環境非常清幽，屋外有一個很大的庭院，君毅師晨昏在室外的花壇漫步，生活飲食都由借住房子的朋友熱誠照料，非常方便。君毅師來臺北動手術，沒有驚動別人，我也遵囑守密，因此搬到劍潭來住，也沒有人知道，除了最初每週到榮總去一次例行的檢查。除了我去探望，沒有人來打擾。但我每次去也不會坐太久，因爲有人在他就會談話，話說多了會影響他的身體。記得一次他和我談到取和與的問題，他說他這一生對取和與的分際是劃得很清楚的，他的經濟來源有三個，一是教書的薪水，一是稿費，一是開會或講演的車馬費，除此之外都是他不該取的，如果別人對他額外贈與，他除了感謝別人的好意，是分文不取的。這是他做人的原則，也是他處事的態度。

君毅師從榮總出院後，搬到劍潭休養，一天黃昏，天氣非常寒冷，方東美先生扶杖來訪，並且勸君毅師好好休息，臨行君毅師依依不捨地送方先生到大門口，看着寒風吹起方先生的大衣飄然而去。

劍潭的確是一個休養的好地方，但君毅師在那裏卻不放心香港的新亞研究所，有許多的事等他的決定和處理。因此，等身體漸漸復原，不顧醫生的勸阻，就回香港了。不過，臨行卻遵醫囑兩個月後，再到榮總檢查。七七年二月唐先生再到臺北，我到機場去接他，身體似乎不如前了。出了機場就直接住進榮總。剛到病房知道他的老師方東美先生也因癌症住院，立即去探視方先生。他們互道自己的病情，侃侃而談，沒有一點悲傷和相憐的感覺，我在一旁靜靜傾聽着他們師徒二人的談話，覺得他們的修養已經達到人生另一個境界，完全突破了生死的關限。誰知這竟是兩位當代中國哲學家最後的一次會晤，事未隔一年，他們兩個人先後去了。

君毅師二次入院，情形並不十分好。一天盧大夫約我和君毅師的誼子徐志強先生說明他的病情。並且將有關的資料和X光片解說給我們聽。他說君毅師的情況非常惡劣，已經蔓延到左肺和脊骨，X光顯示第三節脊骨已被腐蝕了三分之一，如這樣的情形發展下去，快了支持不到三個月，一個做醫生的有責任把這種情況告訴病人和他的家屬，因爲患者可以在這段時間裏處理他未了的事務，在目前這種狀況下，他們該做的和應做的，都已經做了。並且他說他並不反對唐先生吃中藥，當時年關已近，我問這是不是君毅師最後的一個年。盧大夫肯定地說是的。我說旣是最後一個年，就讓他平平安安過這個年，等開年再向師母說明。但我卻無法面對這個殘酷的現實，在過年的前五天溜到香港來。

等我從香港回臺北的時候，徐志強已經把君毅師的情況婉轉地告訴了師母，出乎我意料的師母竟非常冷靜地接受了這個不幸的事實。師母謝方回女士是一位偉大的中國傳統的女性，在她的這一生完全融於君毅師的生活之中，達到了無我的境界。在君毅師過世時，她站在君毅師的遺體旁，說：「我覺得我是個無用的人，先生才是個有用的人，所以，我把我這一生完全奉獻給他，照顧他，讓他做更多有用的事。」事實上，雖然她的生活中無我卻有我，因爲她是君毅師生活的支柱，如果君毅師沒有師母的照顧，也許一天也無法生活。君毅師前些時眼睛視網膜脫落，師母恐怕他坐車顚簸，便無論遠近都到處的親自駕車接送。君毅師的生活除了讀書寫作講學外，似乎沒有其他的休閒生活，生活是非常單調的。師母平日撫琴練字自娛。君毅師每部著作封面的題字，都出自師母的手筆，從那些墨跡裏，可以發現師母外柔內韌的性格。這些年來，她衹是默默地在旁照顧君毅師的生活，卻從來不干涉他的生活。尤其君毅師這一年半得病以來，她默默地承受一切，但是沒有聽過她一句怨嘆。過去，我讀中國歷史發現許多偉大的中國女性，她們的偉大倒不是有什麼豐功偉績，她們衹是默默地不平凡地生活着，奉獻了她們偉大的一生。當時，我無法完全了解，如今我終於在唐師母的身上體認到。

現在，君毅師終於去了。對於他的哲學思想，不是愚駑的我所能完全了解的。但他對中國文化所抱有的使命感和宗教的熱誠，卻深深地感召了我。在大學二年級時，我讀了他半本「中國文化之精神價值」，就希望有一天能親自向他請益。沒有想到後來竟幸運地聽他講學和論道。記得我在京都，君毅師為了醫治眼疾也到京都。我陪他到南禪寺靜坐和吃湯豆腐。他突然感慨地說，這幾年他發覺世界在變，而且變得很快，可惜他的眼睛不好，看不清楚。他要把眼睛醫好了，好好地看看這個世界。我想，他看世界不是用眼睛而是用心靈。因此有更遼寬的視野和更高層次的境界。對於現在的中國文化他雖常有花果飄零的感嘆，但他不灰心失望。一次他到臺北參加一個學術會議，談到中國大陸文革以來，對中國文化的破壞，非常憤慨。因此，他認為在海外的中國知識份子必須要格外努力。在海外建築一道文化的長城，對中國大陸進行文化的反哺，將來中國文化才有希望。他常說，燈聚在一起祇能照亮一個地方，散開的燈才能照出一條路。因此，不論他走到那裏總點亮中國文化的燈盞。在現代中國文化艱困的路上，對君毅師而言，花果並未飄零。

民國六十七年二月十二晨二時　客於香江

（一九七八年三月，「明報月刊」第十三卷第三期）

慕念唐師（註）

湯承業

㈠ 唐君毅先生逝世三週年紀念

唐師之樂於誨人，樂於傳道，正如楊樹藩師，喜聞門鈴之聲，坐談常至深夜，鏘鏘然之滔滔之中令人如飲甘醴，循循然之諄諄之中令人如沐春風；感人之動力溢出於鏗鏗之話語，化人之熱力泛出於醺醺之笑貌；此境乃仁者之化境，此象乃智者之化象。何期「斯人也而有斯疾也」，唐師竟以肺癌逝世於民國六十七年（一九七八）二月二日。一代瘋魔毛澤東竟然活了八十多年，兼仁兼智之唐師卻僅享壽七十，世事無常，令人不平。若云吸烟易於致癌，而飲茶則助於防癌，唐師吸烟固頻，然其飲茶特濃；何況邱翁、麥帥乃馳名於世之癮者，而又皆得上壽！人若確知吸烟果易致癌，則破癌之特效藥必早發明矣。然而似唐師既富動力又富熱力之仁者智者，何以竟未超越邱翁、麥帥而得大齊之年？曰：授課多者每少寫作，寫作多者每少授課；似唐師之極樂於誨人，與極奮於著述者，鮮也！生命過於透支則傷氣，體能過於超載則衰血；累月如此，長年如此，氣傷血衰，不病何待！一人而任十人之勞，此爲唐師之所以縮壽也。民國六十七年二月十一日夕陽西沉之際，唐師靈柩由港返國厝置於臺北市立殯儀館，與王徹學長跪拜致敬時，不由得不痛，痛唐師之負重也；不由得不哭，哭唐師之積勞也。憶當年進入新亞門牆，趙潛學長引謁唐師時，唐師笑露「茶齒」召坐與語之親切；與畢業後登堂拜別時，唐師舉杯相述與召進書房之懇切；又憶唐師來臺講學時，介紹周紹賢師與唐師先揖後握，並共吃燒餅之情景，以及帶領學生登門請教，與就地圍坐之興景；歷歷一如昨日，忽忽已逾三年。天人永隔，益增慕念，乃藉此文，略抒微忱。

(二)　無形之形與無象之象

伯夷、叔齊，不表現而表現了表現，不作爲而作爲了作爲；故其極爲太史公所贊。吳鳳、武訓，無意表現而完成了表現，無意作爲而完成了作爲；故其極爲錢賓四師所贊。在新亞時近於暑假之某一中午，見唐師滿頭大汗卻穿着大衣，趨問之，唐師始愕然；此蓋早起郊行以防晨寒之侵襲，及太陽高昇而忘我亦忘熱也。臺大哲學系聘爲客座教授，教育部提供薪俸；文化大學博士班特請兼課，月奉束脩五千元；唐師深知私人興學之艱苦，且以同時領取雙薪於心不安，堅拒之。視前事，唐師誠爲糊塗，然其「糊塗」得可愛；蓋其糊塗處正是渾厚處。視後事，唐師誠爲固執，然其「固執」得可敬；

蓋其固執處正是弘毅處。唐師恒以「聖賢襟抱，豪傑精神」相提示，其何暇計及於此。亦可謂此境界乃未表現之「化境」，此形象乃未作爲之「化象」。

唐師上課，從不演述自己之思想，亦不介紹自己之著作，但卻常聞「知我者其天乎」！不求人知，只求天知，則自然「人不知而不慍」矣。可見儒家所開之君子標格極低，所闢之君子門徑極易。唐師嘗曰：「過拘小節則難見大道，不拘小節則易流於狂妄」。唐師舉止自然，不拘不狂，觀其言行，恰似一部論語之實踐。其黑白相斑之蓬鬆灰髮，正如其性格一般之「爽直」；兩道漆黑之濃眉，乃象徵唐師之鋼鐵意志；眼鏡後面之半瞇雙目，經常放射出思索與憂慮之情緒。惟當「放懷家國事，開展皺眉頭」之時際，則其溫良與端肅之氣度與風範，整個彰顯出來；然其溫而不奕，肅而不厲。錢師常以「淡」與「雅」而鑑賞士風，在唐師之狀貌中，似乎尋不出「庸」與「俗」之行迹；每每出其意念之「淡中有喜，濃出悲外」語句，諒必深合錢師之意念。

每以衣裝整齊走進教室，必以衣裝零蕩走出教室，雖然只有七八學生，唐師亦必振動腹肌，由內發音，一開始就如「火之始然，泉之始達」。音量愈提愈高，汗珠愈涊愈湧。嘗以「學生不多，何需高音」而勸請唐師節惜體力，唐師曰：「不然，不如此講不出我之生命來」！於是汗水漓漓而下，智慧汩汩而出，領帶解開，外衣脫下，一面苦思苦講，一面揩額揩頸，兩條手帕濕盡，兩件襯袷攤平，有時及於內層之恤衫，有時只剩裼身之背心。此刻唐師氣愈充，神愈振，講得愈透徹，動得愈坦蕩，吸氣腹漲則拉其肩湫，吐氣腹縮則提其褲帶，兩手分工，動作不輟。此所以唐師雙頰之汗水，一邊頻頻揩與一邊任其流之原因。大抵未揩之汗水濕透半邊襯衣，復將半邊襯衣抓出褲帶之外，則爲接近一課之終止時間。但亦不盡然，有時性起，則往往不聞鈴聲，不知饑餓，記得一次下課時間爲十二時五十四分。儒家「誨人不倦」之精神果如斯乎！惜乎唐師雖具鋼鐵之意志，未具鋼鐵之身體；長此以志役體，自必提早不起。當年梁任公講學時間稍久，張君勱則聲言爲了四萬萬同胞請其愛護身體，乃驅散聽衆而直由講壇將其拖下。爲唐師學生之吾輩，則未見有如張氏之勇氣者；唐師固然令人怗心折，亦同時令人作心痛。

(三)　新亞宗旨與新亞精神

民國三十八年（一九四九）大陸變色，以錢賓四師爲首與唐君毅師、張丕介師諸位皆懷「橫通天下之志，縱貫百世之心」，而「將中國文化帶出鐵幕」。其認定之宗旨爲：「人當是人。中國人當是中國人。現代世界中之中國人，亦當是現代世界中之中國人」。於九龍桂林街租一簡陋房舍，創辦新亞書院，國慶日就是校慶日。新亞一名，乃取重新賦予亞洲以新生之義，「一方希望以日日新又日新之精神，去化腐臭爲神奇，予一切有價値者皆發現其千古常新之性質；一方再求與世界其他一切新知新學相配合，以望有所貢獻予眞正的新中國、新亞洲、新世界。」其中國文史哲研究所（簡稱「新亞研究所」）之成立，乃「以中國人文學術之教學及研究爲中心，以保存及發揚中國文化於當今世界爲宗旨」。教授爲大陸逃港之教授，學生爲大陸逃港之學生，入學不繳學費，授課不領薪水；晝則以校舍爲教室，夜則以校舍爲寢室。同生活，同研習，學生固爲先生之「弟子」，亦爲先生之「子弟」。農曆除夕，師生合煮一鍋麵條，圍而食之；次日元旦，學生自動下跪拜年，老師亦欣然接受；食雖簡，但卻熱騰騰也，禮雖簡，但卻樂融融也。猶憶於慈航淨苑爲唐太師母設奠弔祭之日，錢師與師母趨行子姪之叩拜禮時，唐師與師母矗然匍地，滂然破涕，四人互跪，八目凝視，相招相撫，以謝以慰，靈堂頓時益增哀戚與肅穆。新亞研究所爲感念錢師，特名圖書館爲「錢穆圖書館」，唐師以新亞大學部且以「錢賓四學術講座」以作感念之舉，新亞研究所何以不稱其字而稱其名？雖然中央研究院亦有「蔡元培紀念館」與「傅斯年圖書館」之設，然而基於「弟子」猶「子弟」之義，總應稱字不稱名，何況錢先生與新亞，終非蔡、傅二公與研究院之關係可比。錢師在臺每有著作則必寄贈新亞，新亞每出書刊亦必寄奉錢師；而唐師所有問世之書，則爲謹贈二份於錢師；是手足也，是兄弟也。

明季藕益大師曰：「有眞性人，才有眞學問」。唐師爲力盡己心、力踐己形之哲學家，誠如牟宗三先生說，其「弘揚此文化意識之內蘊，是以其全副生命之眞性情頂上去」。這「內蘊」之民族精神力量，爲 蔣公在「中國之命運」中所極力強調與倡導者；中國哲學之異於西方哲學者，其根本在於道德之實踐而非理論之建造。唐師乃拼其「全生命」爲「內蘊」之寶藏發掘，奮起「眞性情」爲「內蘊」之寶藏開路；三十年來，新亞爲其園地，亦爲其基地；學生同爲礦工，亦同爲兵工；蓋一燈只照一隅，衆燈可照天下。爲燈加油所付出之力，爲其「內蘊」之力；爲燈充電所付出之愛，爲其「內蘊」之愛。牟先生既與唐師同道，亦與唐師同工；最知唐師之心，最知唐師之志。如其輓曰：

一生志願，純在儒宗，典雅弘通，波瀾壯濶，繼往開來，智慧容光昭寰宇，
全幅精神，注於新亞，仁至義盡，心力瘁傷，通體達用，性情事業留人間。

嚴耕望師之在新亞，乃與唐師手胼手，足胝足，工則同寮，戰則同壘；牟先生所輓者，乃嚴師親眼之所見，與親身之所體，故於深夜獲悉孫國棟、趙潛諸學長已護送唐師遺體進入港九世界殯儀館冷藏間時，乃疾馳急奔，請瞻致敬，一位最能銜哀忍痛之人，都不得不爲之掩面驅淚也。

所謂「全幅精神，注於新亞」者，如其指述唐師無休息之時間，何如指述唐師無自己之時間！各方之壓力與行政之重擔，已經足夠老人負荷矣；加以自創之課與特開之課，既無法推卸，只有盡其仂生之餘力而爲之聲嘶汗竭以挺下去與撐下去。任課固多矣，猶須主持週四晚間之「哲學座談會」、與參與週日晚間之「文化講座」。動過胸腔大手術後，體力減耗五分之四，呼吸緊迫，血壓緊縮，而唐師仍必堅持其自訂之守則：「只要活，就須作」。釋言之，只要一息尚存，決不推卻職責，決不放縱工作。心繫於道義與責任而為其所驅迫，既關不住，亦攔不住；無法直登五樓教室，乃採間歇式與旋廻式，卽每爬一層樓，則小坐數分鐘，小踱數十步。及至「間歇」與「旋廻」皆難繼續適用時，乃改在二樓圖書館授課。屈萬里師臨終前，猶召諸生在臺大醫院之病榻旁，臥而授之，不肯輕易缺課。重病近危之際，仍然「(唯)見其進也，未見其止也」。此種「薪盡火傳」之精神，二位大師無所軒輊。

人格每隨性格之美化而美化，學業每隨德業之昇華而昇華，唐師日積其月薪之所餘，每傍歲暮必以分贈於困難之親友及其後輩，尤其關注逝世同仁之眷屬，每逢年節必親攜禮物登門問候；明知大限將至與大去在卽，仍然以此為念與以此為囑；誠為感人魂魄與動人肺腑，實令刻骨鏤脾而沒齒難忘。新亞研究所為紀念其「存神過化」之績業，為緬懷其「音容宛在」之蹟象，特將其最後之授課為之錄音，並將其在最後之校慶中拍攝電影。其靈柩離港回國之前，曾繞新亞校園一周而行致最後之巡禮，同時亦饗受全體師生所舉行之最誠祭禮；此後每年春秋季節，新亞研究所全體師生必定期齊赴慈航淨苑，向唐故所長致祭敬禮。

(四) 憤在其中與樂在其中

唐師之對於古聖先賢，極能尋其「高」處以「仰之」，覓其「堅」處以「鑽之」。常將自己「深植其根於歷史文化之土壤，以吸收地下養料與泉水」；為最大之滋潤與享受。以讀書而修其靈，以讀書而進其德，則自然「樂在其中」，與「不改其樂」。以其致心而樂此，故對飲食衣著均不在意；甚至服上裝而不覺其美，食珍品而不知其味。今者吾爲求多知胡適之先生之瑣事，乃常向其當年之皖籍僕友「李伯」處訪之；前者吾爲願多聞唐師之細節，乃常向其當時之皖籍僕友「金媽」處詢之；有時由其摯友之傳述中，亦可獲得學人之珍聞，譬如藍文徵師曾謂蕭一山師於潛心清史之空乏時，竟誤墨汁爲醬油而蘸饅頭以果腹。唐師由校回家，既不坐客廳稍作喘息，亦不坐餐廳等候開飯，必然直奔書房；等之又等，請之又請，亦多半爲師母與金媽先用餐；唐師之飯，乃是涼了再熱，熱了再涼，催請就坐之後，乃亦匆匆夾幾筷，忽忽撥幾口，前後不過五分鐘，又扭身轉入書房，若非師母盯着將其拉住，則必忘喝爲其特煲之飯後一湯。觀乎此，則知孔子「發憤忘食，樂而忘憂」之自述，爲實而不虛也。

唐師之好學，固爲後天修養之工，亦爲先天秉賦之資，太師母賀其五十誕辰，爲文述其幼時「喜弄文墨，凡百好求；趨庭問字，意義必究」。可知唐師之學，乃是本於性情而歸於性情，發於性情而入於性情；雖然由本而歸但卻不爲性情所囿，雖然由發而入但卻不爲性情所滯；例如唐師曾引禪詩自況曰：「出原便遇打頭風，不與尋常逝水同，浩浩狂瀾翻到底，更無涓滴肯朝東」。以論修養，唐師既能「知命」，又能「安命」，一次唐多明兄陪其請盲師摸骨，論其必爲譽滿天下與書滿天下之學界高士，並論其母必賢德、妻必賢慧、女必賢孝，尤其摸出其「唐」字爲姓，實令唐師嘆服不已。以此唐師越發相信川中諺語：「命中只有八合米，行遍天涯不滿升」。然而川民甚願服膺諸葛亮誡子書之句：「非學無以廣才，非靜無以成學」。唐師極能以學養靜，以靜治學；惟其極靜與久靜之際，則為極勞心極耗神之時，師母每必奏古琴以沃其心，吟低音以緩其神。陳槃庵師每於晚飯後臥睡片刻，因之致力夜工時則精神倍增。唐師亦於晚飯後靜坐二十分鐘，使精神凝聚以繼續夜課，此刻師母之琴韻與低吟亦投入凝聚之中，能為唐師催眠，常使唐師安眠。唐師固多靈濤，固多思潮，而師母亦頗具有滋靈濤與泛思潮之功。印度甘地夫人語甘地曰：「君能服衆人之務，我能為君服務」。唐師著作之富，固為一人之力，亦非盡一人之力也。

唐師之為唐師，固以著作之豐富，然而無此豐富之著作，唐師亦仍為唐師，蓋其所有著作，皆為居客體以寫其主體，亦即以客觀之方法，寫其主觀之存在。其主體之存在者，為其品，為其思，其品其思不待著述而早已存在矣！唯藉著述令人尤願欽其品，尤易入其思。

唐師著作時，乃微斜頭頸盡量就目之偏向而貼近桌面之稿紙，蓋其大部著作，皆為一眼失明後所完成者。如此，自較常人吃力，自較常人減效；以道家遊戲人間之藝術觀點以視唐師之人生，必以其有憂無樂；以儒家服務人間之道德觀點以視唐師之人生，必以其有樂無憂。如莊子至樂篇曰：「人之生也，與憂俱生」。論語顏淵篇曰：「內省不疚，夫何憂何懼」。梁任公辭世之前，心痛淚湧，自愧無甚滿意之文章傳於後世而不忍就逝；圍慰之友好各為舉述某些學術價值極高之篇目，謂可足資來者，任公始領首閉目。唐師常自警惕，認爲世界上之最大悲劇，莫若「後之視今猶今之視昔」；故其既進入「分秒必爭」之世界，卽決心完成「分秒必爭」之人生。其以李冰治水之精神以治學，本於六字，曰：「深淘沙，寬作堰」。所以唐師著作中「對」切人生文化問題之解決，皆係於淘其沙礫以致深閎，寬其堤堰以納衆流」。其「生命存在與心靈境界」一書之所以有助其逝前之慰者，卽因其爲「積之於書，得之於心」之結晶，有「深」度，有「寬」度。自知藥石難以使其復起，乃倚於病榻加力校訂此著，親友婉勸節惜，唐師莞爾笑曰：「諸位不憶朱子臨終前仍爲修改其四書集註之文稿乎」？不爲人慰，反而慰人，其一笑一語，何等瀟脫！何等灑脫！

(五) 文化意識與民族意識

雖然唐師常穿西裝，但其的確代表着最有「中國性」之中國學者，其大學問與大生命之「根」，乃是植諸於對國家民族和歷史文化之深厚感情；簡言之，其著作之勤，由於愛國之殷，故其雖未出洋留學，三十歲左右卽成爲南京中央大學之名教授。其所以於「而立」之年卽成爲名教授，乃因其喜歡「在有中國人文風敎的社會中平淡的生活」；常提示學生「必須覺悟到中國文化必有極可寶貴者在」；其自己又極力研究中國典籍，「希望能夠注入儒家以新的生命」。恢復與發揚固有之智能與道德，乃國父講民族主義之主要內容，唐師之此一想法與作法，正是對此一內容之力行與實踐。

前幾年路遇某一拿着國家科學會補助之出國「觀光」者，聳肩裂嘴語我曰：「到外國走一趟，才知道中國眞正無書可讀」。面對此一身爲講師而其老母猶爲人洗衣過活之野人，當時眞想「享」他一頓教訓。自從「五四」高叫「新文化運動」以來，一般浮薄之徒，根本不認識深厚文化中之「國貨」，專找壞處，不找好處，誰能罵，誰能毀，誰就出頭，誰就成名；爭喊打倒孔先生孟先生，歡迎「德」先生（Democracy）「賽」先生（Science），結果是非混淆了，文化虛脫了，「馬」先生（馬克斯）「列」先生（列寧）竟乘「虛」而「混」入，以致演成三十年之大浩刼、大災禍。嗚乎！「幾十年來，中國學人太容易爲西方吸引了，忘了自己，流蕩在外」；此所以唐師指點「我們要回過頭來，貫注在中國學問中，將中國已斷了數十年的本部學術問題接繼起來」。誠如唐師呼曰：「當今世界之有四面八方狂風暴雨之衝擊，而將中國之人文風教破壞」；所以「其中心精神卽在講求中國文化生命與民族生命之接得上」。明乎此，則知 蔣公倡導「中華文化復興運動」之深義宏旨所在。

牟宗三先生曰：「中國人沒有理由非作西方式的哲學家不可，中國式的哲學家要必以文化意識宇宙爲背景」。當此「長期的挫折當中，中國人失去了獨立自主的精神，中國文化瀕臨全盤西化、俄化的狂潮之中」；牟先生此語尤見其重要性。如唐師曰：「一切隨人腳跟，學人言語，便不能自作主宰，以提起向上精神」。所以徐復親先生贊唐師「研究中國文化是爲了中國人，站在中國人的立場來研究」。其爲倡導國學，連帶倡導國樂，如曰：「人家不重視國樂，我們必須加倍重視；人家不提倡國樂，我們必須努力提倡」。蓋以唐師堅決認定：「中國文化能夠發揚，世界文化才有前途」。蔣公於「蘇俄在中國」中表明：中國問題能夠解決，世界問題自然解決。可見無論文化或政治，都要以中國爲主流、爲重心。

民國六十四年（一九七五）唐師在臺講學，親見國喪期間全民痛悼　蔣公之實況，認爲「這是股令人既敬也畏的民族向心力」；唐師深爲當時之實況所感動，堅信「這是國家復興的力量，也是中華民族凝聚的力量；這股力量可以建國復國，也可以延續歷史文化」。民族之「向心力」爲　國父所倡導者，而唐師更就「實況」將看不見之「向心力」說成看得見之「凝聚力」；堪稱對三民主義之一大發揮、一大宏揚。當年十一次在臺北實踐堂以「文運與國運」爲題，發表演講，唐師痛斥某些海外動搖分子曾以中華民國退出聯合國便站不住了，又以　蔣公逝世便站不住了；事實上我們站得更堅定、更穩固。因爲中華民國既爲代表政治之法統繼承者，又爲代表文化之道統繼承者，有此雙重生命所產生之雙股力量，便永遠站得住，永遠站得穩。有力之語氣激起了爆烈之掌聲，精神空前高昂，情緒空前熱烈。繼此而後之幾次公開演講，皆以復興國運以推動文運，復以推動文運以復興國運爲主旨；引起了青年學子與社會人士之愛護中華文化熱情，與擁護中華民國熱力。唐師曾舉述代表「國魂」與「浩氣」之文天祥、史可法等歷史人物，其「情」長在中華，其「力」長在中華。唐師雖非忠臣烈士，但其捍衞祖國文化，抵抗共產主義之精神與勇氣，則其「情」其「力」亦必長在中華。唐師逝世香港，歸葬臺灣，乃以臺灣爲「中國人祖宗之舊墟，民族文化之堡壘」；誠如程石泉先生曰：「君毅兄將以臺灣爲據點，喚回國魂，再造中華」。唐師此一忠心赤膽之產生與滋長，則爲基於「文化意識與民族意識」。

㈥ 光大人學與宏揚心學

中國之人學，卽爲心學、卽爲理學，故曰「此心同也，此理同也。」

唐師所極倡導極嚮往者，爲人文世界之全幅展現，「上通於天地，下徹於幽明」。此蓋鑑於中世西方人生之「對神外傾」以致產生近代西方人生之「對物外傾」，而造成其當前「物化人生」之病原病象；故以「建立文化生命，提高精神境界」，爲西方人生當務之急。其固承認科學有助於人類文明，但卻反對科學駕凌人文之上；如曰：「一切都成爲科學知識以後，我們的生命卽將完全抽空；在此，知識本身便有了一個危機」。在此只重知識，不重道德之時代，此語誠足發人深省。唐師亦認爲宗教有助於人生修養，尤甚企羡「天人合一」之境界，如曰：「中國文化非無宗教，而是宗教之融攝於人文」。蓋以「性善」說則導出「行易」之學，故國人則謂「人皆可爲堯舜」；而「性惡」說則導出「知難」之學，故西人則謂「願我天父保佑」。人文之爲學，爲易學易行、易說易做之學，倡之者不宜故講其玄，故弄其虛，誠如陸象山之所言：「人之爲學，不當艱難自己，艱難他人」。唐師深知中國讀書人向以「希聖希賢」爲至誠至上之志願，只要堅持「知及之，仁守之」之精神以趨之，則必可

「提攜人心，振發世道。」蓋以「人文精神之重建」，就是「道德自我之實踐」；人皆注重「重建」，人皆唯務「實踐」，則上才者自可「立功立德立言」，下才者自可「盡己盡人盡物」。「中國人文之學，卽是人人學聖人，聖人學人人。堯舜之所以爲堯舜者，卽將自己之心鑽入人人之心，復將人人之心進入自己之心；人人所以可爲堯舜者，卽將我心投入堯舜之心中，復將堯舜之心納入我之心中。如此，則全國一心是謂「忠」，全國同心是謂「恕」；蓋以心心相中、中其心者故爲「忠」，心心相如、如其心者故爲「恕」。儒家所以以「有朋自遠方來」爲樂者，蓋以「知心」而「可以開拓個人的生命」也；基於此義，唐師故持倡導「擴大的友道」，亦卽於「友天下之善士」之外，並應「尚友千古，下友百世」。如此，既可造成「超越個人之客觀社會」，又可「提高人心在宇宙中之地位」。

唐師所講之心，並非一般「虛象」，乃是直指「本心」，故曰：「人生之本在心」。曾藉朱子一詩以解心之本體曰：

此身有物宰其中，
虛澈靈臺萬境融；
斂自至微充至大，

寂然不動感而通。

可知心之屬性爲：能「中」、能「融」、能「大」、能「通」。發揮心之四大屬性，則既可縮短人與人之距離，尤可消除人與人之間隔。蓋以人人自啓其心而兼啓他人之心，人人自通其心而兼通他人之心，則自然「人心以存在是永存在，聖業而開新成大開新」。故唐師不願其哲學「爲山嶽、爲堡壘」，而願起「爲道路、爲河流」；如曰：「我們的生命既已建築在他人之存在上，則他人存在卽我之未嘗死亡」。所以善人雖死未死，惡人未亡已亡；不朽卽長生也，流芳卽萬壽也；必須全盡心之四大屬性，始克致此。王陽明臨終時謂曰：「此心光明，亦復何言」。此等心境，唐師有之。

(七) 文化同流與文化反哺

祖國大陸變色時，唐師卽語諸生曰：「中國文化決不能容受共產主義，我將以有生之年從事挽救中國文化的努力」。

當共黨於海外大肆喧嚷其「認同」、「回歸」之統戰慣技時，唐師曰：「要談回歸，須問中國在那裏？目前大陸政權絕不像是『中華』的，亦非『人民』的，更非『共和國』。……若說認同，便應首先認同於自己個人心中之中國民族生命與中國文化生命」。流着炎黃之血液，垂着馬列之唾液，唐師絕不承認其爲中國人，故曰：「大陸若要有前途，必須先揚棄馬列主義，亦卽中共不成中共，而反本還原爲中國人」。

故其曾爲倡導「回流反哺」運動作準備，如曰：「我們必須由海外喚醒大陸的改變，將中國文化倒流回去，如鳥之反哺其老母」。唐師認爲「人心底層，自有潛流」；只要由海外之文化「主流」，去結合大陸之文化「潛流」；則必可淸除「毛思想」毒素，摧毀「毛體制」暴政。可知新亞建校於香港之另一用心，則爲便於推動「文化回流與文化反哺」也。所以唐師於逝世前一日閱外電欣悉北平恢復孔子之地位與名譽。卽囑趙潛兄將其近作各檢兩套，分別寄贈北京大學圖書館與南京大學圖書館（案共匪改中央大學爲南京大學），並各附一函，說明懷念母校之意。程兆熊先生深知唐師此番心意，故其輓辭中有「君當重返」、「道必大行」之語。唐師在天有靈，若知共黨「外放」於海外之留學青年，目前正聯合自由地區反共學人通電籲求共黨放棄共產主義、回歸三民主義時，則必益增欣慰其先見之明，蓋唐師生前早曾以燈謎作比喩以勸請共黨棄邪歸正，謎面爲「此路不通」，謎底爲「其回也歟」！學者苦心，一至於此，誠如新亞哲學系輓辭中有如此之詞：「先生豈好辯哉」？「夫子不得已也」！

㈧　完成自我與超越自我

錢師之論人生，有消極人生（亦稱「藝術人生」），爲一任自然也；有積極人生（亦稱「道德人生」），爲一盡自我也。生之意義，爲涵養、爲修養；死之意義，爲完成、爲垂成。唐師之一生，固有其消極面，亦有其積極面，前者指其生活之發紓，後者指其生命之發揮。蓋唐師常在退中求進，在弱中求強。持躬自勵，常誦「朱顏今日雖欺我，白髮他年不讓君」。與人相勉，常書「努力崇明德，皓首以爲期」。其以爲既生成一個人，就要作成一個人，須時時防止「失落」，時時防止「孤獨」，故應好好把握其存在，其途有四：㈠、存在自然中；㈡、存在人心之中；㈢、存在自我之中；㈣、存在上帝之中。在消極方面應戒除私欲，其類有八：㈠、好逸；㈡、好貨；㈢好色；㈣、好勝；㈤好名；㈥、好權；㈦、好位；㈧、好生。在積極方面，應建造人格，其型十一：㈠、積善；㈡、學者；㈢、文藝；㈣、能臣；㈤、豪傑；㈥、俠義；㈦氣節；㈧、高僧；㈨、隱逸；㈩、獨行；⑪、聖賢。唐師雖然自謙其言爲「庸言」，其行爲「庸行」，然而由其篤實切挈之行事爲人視之，確可見出其高明廣大之意境心量，故其既能「敬人敬事」，又能「潤物澤物」。以視上述之人格，則知唐師一人而具有多型；以視上述之私欲，則知唐師終生而不具一類。此所以唐師走出了世界而其「實在」依然「存在」於世界，走出了人間而其「實在」依然「存在」於人間。誠如唐師所自勵勵人之言曰：「我有盡，而超越我者則無盡無窮」。其所以能夠「無盡無窮」者，正因其具備完美人格之多型而不具所有私欲之一類。蓋以唐師游心佛儒，深得沐化，儒家論人之九品（古今人表）正同於佛家之論人九品

（九品蓮臺），自幼印於心版，勤操「聞慧、思慧、修慧」之佛家三慧，力持「正直、剛克、柔克」之佛家三德，故能於中國傳統之「九行」中，塑造其理想之人格（九行：一仁、二行、三讓、四信、五固、六治、七義、八意、九勇）。

唐師「文化意識與道德理性」一書，其義正如其名，乃謂人類在動態中所表現之「文化意識」，一皆前奏於靜態之「道德理性」；而此道德理性，乃據於儒家與歸於儒家。其最後一部大著為「生命存在與心靈境界」（全二册，分四部三十二章，加「導論」及「後序」共一一九六頁），謂為其生命之結晶固可，謂為其心靈之精華亦可，因為在此書中不見其生命之進程，只見其結晶；不見其心靈之化序，只見其精華。參與結晶與精華之中者，固多中西思想與中西文化，而經過鑠冶之後之結晶與精華，仍然歸宗於儒家。而且籌思運靈之踪跡，則為依循佛家「三觀」（法界觀）「九識」（顯識論）之脈絡。

唐師之所以為「大」與所以為「新」者，卽在其肯定與發揮「立三極、開三界、成三祭」之大義與新義，「三極」者，為人極、太極、皇極；「三界」者，為人性世界、人格世界、人文世界；「三祭」者，為祭天地、祭祖先、祭聖賢。其所「立」、其所「開」、其所「祭」，皆不離人，皆不離性，蓋以「盡己則盡物，己外無物也；知性則知天，性外無天也」。如此則可天人相貫與天人相合矣。

民國六十七年（一九七八）三月十二日，國內五百多位學術文化界人士，在臺大法學院禮堂爲唐師舉行追悼會，當時之行政院長蔣經國先生親臨致敬，並頒贈「痛懷碩學」輓額；唐師固享多譽，尤蒙餘榮也。唐師之「學」，所以足稱爲「碩」者，蓋以唐師以生命爲「存在」，以心靈爲「實在」；且其既能較析存在而又總述存在，既能統論實在而又建造實在。其學如此，其人亦如此，進入生命而又超越生命，超越心靈而又進入心靈。一代哲人，慧識固可啓乾坤，悲懷又足彌宇宙。願觀音山下之朝陽陵墓，長享清風皓月，長發暮鼓晨鐘。

中華民國七十年一月十五日於臺北陽明山莊

（一九八一年三月，「書目季刊」第十四卷第四期）

註：本篇爲節錄。——編者

哲人風範永留人間

——敬悼君毅師

趙　潛

唐師最近曾兩次住醫院，一次是在耶誕前夕，因爲咳嗽關係，在院中住了十日，另一次是在元月中旬，由於氣喘，醫生認爲需要住院詳細檢查，也住了幾日，兩次住院，對唐師的病情都沒有一個比較滿意的解釋，而唐師的體重卻因此而減輕了八磅。出院後，唐師除了在神情上稍覺憔悴外，精神、言談，舉止大都與平常無異。

我因爲二月二日是研究所全體教職員及「新亞學報」、「中國學人」編者、作者新年團聚餐敍之期，同時也因爲有幾項重要文件必須請唐師過目，簽署，所以二月一日中午趨唐府，唐師適正在躺椅上休息，態度極爲安詳，我將來意報告以後；唐師招呼我坐在他的身旁，未等我開口首先交待我幾件事，返所以後即刻辦理：

(1)將研究所最近出版之書，(包括唐師之書在內)檢出兩套，分別寄臺北錢賓四師與美國余英時學長。

⑵唐師最近接一捷克哲學家來信，請求唐師贈近作，故囑我將最近幾年研究所出版有關哲學的書，每種寄一册並須掛號（來信再三叮囑）並且附上一函。

⑶報載大陸已經恢復孔夫子地位，這是一個值得高興鼓舞的消息，唐師囑我將其近作，檢出兩套，分別寄贈北京大學圖書館、南京大學圖書館，並且要我附上一封信，說明作者原是北大、南大（原中央大學）的學生，離校已經數十年了，並無寸進愧對母校，現特將近作數册贈母校圖書館，藉作紀念等語。

⑷明天研究所新年團聚，今年特別請了幾位先生的太太，同時又是酬謝「新亞學報」、「中國學人」的編者與作者，我們的菜式，應該要稍爲豐富一點，座位也要稍寬敞一些，不要太寒酸。說完之後我才將隨身帶來的文件逐一請唐師簽署，臨行時並問師母明日是否需要來接。師母說明天請端正兄與韜晦兄來接先生，囑我勿須來接，辭出時，約爲下午二時許，過海至李董事長辦公室，始知李先生赴美未返，乃將文件帶返所中，順道至樂宮樓擬訂明日菜式。歸途中不時還在惦念着，明日之會唐師之體力是否能應付支持，以何種方式談話較爲方便？旋又想到，照剛才所見唐師的精神來看，明天祇要不過份勞累，坐着隨便談談，想當不至有問題的。

深夜，電話鈴聲突然大作，夢中驚醒，心知有異，急起披衣接聽，是師母的聲音，謂先生不舒服，叫我立卽去浸會醫院。放下聽筒，卽刻下樓，乘的士過海，抵醫院時國鈞兄夫婦正在辦理入院手續，師母則隨救護人員招呼唐師赴七樓急症室，當即趕上七樓，會見師母，始知唐師因氣喘突然加劇，現正在室內急救，時凌晨五時卅分，醫生稍後亦到院中，余等奉陪師母佇立室外，師母神情木然，由護士進出病房的情形，知是情勢極爲嚴重，師母囑我速電知端正、國棟、若棠、耀東、韜晦諸兄及復觀、宗三兩師。諸學長及關先生先後抵達院中，醫生亦仍從室內出來，毫無表情，直趨師母處，告知詳情，並安慰師母，師母強忍內心之痛苦稍周旋後即奪門而入，急赴床前，抱住唐師遺體悲痛欲絕，泣不成聲。唐師則很安祥地躺在床上，好似平時在熟睡中一樣。我與國鈞兄則分別電知在美的安仁師妹及在臺的徐志強弟。七時許由國棟、若棠、韜晦、耀東、關先生及我將唐師之遺體護送至世界殯儀館，稍後歸田師與慶彬兄亦到，復觀師、宗三師亦由醫院趕來，師母則由端正兄嫂國鈞兄嫂陪同返家。我們在殯儀館稍爲安頓以後，即返唐府。吾人素知唐師之病情嚴重，但以近期之跡象來看總以爲唐師可以帶病延年，絕未想到病情急轉而至不可收拾，無法挽回，面對此突如其來的打擊，內心感到萬分的悲哀。

唐師是一位書生、學者，避秦南來，將近三十年，焚膏繼晷，櫛風沐雨，所爲者，發揚中華文化，重建人文精神，其品德高貴，學問淵博，而今溘然而逝，就我來說，我固然痛失一位良師，然而就研究所，就當今世界來說，又何嘗不是同我一樣，遭遇到一個永遠無法彌補的損失。

唐師的偉大人格，及其高貴的品德，我們常可從一些極平凡的事件中體念出來，窺見出來，以下數件小事，或不為人所知，謹錄出藉以敬悼吾師在天之靈。

⑴　唐師一生耿介、廉潔，生活淡薄、簡樸，除薪俸、稿酬、演講之車馬費及上課之鐘點費外，終其一生絕未接受任何金錢方面之饋贈。

⑵　唐師性情敦厚、溫和，從不疾言厲色；人或有一言可取，一行可法，雖其人不足道，或衆人皆不與者，唐師仍然到處為之揄揚、獎掖。

⑶　唐師度量寬宏，亦非常人可及，猶憶數年前，有某人焉，因一小事，寫了一封措辭極不恭之信給唐師，申言從此以後與新亞研究所並唐師斷絕往來。而某人者，並非新亞之學生，唐師念其為故人之子，特別加以獎掖、提攜，因此乃在中文大學中飛黃騰達，意氣風發，此盡人皆知實受唐師所賜也。唐師讀了某人的來信之後，一笑置之，僅輕描淡寫說了一句：「他應該也要與新亞書院絕交才對。」又另有一位所謂「學人」焉，居留美國，據說此人對中國哲學所知有限，但又要賴在美國的所謂哲學界中混飯吃，又據說此君平時專靠翻譯別人的著作，尤其常常竊取唐師在有關中國哲學著作中的一些論點據為己有以濛混外行人，欺騙外國人，此事在美國的圈內人，大都知道，有一個時期此公在美國居然大肆攻擊，詆毁唐師，事後有人將此事告訴唐師，唐師聽了之後只說了一句：「他既然罵我這麼厲害，又要用我的東西，他將如何向中外人士交待呢？」不加責備反而擔心他今後如何自處，唐師這種風度也是常人不可及的。

(4)　唐師負責、任勞、煩怨不避的精神也是令人佩服的，「義所當爲，毅然爲之」，絕不猶豫，而且鍥而不舍。無論何時、何地，只要是涉及中國文化之發揚以及有關新亞教育理想等等，有時雖明知不可爲，然總是奮全力以赴不畏縮，亦不妥協。自唐師獲悉身患惡疾之後，態度仍如平常一樣，並無恐懼之感，日用行事之間，始終從容不迫，辦公、上課亦如常進行。唐師任所長外，尚擔任兩門課，一是中國哲學問題研究，一是中國經子導讀，每周上課二次，每次兩小時，因此每周至少要來所三次至四次，有時夜間亦來所（所內夜間有課）。研究所設在五樓，無電梯設備，唐師每次來所均由師母陪同沿梯而上，數月以前尚可一口氣直上五樓，以後只能逐樓小息後再繼續上，近月來，唐師因爲氣喘的關係，每次上五樓都是用迂迴方式，卽先上第一樓再沿走廊橫走數十步，再上另一層樓，據說這樣可以省卻一點氣力。唐師每次上課，常常連續兩小時不停，中途亦不休息，然雖下課鐘響了，他仍然滔滔不絕講個不停，落堂後，唐師的襯衫、汗衫全完爲汗水濕透。凡有問難、質疑，不管是所內同學或所外人士，唐師都是循循善誘，反覆解說，詳加印證，務必使其領悟而後止。研究生的作業、論文、報告，唐師必親加批改，一而再，再而三，有改至五六次者，不憚其煩，亦從來不表示厭倦，或有怨言。

(5)　唐師無宗教信仰，但他拜天地、聖賢、父母。他對長一輩的學人，極爲尊敬，居常推尊熊十力、馬一浮、歐陽竟无、梁漱溟諸先生的道德文章，凡有人自大陸來，必殷殷詢問有關諸先生的近況。新亞書院圖書館，命名爲「錢穆圖書館」，唐師先不知，事後獲悉，卽以電話告知當時任校長的全漢昇師。謂用錢先生之名，不用他的號，這對錢先生來說是不恭敬的，希望他能將之改過來，如是者再。雖然此事無結果，唐師對於長一輩學人的這份敬意，也是令人崇敬的。唐師對新亞去世同仁的家屬，非常關注，每逢年節，必親自攜帶禮物登門問候，所中先生或同學無家在香港者，每逢年節，必邀請至其家中歡聚。唐師那份坦率而毫無掩飾的情意，處處都可以流露，處處都可以看到，確是難能而可貴的。唐師治學，態度認眞、謹嚴、方面亦廣，世僅知唐師爲一哲學家精於哲學，鮮有人知其對文學、史學有精湛的造詣者。唐師能寫詩，亦擅唱詩、詞。對中國音樂，尤愛欣賞，故師母每次奏古琴，唐師每次均浸淫其中，悠然神往，常不自覺。

唐師是一位仁者，也是一位智者，是一位學人，也是一個書生，一生經歷變亂，又遭逢中華文化存亡絕續之關頭，栖栖皇皇，其勞苦、憂傷每倍於常人。哲人不死，精神長存，所幸吾師之學已有傳人，吾師之志亦有繼之者，吾人今後當節哀順變，奮發圖強，繼成吾師之遺志繼續努力，使中華文化發揚光大於世界，人文精神宏揚全國。那時吾人當再歸葬吾師於峨嵋金頂之上，以慰吾師在天之靈。

（一九七八年二月二十日，華僑日報「人文雙週刊」第一六七期）

我之受益於唐君毅先生者

曾昭旭

算起來，我一共才見過唐先生六次（一次在課堂上，一次在演講會，兩次在寓所，一次在榮總，最後一次在劍潭青年活動中心），交談並不多，通信更僅有一往還。但唐先生於我，卻實有關鍵性的震撼與深沈的影響，而我對唐先生，也自覺在精神上有深深的相契。因之，唐先生的謝世，實令我哀感無已，悲鬱之情，久久不去。

追憶起來，我之初接唐先生的法言，是在民國五十六年的九月十日。當時我大學畢業兩年，正秉持着一份青年的淑世熱情與朦朧的文化理想，嘗試著要在這黑暗的世界上盡力發放一些眞理之光，去照亮、去影響、去救助我身旁蒙昧的世人；卻完全不知自己心中潛伏著偏執傲慢之根，妄以爲自己所見的就是唯一的眞理，妄以爲自己就是眞理的使者，而有資格去渡化衆生。我當時眞是愚妄啊！以是，我在傳佈所謂眞理之前，已先侮蔑了人們的尊嚴，傷害了普徧的人性，也就是說，已先否定了我所要傳佈的眞理。因之在那段日子裏，我滿腔熱誠，卻到處碰壁，一方面無法懷疑自己確曾悟見的那重理想世界，一方面卻又無法透入這重充滿障蔽的現實世界。對世人，基於理想，我愛他們，但基於實，我卻無能愛到他們，甚且不免厭恨他們。我被自己撕裂了，靈魂游離在天人間，孤苦無極，傷痛無極，憤怨無極，悲鬱無極。就在這時，我讀了唐先生的「人生之體驗續編」。

五十六年九月十日那天下午，我無目的地在街頭躑躅，偶然走進三民書局，偶然翻開這本薄薄的書，爲著他親切的書名與閃現在目錄間的凝重氛圍，我被吸引著開始去讀唐先生的長序，而立刻我就被那些深深撫慰著我的創痛的字句所撼動，唐先生說此書較諸前編，是「更能正視人生之反面之艱難罪惡悲劇等方面，而凡所爲言，皆意在轉化此諸爲人生之上達之阻礙之反面事物，以歸于人生之正道。」因之「此書與人之青年之心境，多不相應，而唯與歷人生之憂患，而不失其向上之志者相應。」是的，我此刻正是深陷在此艱難罪惡悲劇的存在感受之中，而不願失其向上之志；我正是在理想的憂苦徬徨之中極需要有人以道相慰。我立刻領受到唐先生偉大的同情、博厚、切摯的道德情懷而感動了，長久以來的悲鬱如洪流宣洩。我的手顫抖著，雙淚長流。將書買回家，我虔誠鄭重，一字一字地讀，而唐先生則一字一字地敲擊我的迷妄，舒解我的鬱結。我直不是在讀書，而是在洗鍊。一篇讀完，我都不敢接讀下篇，而只是流著淚，一遍一遍，反反覆覆地咀嚼。數日之後，情緒稍寧定，才敢開始另讀一篇。唐先生歷時七年，鑄成此七篇，我亦歷一閱月的艱難，奮全生命的氣力，拜領一過。讀畢，如蛻一層皮。其後一年，我都籠罩在此書的氛圍之下，學習著以唐先生般的悲憫之情，去品嚐人間的況味，經歷地獄的曲折；離合悲歡，哀愁魔怨，一一同情，一一化解。我才知道有洗淨我慢以普遍尊重衆生，卻又絲毫不失儒者的自尊自強以爲世人立法的境界，我才知道極謙卑之卽是極磅礴，而極高明之所以道中庸。這眞是我在成人的路上的一大關鍵。如果我此後眞能因了同情濁世之永不泯滅，而更增加對眞理的信心；如果我此後眞能不憂急、不激切而恒久地盡其本份。以實爲眞理獻其棉薄；如果我此後眞能以謙虛誠敬之情去了解衆生，敎勉世人，而少造成一分罪孽；則其中都必有唐先生的一份恩德在。對唐先生的提撕感召。我眞是心香一瓣，永恒膜拜。

其後，我陸續購唐先生的著作，特別感懷唐先生博厚弘毅的文化意識與包容綜攝的圓融精神。唐先生的著作，大抵篇幅繁重，所討論的對象遍及一切層面，一切存在，而著語則動輒是上下五千年，牽連通貫，一體並論。唐先生固然是秉其強勁的道德生命與文化意識，才能成此鉅製；而讀者若不能也提撕其強勁的生命以與唐先生的道德生命相會，則讀之恐也輒難終篇。我初讀唐先生這類鉅著，總是一方面感到很興奮，一方面又感到很累。久之，才漸漸能從繁褥之中，見到有一個虛靈懇摯的精神在其中流動。有時渾不知他所說的，而但隨其思路，單見此精神的躍動了。我由此悟到博厚之中必須有一高明的精神或心靈爲之主。我也由此悟到何以沈雄篤實，極重歷史文化的唐先生，竟以黑格爾的生命精神與華嚴宗的心靈境界爲重要的根柢。我由是隱約的漸知朱陸異同的當何所歸趨，而體識到王船山的宏偉。

原來唐先生的生命情調與學問規模，是頗與王船山相類的（唐先生只是少卻船山的一分驃悍，所以一味講圓融而不尙破斥），他們都同樣有一份極切摯的道德文化意識，且以此意識貫注於他們的一切著作之中，以表顯出一切文化形式——諸如文學、藝術、宗教、政治、歷史、知識——的道德價值。他們都同樣將理想與價値的最後歸趨落實於人文化成。他們的生命力都同樣是如此沉雄堅卓，能遍注於一切層面、一切存在。他們的文字，同樣是如此牽連繳繞，照顧多方。他們的學問，同樣是圓融綜攝，滙成龐大的系統。乃至他們的一生實踐，也同樣是勤勤懇懇，盡其在我，一刻不懈，至死方休。總而言之，他們都以其一生，表顯了最典型的儒者格範。我是從唐先先的示現，得到了了解船山學問與景仰儒者人格的契機，也貞定了我此生願學孔子的微志。後來；我的博士論文即以疏解船山學爲題，而最重要的引導，卽在唐先生論船山的十餘萬言，而尤在唐先生的精神感染。書成之後，我寄奉一部給唐先生，以示感激崇敬之意，並且表示我雖不曾上過唐先生的課，而實爲其私淑弟子。不久，唐先生回信，極稱道我的論文（到這時候我才知道前此我零星呈奉的論文單章，唐先生以重病之身，都曾一一細閱），乃至謙稱其所著亦不如，並謙辭私淑之名，只說是學術思路，原有後先遭遞之跡。這是我與唐先生往還的唯一信件，一月之後，唐先生就與世長辭了。廻視手澤，情辭敦厚，令人感懷無極。

當然，作爲一個儒者，並不就是聖人或完人，「聖」只是儒者心目中永恒的標準與理想，儒者乃是自知其限，然後力求在他的存在限制之上去成全其份位的（這就是孔子所謂「從心所欲不逾矩」），因此在即有限即無限之間，其分寸不能恰好之處，便不能免地會有過。而且不同的氣質限制，便也相應地會有不同的過。唐先生以其善同情，好圓融的質性，自也有他易陷的過失。唐先生自己在致友人書中便說過：「弟之氣質說得好，本近狷與中行。說得不好，即鄉愿成分比較多，一切人皆若可相處。」某次，在牟宗三先生寓所聽牟先偶談及唐先生的短處，嘗說唐先生因待人感情厚，因此用人處事偶會牽於情分而有虧於他原先自言的原則。又說唐先生以好圓融之故，於明屬非是的事，亦總能找出合理的理由，曲為之諱。我默聽此語，即為之悚然以驚，因為我的氣質便是如此的，歷來因不忍於情而導致的輕諾之過，與因好說理而導致的文飾之過，已不知幾許。以唐先生之賢，猶未能盡免，則末學如我，豈能不益加惕厲。後來唐先生因肺疾入榮民總醫院療治，我與鵝湖諸友去探望，唐先生病榻上興奮暢談之餘，偶談今人為學，總是先已在思想上耗費了半生精力，因說先儒踐履之不可及，而後鄭重懇摯地說：「說到工夫，我是不及格的。」我聽了又是悚然一驚。因為唐先生踐履之篤實精切，在今世已是鳳毛麟角了。牟宗三先生嘗讚之云：「關于道德宗教之體驗，並世唯唐君毅先生為精湛。」（見生命的學問書中，人文主義與宗教一文）然而唐先生之自反則如是，是可見道德實踐的路上之艱難，而人之寡過之不易（孔子問遽伯玉於其使者，使者答云：「夫子欲寡其過而未能也。」孔子為之讚嘆云：「使乎！使乎！」）亦因之人更當永恒地虛懷自反。這是唐先生以其惻怛之誠，所予我的又一次警策。這一段故事，我在堂上曾屢次為學生們講述，而於我己身，則當長記不忘。用期踵武前賢，毋愧初衷。

以上，便是我以一己的生命之誠，在默默中與唐先生的精神相感之大略。這一切，唐先生生前或不之知，然在超乎有限的形而上處，唐先生或以爲慰。唐先先嘗有言曰：「在遙遠的地方，一切虔誠終將相遇。」是的，人世的缺憾，人間的障隔，一切紛紜錯雜，一切愁怨悲苦，是終會在人最光明肫懇的道德情懷中消化淨盡，而人們亦終當直以此光明的情懷相照相溫，相通相忘的。然則唐先生雖不之知，而唐先生實已知之了。我終於在唐先生捐棄了他的有限肉身之後，深深地相信唐先生之不朽，道德精神之不朽，人與一切實爲一體之不朽。

（一九七八年三月，「鵝湖」第三卷第九期）

從「花果飄零」到「靈根自植」

——敬悼唐君毅先生

王邦雄

唐君毅先生病逝香港，國內僅由中央社向各報發布了寥寥數字的簡短新聞，此後即聲息俱杳，未見有任何記者專訪的特稿登出，或文教新聞的追踪報導。似乎一代宗師的遽爾辭世，僅屬人間世的偶發事件，並沒有激起國人的注目哀思與學術界應有的追念懷想。

個人非屬唐門弟子。第一次與唐先生見面，是六四年五月間的事。那個時候，唐先生應教育部敦聘回國講學。筆者陪同先師謝幼偉先生，往訪其銅山街寓所。時先生正爲一台大歷史系學生，細論彼之一篇論文的觀點問題。儘管我們是事先約定而來，唐先生仍爲登門求教者盡心講解，俟其惑解疑釋告辭而去之後，始過來晤談寒暄。兩位先生原屬新亞舊交，互問健康及港台哲學系近況，再關心我畢業論文的寫作過程。六月下旬，唐先生爲校方聘請，主持筆者的校內論文口試，對拙作視墨家哲學爲功利實效主義的論斷，加以批評，以爲此說缺乏同情的了解而有失公允。時筆者力加辯解，心中亦不甚服氣。依個人之見，墨家哲學之天，是爲宗教之天，人格之天，有意志而主賞罰，由是而言天志；

惟天人不相接，天之美善無以內在於人的心性之中，天志轉成超絕外在的權威，是以，人的生命理想，內在開不出而上揚無路，其價值觀僅落在「義，利也」之現實功利的衡量，其政治思想亦墜入「壹同天下之義」的獨斷之路。後來細看唐先生的中國哲學原論原性篇與原道篇，始知先生不作如是觀，以爲墨家哲學，非走儒學以仁說義之舊路，不從人心的不安之仁，直接肯定道德人格本身之價值；而以義說仁，力矯儒者可能不求事功之弊，以爲兼愛之仁必客觀化外在於事功之中，爲人所共見。此愛人之事，利人之功之道德事業的實踐完成，就是義。故其兼相愛交相利之論，不依人主體之仁性說，而僅由：求人之愛我，我當先愛人；我既先利人，亦責天下人亦當利我。此責天下人以愛利相施報之說，卽是墨家哲學所開出之普遍客觀的義道。個人以爲，唐先生之說，乃本於儒所開出的人文精神，給與墨家以相應的地位。故就此一端而言學：唐先生雖屬儒學大師，也可以說是墨家哲學的千古知音。

六四年七月，鵝湖月刊宣告成立，個人亦列身其中。唐先生爲最關切「鵝湖」生命的前輩學者之一，而同仁們又大多私淑唐先生的道德文章，對弘揚中國哲學，重振傳統文化的使命擔當，多有承自先生之啓發者，故在文化理想與唐先生有著血脈相通的親切關連。是年十一月廿一日，鵝湖月刊社舉辦第一度學術演講會，就請唐先生主講，講題是：「中華文化復興之德性基礎」。這可以說是鵝湖月刊公開露臉，爲社會人士所知的開始。

六五年六月底，先生返港過節前夕，筆者約同曾昭旭、袁保新二君到先生寓所求教，先生除對「鵝湖」多所勉勵期許外，並自行囊中抽出一疊長稿，此爲先生於五六年二、三月間因眼疾旅日療養時隨筆而寫，在文成十年之後始標題爲「病裏乾坤」，交給「鵝湖」發表（登於鵝湖十一期至十七期），足見先生著述之愼重用心。先生在此文中對生命存在的限制與苦痛有其深切的反省，以爲人可由對痛苦之意義的自覺，與人我之間的同情共感，在忍受自身之痛苦而外，並發生承擔他人之苦痛的大悲心，由是而成就其聖賢豪傑的道德人格，並開拓出生命價值的莊嚴世界。

二月下旬，吳經熊老師一聞先生在台講學，卽在筆者與吳怡先生的引介下，專程拜訪唐先生，敦請爲華岡學園哲學研究所博士班開課。先生慨允之餘，並以其巨著多册贈與吳老師。其後，當學校按月派專人致送華岡教授之兼任鐘點費(每週兩小時，每月五千元)時，卻爲先生所拒。吳老師不明先生何以不收此一尊師重道的束脩心意，深覺不安，故筆者受命奔波其間，惟先生仍堅持不受。先生以爲旣有教育部之客座專任薪水，卽不該另受津貼，並聲言自身創辦新亞，知私人興學之艱辛，誠願義務授課以支持曉峯先生。後經由副院長潘維和先生出面，先生仍婉拒依舊。記得，當時筆者有言：「唐老師，您不肯收下，吳老師總覺於心難安！」先生回答說：「問題是我收下了，我也會不安！」我當下陷入困局，眞眞是左右爲難。後來幾經折中，始由唐先生決定將此數萬元之鐘點費先行簽收，並立卽全數損出，作爲華岡哲學系所之奬學金，至今不少華岡學子猶身受其惠。此雖小節，正見兩位學者大師之一絲不苟的心懷，並無意間爲儒學「仁義禮」做一最好的注腳體證。仁之發心，在求心安，惟人之自求心安，可能不自覺的會迫他人於不安之境，故仁心發顯，必得衡諸客觀情境，在人我之間，求其各得所安之道，這一雙方皆安的道德判斷就是義，而兩心交感的通路就是禮。

六五年九月，先生在港身感不適，檢驗結果斷爲肺癌，即飛回國內住入榮總開刀。消息傳出，學術圈驚恐轉告。方東美老師在輔仁交通車上提及此事，個人表示「鵝湖」同仁要去看唐先生。方老師勸阻說：「我生過病，深知病人的心情，你們現在去看他不對時候！」我說：「假若我們不去看他，不顯得臺灣的學生不懂事麼？」方老師說：「你們別擔心，他若怪下來，由我負責就是了！」結果我們這一羣仍遏制不了探望唐先生的念頭，在十月一日那一天，還是不懂事的去了。唐先生看我們，有意外的欣慰笑容，並斜靠病床上與我們暢敍起來。談新亞，論國事，說人生，話鋒一轉，談到他自己的一生，最後感慨萬端的說：「在做一個聖賢的事業上，依我這幾個星期以來的反省，我給自己打不及格。」我們素知先生年十四、五，即懷希聖希賢之志，故這句話由他的口中說出，顯得何等莊嚴，一時之間我們竟無言以對。由是自己才了悟，做爲一個儒者，成就光輝的道德生命，是何其不易。不知不覺間已過了兩個鐘頭，先生意猶未盡，是我們幾度堅辭，先生始起身送客，在電梯口看先生轉身而去步履維艱的身影，不覺淚水盈眶。他的身上所擔負的家國苦難與文化使命實在太多太重了。在樓下，我們偷偷問師母：「老師的病情，到底如何？」師母說：「醫生說割除相當順利，情況很好。」

我們這才安心的踏上歸途。記得當時，我向唐先生提及吳經熊老師想來看先生的事，唐先生急著說：「怎麼可以驚動吳先生，他是前輩！」後來吳老師還是去了，唐先生爲此一直耿耿於懷，並以病痛纏身，未能上山回拜爲憾！

此後不久，承新亞出身的雷家驥先生轉告，說是由榮總主治醫師口中得知，先生的肺癌早已蔓延開來，根本就沒有割除，只是縫了回去而已！我們才知醫生善意的向病人家屬掩飾了病情眞相，內心感受到強度的衝突。我想，先生有權利知道自已的病情，他可以好好把握有生的歲月，把他的著作，還有新亞，作一妥善心安的安排。不過我又擔心先生一時承受不了如此巨大的衝擊，反而加重他的病情。後來又想，至少師母應該知道，又怕他們伉儷情深，師母一有異樣，必爲先生所知，幾經掙扎之後，我還是什麼也沒說。此後只知先生改服屛東鄉下一位中醫的草藥，病勢竟神奇的穩住了下來，並暫在劍潭青年活動中心的招待所休養。

六六年四月十日，先生打電話約請「鵝湖」的幾個後生晚輩，與幾位臺大研究所的學生，至青年活動中心聚會話舊，並介紹其由香港遠來探病的門弟子唐端正先生與大家見面。這天，唐先生在師道之尊而外，又表露了長者父執的慈藹之情，在屋旁的庭園草地上，對每一個人殷殷垂詢學問上的進境，大伙兒圍著老師拍下了不少的照片。中午，並在餐廳準備了一桌飯菜，邀大家入席。我只覺心頭沉重，就與吳怡先生向老師告辭先走了，記得先生說：「過去，每日清晨我總是靈思泉湧，思想靈活；現在就自覺大不如前了，常是渾渾沌沌，心思不清明！」我想老師口中不說，心裏總是明白，看他這一天的安排，可能就是在臺講學一年與學生後輩作最後的話別吧！他也提及自身改服中藥，明顯的感覺身體的情況好多了，我說方老師患有同樣的病痛，是不是也介紹這位中醫看看他，先生說：「我前些日子也去看了方先生，他正針灸燒癌，我已勸他不妨試試！」據聞日後方老師也服了這位中醫的草藥，卻未見有效，大概是病情與體質有異之故吧！

唐先生不久回港，所有的朋友都勸他放下新亞的瑣務。未料，先生性情中人，責任心重，仍以病弱氣衰之身，爲新亞的獨立權據理抗爭，且每週仍舊爬上五樓上課，就這樣的心力交瘁，病情轉劇，二月二日凌晨以氣喘不適急送浸會醫院，不久卒告不治。一代大師就此撒手人間，享年七十。計自六五年九月病發，至逝世之日止，先生與病痛苦撐了十七個月之久，據師母云：他承受了非他人所能想像的痛苦。

先生著述之豐，在當代學人當中，可謂無出其右者，在人生苦痛的負面反省與生命價値的正面開拓上，有「人生的體驗」、「人生的體驗續篇」、與「病裏乾坤」；在文化理想與人文精神的重建上，有「道德自我之建立」、「中國文化之精神價值」、「人文精神之重建」（上下册），「文化意識與道德理性」（上下册），「中國人文精神之發展」，「中華人文與當今世界」（上下册）；在這一系列的著述中，可見先生一生思想的用心之處。在中國哲學的疏導闡釋上，有「中國哲學原論」之導論篇一，原性篇一，原道篇三，原教篇一等六巨册，此先生隱寓中庸「天命之謂性，率性之謂道，修道之謂教」之意；在中、西、印三系哲學的貫通統合上，有「哲學概論」二巨册，此在東西方哲學家的著述中，尙屬首見；而代表其一生哲學思想之體系的完成者，乃其病中自校，去年年底甫告出版的「生命存在與心靈境界」二巨册。在這一最後的定論中，先生透過生命內在的性情發心，去次第展現超越的價值理境，而其歸極就在立人極成教化的儒教。此正是先生一生文化理想與人文精神的生命所在。

這一系統的建立，這一間架的撑開，可以說是先生志在綜攝中西印三系哲學，使古往今來每一家每一系的思想都能各有其位之大心願的完成。這當然是絕大的成就，先生之成其爲哲學家者就在此。惟先生自謂：「吾不欲吾之哲學成堡壘之建築，而唯願其爲一橋樑；吾復不欲吾之哲學如山嶽，而唯願其爲一道路，爲河流。」先生亟願由此一橋樑道路的溝通，使哲學僅成一歷程，以導向其文化理想與人文精神的實現。

先生以爲當前人類的大病痛，來自東西兩方哲學精神的衰頹與文化理想的失落。淸儒考據訓詁，只重文獻的整理，文物的保存，而不重歷史傳統之人文理想的實現，只活動於書齋，而不活動於社會，此乃學術的自我封閉，形成道德生命的萎縮。就因爲哲學只在文字，故野心家一把火就可以把它燒得乾乾淨淨。西方當代人邏輯實證論與語言分析，僅爲思想之工具而非哲學的生命所在。就因爲哲學自失其感動人心提升生命的精神力量，是以獨裁者可以縱橫無阻，取而代之。哲學旣可爲陰謀家所利用，凡是好的東西，有價值的存在，都爲彼等扭曲說盡，以致今日的人們，對神聖的事物皆持懷疑冷漠，甚或充滿了畏怖之情，才形成當今所謂之神魔混雜的時代。

先生以爲中國學術文化的重心，在歷代政局的演變中，漸由北往南移，由黃河流域，而長江流域，而珠江流域，今則轉向海外的臺港兩地；惟先生又以爲臺灣曾受日本的統治，而香港一直是英國的殖民地，故臺灣的青年有責任心，但顯得軟弱，香港的青年比較堅強，卻沒有歸屬感：皆難以基於歷史文化的自覺，對大陸本土挑起回流反哺的重擔。

事實上，經由唐先生幾十年來在新亞的奮鬪，盡其一生在歷史傳統的文化園地裏辛勤耕耘，已使臺港兩地的青年，興發了歷史文化的自覺。最明顯的事實是，昔日唐先生的巨著，對青年朋友來說，有如天書艱深難讀，今日則各大學文史哲科系的學生，讀遍唐先生一系列之著述者，已大有人在。據近日通過博士學位的韓國留華學生鄭仁在先生告知，韓國留華學生在臺攻讀博士學位者，幾年來就一直組織讀書會，每週讀唐先生的書，先譯成韓文，再討論深究。足見先生一生所傳播的文化理想與道德生命的種籽，已然「靈根自植」，而不再「花果飄零」了。且必將散播海外，引起東西哲學界的注意了。由是言之，臺灣的青年學子並不一定軟弱，而香港的知識青年也漸有其歸屬感，鵝湖月刊不就是臺港兩地的青年學者結合而有的產物麼？

吾人深覺，中國近代史的悲劇纏結，就是自家的問題老是引進西學外力，而未能就本土歷史文化傳統的大生命大根源中，去做一番徹底的反省與重整，唐先生的志業就在此，吾人所當承繼其後者，亦在此。

先生病逝香港，而遺體卽將運回國內，安葬於觀音山。一代哲人大師長眠於此，也算是山川有幸了。個人近日重新翻閱先生一部又一部的經典著作，腦中浮現的是先生舊時侃侃而談的情景，只覺心中充滿了感動，生命當下就顯得充實了起來。不禁心想：這該是中華文化由流落海外的隨風吹散，「花果飄零」，轉回在自家本土「靈根自植」的時候了！

（一九七八年三月，「鵝湖」第三卷第九期）

初次見唐君毅先生記

張尚德

大約是民國四十七年盛夏的一個下午，殷海光師要我去他府上茶敍。殷師的生活習慣有點美國式，未事先約好，不接客人，一約好了就招待甚殷。我準時到達，殷師很高興的倒好香濃的咖啡，再去餐廳取西點，並說：「今天沒有別的約，我們可以好好的喝杯咖啡！」就在這個時候，門鈴響了，殷師走至大門口問：「誰？」不一會兒，門開了，只聽教授說：「難得，難得，請進，請進！」從其歡迎的語氣，我知道，來人定是「特殊」的不速客，因爲殷師的性格是，歡迎就歡迎，不歡迎就不歡迎，他討厭應付。

來人身着白府綢長衫，手握白羽扇，飄逸、高雅的風格，自在的神韻，頓時整個的吸引住我，他那零亂但令人看來並無不雅感覺的頭髮，更顯出與衆不同的氣質。

進到客廳，殷師介紹說：「這位是唐君毅先生。」然後說：「張尚德同學。」

三人坐定，唐先生和殷師便開始談話。

民國四十七年時殷教授的思想仍偏重西方經驗哲學及邏輯經驗論，而唐教授的思想則已經定型，偏重儒家哲學。當時我直覺的疑問，這兩位在思想方向上截然不同的教授，如何能談得攏?!

在大約兩個小時的談話中，大部份是由唐教授發言。通常，殷教授和人談話總是喜歡低着頭，說話時顯其犀利的邏輯思考，而且神情都是嚴肅的。這一天，他卻很少低頭，更奇怪，如沐春風般的，在唐先生說完一段話後殷師不但不曾加以反駁，卻總是哈哈的笑。就這樣，殷師在哈哈的笑聲中，恭送唐教授到門口。

送走了唐教授後，殷師向我說：

「唐先生是一位眞正的儒者，他有作爲一位學者所表現的忠誠，作爲一位儒者所應有的風格，這是我們每個人，特別是研究哲學的人應該學的。」

那天唐教授與殷師的談話內容，我已記不清楚了。只記得，唐教授說話的態度給人一種親切、熱誠、和悅與踏實的感覺，整個表情透出對殷師的關懷意，……一個眞心關懷你的人，卽使你的思想與他不同，你也會因他的關懷而感動的，這就難怪當唐君毅和殷海光兩位教授在一起談話時，殷師回敬的不再是反駁而是發自內心的哈哈笑聲了。

（一九七八年四月，「哲學與文化」第五卷第四期）

安息吧！君毅師

——文化意識宇宙巨人生命格範拾零

譚汝謙

二月二日清晨，大霧，如常在校園跑步，心情開朗。前一夜爲唐師君毅祝壽的文章算是開了端，有了眉目；一想到當晚可以在樂宮樓見到他老人家，和他一起吃團年飯，腳步更加輕快起來。

近年來，我不敢輕易去拜候他老人家，因爲不忍增添他的辛勞。每次拜會時，老師總是不顧自己的健康，殷殷垂詢學校現況，學生動態，校內學術風氣等等。話盒子一開便不能停止，時而歡笑，時而氣憤，甚至衝動得坐立不安，滔滔不絕訓示開拓新風氣的門徑。好幾次是咳嗽停止他的說話，師母和我們都無能爲力。爲免老師辛苦，有事請益時，我改用書信方式，盡量減少登門拜謁次數。老師愛護新亞和中大的情懷，在我看來，只有與時俱增，誠如牟師宗三所說，君毅師「弘揚此文化意識之內蘊，是以其全副生命之眞性情頂上去」，永不會休止的。二月二日晚的團年飯，人多眼雜，大概不會談學校的事，不會動氣，該是何等快樂的事。我一面跑步，一面期望晚上的來臨。

九時，返學校之後，馬上獲知老師仙遊的噩耗。誠明館外的寧謐消失，朝陽下盪漾的吐霧港一片白茫茫。

我未進新亞之前便開始閱讀老師的著作。在瑪利諾神父學校唸高中時，業師羅時憲教授不時薦介君毅師的作品，還敦促我們訂閱「人生」雜誌。

一九六〇年入新亞英文系之後，我修讀不少老師的課，而且常逃其他的課去旁聽他的課。當英文系主任張葆恒先生知道這秘密後，不時在公開場合取笑我，說我是英文系的叛徒，滿身「唐牟道學」氣味，不配做英文系的學生。

君毅師知道我對哲學和東西文化問題有濃厚興趣，常常在我的作業評示讀書方法，有時開列書單夾在作業內，教我按單自修。一九六二年春季，老師叫我參加由他和牟師主持的哲學座談會。記得哲學座談會大都在研究所辦公室前的走廊舉行，參加者大都是本港大專院校哲學系教師和研究生，只有我和三兩個大學部學生。座談會好像是每月一次，聚會通常在夜間，茶點很少人用，多數人都狂抽煙。在一羣飽學之士的面前，我感到非常渺小和無知，幸好我也能抽煙，稍助鎮靜戰戰兢兢的心情。

六二年冬天，君毅師指派我向座談會報告英國經驗論者巴克萊的哲學。在提交報告前一星期，我去見老師，自認文章寫得不好，請求免役，免得在大庭廣衆面前出醜。老師生氣了，訓罵了一頓，認爲是不負責任、不長進的行爲。我垂頭告辭時，老師要我留下文稿。兩日後，老師召見，發還文稿，卻沒有在文稿上修改任何字句，認爲可以在座談會報告。果然，報告沒有在會上出大亂子，順利通過了。這，對我這個英文系二年級的學生說，是很大的鼓勵。會後，老師又要我留下文稿，一星期後發還。我發覺文稿被老師密痲痲寫滿了字，刪改甚多，全文簡直是脫胎換骨，我非常感激、感服。這是我第一篇學術性的文稿——十年的遊學生涯中都隨身攜帶，有空時便拿出來閱讀，直到一九七五年返新亞服務時，文稿隨一批書籍寄失了。我後來才明白老師爲甚麼要這樣做：在我正式提出報告前，他不願意窒息我的心思，只是加以鼓勵；事後才顯示他那嚴格的要求，進一步指示學問途徑。老師以誠敬待人，亦以誠敬教導後學，叫人不得不感服。

除課堂外，我有不少機會窺見老師其他生活的心貌，因爲老師全家都是中國音樂的愛好者，又是新亞國樂會的中堅份子。國樂會在一九六〇年多成立，老師出任顧問，師母被推選爲副會長，其女公子安仁和我都是王純先生二胡組第一批學員。一九六三年當我負責復興會務時，安仁先後擔任秘書及副主席，而老師和師母一直是最熱心會務的顧問之一，時常帶我到其家談論會務。

老師深信禮樂人生是最完美的人生。一九六〇年代，歐西流行音樂風靡社會，國樂未受普遍重視。老師常常對我們說，人家不重視國樂，我們必須加倍重視；人家不提倡國樂，我們必須加倍努力提倡。國樂會幹事會開會，只要時間許可，老師必來參加。遇有會內人事糾紛和經費困難，老師亦竭力幫忙解決。

老師認爲國樂會的活動，不應局限於技術的課外活動範圍，而應開展爲體驗傳統文化生活的途徑。學好了樂器的演奏技術，便應從文獻資料上溯禮樂的意義。在老師和錢校長的督導下，國樂會同學開設了研究班，張世彬、楊啓樵、謝正光、馮元植諸學長和我成爲第一批研究班學員。

老師又認爲禮樂人生必須不斷延展，倘能融通於宗教和藝術的領域便最爲理想。有一年，老師親自協助安排一項國樂的集體活動——結隊到沙田佛教文化協會舉行雅集。當我們三四十位會友到埗時，老師和王純先生等師長已經安置好多種樂器和書畫用具，在松蔭下談笑。原來當日由曉雲法師作東，招待素食，除了國樂會師友外，尚有古琴家和治印專家徐文鏡先生、蕭立聲先生等藝術家。這個雅集非常自由，有人作小組合奏，有人作書法和繪畫示範，有人埋首棋藝探討，有人聆聽曉雲法師講述在喜馬拉雅山寫畫的故事。琴韻弦歌不絕於耳，與松聲笑語滙成爲奇特的樂章。我記得老師忽而觀棋，忽而欣賞作畫，忽而閉目聆聽演奏，都是全神貫注，也「是以其全副生命之眞性情頂上去」，樂得像個天眞活潑小孩子。老師平素每分每秒都沉醉於思維中，在家中用膳時也不例外。但，在當日的藝術世界中，他是另外的一個人。

老師對國樂的熱忱十年如一日。從中大榮休之後，仍然關懷新亞國樂會的活動。例如，國樂會於一九七五年十一月假座香港大會堂主辦演奏會，慶祝新亞書院廿七週年校慶暨國樂會成立十五週年，老師出任顧問兼贊助人，爲紀念特刊封面題字，師母亦賜寄墨寶祝賀。去年十一月，國樂會又在大會堂舉行音樂籌募「新亞學術基金」，老師健康惡化，不能作具體贊助表示，但給予精神上的鼓勵。聽說新亞研究所琴社的創立，也是老師大力支持的結果。

君毅師對中國和西洋歷史文化有精闢的了解，對國家民族有最深摯的感情，都是世人所熟的。這位文化意識宇宙巨人對鄰邦日本的了解和感情較少公開發表和流露，因此熟知君毅師日本觀的人恐怕不多。唐端正先生在「永恒的悼念」文中，報導老師去世前數小時，曾對師母講述三個難忘的哲人的故事——中國的梁漱溟先生、日本的宇野哲人及精一先生父子，及美國的威廉可敬（William Hopkin）先生——很有象徵意義。其實，在老師的文化意識宇宙中，日本佔有特殊的地位，甚至比西方的地位更突出。老師不是研究日本文化的專家，更不是「日本通」，但最能「透入對方的民族的心靈、或心靈深處的嚮往與心願」。老師對於與日本人和西方人交往的感受，有明顯的區別，他說：「此二十年中，我前後因種種因緣去了日本六、七次，但合起來，只住了一年。我之日本語文，既不行，對日本之學術文化，亦全說不上了解。但在與日本人之接觸中，我卻直感日本人之靈魂與中國人之靈魂與生命情調，確有若干同為東方人，而異於西方人之處。就語言文字的運用說，我亦嘗勉強用英文寫一些論述與西方人交談，而與西方之大學與學術界有更多的接觸。但我與西方人間，一般說卻恒只能有抽象概念的相互了解，而不易有生命情調上與靈魂上的共感。對日本人，則我不能以日文與之交談，卻容易有較多之共感。然而我亦同時直覺中國人與日本人之靈魂、與生命情調之表現於其日常生活者之不同。」這種「共感」，雖然老師謙虛說是從直覺得來的，其實是經過理性提鍊的結果。正如老師所說：「對此中之同異之深入的了解，而求明白的加以說出，我認爲我們應多從日本人的宗敎、神話、諺語、禮俗、與文學、藝術及古史上去下功夫；而以日本的思想、哲學，爲照明此宗敎、神話等之意義之用。」（引文見老師「試論中國與日本文化關係之過去現在與未來」，明報月刊，一九七四年十月號）我知道老師自己對於日本文化下過很深的功夫，而且能夠照明日本文化特質的意義。他不像黃公度那麼滿足於沉醉中日古代共同的傳統，而且超越了戴傳賢的要求，只把日本「放在解剖台上，解剖〔了〕幾千萬次，裝在試驗管裏化驗〔了〕幾千萬次。」（戴著：日本論，一九二八年）。老師期求中日民族能「以心互相了解文化、禮俗，以及其民族心靈、民族德性、與其缺點，更至求改正其缺點。」

一九六五年我從新亞畢業，決定赴美國印第安娜大學研習日本文化，就是老師和錢前校長力促而成。翌年，安仁也到印大攻讀比較文學，老師囑咐我照顧她，經常賜函通消息，因此我有很多機會拜讀老師對於日本人和日本文化的高見。例如，老師後來在「試論中國與日本」文中的論點，泰半在私函中提及，成爲我個人十多年來研究日本文化與中國關係的指標。

我需要而且慶幸有這種指標；對我輩中國青年說，日本研究（Japanese Studies）仍是冷門學科。十數年來，從美國到日本，從日本再到美國、乃至南美洲和加拿大，又再從美國回香港，我很少遇到同道中人。用自己母語談論自己專長的學科的權利無形中長期喪失。面對自己同胞，我只能說外行話。在學術領域中，我是寂寞、淒涼的人。很多師友在心底裏覺得我在浪費青春，不時熱切地對我憫憐起來，君毅師和我在中大的學生是少數的例外。

老師對於日本文化的「共感」，不僅在思想意識中出現，而且在現實生活中實踐、印證。大概是一九六九年夏天，老師與師母從美國醫治眼疾返港途中，路經日本，在京都停留了一段日子。當時在京都大學深造的新亞校友楊啓樵、張世彬、霍韜晦、楊鍾基諸學長和我輪流陪伴老師和師母。

我曾多次陪老師到神戶淺山眼科醫院複診。老師在美國某著名醫院留院，而且動了手術，眼疾幾乎痊癒，可是仍然不放心，他說他對淺山先生較有信心。老師和淺山先生沒有共通語言可資交談，可是對淺山先生的爲人瞭如指掌。從老師處我知道淺山先生是獨身主義者，以醫院爲家，每天除睡覺外，幾乎全部時間爲病人服務，病人的痛苦就是他自己的痛苦。當接受診治時，老師根本就不需我翻譯傳話。每次總是心滿意足地與淺山先生握別，使我恍惚見到兩位老人家之間存有某種「共感」。

老師在日本有很多友人，京都大學文學部和幾間佛教大學老一輩的教授大都與老師有往還。老師似乎特別喜歡京都——京都的名勝、舊式市場、寺院神社、小食店……。他對我說過，退休之後要實現兩個心願：第一，他要創辦一所小學，因爲他感到一生從事的大學教育事業並不太成功，需要從頭做起；第二，打算到京都長住一段時期，因爲京都有看不完的古典美，有享用不盡的舒適。說實話，老師不是一個現代化的遊客，他討厭走馬看花式的遊覽，不論是南禪寺、平安神宮、三十三間堂，每到一處一遊覽總是大半天，總是捨不得離去。

老師對傳統日本藝術有濃厚的興趣。當老師遊京都時，我正隨阪倉篤太郎老先生（曾任京都大學文學院長，日本古典文學者，我在京大的指導教授阪倉篤博士的父親）學習日本謠曲，而且研讀有關「能樂」的書籍。有一天，我告訴老師和師母圓山公園有免費的「納涼能」上演，問他們有沒有興趣同去觀看。當時，我就憂他們體力支持不來，曾鄭重地說：「能」雖然是十四世紀以來爲日本人喜愛的綜合舞台藝術，由於動作少而抽象，時間太長（有時長達四小時以上），人和鬼可以同時在舞台上出現，唱詞太過古雅，一般外國人不易欣賞和接受，於是感到沉悶和無聊，「反感」的程度一如普通廣東人看京劇或北方人看廣東大戲。老師卻認爲難得機會欣賞傳統日本劇藝，堅持要去。

顧名思義，「納涼能」是爲普通市民而設的，在圓山公園的露天劇場舉行，座位全是長條板櫈，在黃昏前開場，直至晚上九時後才完場。我們抵埗之後，發覺觀衆大部份都是穿和服的老年人，很少青年人。他們一面手搖紙扇，一面閱讀劇本——類似摺頁字帖的傳統手抄本，口中唸唸有詞，與台上音樂若合符節，而座位下面放滿水壺、水菓和糕點。那天上演的大都是「修羅物」——弔祭墮入修羅的武士的靈魂、既悲且壯的劇目；也有「鬘物」——以女性爲主人翁、曲調凄絕而意境幽玄的劇目。

在舞台上，只見帶臉譜的幽靈和生人交談，哀音貫耳，時而陰間，時而陽世，有時好幾分鐘才見台上演員做出一個動作來。師母和內子麗萍不久便打瞌睡，被餓蚊刺醒之後忙着拍蚊，有時借故離開座位鬆弛筋骨。老師不時要我解說劇情和唱詞，始終全神欣賞，任由蚊蟲騷擾，毫不抵抗，直到散場也沒有明顯疲態。老師說：他雖聽不懂曲詞，但能欣賞人鬼世界的融通，並認爲「能樂」能夠超越生死界限，擺脫時間隔閡，是了不起的舞台藝術。散場後，老師問有沒有中文譯本。知道了只知有周作人譯過較爲輕鬆諧趣的「狂言」，沒有人嘗試翻譯較嚴肅的「能」之後，老師非常感慨，認爲我輩青年必須加倍努力從事譯介工作。

老師是戰後最能了解日本人的生命情調的人，也是最了解「日本的心」的人。他對日本文化有深厚的感情——一種從東方文化內部發出的感情。通過這一番感情，老師旣能欣賞又能批判日本文化，因此他所欣賞及批判都非常中肯。這種情形，恰如內藤湖南、桑原武夫、竹內實諸先生欣賞及批判中國文化一樣，往往連我國人也有同感。

老師安息了，坦蕩蕩地安息了。老師，安息吧！您所代表和昭示的文化意識宇宙，將永恒地延展，從哲學、藝術，到任何人文科學，從中國、西洋、到鄰邦日本，靈根已經樹立，開花結果還成問題嗎？

（一九七八年三月，「新亞生活」月刊第五卷第七期）

人極既立 君子息焉

——敬悼君毅吾師

霍韜晦

一

二月二日上午六時卅分，接到端正兄電話：告訴我唐師已進入彌留狀態。我急忙趕到浸會醫院，推開房門，就聽到唐師母哽咽着說：

「先生已經過去了！」眼淚隨卽淌了下來。

我呆住。無法相信這是眞的：唐師祇是躺在床上，一如睡着的樣子，顏容依舊，和早些日子我到醫院探視他時沒有多大分別，怎麼會是過去了呢？雖然，自前年秋，唐師動大手術後，我們都一直擔心這一天的來臨，但照跡象看，仍然是太快。去年，唐師的體重還增加了些，精神一直良好，我們都感到鼓舞。幾天前他和我談話的神情仍在眼前，怎麼會是過去了呢……。

我已完全失去主宰，久久不能發一聲。直到同來的耀東兄張開被子把唐師的臉孔輕輕蓋上，我纔知道唐師眞的是不會醒過來了，眞的是離我們而去了，不禁悲苦欲絕。

二

唐師過去的時候，祇唐師母和金媽陪伴在側。哲人之死何其孤單！我們幾個同學在最後幾天都沒有人來看唐師，想想實在難過；雖說這是遵醫之囑，不要讓唐師多講話傷氣，但我們豈可不多注意、不多探問消息？如今自責亦來不及了。人間恨事，總是無窮；悠悠此心，曷其有極！

回想唐師生前，待人寬厚，處處替人着想，見一善卽生隨喜之心，因此在他眼中沒有惡人。唐師常說：人是可以改好的。唐師堅信：在人的心靈深處，畢竟是善，祇是爲了現實的理由，而生芒昧；我們對此，不應深責，而應悲憫之，設法使其自善。因此唐師特重視敎化，認爲我們所能盡之責卽在此；開智慧門、啓良心幕，最終目標卽在人人自盡其心而兼盡他心。所以在這一意義下，唐師對自己的要求極嚴，老是覺得自己事情未辦、責任未了、良心不安。平日應付校務之餘，堅持讀書、撰述不必說，動大手術後，仍然照常上課、照常工作、照常讀書。最後半年，由於氣喘，爬不了那麼多的樓梯，於是把課室改在二樓的圖書館；辦公有時則藉寓所進行。我們都勸他不要那麼辛苦，但唐師總是回答：「不要緊。」現在事實證明：這不是不要緊，而是在一種精神力量的支撐之下，使唐師不顧而已。或以爲唐師不應如此自苦，偸閒放鬆一下也不是什麼大不了的事情。是的，我們也如此想，但其間的輕重也就難言了。聖賢之學，講究貫徹始終，忠其所信，行其所言，則我們又何能妄語是非？許多人都以爲唐師特別眷愛新亞，或特別眷愛新亞的老師和同學，以致晚年亦盡瘁於此，這是錯的。唐師如何會這般狹隘！唐師論學，總是教人先站在對方的立場上想，先了解並欣賞對方的長處和成績，而自念對方亦有已所不及、或已所未至的地方，這樣人類的一切文化，一切哲學思想纔有交融互攝的可能，由此而和成一廣大高明的超個人的世界。雖然，在哲學上，這樣的一個世界的組成，仍有待於說明判別，以見其具體的通路；但在根底上，卽在尊重別人，能爲別人所攝，使別人亦得以成爲一眞實的存在，自盡己心卽兼盡他心，所以唐師如何會停留在自己所倒映的世界上？祇不過高明的境界，不是虛懸的概念，而是一步步的實踐，理想若不能貫於現實，則亦終成戲論，所以唐師亦須藉新亞以見其心而已。其實唐師所終極嚮往者，是人文世界的全幅展現，上通於天地，下澈於幽明，以盡人道之至極，所以在唐師的內心，實一片光明，無處不可以成教，亦無處不可以成化；但在新亞，則同學何幸，得以親承教澤。祇是先生付出者多，我們付出者少，連臨終的慰安，亦付闕如，不免永成憾事！

三

本來，以唐師的智慧，若專用以治學，則成就可能更大，著述可能更多，又何必參與校政、主持世務，徒傷形骸、白費精神呢？是的，關懷唐師的人都這樣想，惋惜唐師早逝的人更這樣想。但是，有一點他們可能忘記了，浸淫在中國文化傳統中的人，自始卽不以獨善其身爲念。西方人可以作一個旁觀的哲學家，東方人則必須講究身體力行，以求理想與現實的一貫，因此明知人世是一條泥濘路，但仍須直道而行，不加躲閃。尤其是近百年來，中國經歷了好幾場翻天覆地的變化，中國文化早已命懸如絲，其精神面目不是被扭曲、被損害，就是被懷疑、被斲喪；自己胸中無主，於是拾人餘唾，忽而主張立憲、忽而進行革命，忽而宣傳自由民主，忽而相信階級鬭爭，但隨世界政治舞臺上的現實力量而轉，而不知自己之根植在何方。中國文化向來以善於包容綜攝見長，到此竟然分崩離析，再無凝結自固的力量，終於「花果飄零，隨風四散」，在精神上淪爲異國之奴。任何人，祇要他是有良心的，祇要他是對中國文化有了解的，面對這種情形，都不能不動大悲之情，而潸然下淚。但大悲不能徒以淚見，而必須應之以行事；這一點，也許可以往上解釋近百年來中國知識分子之所以特喜議論時政、及參與政治活動的原因。但是，他們的表現，多半還是出於求國家富強的民族心理，似未若唐師由始至終都是出自一種文化意識。所以南來香江，唐師與錢穆、張丕介兩先生創辦新亞書院，目的卽在應時代的召喚，重新陶養人才，以延中國文化的統緒；亦是痛定思痛，知道一個國家若在文化上樹立不起，則民族之自然生命又何依？所以必歸之於敎育。這原是當時受學於先賢的讀書人在海外所唯一能做的事。因此新亞所肩負的，不是香港地方性的敎學工作，而是刻刻與我全民族血肉相連的文化擔子，念念在中國；所紹者至古，而所望者至遠。由此可知，唐師雖然是無處不可以成教，但新亞的精神卻在必爭，因爲爭新亞卽同於爭理想；這是中國文化存在的象徵，使海外中國人尙可以望門投止，不致完全失落。但是，新亞精神之爭，在現實上卻逐漸與事權之爭相纏相伴，「與接爲構，日以心鬪」，肫肫之仁，如何能應付種種機括？失敗是意料中事。可憐唐師爲此而形骸漸損，精神漸傷，還招來種種不諒，悲夫！

其實，唐師亦自知自己不是處理行政事務的長才，他祇是不得已而作。所謂不得已而作，一方面是應時代的召喚，另一方面也是儒家在逆境中必求作事的承擔精神，使人不能自事務中退下來僅作純學問的研究。獨善其身的書生沒有力量，與時代掛搭不上，亦太忍心，因此唐師常自覺要作事，要把學問通於社會。南來之初，唐師答友人徐復觀先生書論「學術思想與民主自由」，曾引雲門禪師三句：涵蓋乾坤，截斷衆流，隨波逐浪，卽說：「處今之世，爲適應人心，須多隨波逐浪。」隨波逐浪在這裏並不是敎人放棄自己主見，以入於羣衆中爲渾噩者的意思，而是在隨波逐浪的背後同樣要有涵蓋乾坤的志氣，截斷衆流的手段，以引發來者的向上精神；不過這種志氣和手段，不能與世相離，亦不能與事相離；菩薩成道，卽須於五濁惡世中起悲，所以必須隨波逐浪以興敎。在儒家，這也就是一種淑世精神。唐師於病中仍堅持作事，可說也是這一種精神支撐。但是，入世畢竟不同於處理概念，概念有定，而人心無定；概念有常，而人心無常，概念之基在我，而人心各具觀景，所以作事甚難，人際之折衝至爲不易，非大勇者其誰能履之？而唐師竟於此奮鬪數十年，存理想，爭人格，再加上惡疾纏身，其所受的痛苦實非常人所能想像！

四

唐師雖然受了這許多痛苦，但他對人類的前途卻始終沒有灰心過，因爲唐師堅信人人都自具一超越而無私的性情，這是人能夠實踐人道以至於一全幅的人文世界的實現的保證。唐師能夠如此相信，這是因爲唐師自少年時代起對此內在的仁心已有眞實的體驗。唐師曾經自記其十七歲時，離鄉赴北平就學，父親廸風公送之船上。明朝船發，唐師忽生離別之悲，又轉念古今之離人不知凡幾，則此悲當無限而遍法界。又一次在北平廣場觀看中山先生革命活動的紀錄片，仰望繁星，忽感宇宙雖大，而志士仁人必拋頭顱，灑熱血，以作此救人的事業，而互相感召，則人雖小，其仁義之心豈非亦遍法界。唐師自言，當時一念悱惻，直至電影終場，淚未嘗乾。這種感情，現代人誰能了解？其來處恍若無端由天而降，而實質上純從內起。能從此處看人，則人豈非都可以互相珍惜、互相敬重，而互相涵攝？何以現實上之人不能如是，而必相攻、相難、相敵視？這可以說是我們人世中的大惶惑、大悲哀。爲了找尋答案，唐師於是在繼「人生之體驗」一書之後，續有「人生之體驗續編」之作。唐師認爲：所有這些負面的東西，如好譽惡毀，好利好色，都是生自一種人心的顚倒見；不過這種顚倒見，自其起點言，卻往往是與神聖的念頭相伴，如學者以爲得理，宗教家自以爲救世，一念之間，卽可以化爲傲慢的魔鬼，而顚倒其人生。所以哲學家、宗教家，一樣有其妄執，甚至學儒家實踐聖賢之道，亦會使人淪爲鄉愿或僞君子。這一點，佛家所說的人性內裏的根本無明，給予唐師以極深刻的感受。但是，人亦祇須一念自反：如果人的善行是一超離的活動，沒有艱難險阻，那麼此善行是否尙可以稱爲善行？蓋此行之所以稱爲善，理由豈非正因爲它能不離惡而化惡？所以人生卽使是遍地荆棘，但仍須赤足走過去而不能躲閃。唐師對人生的負面反省愈深，結果愈見人性底層之善之存在，而與其少年時代之體驗相一致。

我們可以說：唐師這種對人生的眞性情的體驗與認識，卽構成了唐師畢生從事哲學與文化活動的動力。唐師平生極少寫抒情的記敍文章，他所寫過的大概祇有「懷鄉記」、「記重慶聯中幾個少年朋友」等幾篇，後來收入「中華人文與當今世界」一書中作爲附錄。但是唐師喜愛這幾篇文章，說這些纔是代表他生命與生活中的眞實的東西，反而他論中西哲學、論古今文化的文章不與焉（見該書序言）。我想：這也許是因爲在這幾篇文章中，有唐師的原始感情流露的緣故吧！有時人所感受的，毋須乎大道理，也同樣可以見眞實的人生。

五

由此我們可以談到唐師的哲學。唐師哲學的體系極大，固非一文所能盡；但在根底上，亦可以說是很簡單（此非輕率語，望讀者垂察），蓋卽自唐師之眞性情始。由於唐師對人生的體驗極深，不禁爲人類思想世界的分裂嗟嘆，尤其是哲人之孤獨，更使人耿耿於懷。哲人求道的精神，非人所能及，但何以古今中外之道有不同？這些不同是否永遠不能消解？若永遠不能消解則人類豈不陷於永恆的分裂？這是明顯地違反人類的道德良心的。所以唐師認爲：依於人類的眞性情，這些不同的思想必然可以有超越的會通，因爲這都是人類性情的表現。至於在內容上如何接合，則必須依賴對一思想的反省，以判別其義理之方向與層次。唐師認爲所有世間的義理，都可以在一觀點之下成立，問題是我們對此觀點的選取。所以在這裏我們不妨借取佛家的判敎方法，首先安排此古今中外之義理之位置，然後會而通之，使兩家卽使是相反之言，仍可以在不同的標準下對機成敎，分別發揮其大用；正如百川灌海，不見其矛盾。當然，在位置的安排時，必須恰當，這就繫於對別人的思想要有眞實相應的了解，而這一了解之所以可能，則仍然須從人的無私的性情始。所以唐師說，人必須「先本此受敎之心，以觀其所是」；祇有人自身虛懷若谷的時候，別人的思想纔能進來，別人的優點纔能爲我所知。這種做法，並不表示我自身立場的放棄，這祇是我的思想的拓大與開闢。所以唐師著「中國哲學原論」時，卽率先提出「卽哲學史以言哲學」的方法；每論述一概念，必循其義理之次第開展以言其義蘊，並盡量少用今世流行的哲學名詞，以免這些名詞的固定意義損害或影響我們對原來意義的了解。

這可以說是一個最無成見的了解方法。本此態度，唐師續撰其晚年大著「生命存在與心靈境界」，分天下之道，爲三進九重，各依種種心靈活動所感通之境而成立，以分別收攝世間說客觀境界、主觀境界、與超主客觀境界之哲學，並展示其升進之通路，氣魄之大，得未曾有；但是，最後仍以儒家的盡性立命境爲依歸，此卽顯示了唐師在經歷了如此浩瀚的觀境之後，反躬自問，仍肯定中國文化有最高最眞實的智慧，這不能單以民族心理一名來解釋。因爲唐師此書所對向的，是人類當前的共同命運，而不是純爲哲學而哲學，以成一家之概念系統。固然，後世人或不免如是想，此於唐師書中亦盡可得其根據，但唐師著此書之本懷則不如是。由中國的命運以至西方的命運，現代人可說已經是瀕臨毀滅。從前人類還有哲學、宗教、道德以提升人類的存在，但今天一切神聖的觀念都可以工具化，於是價值顚倒，力量全無。人類的前途可謂一團漆黑，能挽救它的祇有儒家盡性立命的觀念，由時代的苦難而知我們之所命，以承擔人類罪惡。這一方面是大勇，另一方面是大仁，由此人類方能幡然悔改，而生眞知灼見，則其中的動力，仍須端賴人無私的性情。所以唐師於全書卷末。論性情的形上學意義，其用心可謂至遠。賴性情的流行，一切哲學固可相通，而理想亦必下貫於現實，不似今日之徒爲虛語。智及之，仁守之，形上與形下之兩層間隔消，則人道成矣。所以，歸根到底，我們不可無對此悱惻性情存在之大信，人類自救之機，卽肇於此。如果說唐師此書之披露此義卽是哲學，則此哲學亦無非是應時代之召喚，以當機成教而已。所以唐師於本書序中有言：福慧之士，此問題原可不發生，因此本書亦可讀可不讀。這幾句給予我無窮的啓發。唐師胸懷的高潔，與氣度的寬弘，的確是世所罕及。唐師一生，祇是自盡己心，有行必踐，倒不是要成爲人皆讚頌的救世主的。

六

最後，一提唐師和我的關係。十分慚愧，我雖忝爲唐師弟子十餘年，但對唐師的思想和做事精神，卻一直沒有好好學上。平日偶蒙訓示，亦鮮有問題發問。我常感到唐師之智慧如海，無論從那一端談起都可以上下縱橫貫通，而且從不言倦。我有時想提一些深刻的問題，但在唐師面前總提不出。我常覺得唐師給我的已是太多，亦自覺他所說的我似乎都能契會，都能了解，因此亦無所問。這或許亦是我的矜持，使我不能再進。佛典上記載如來住世時，對諸弟子言：「若有疑難，恣意請問，莫我滅後生悔恨。」但諸弟子竟無問題。如今我的心情亦復如是。午夜徘徊，竟不知如何自處。唐師一生的艱難行路，又復映上心頭；想起荀子大略篇子貢與孔子的一段「賜倦于學矣，願息事君」的對話，和唐師在「人生之體驗續編」中「死生之說與幽明之際」一文，則君子雖息，其情豈不長在世間而無盡？因悟唐師之智與悲，亦必將化爲燈火，以亮此人道世界的前程！

謹附所拜送之輓聯，以表我無盡之哀思：

花果飄零，世間眼滅；
人極既立，君子息焉。

一九七八年二月十日凌晨

（一九七八年四月，「明報月刊」第十三卷第四期）

唐先生的事業

——唐君毅老師逝世三周年祭

霍韜晦

唐師逝世之後，有一種說法是：唐先生的學問很好，但作事失敗。辛苦創辦的新亞書院不能守，畢生努力的中國文化運動似乎亦沒有甚麼具體的成效。新亞書院耗盡了唐先生晚年的心力，但最後所得到的，借用徐復觀先生的話來說，就是「遍體鱗傷，滿身血汚的結果」，至於他所領導的文化運動，在唐先生死後兩月，已經有人批評是「運而未動」了。

唐先生的事業是否失敗了呢？

若取個人觀點，事業未能及身而成，則自然是失敗了。但是，有些事情不能祇從個人的觀點看，亦不能祇從眼前的成敗論，特別是民族的理想和文化的理想爲然，因爲這些理想能夠實現，絕非個人的能力所能達致。而且，理想之所以爲理想，必有某種超越現實的性質在內，當其面對現實人心之時，亦必然不可能全部相應，甚至理想愈高，實踐愈難，其不相應的程度亦愈大。由此我們可以看出理想的艱鉅性和早期行者的悲劇性了。

唐先生的事業，亦可作如是觀。一百多年來，中國在外侮之下，一般人所想到的，祇是如何使中國民族站起來，求政治與經濟上的獨立，而並未了解民族的生機在其歷史文化，反以爲中國的積弱，是傳統所累。於是五四以來，思想界的重點便落在反傳統一面，以與驅逐帝國主義勢力的民族要求配合。自然，傳統並非不可批判，但在這樣的心境之下便是自卑感和喪失民族自信心的表現，動機雖尚有可取，做法卻是走錯了方向。結果，受五四影響的許多著名的知識分子在思想上不是偏激，便是遊蕩，或向外國乞討靈方，隨外國的現實勢力而轉，眞是可哀可痛！人最不幸的，是作了錯誤的選擇，而作了錯誤的選擇，則因爲其無知，既不知己亦不知人，或祇看到事情的表象而看不到背後的理據；也就是說，他看不出在歷史中起主導作用的思想文化概念的重要性，也看不見在歷史中所冒起的文化精神。民族亦如是，如果一個民族不能認識到它自己的精神，則這個民族不過是蜜蜂、螞蟻式的羣體。民族的關係顯然不是蜜蜂、螞蟻式的結合，它有仁、有義、有理、有法，不同的民族便有不同的選取，由此而表現其不同的精神行程。所以眞正的民族生命是由文化構成的，而並非生物上的種族因素。可惜許多人都昧於此義，以爲民族的強大是由自然生命的強度表現，於是轉而追求武力，以爭政權或表現國勢爲第一。唐先生在這方面，很早就表現了他的慧識，知道眞正主宰一民族命運的，是她的文化精神，所以如果不在文化的層面把民族的精神向上提起，卽無以拯救民族的衰亡；這也就是唐先生南來之後，在作事之餘兼從事學究式的工作的原因，由此而寫出了數百萬言的著作。這些著作，依我自己的看法，必然不朽，而且將隨著歷史的發展而益增其價値。因爲其中所表現的，不止是唐先生對中國文化的信心，而且充滿對東西文化的深邃的了解。單言信心，也許有人以爲唐先生祇是個傳統主義者或保守主義者，而不知唐先生的信心建基在對東西文化的深切反省上。例如，唐先生寫「中國文化之精神價値」、「人文精神之重建」、「文化意識與道德理性」、「中華人文與當今世界」等書，卽處處東西思想對舉，使讀者周遊貫通而層層深入，終知東方哲學的高明與開放，足以消除西方各系統的狹隘與孤提，以引導人生向上。這是唐先生在經歷了大時代的苦難之後，亦如淸代的王船山那樣，以悲情寫書。所以唐先生的著作，首在對拒西方，以爲中國民族立本。然而，唐先生的胸懷，卻較王船山廣濶，他的視野不會以中國自限，他的工作，亦不會止於中國文化的重建。本於人類所自具的無私的性情，唐先生更進而疏導西方文化，爲今日西方哲學、宗敎的發展而驅除魔道，使將來東西方的民族和文化，都可以得到眞實的共存。這是人類今後的生存的智慧，其具體卽見於唐先生的晚年大著「生命存在與心靈境界」一書中。唐先生說：

「在今日唯有真實之宗教、道德、與哲學智慧，能為一切專門之知識技術之主宰，以使社會中各分立之階級、行業、職業中之個人，皆多少有其宗教上之篤實信念，道德上之真切修養，及哲學智慧所養成之識見，互以廣大高明之心境，相涵容覆載，然後人類世界得免於分崩離析，而破裂毀滅之虞。則今日救世界之道，在宗教、道德、與哲學……。以宗教言之，昔日之大宗教，皆自然形成，其形成之歷史條件已往，而其生命亦隨之枯萎。昔之大宗教之各自形成，初不相為通，而皆欲共存於今日世界大通之世，而又不混合為一，以使之相泯而相銷，亦為一最大之難事。然在今日，欲以一宗教毀滅一切宗教之宗教的帝國主義之見，已罕人奉持，而一切宗教之所以為宗教之共同核心本質所存，終將漸為人所自覺。以道德言之，昔日之道德之限於一民族、一階級、一職業、一行業中之道德，固為封閉的道德……。真能體驗欣賞不同之形態之人格之道德，而以一開放的心靈，以與一切道德相感通所成之仁德，必當被重視。以哲學智慧言之，則一能說明上述之一切宗教之共同之核心本質，說明如何有此與一切道德相感通之仁德之哲學，並說明此宗教、道德、與哲學智慧當為一切知識技術之主宰之哲學理論，必當出現。」（「生命存在與心靈境界」後序）

由此可見唐先生心靈的廣大與高遠。這是古今中外一切哲學家、宗教家，以至一切聖賢、菩薩的共同抱負，亦是他們終身踐履的神聖事業。唐先生就在這裏和他們精神相契。儘管從歷史觀點看，過去的一切聖賢事業都從未實現，但卻不能因此而證明這些事業不當有，這祇能說明聖賢事業的艱巨和人心的種種執障，於此正不能掉以輕心以求速成。人敢歷艱辛正表示他對過去人類所造成的苦難能夠承當，由此再步步開出人類的前途，而不必功成在我。我從唐先生身上，卽體現到仁者的胸襟和堅毅，他所從事的事業，並非世俗的事業，亦非個人的事業，而是民族的事業，和人類的事業。這種事業植根於人類良心，所以嚴格來說，沒有人可以自外，祇要你有「人」的自覺，便會贊成參預。所謂「東海有聖人出，此心同、此理同；西海有聖人出，此心同，此理同」。因此這種事業是永無失敗的，縱使在現實中「遍體鱗傷」，一時沉寂，而後繼者仍會再起，而先行者的形象亦更鮮明了。

（一九八一年二月，「鵝湖」第六卷第八期）

唐君毅先生對香港大學與我的影響

王煜

廿年前我在香港大學數學系唸書時，偶然看見一位蓬髮半白、顏容枯槁的中國教授拼命講解得大汗淋漓，根本不知曉他就是中文系兼任講師、大名鼎鼎的哲學家唐君毅先生，更豈料他有意無意間塑造了我半生的命運！他的身型和風格立刻令我聯想起廣州中山大學數學系的一級教授姜立夫（幾何學家，全校另一位一級教授是陳寅恪），內心斷定此人來自大陸。當時大受禮遇的教師皆提公事皮包上課，占士邦式精美小箱尚未流行，唐先生不提皮包箱而或以報紙包些資料來上課，加上衣履不整，遂於欣賞紳士風度的港大，顯得極端「異相」（非華嚴宗「六相圓融」中第四項之「不同功能」義）。港大以英文爲第一語言，文學院中最受矚目的兩位學者是數學系主任黃用諏教授（微分幾何學家）和英文系主任布蘭敦教授（詩人 Ebmund Blunden，退休回牛津後已於數年前逝世。考入學試時我憑直覺猜中某過路的鷹鼻英人是他），只有中文系師生對唐先生比較熟悉。我對文理諸科的興趣高於天資，不肯拋棄文學和思想的名著，懷抱求眞的純情亂闖一通，終於進中文系（實爲中國文化而非僅中國文學）唐先生門下，決定終身以哲學作主業，文學爲副業。

在港大梅舍（May Hall）寄宿首年，同一層樓已有四位比我高一屆的畢業班同學選修唐老師的課。他們未嘗攻讀西洋哲學，唐師惟有先用數小時講濃縮的哲學概論。又因先秦部分費時過度，故須補課解宋明儒學。後來我聆聽唐先生十餘課程，總覺得他將主要精力置於撰書，以致備課不足，系統欠清，每課程皆太詳於首段而過略於末段。幸而精讀他的著作，便可補上課之不足。與衆師兄晚飯後散步，常聞富娛樂性的軼事。他們喜言唐師下課卽走，如沸水燙腳。一九七七年度首學期，我在港大中文系作「名譽講師」授中國佛學史十週，方始體驗沸水燙腳的滋味。記得唐師自願導修一次，在黑板寫出幾本參考書：錢穆先生「中國思想史」、馮友蘭「中國哲學史」、柳詒徵（翼謀）「中國文化史」及鍾泰「中國哲學史」，好像還有渡邊秀方、宇野哲人的名作中譯。湯般若同學問及「人生之體驗」，唐師簡介幾句，在黑板只推介自己的「中國文化之精神價值」，不提其他著述。這時我覺悟導修的鼓勵性和啓發性，以及兼任教師制度的弊病。一九六〇年度，唐先生專心辦新亞，加上林仰山、劉百閔兩老的贊同，邃請牟宗三先生作中國哲學的專任講師。其前我只在「人生」及「民生評論」閱讀過牟師的大作。

大學畢業初時，數學系助教林已玄君在梅舍獲大房居住，週末有時約妥理科畢業的孔憲中、黎泰倫，哲學心理學系畢業的徐婉婷和中文系畢業的我共聚清談。諸君傾向自然科學、科學哲學和數理學邏輯。哲心系又有波柏（Karl Popper）的兩位高足把持，他們當然嚮往分析哲學，輕視東方哲學爲表達情感的宗教藝術，甚至像陳序經那般主張全盤西化。彼等略知唐先生全力維護中國文化，又稱他爲「黑格爾派」，提議我向唐師質詢西化問題。唐先生答謂：「傳統若佳，則何必西化？正如房子適宜，便不要遷居。」可是造化弄人，至今我的師友中，偏偏以唐師遷居次數最多，株守本居者，似僅有牟師一人。港大理學院及哲心系同學對唐牟思想格格不入，恍惚民國初年「科玄大論戰」中科學派之訶斥唯心論者爲「玄學鬼」。我人微言輕，無法糾正衆談友對東方哲學的偏見。由於各奔前程，周末清談迅速夭折。幸虧諸友各得其所，多於美澳兩洲作高級講師或教授，黎徐二君夫唱婦隨。唐師對彼等只有輕微的間接影響。

一九六二年八月，唐牟二師和謝幼偉、程兆熊等學人組成東方人文學會，每年活動包括演講、聚餐、旅行和出版。在香港大學與新亞的雙重影響下，我開始分心閱覽西方和印度兩支哲學的典籍，以致唐師批評我的中哲碩士論文不夠份量。一九六四年唐先生推薦參加第四屆東西哲學學人會議，可惜我買不起機票。所以五年後唐師推薦我獲取夏威夷商人捐出的補助，非但足夠參予第五屆會議，而且我遊覽美國東西兩岸的一流大學。他受聘在夏大授新儒學數周，四位學生中兩男生攻讀博士，兩女生攻讀碩士，皆甚尊重唐師的成就，未曾抱怨他的英文不流利。他吩咐我代講劉宗周，然而我以中文準備後臨時怯場不敢講，結果他簡介了事。後來在中大教中哲史或「魏晉至清」課程，每逢談到劉宗周，都憶起當年的尷尬。我使他失望不只一次，他曾託我尋覓其先嚴唐迪風先生的遺著「孟子大義」，可是我找不出。他叮囑我盡量向希臘哲學史家 Richard Mckeon 學習，果然這位白頭老學究對我大加誘掖，不下於另一哲學史家 F. Copleston。離開夏大時，唐先生勸我順便參觀京都、東京、早稻田、慶應四大學，拜訪經學兼白居易專家平岡武夫教授。六年後平岡氏介紹我認識禪學史家兼明代散文專家入矢義高教授。入矢氏使我注意胡適和柳田聖山的禪學史，提高我對李贄（卓吾）的興趣。唐師又告訴我同時開會的武內義範教授是武內義雄的兒子，後來我感到武內義雄的中國哲學史雖不可靠而仍堪一讀。美日兩國給我的資料和靈感促進完成博士論文。

東方人文學會令我認識陳榮捷、吳康、張君勱三位資深前輩，陳氏對我的鼓勵最多。唐先生期望我到港大或美國打天下，我向港大的申請失敗。曲折地進入中大新亞哲學系任教後，我連任中大哲學系系務秘書五年。開首兩年，系務會主席唐先生授意給我寫過不少英文書信，部分推薦晚輩升級，和爭取高級學位與教職。唐師嘗任新嘉坡大學校外考試委員，某次審閱碩士論文，作出的評語過分圓融，對方但見有彈有讚，未見堅定態度，於是來函復問：「閣下究竟認爲應否授予碩士學位？」唐師恍然大悟，叫我肯定答覆。某青年赴加拿大升學，懇請唐先生作諮詢人。當局竟問：「汝能否保證該生今後行爲良好？」依倫理學，人難保證自己行爲必優，何況保證不大熟識的他人！唐先生答稱不能。當局誤會該生怙惡不悛，他自怨找錯了諮詢人。原來西方所謂保證，常無客觀的法律約束，僅表主觀的樂意信任。唐師的否定保證，也許太保守以致誤導。Guarantee 一字往往沒有字面那麼嚴謹，好比等第中的 Fair 字及C級，遠遜於片語 My fair Lady 中的賢淑意義，淑女非三流愚婦也！

一九七三年暑假，夏威夷大學哲學教授張鍾元博士應中大之邀，來港訪問兩週，以校外考試委員身份調整學位試卷分數。張氏出發拿錯了過期舊護照，遺下新護照，在啓德機場被扣留至午夜二時。唐師、師母與我在機場枯候個半小時，不明白何以乘客名單確定的人遲遲未出現。唐先生同情張氏隻身留美，與大陸妻兒「生別離」，非但毫無怨言，而且推崇他爲一流學者。牟先生卻一語道破眞相，幽他一默，說他唸禪籍太多。我忍俊不禁，悟及張教授非能忘我，只忘掉象徵「自身一同」(Selfidentity) 的身外物——新護照！此事値得收入「現代世說新語」任誕篇。

臨退休時唐先生對我說「你的文章的學術內容愈趨豐富充實，便愈不見你寫空靈眞摯的散文」！他頗懷念我十九、二十歲時寫成的散文「猫論」和「我爲甚麼愛海」，但不體諒我急須研究多點西方哲學，無暇兼顧散文。正因他屢次自稱用十分七時間讀西方哲學，十分三時間看中國哲學，我才放膽自修西哲。他那番話也說中自身，中晚年的大量學術性著作出版了，「人生之體驗」及「懷鄉記」之類的散文便相對地減少。比較通俗的「中華人文與當今世界」有相當成分屬於演講，其中考證孔子未誅少正卯一文，表現豐富的學術內容。當年港大某講師在「大公報」發表長文，臭罵唐先生一頓。唐氏敲門進入我的辦公室，鄭重問我是否認識此公。我坦誠答道：「聞其名未見其人。」他堅持參考我對該傳說的看法，我說：「自從細讀荀子，便拒信孔子誅少正卯。何以孔子死後三百年才有人提起此事?荀子書中第二十四至三十二總共九篇似屬後學作品，如莊子外雜篇。可能個別流入法家的弟子隨意僞造此事。第廿八篇『宥坐』所言子產誅鄧析事可由左傳否定，可惜沒有足徵文獻以駁斥孔子誅少正卯之可能性。世俗用耳代目，向聲背實。倘若公元二千五百年某瘋子說『唐君毅誅李小龍』，保證許多人深信不疑。」唐師十分高興。我瞎扯到「李三腳」，只因唐氏知道李氏畢業於華盛頓大學哲學系時，表示對於李氏發揚國術諸影片引以爲榮，正如他對新亞出身的某攝影家兼導演引以自豪。他和我同以電影爲主要娛樂，曾經告訴我喜歡看爽朗的桃麗絲黛，我回告以傻大姐莎利麥蓮亦甚爽朗且能歌善舞。唐先生比較欣賞中國的歌舞，對中國文化愛護得無微不至。

哲學編輯家 Paul A. Schipp 教授在夏大曾問我關於集體編撰英文書「熊十力哲學」是否可行，我告訴他熊氏已逝世年餘，喪失了進入「尚存哲學家叢書」的資格，晚輩考慮牟師及當日尚存的方東美與唐先生兩師徒。終於劉述先君發動我和吳森、杜祖貽諸學長選擇唐氏傑作，刊登於成中英君主編的「中國哲學研究」(Chinese Studies In Philosophy) 學報，讓西方評估然後冀望編述「唐君毅哲學」英文書。我譯出「中國人文精神之發展」首章及「人文精神之重建」的附錄「我對哲學與宗教抉擇」。熊先生嘗謂唐師文字「繳繞」，唐先生積極敦促學生書局印行亡師多本遺著，連熊氏的「與友人論六經」及「與友人論張江陵」也影印給我們參閱。東方人文學會假座新亞禮堂先後追悼了熊氏和張君勱先生。

一九七六年八月，唐先生偶閱「新亞生活」月刊上我的短文「思絮：一人界、二人界與多人界」而興起如下的感想：國家的破裂顯現於家庭的破裂，勉勵我讓論文「韓非子之發揚、修改諸前驅及曲解老子」在台再版。十年來在唐師和全漢昇教授的鼓勵下，我已完成廿餘篇書評，足以獨立成書。唐師晚年最高的榮譽，就是一九七五年哥倫比亞大學出版、漢學家 Th. de Bary 主編的「新儒學之開展」（The Unfolding of Neo-Confucism），劈頭便以整頁標明：「獻給唐君毅教授」。此項殊榮，可謂多次赴夏威夷、紐約、京都、羅馬、蘇黎世等地出席國際會議的後果。他在瑞士巧遇仙逝前半年的法國存在主義者馬色爾，回港後，他批評馬氏不聽別人講話。乃引起我讀他的名著「成問題之人類」（Man Prodlematic）以及計劃造訪沙特。

一九七七年十二月廿三日探訪唐師，他批評我講書和寫作的內容不患貧血而患過度豐富，酷似西洋油畫不留空間，不如仿效國畫多剩白紙，讓觀者聽衆親自獨立思索。臨別所贈「生命存在與心靈境界」，我已作書評。它與「病裏乾坤」、「中國哲學原論」及「哲學概論」諸作表現出古今中國哲人中最強勁的融攝力，寰宇罕有思想家像他兼顧中印希臘三支哲學。西方哲學中，他對黑格爾及其私淑門人柏烈德萊用力湛深；中哲方面，對儒學與華嚴宗心得豐碩，清代思想中似只對王船山下過工夫；印度哲學方面，限於常識。人生哲學上，他常吸取佛教之「苦」及耶教之「罪」兩項，和海德格、貝齋耶夫的存在主義，厭惡沙特。佛家看來，過度抽煙乃「身業」，引致肺癌此果報。不幸的是：大量吸煙未必造成頑疾，丘吉爾便享高壽九十餘，唐先生竟無此福。大幸的是：免除經年累月纏綿床笫的身心煎熬。

（一九七八年三月，「明報月刊」第十三卷第三期）

敬悼唐君毅師

鄭力爲

業師唐君毅先生已不幸於二月二日凌晨六時許逝世了。關於唐師畢生的志業及其對中國學術文化的貢獻，其大略已見諸本港各大報章；諒尚有其他同學會作其「專家」式的敍述的。我對此方面的問題，不擬於此再說些什麼；但正當此時，我卻不能不簡短地說出我心中想說的幾句話：

①唐師是當民國三十八年大陸易色後，與幾位知名學者，如錢穆師、張丕介師等在香港爲保存並發揚中國文化而共同創建新亞書院的；換句話說，唐師是新亞書院的創建者之一。新亞創建之初，雖極備艱難；惟由於諸師的堅苦卓絕、努力不懈的精神，以及稍後新「因素」的加入，因而新亞亦由此處於日益發榮滋長中。

②當民國四十七年，香港醞釀着建立另一所大學之際，新亞亦被選爲該將成立的新大學的一員，此一新大學是以「中文」爲標榜的；它既以「中文」爲標榜，便不免使人產生一個該大學必以保存並發揚中國學術文化爲職志的印象。五十一年該大學行將成立時，亦果以「中文」命其名；依此一名的實際指義，正好與新亞諸夫子的保存並發揚中國學術文化的精神相符合，此是新亞上「船」作爲該大

學的成員之一的一個重要的原因。怎知別人家並不把「中文」一名作爲「有實指義」的看；在那些人的心目中，「中文」兩字只不過是一個符號，把這個符號連着「大學」一名，正有如A大學、B大學或張三大學、李四大學一樣；「中文」一名，那裏是新亞諸夫子心目中的「中文」的指義呢？孟子說「君子可欺以其方」，那些人玩的正是這一套。好了，你要「中文」，我們便叫做「中文」；你要「博文約禮」，我們便接納你的「博文約禮」。這所大學果有圍繞着「中文」一名的實義爲其建立的宗旨或理想的話，那亦不必勞孫述宇兄於一九七七年十二月十一日在大學的「學生報」上發表其「使用中文是中大的使命」一文了。我接到一位同學寄給我孫述宇兄的這篇大作，很仔細地讀完該文後，我對此文的評語是「有心人，無作用」六個字；因爲這所大學如果是以述宇兄文中所論述的「使命」爲使命的話，那麼，今天的新亞亦不至給弄成像這個樣子的「新亞」了。

③錢穆師，學術界中人大多都知道他是苦學成功的。他在國學上的成就，誰都不能抹殺；但正因爲他是苦學成功的，他在「英文」方面便不夠用，而當這所大學每次開會時，與會者卽使全是中國人，他們亦例必以「鬼」話來討論問題，「畜」意折磨我們這位不甚諳英語的錢老師。這些人正是某文豪筆下的如假包換的「假洋鬼子」。要這些人來擔負什麼「使命」，豈不是等於欲「緣木」而「求魚」嗎？

④新亞由本學年度起，已經是由「量變」躍到了「質變」；連原本僅存的千百分之一的「新亞精

神」亦不見了，代之而起的是奔競追逐、不擇手段的「跪地餵母猪」精神。熊十力先生於其所著的「讀經示要」中曾說：「學者試平情而察今日人心，如何渙散，如何自私自利而無公義，如何僥倖倚外人而不自立自愛，如何萎靡而無一毫伸張正義之氣，今人何故不成爲人！」熊先生的這一段話，正可以用來說明我們這所「學府」今日的人心（當然這裏說的並不表示是一個「全稱命題」）。回憶當年新亞的公開講學精神（且暫不說校內的正式學系了），加上「民主評論」、「人生雜誌」兩個刊物，在香港確亦初步地蔚成了一個異於「五四」傳統的學術新風氣；再看看新亞今日落得這樣的「花果飄零」，又何能使有心人不免同聲一哭啊！

⑤我是早期新亞的學生之一，由於性格及我們今日所處的大環境的關係，我比較喜愛聽唐師的課；在四個學年度中，我幾乎用了「在校」的三分之一的時間，聆唐師所開的課。畢業後又充任唐師一段時期的助教，因而我對唐師的那份「誨人不倦」的精神，不能說沒有了解。最近讀唐師賜贈的兩部大著——「中國哲學原論」（原敎篇）及「生命存在與心靈境界」，各上下兩巨册；於字裏行間，唐師頗間接地流露了他所患的病並不是藥石可以對治得了的語氣；他又提到朱夫子於其臨「終」的數小時前，仍在修改他的「四書集注」的稿子的話。從唐師新著中的好些處，可以看出他對於「終」的問題表示得很平淡、安詳，並沒有像一般人那麼忌諱一個「終」字。唐師由去年此日到現在的一年中，除去在臺灣榮民醫院接受健康檢查的一些日子外，回到香港，依理應該休養一段時間，以靜待身

體的康復；但他並沒有這樣做。回香港後，卽馬上到研究所授課。我見到他的健康狀況實在不行，曾婉言勸他不要授課（因爲在談話中，我發覺他的肺活量亦實在不行），最好是留在他的寓所休息，以欣賞的態度，讀讀一些不費精神的詩詞之類，排遣寂寞的時光；可惜我的話完全沒有發生作用，他依然到研究所授課如故。不久，他在原來所患的病上又加上了咳嗽，但他仍是依時到研究所授課不誤。星期三（二月一日），是他往常必到研究所授課的時間，我到研究所去探望他，但卻沒有探望到，當時心想這可能不會是好現象；但亦不敢向該所中人問個究竟。翌晨，我照例去晨運，登山到石梨貝水塘區散步、作深呼吸或柔性體操等。約當日上午九時回到舍下，一進門，小兒便告訴我：「爸爸：有人打電話給你。」我心想，自從我自動脫離新亞之後，便很少有人打電話給我；偶然有，亦不會在早上九點鐘之前。聽完小兒的話，我直覺地感到事態一定不尋常，卽電研究所探詢，當時對方給我的第一句話是：唐師已於今晨六點鐘過後逝世了。這直使我慌亂得不知還要向對方問些什麼！放下聽筒，馬上趕到唐師原來的寓所，見到客廳裏有好些人正在一面安慰師母；一面急忙地打越洋電話給現居美國的唐安仁（唐師的女兒），我只好坐在籐椅上淌淚。啊！唐師永遠地離開我們了！一代哲人就這樣與我們永別了！這怎的不令這忝居唐師門下的我，深深地感到無限的哀痛呢？

我說這些話，可能有人要說我在新亞所受到的「待遇」，不比上面所說的更加可哀可痛嗎？對於這些可能（我敢斷定是必然）的冷語，我只能用一句話作答覆，那便是：我們畢竟還是人呀！

最後，深願唐師在天之靈，時刻眷顧着師母和他府上的人，與他（她）們長相左右！

六十七年二月四日

（一九七八年二月二十日，華僑日報「人文雙週刊」第一六七期）

記憶中的哲人

——敬悼唐君毅老師

麥仲貴

我到新亞書院來唸書，纔和唐君毅老師認識。唐老師是一位很有名的哲學家，同時也是一位躬行實踐的儒者，這是不需要我說的了。我常聽到人們說：唐老師是一位仁者型的哲學家，而牟宗三老師則是一位智者型的哲學家，也許是很有些道理罷。我自己對唐老師的印象，則可從兩方面來看，若果純從一個人的外貌作粗淺的說，唐老師的身型不算是魁梧奇偉的一類人，可是由於他身體的結構關係，和涵蓄着飽和的精光，使人一旦接觸其謦欬，卻不期然地有着一種剛健和弘毅的充實感。然而從他的內在來說，唐老師不唯是一位理智很強的人，而且也是很有情感的學者。這無論是流露在他的言談舉止，或是著作文字，我們都可以隨處加以印證的。作爲這樣的一位儒家的學者，他對學問以及一切事情的處理，那就不僅是一般智者的判斷，而更是一位仁者的包涵。這就是說：一位由剛毅與忠厚結合而成的儒者，一種渾然自成的獨特形象了。

在新亞書院我唸的是中文系，但是我卻很喜愛哲學。由於這樣的原因，我曾在大學一年級時，寫過一封信給唐老師，意思是說我想轉唸哲學系，請教他的意見。後來唐老師在看了我的信之後，就叫當時在哲學系任助教的鄭力爲先生，到我家來勸我還是唸中文系的好。他的意思是我雖然是喜愛哲學，但中文系老師是最強的一系，可以多獲點文學方面的知識，而且喜愛哲學，也不一定要唸哲學的，中文系也有一些哲學方面的課程，自己也可以再旁聽一些。這樣我便一直在中文系唸到畢業了。

大學畢業以後，我由於在唐老師所講授哲學史課程中，聽到了宋明儒者中的程朱和陸王，又聽到了宋明理學，是經過兩漢儒學，魏晉玄學和隋唐佛學的洗禮，而再接上先秦孔孟儒家的復興的新儒學。這一門新興的學問無論是作爲新儒學者對先秦儒的反省與醒覺看，或是純從新儒學這一門學問的內涵看，都是比先秦儒豐富和進步了。因此我漸漸地對宋明理學產生了一種興趣，並且寫了一個研究計劃，作爲投考新亞研究所的準備。這個研究計劃我曾拿到唐老師家去請教他的意見，他看過後也說是不錯的，後來我果然考到了研究所，這時唐老師又是我研究的導師，因此請教他的機會更多。唐老師是一個溫厚而勤勉的學者，他平日除了在學校辦理公事，和擔任很多門課程之外，回家後仍舊不肯休息，而多從事學術的研究，著述和寫作，這是長久以來的一種習慣罷。記得我在唸研究所時也很常到唐老師家裏去坐，大約是想請教他一些哲學上的瑣碎問題。我每一次去坐，他便放下了書和筆，從書房走到客廳來。唐老師一坐下來後，在我還沒有把想請教的問題說出，他便滔滔不絕的談起來。他老是對我說些做人和爲學的一類問題，但是由於這一類的問題很有用和很有興趣的，因此我也往往不想把我想請益的問題提出，以免打斷他的思緒。這是說明了唐老師不獨具有好學不倦的精神，而且亦彎有誨人不倦，開導後學的志趣。

在新亞研究所畢業以後，我由於選擇宋明理學這門艱深的學問，來作爲我自己的研究課題，所以也逐漸讀了一些宋明儒者的作品，無論是歷史文獻，或者諸儒記錄，都多少有一點接觸。然而就在這時候，我同時也先後讀了幾種唐老師的著作，如人生之體驗、人文精神之重建、文化意識與道德理性、心物與人生、人生之體驗續編、道德自我之建立、中國文化之精神價值等。這些作品，是唐老師經過長期努力研究的成果。有些是唐老師還沒有來港之前，在中國大陸任教大學時寫成和出版的，有些是到了香港以後，在新亞書院任教時寫成和出版的。這些作品，有論述中國文化的，也有抒寫人生的，講述個人道德修養的艱苦，行文或深或淺，而且多少也有着文學的情調，讀來使人覺得親切。

到了在新亞研究所當助理研究員的時候，我也常常去旁聽唐老師的講課。我覺得旁聽老師們的講課，雖則不用考試或專門爲抄筆記，但有時也可以有許多意外的收穫，如重溫舊夢一樣，再加溫習一番。我在旁聽唐老師的課程中，就有着這種感覺。其中尤其是聽唐老師講宋明理學一科，最初則覺得海濶天空，如一片無物的空宇，寥廓寂然，了無掛搭。後來聽了唐老師的講話，從北宋諸儒開始，胡安定、孫明復、石徂徠、張橫渠、周濂溪、二程、象山、朱元晦，而至元儒明儒吳草廬、吳康齋、陳白沙、王陽明等等大儒，次第出現。其人物之學派、師承、學問、思想，以及精神志趣所在，都一一加以析述詳敍，使聽講者不獨知道諸儒之學問思想的主旨，彼此學派間之異同，而更喚起人們對這些大儒的精神、人格、學問的崇敬與嚮往，由於此而有進一步之研究的興趣。這是我聽唐老師的課之一感想。

唐老師除了講課與接談、著作的這些特色以外，也是新亞書院的創辦人之一，他一直就沒有離開過新亞的哲學系，加以他爲人敦厚，桃李滿門，所以門下高弟甚多。唐老師在中文大學退休下來以後的一段日子，大半是用來主理新亞研究所的所務。當然，除了辦理公事，講授哲學課程以外，繼續從事學術研究與寫作，仍舊是唐老師個人重要課題之一。這在我看來，研究高深學問，是每一位學者或教授的天職，由此他可以對所講授的課程，加入一些新血，新知識和新發現，而使其課程更賦予一生命與精神。唐老師退休下來以後的事，自然是與研究所的關係，倍加密切了。他一方面進行加強所務，而將研究所分爲教學、研究和出版三組，另一方面則購置大量的圖書；使這個本港高等學術機構，增加了不少新的精神食糧。我由於是新亞研究所畢業的緣故，仍然留在所中做一點拉雜的工作。因此我和唐老師接近的機會較多，而對他的學術研究，產生無窮的興趣和感動。由於唐老師的鼓勵，我在這幾年也先後編寫成幾本小書。這些書雖然不算是甚麼學術論著，然而卻也帶給我一個讀書的機會，因而也讀了些宋明諸儒的文集，也切實地認識了這些儒者的志趣和精神之所在。唐老師在努力寫作的結果，近年來接連地又出版了幾種新著。這就是從哲學概論以後而來的中國哲學原論一系列之著：導論篇、原性篇、原道篇三卷、原教篇以及最近纔出版的「生命存在與心靈境界」了。我眼看到唐老師是非常用功從事這些書籍的寫作，所以平日也替他的健康擔心。但是在這些書相繼出版的時候，不幸唐老師果然病了。這當然不是一般人說的單是運氣不好，這麼簡單的想法，而是一個學者在過份辛勤工作，經過相當悠長的歲月以後，所必然導致的結果。我自己有時是這樣想，假使可以說服唐老師稍稍休息一下，不要作過份的操勞，或作一個稍長的海外旅行，轉換一下環境，然後再來從事這些繁瑣的研究工作，未必不是一件好事，但可惜他一時又拋不下這個學術機構，到其他地方去走走，仍然每日按時辦公，按時上課，而繼續研究寫作，這就不能不使他的病體日益加深，而終不能康復過來，而最後就是拋下我們的研究所而去。唐老師的逝世，使我們非常悲痛，是不必說。但是我們在悲悼之餘，仍然還要本着他平日的教誨，以及對學術研究的抱負和工作認眞的態度，去繼續努力，纔是我們應有的哀悼，如今我寫成這篇拉雜的短文，亦謹以此來敬悼唐老師。

（一九七八年二月二十七日，華僑日報「人文雙週刊」第一六八期）

承教小記

——謹以此段文字追念唐君毅老師

小思

我，從沒有在文字上，如此展示自己的過去，裏面包含了許多缺點、軟弱、無知。爲了表示對吾師唐君毅先生的追念和敬意，爲了讓還不知道唐老師的同學，知道世上曾有這樣的好老師，爲了使自己對當下的缺點、軟弱、無知、有不斷的自省能力，我願意敍述三段往事。

×　　×　　×　　×

那年，我只是個初中一學生，一向在家裏，是父母最愛寵的小女兒，但在兩年間，卻面臨了母親急病去世、年老父親的續絃、年青繼母的敵視、父親急病去世、還有各種大小不一的家庭變故。一下子，我覺得全世界的痛楚都集中到身上來。我怨恨上天虧待，分不出皂白的憤怒，使我仇視一切接觸的人。更固執地拒絕了兄嫂的好意，幾乎誓死說不跟他們同住。就那樣，獨自躲在一間幽暗的中間房裏，渡過了四年。那屋，原是載滿我童年歡樂的故居，爲了戀戀於舊時記憶忍受分租房客的欺壓，不懂自顧飲食惹來的一身疾病，我似乎愈來愈沉迷那種一半出於自作之悲痛中。

初中三，是多麼危險的一年！如同許多年青人一般，我帶着自以爲是、閉塞、憤怒踏入心理變化最大的青年時期，尙幸的是母親培養我的讀書興趣，一直沒有減退，功課做好後，不是到街上亂逛，就是躲起來看書。那年夏天，是個重要的轉捩點。在偶然機會中，認識了正在新亞書院兼課的莫可非老師（他是影響我最大的幾位老師之一，可惜，也去世了。）在他指導下，有系統地讀了一些中國文學作品。也是他，送給我一本唐君毅先生的「人生之體驗」——對我來說，一本絕對重要的書。

於是，在燈下，我展讀一段段異於尋常文學作品的文字，同時，也轉入人生道上的另一里程。

我悲哀，他說：「眞實的悲哀嗎？他來了，你當放開胸懷迎接他。眞實悲哀，洗去你其他的縈思，淨化了你的心靈。雨後的湖山，格外的新妍，你的視線，從眞實的悲哀所流的淚珠，看出的世界，也格外的晶瑩。」

我不信任人，他說：「當你同人接近時，莫有十分確切的證據，你不要想他也許有不好的動機，這不僅是因爲你誤會而誣枉人，你將犯莫大的罪過；你必是常常希望看見他人之善，你將先從好的角度去看人。」

我怠慢，他說：「你必須實踐你的信仰而工作。你不息的工作，爲的開闢你唯一之自己，所以工作之意義，不在其所有之結果，而在工作本身。」他更教導我的生活興趣要多方面化：「你的心感着多方面之興趣，如明月之留影在千萬江湖。這並不會擾亂你的內在統一。在眞正嚴肅的生活態度裏，各種形式之生活內容，是互相滲透，而加其深度的。」

我開始平靜下來，思索和嘗試實踐和盼望雨後的新世界。由於熱愛唐先生的理論，我決定去當他的學生。於是，「升學新亞」，成爲努力嚮往的目標。經濟問題必須解決，爲了取得獎學金，我開始集中精神，闖過會考和入學試兩關。

現在回顧，眞覺那時憤怒，差點使我山窮水盡，是唐先生的「人生之體驗」，爲我撥開雲霧，得睹天清地寧。

×　×　×　×

新亞入學口試的那一天，主考人正是唐先生。他問了些很普通的問題，我怎樣應付過去，現在也記不起來了，但最後一個問題，卻仍清楚記得。大概唐先生看見表格上，志願項中，我全塡了「新亞」，便問道：「你愛中國文化嗎？認爲在香港，中國文化能散播嗎？」一向，我自以爲愛中國文化，第一點答案該是肯定的。但第二點，由於生於斯長於斯，又受許多年官校教育，我竟不加細想便回答說：「恐怕沒有什麼希望！」唐先生聽後，抬起頭來看我的眼神，到今天，仍淸晰印在腦海裏，似乎有點惋惜我無知，卻有更多的疑問。往後，他再沒說什麼，便打發我出去，回來後，跟同學談起，他們都嚇唬我，會因那個不得體的答案，進不了新亞。幸而，不久，我便註册正式成爲新亞學生了。

站在高大，藍色玻璃的新亞圖書館內，夏日早晨的陽光，十分耀眼。我首次驚訝於學問的博大。驀然，由中學畢業帶來一腔「捨我其誰」的傲慢，完全散碎了。跟中學課程完全不同的科目、上課方式，使我心裏充滿亢奮，也帶點手忙腳亂，尤其第一個月上唐老師的「哲學概論」課，我盡最大努力把聽到的記錄下來。這對於新生，實在十分吃力。

就在那年十月，新亞發生一宗懸旗事件。據說每年十月，新亞宿生都會懸國旗，但自那一年開始，由於接受了政府津貼，不能再在校舍內掛旗了。作爲新生的我們，並不太清楚是什麼一回事，只知道舊同學都十分激動。在一個晚會上，我第一次看見許多人爲了「國家」痛哭的場面，也第一次聽到唐老師說民族、文化、原則等等觸動心弦的問題。天地忽然擴大起來，雖然頓感渺茫，但當下便從自我跑出來，以後，關懷的再不只是自己了。

新亞四年，不斷選修唐老師的課，很難撿拾具體例子來證明他怎樣影響我。一陣春風吹過，萬物便逢生趣，又有誰能捉住一絲春風給人看，說：「這就是帶來生意的春風。」我從不到辦公室去看望他，所以肯定一切影響是來自授課和著作上。上過唐老師課的人，都必然難忘他授課時「忘我」和「投入」的情況，這該是他說的「你當自敎育中，看出人類最高之責任感、最卓越之犧牲精神。」了。正因如此，他的授課，包含了兩重意義：一是用語言文字表達的知識學問，一是用精神行爲暗示的道理。對於我，後者的啓導力最大。

四年來，我學得絕不多，但卻獲得「世界無窮願無盡，海天寥濶立多時。」的好境界。

×　×　×　×

從新亞、師範畢業出來，我抱着無比的信念和愛心，走上教育工作的漫漫長路。我嘗試實踐唐老師說的「在兒童的人格中，看出每一兒童，都可完成其最高人格之發展，都可成爲聖哲。」這信念。可能太年輕，意氣太飄舉，竟忘了這段話下面另一段：「這一切向好之可能性，可永不實現，另外有無盡向壞之可能性。攜着兒童在崖邊行走，永懷着慄慄之危懼，不能有一息之懈弛。」也忽略了社會急劇變化帶來的種種壓力。遇上阻力一天比一天多，我信心開始動搖，悲哀又再臨近。

當了敎師的第七年，兩個女學生陷於社會不良風氣裏，使我的信心完全垮了。對於她們，我用過不少力，她們也信賴我，可是，依舊沒法抗拒一些更巨大的誘惑，終於錯了。當她們向我說着悔恨的話時，我頓然心頭一空，就像在崖上救人，明明已緊握住他的手，但終也一滑，他便溜出掌中，往深淵飛墜。軟弱、哀傷，使我很震驚，只得向唐老師「求敎」，每次去探望他，坐定下來，聽他正講着哲理，我就忘記「求敎」這回事，而最奇怪的是：每次講的道理，都好像分明解答我帶去的問題似的。

有一回，他對我說：「你身體太弱，最好停一停，在閒中反照自身，看看執着的是不是一些虛象。」就這樣，他介紹我到日本京都大學去當研究員。

告別了教學生涯，我到詩化的京都，很平靜地讀一年書。由於離開香港，才發現自己和它原來已訂下一種無可擺脫的關係。由於離開學生和學校，才察覺自己原來對他們有無限的思念。事情漸漸明朗，忐忑的心情沒有了。我又找到安心之所！

夏天，唐老師路過京都，他帶我到南禪寺去。坐在紅氈上，眼看滿庭幽草，我挑着無味的湯豆腐。他嚴肅地說：「淡中有喜，濃出悲外。」於是我一心如洗，明白超拔的道理。決定一條應走的路向。

× × × ×

推崇唐老師的人，都會用「大儒」、「哲者」、「博厚」這些字眼來稱頌他。汚貶他的人，又會用「胡塗」、「固執」、「不識時務」這些句語描述他。我應該怎樣向下一輩描繪他呢？也許，我實在沒辦法說，因爲知道他的事情並不多。能夠說的，只是身體力行，堅持原則的精神，怎樣挽救我於水深之中。

煙波萬頃，把天邊朗月散化成閃閃銀輝，瞎者無緣可見，而站得愈高的看得愈多！對唐先生，也作如是觀。

（一九七八年三月十五日，「大姆指」半月刊）

唐君毅先生與鵝湖精神

袁保新

唐師離開我們了。自從二月二日唐師病逝香港，兩個月來，每次鵝湖師友的聚會，都是在沉重的悲悼心情中，大家輪流追述與唐師的接觸，以及在生命理想上曾如何地受到唐師的啓發，因此無形之間，唐師的人格與精神變得更昭顯感人，使我們覺得唐師的逝世，不僅不是離開我們更遙遠，相反的，由於唐師終其一生地爲文化理想奮鬪之感召，已然使我們再一次肯定了爲人的道德勇氣，以及承繼中國文化之宏願；在精神上，自覺地將唐師未完之志業承擔下來，而感到與唐師更契近。

我個人回憶鵝湖之創辦，其間數度往謁唐師，聆取教誨，對於唐師與鵝湖之間的關係，尤其有深刻的體認。我甚至可以說，鵝湖師友之所以可能聚集一堂，並且共同興發創辦鵝湖之理想，以及兩年多來雖然有着重重的艱難，但我們仍然堅持刊物創辦之初衷，正是由於唐師精神人格之感召。

鵝湖創刊號發刊辭中，曾經明示我們創辦這個刊物之宗旨，並且揭櫫我們何以命名刊物爲「鵝湖」之理由，卽主要是因爲「鵝湖」這個地理名詞及其中含蘊的歷史意義，引發了我們一些文化理想，促動了我們對歷史的責任與抱負。可是這中間還有一個鮮爲人知的小故事，就是鵝湖創辦的成員是極其複雜的，它主要是一批師大中文系的師生及輔大哲學系的師生所組成，換言之，鵝湖的成員無論在研究的專業領域上，以及學府的背景上，均有很大的差異，但是由於我們在思想上先後受到唐師的啓發，因此對於哲學上最終眞理之探求，及融學問於生命之中的聖學傳統，均能眞實肯定，而將彼此若干觀念上的分歧，以論學的方式疏通批導，最後滙聚成一個共同的文化理想，因而有以鵝湖月刊來督促我們學問品德的計劃，而冀望我們的理想能進一步擴充出去，與我們這個時代的所有中國青年共勉共進，一起承擔中國文化發揚再造的使命。

民國六十四年六月，我記得與岑溢成兄、楊祖漢兄及林鎭國兄齊赴唐師在臺講學的臨時住所，報告我們創辦鵝湖月刊的意思。唐師親自檢視我們創刊號的稿件，兩次細讀我們的發刊辭，並對我們表示他看得出我們雜誌中有一股生命，有一個正大的理想。我當時回答唐師說，我們之所以能夠如此，正是受到唐師的啓發，覺得我們青年對時代的艱難也應有所承擔，讓往聖先賢的智慧不致於在我們這一代青年身上墜落。唐師當下就嚴肅地告訴我們，他一定支持我們的，並且寫些文章給我們，表示鼓勵之意，但是希望我們辦刊物不要寄望前輩的文字，因爲很多道理要由年輕人寫出來才可貴，才眞正可以表現出生命來，而且只有如此的「慧命相續」才有意義。唐師進而從歷史上舉證王弼、何晏、陸象山、王陽明，俱在青年時代斐然成章，而影響後世甚大，囑咐我們自己也要常寫作，務期使鵝湖的事業可久可大，並以漢朝古文學雖遭官學冷落，但在民間講盛了，自然會被請到官裏這個史實，告訴我們理想最初會遭到挫折，但是只要能夠堅持，一定會得到社會大衆的回響，而成爲文化復興的一股大力量。那天若不是唐師事先訂好有應酬，師母催促老師動身，否則唐師對我們殷殷提攜關切的意思，怕要談得更多。而我們在聆取唐師的教訓後，一方面感到我們肩頭的使命艱鉅，另一方面卻內心很平和，就如同平日讀唐師的著作一樣，在經歷曲折的文字後，內在一片空靈，覺得道理就是應該這樣地講，這樣地實踐，現實上雖然有種種險阻，絕不能動搖困惑我們的理想。

到六十四年十二月，鵝湖在無所憑藉的情況下，出版了五期，而且漸漸得到讀者的重視。但是出人意料的，我們對國家文化的這種自發的孺慕之思，竟然遭到一些誤解和不公正的批評，當時所有鵝湖的同仁都覺得受到很大的委屈，但是由於鵝湖的青年不是在學就是任教，既無強有力的社會關係，也多不擅長人事酬酢，因此只得強忍這股悲怨的心情，慨歎人情之險惡。當時唐師知道這件事情後，卽勸慰我們不要因爲挫折而動搖了自己的理想，並應允我們的邀請對社會大衆講演「中國文化復興的德性基礎」，用意卽在鼓勵我們不要對人性喪失信心，應該拿出論語上孔子所說的「尊賢而容衆，嘉善而矜不能」的心量去承擔橫逆，而努力求理想之擴充。我記得唐師那天在中國文化大樓演講，先讚許鵝湖的理想，然後談到文化事業若期可久可大，一定要所有有志於文化學術的人，相互欣賞，若是彼此懷疑猜忌，則力量抵銷，仍舊不能有功於時代。那次講演對我們的激勵及啓示很大，是以日後雖然仍有一些人在心理上不願承認鵝湖的理想，但我們卻能坦蕩蕩地自處，無意據理抗爭，因爲我們確信對文化理想的忠實，在一段時間後定會消弭這些無理的誤會。如今鵝湖已順利發行了近三年之久，訂戶也有一千戶左右，讀者的鼓勵與善意的批評更時而有之，這絕非那些對創辦鵝湖存有觀望之心的人士所能想像。我們由自籌的四千五百元開始籌劃，到如今仍然不能支付稿費，甚至連辦公室辦公經費都是自掏腰包，可是既然創業三年的艱苦都能熬過，日後只要理想不墜落，唐師對我們的訓勉不忘卻，我們相信鵝湖定能成爲所有中國知識青年的鵝湖，唐師對儒家人文世界的嚮往，也會成爲所有中華兒女的共同嚮往。

六十五年九月唐師因患癌症入院治療，本來消息封鎖，且師母授意在臺諸生不必探望，但是當我們知道這個消息後，卻不由己地要去榮總看望老師。十月一日那天下午，當我們步入唐師的病房，看見唐師坐在搖椅上，面對着牆壁沉思，我們輕喚老師，老師發現是我們這些不經事的學生來看望他時，也極驚奇。我們急切地探啓老師的病情，老師也急切地詢問鵝湖，並且時而稱道鵝湖辦得好。我看到老師在幾個月內消瘦了許多，蒼老了許多，眼淚幾要奪眶而出。當老師談到近日反省一生，慨歎自己在成聖的工夫上，給自己打不及格時，我們都被老師這種怛惻的心情所震動。老師一生宏揚儒家踐仁盡性之教，不僅在思想上出入中西哲學各宗各派，求各義理系統之相涵相容，爲當世學者所罕匹，更在親身實踐上，以一無限的道德心量去承載一切人間的缺憾與過失，決不讓人性之尊嚴就此墜落下去，可謂是「知及之仁守之」，誰也沒有料到，老師竟在自己歲暮之年會給自己這樣嚴厲的批評。「希聖希賢」本來一向是中國知識分子唯一的志願，中華民族之賡續常存，也正是因爲每一個時代的中國讀書人都能自覺地肯定聖賢事業的價値，融學問與生命爲一體，而成爲每一個時代的良知，提攜人心振發世道而不墜。但是，自從至清朝聖學傳統中落，讀書人自拘於訓詁文字的考據之學，已然使這維繫民族生命之學統瀕於毀滅，復加上近百年來西方文化知識之衝擊，希聖希賢的士子胸襟更被斥爲腐朽，再也沒有人像唐師一樣以聖賢之志來督勉自己學問生命的合一。老師自省一生成聖工夫做得不徹底，足見老師從未以學術的聲譽與影響爲職志，他一輩子都在謹愼操持，不許生命中任何的動作墜毀了人性的尊嚴，其用心行事決非一般世俗的標準所能橫議。牟師宗三曾稱許唐師「關於道德宗教之體驗，並世唯唐君毅先生最精湛」，並在悼文中以「文化意識宇宙中之巨人」昭告世人，唐師志業之高明偉大，實無任何誇譽。我記得那天我們靜侍唐師一側，聽唐師說了許多話，卻因爲字字句句都撞擊在心頭，腔內總是翻動着淚水，爲了自抑不要失態，大家都變得很沉默。唐師靈柩運到臺北，我見到一位青年匍伏在唐師靈前，涕淚縱横，情極感人，我幾乎也要放聲大哭，因爲若非唐師的教誨啓發，我相信我們今日生命恐怕也還是一片混沌黑暗，這全是老師以他那精誠怛惻的人格力量感召了我們，使我們在精神生活上得到提攜。遺憾的是，老師對我們這種再造的恩情，再也不能回報了。

唐師去世後，鵝湖師友決定創辦紀念專號，讓國人了解唐師一生如何地爲了實踐儒家的人文理想而奮鬪，使唐師的一生宏願得到他生前應有而未有的尊重，相率以聖賢的事業共勉。邀集稿件之時，楊祖漢兄特別來信告訴我們多報導些老師學術德業的事蹟，不要太強調個人受教於唐師之經過，以免自我標榜之嫌。但是，兩個月來唐師著作雖然不離案頭，卻不能收斂情感專注的寫些老師的思想，並且我們總覺得唐師德業之偉大，也絕非我們的幾篇文字能道盡。因此我個人還是願意追述一下唐師與鵝湖月刊在理想上血脈相連的這件事，並且重申鵝湖創辦之三個宗旨，即：

㈠ 在時代知識的脈絡中，探索宇宙人生的眞諦，以肯定人生的意義與價值。

㈡ 促使中國傳統所特重的道德精神普及於今日，鼓舞人類依據道德性，融合學問於生命之中。

㈢ 以我們的眞情實感，來重新接上文化傳統的眞精神，運用現代的表達形式，為這一飃盪的時代樹立一精神之基柱，完成我們這一代所必須完成的使命和責任。

我們願以這三個精神，激勵鵝湖的師友與讀者，並告慰唐師在天之靈。

（一九七八年四月，「鵝湖」第三卷第十期）

悼唐君毅老師

雷金好

蛇年的除夕（公元一九七八年二月六日），我和三弟在燈下共吃團年飯時，扯東拉西地談個不亦樂乎，忽然他若有所憶的說：「呀！你們新亞的唐君毅先生去世了，你知道嗎？」

「什麼？唐老師去世了?!」

「是前幾天的事了！我聽報館裏的同事說的。我打算當晚就告訴你的，怎知卻忘記了。」

呀！他竟看不到慶祝他老人家七十大壽的學術論文集便去世了，生命的來和去眞是多麼的不由人啊！

記得十八年前，我初嘗大學生的滋味，既興奮又忙亂地拿着選課表選課時，由一位師兄的口中認識了唐老師：知道他在哲學方面很有造詣，講課也很動聽；惟由於他是四川人，以帶四川口音的國語授課，所以一般的香港學生最初三、四次可能聽不懂他的話，但以後就沒有問題了。於是我決定等到升二年級時才選修由他講授的「哲學概論」。

後來，我見到唐老師了。高高胖胖的他，第一眼就給了人一個溫文、敦厚、善良而又眞純的學者型的印象。他有一頭微斑而不貼伏的濃髮，兩道粗濶而微斑的濃眉，一管高大的鼻子和兩片寬厚的嘴唇。他的眼睛也許很大，但看來不大，因爲一來被那副粗邊的玳瑁眼鏡遮着，二來他老半眯着眼睛在思想着什麼似的——相信是一些有關人生或宇宙的哲學問題吧！

再後來，我聽到他的聲音了。雖然我不大聽得懂他的語意，但是我感到他那低沉的語音裏蘊藏着一股吸引人的勁力呢！因此我對將來聽他的課抱有很大的信心——我相信到時我一定能聽得懂他所說的每一句話，而他的話一定能使我在探討宇宙、人生的眞理方面有所啓發的。

就在我正式上唐老師的課前，我竟有幸跟他一家人相處了大半天。事情是這樣的：在暑假前的一個晚上，我在靠背壟道的「新亞臨時女生宿舍」中跟師姐鄒慧玲不知怎的，竟不約而同地從一羣人的喧鬧歡笑聲中退出，並頓興了暫時靜隱郊外讀書的念頭。她當下便想到了一個去處——沙田的慈航淨院，並說唐老師可給我們幫忙。結果唐老師不僅給了我們幫忙，還一家人連同友好程兆熊老師、李國鈞先生一起送我們到慈航淨院去。

在淨院裏我們拜見過住持後，休息了一會兒便同進午餐。大家有談有笑，好像一家人似的；實際上他們當中除了鄒慧玲和李先生是跟我相熟外，其他各位跟我卻都是初相識的呢。

那時師妹唐安仁仍稚氣未除，我發覺她一直不時撩弄着她的父親，唐老師有時不理會她，有時把她的手輕輕拂開，有時把她的手輕打一下。他父女倆的小動作眞教人忍俊不禁。

午餐後我們在院內到處溜躂，然後去會見唐老師的方外交曉雲法師，那時曉雲法師正是淨院的貴賓呢！大家見面後，唐老師跟曉雲法師細談佛理，談得很是入神，唐師妹可耐不住了，自個兒溜了出去玩耍。不久，她又進來拉鄒慧玲和我出去，唐師母便示意我們悄悄離去。

近黃昏時，他們走了。我對他們眞有點依依不捨呢！

從此，在淨院裏我天天看書、寫日記和到附近遊賞山野、鄉村的景色，晚上更和鄒慧玲分用粵語和國語朗讀唐詩，來改進她的粵語和我的國語。

暑假將完，我又依依不捨地離開了慈航淨院。那幽靜的環境、可口的齋菜、閒適而又有意義的假日生活，怎不教人留戀啊！十多年來，我仍對這淨院一月居的生活懷念不已；同時，對鄒慧玲和唐老師一家人也念念不忘。

又到選課時候，我當然選修了唐老師的「哲學概論」課；鄒慧玲也是。眞好！我們於是相約每次上課後交換筆記來看，以防錯漏。

不久，我終於上唐老師的課了。嘩，選他的課的人何其多啊！幸而我們一早便到，否則就要坐到門口或走廊去了。

他講課時眞是投入，難怪聽他課的人也渾忘了課外的事和時間的過去。

他喜歡一面講着，一面在黑板上寫着字，又在字旁畫着直線或圓圈。當他把黑板上的空位都寫滿、畫滿了，發覺沒位置下筆了，便擦掉一角或一邊來寫，很少把整個黑板擦乾淨才寫的。

每次他來上課時，身上恤衫總是很整潔的，但在他講課不久後，他的恤衫便會有一邊角抽了出來。又即使在寒冷的天氣裏，他也會常常講得滿頭滿臉都是汗的，其他的日子更不用說了。當汗珠一滴滴沿着面頰往下流時，他便先用手去揩，接着掏出一條潔淨的手帕來，一面講着課、一面抹着汗。奇怪的是每次他總是祇揩抹一邊額頭和鬢角上的汗便算，另一邊額頭和鬢角上的汗滴卻任由它流滴到衣上去。到他講夠了——他常常過了時才下課的，最高紀錄是個半小時左右——他才帶着半邊濕臉和不整的衣衫離開課室。

到我們再見他時，他的衣衫又整潔非常了。唔！這一定是唐師母的功勞啦！

那時唐府也在靠背壟道，跟新亞書院只隔了兩三條馬路的濶度；所以唐老師來上課固然十分方便，唐師母也愛到學校來聽課和參加全校師生聚首一堂的月會。新亞國樂會成立後，唐師母更成了研習古琴的中堅分子。

唐老師和唐師母都很疼愛鄒慧玲，直把她看成女兒一樣，鄒慧玲也很依戀他們，常常到唐府去探望他們。有一次，她拉了我陪她一同去唐府，唐師母殷勤地留我們吃飯，使我大飽口福，嘗到了她親手調製的外省名菜「獅子頭」。如今想來，齒舌間還似有一股甘潤的肉香和菜香呢！

那一年，唐老師的好友牟宗三先生也來了新亞書院任教，我和鄒慧玲也選修了牟老師的「中國哲學史」課。

牟老師講課也十分精采，但他的精采處跟唐老師的不一樣。我覺得唐老師是道德兼性情中人，他的話常像一股熱流，直奔到聽者心靈的深處，從而使聽者有所感動和融化；而牟老師是理智的化身，他的話常像一道冷冷的強光，直透聽者理智的深淵，使聽者豁然大悟。

由於唐老師肩負大學部教務長一職，又在研究所任敎，所以他在大學部所開的課遠較牟老師爲少，又因我所主修的中文系必修科的上課時間問題，到三年級時我不能聽唐老師的課，卻旁聽了牟老師的「宋明理學」和「道家哲學」。

我升四年級時，牟老師忽然轉了去香港大學任敎，唐老師似乎又開了「中國哲學史」課，可惜我因某種原因，不能以哲學爲副修而以歷史爲副修；同時功課實在太忙了：既要應付畢業試，又要應付統一文憑試的五個主修科目和兩個副修科目，已無暇聆聽唐老師的哲語慧言了。

本以爲從此沒機會再聽到唐老師的課了，不料二年後爲了取得香港政府承認的學士學位，居然再回新亞重讀一年，好應考六個主修科目和三個副修科目試卷的學位試。歷史系的系主任規定我們這羣不幸的（尤其是在一九六三年香港中文大學成立那年畢業的）、非因不及格而要多讀一年的重讀生得選修報考的科目；換言之，以前四年內我們修過的都不可以報考。而唐老師主持的哲學系則否，所以我一怒之下，改以哲學爲副修了，一口氣選修了唐老師的「中國哲學史二」（魏晉至淸的哲學史）和「宋明儒學」，即以該二科和「中國哲學史二」（先秦至漢的哲學史）報考。又因唐、牟二師所講「中國哲學史」的要點不盡相同，我只好借了一位修過唐老師該科的師弟的筆記來並讀；明知唐老師雖年年講授同一科目，內容必有他新體驗的心得參入，也在所不計了。而這樣一來，我竟又有一年時間再浸沐在唐老師的化雨春風中，也可算是意外的大收穫。

如果可能的話，我願常浸沐在唐老師的化雨春風之中，然而人生的機緣有數，福澤有限，我又怎可強求、怎可這樣不知足呢？我再畢業後，除了間中有暇回新亞參加校慶可見到他和師母外，每年必致聖誕賀卡祝賀他和師母平安、快樂，聊表一點懷念之意而已。去年一月，驚聞他和錢校長等九位新亞書院的董事因香港中文大學跟新亞書院創辦的教育理想不符毅然辭職，想他一定極爲傷心了。若非萬不得已，他又怎肯棄新亞書院而不顧啊！十二月初，父親給我帶來了一封信，才知好幾十位唐老師的高足發起向同學集款和徵文，準備出版一本學術論文集來慶祝唐老師的七十大壽。我立即塡寫了回條和支票寄去；至於學術論文，非淺陋的我所能作出，祇好欠奉了。

豈料事隔不過兩月，三弟便傳來了唐老師的噩耗，怎不教人欷歔難禁啊！情知人生聚散來去無常，還是因聚而喜、因散而悲、因來而樂、因去而哀，痴愚的我，終也不能超拔乎其外，眞枉聽唐、牟二師兩年哲學課啊！

想到這裏，不禁舉目望向窗外的夜空，但見天上無星又無月，而維多利亞海港上煙霧迷濛，已辨不出那兒是北角、那兒是中環、那兒是紅磡了，更不要說那可作香港表徵的爐峯啦！望着、望着，自己也彷彿墜在那濕濕冷冷的霧海中了。

（一九七八年二月九日動筆，十二日脫稿於九龍牛頭角。）

（一九七八年三月，「新亞生活」第五卷第七期）

「唐師，我錯了！」

——敬悼唐君毅老師

林秉權

一九七八年二月二日在我心裏將是一個永遠難忘的日子。因爲最可敬的唐君毅老師就在這天離開了這個世界。當我從報章獲知這不幸的噩訊，我整個人都震撼了，世界好像毀滅了。我的感覺痲木，反應遲鈍。個多月來，我的情緒從未平伏過，唐老師的音容德範一直縈繞在我的腦海。唐老師給我的太多，而我一直無以回報。我欠負唐老師的一份眞摯深厚的感情。我感到羞愧和有罪過。現在唐老師已仙遊了，我祇能背負這一份對唐老師底感情的內疚抱憾終身！

一九五年年秋，我進了新亞書院（時在農圃道，還未是中文大學）唸外文。一九六一年秋，由於思想上遽爾的轉變，我欲轉唸哲社系。（時新亞書院哲學社會還未分系）。唐師那時是哲社系系主任兼文學院院長，任何轉系生在程序上都須經他批准才算轉系成功。在一天的下午，我拿着唸外文系兩年來的成績表及一篇用英文寫成的柏拉圖的理想世界（The Platonic Ideal World）習作到哲社系的辦公室去。這是我首次的經歷，面對面地跟唐老師說話，也是首次最接近唐老師。時新亞書院其實很細小，平常在校內出入，也必然會遇到唐老師的。祇是任何時刻在路上見到的唐老師，每次都是急急腳，密密步忽忙地向前走。他的耳目雖掛在身軀上，但大多時都是視而不見、聽而不聞。唐老師的靈臺時刻都在他自己的精神世界內。唐老師對路上障礙物的趨避和方向的辨別，祇有下意識的反應。因此在路上遇到的唐師，總會給人一份迷惘和即逝的感覺。在我首次與唐師的會面中，我切實地體驗到一位哲人的溫煦慈和，沉厚篤實的性格。但我還是懷着誠惶誠恐的心情，向唐師道明來意，恭敬呈上成績表。唐師看完我的成績表，吐出一句話：「成績還算過得去，但你爲什麼要轉唸哲學？」我結巴結舌地說了一大堆連我自己也不大清楚的話。最後還是遞上我思想嫩得很的習作——柏拉圖的理想世界（The Platonic Ideal World）。唐師很快的望了一遍，交回給我，沒有說什麼，就批准我轉系。

此後兩年內，我僥倖地獲得了唐師的督導和指點。初時我醉心於西方哲學的邏輯辯證和推理分析，而極不滿意中國傳統哲學的濃厚的宗敎藝術情感倫理的色彩。唐師知道了，也不以我淺薄單純爲訝，祇勉勵我多讀書，多用心思索問題。後來又囑咐我參加研究所每月一次的哲學座談會。座談會是在研究所五樓的會客室舉行。參加者除唐老師外，還有牟師宗三、謝師幼偉、程師兆熊等，此外有唐端正、陳特、李杜、王煜諸位先生及研究所諸學長。大學部參加的同學不多，就記憶所及好像有譚汝謙、鄭烱堅、麥仲貴諸學長和我。參加座談會的先生（老師除外）和學生都要宣讀一篇近作，作爲討論問題之端，而每一次唐師都就有關問題，殷切地發表他精闢深宏的意見（發表意見的當然還有其他老師）。對我這個初入哲學之門的人來說，猶如大海中的孤舟遇到明燈，沙漠中欣逢甘露。記得有一次輪到我要宣讀習作（我那時寫了一篇論黑格爾的正、反、合思想。），我讀完習作後，照例是老師自由發表意見。但到牟師時他卻說：「他讀時的聲音很動聽，我很欣賞他高低抑揚的發音……」。牟師顯然未留意我習作的內容。我窘得連頭也抬不起來，以後牟師說什麼，我也聽不清楚。不知怎的給唐師發覺，他把話岔開去別處，解了我的困。其實唐師雖然是祇重大體不拘小節的人，但偶爾也會在輕描淡寫下，解決別人的內心困難。唐師這種處處體念別人的心意，確是感人。此後我拜讀了唐師大部分的作品，才粗知大略地了解中西文化之差別，源流及發展，體系及價值。這時才知唐師的學問，猶如汪洋大海，無所終極。古往今來學問能像唐師這樣學貫中西，博古通今，達到圓融通化的地步者曠世能有幾人！唐師給我的教化是善導的。依我的才性給我以開導。我對唐師的有教無類，循循善誘，諄諄教誨的懿德，是終身不忘。

一九六四年中文大學正式成立，中大學位試也在這年開始。我亦已進入大學第四年要參加畢業考試了。照程序應屆考生必須系主任批准才可參與學位考試。我拿着已填具了所要考的科目表格給唐師簽可。唐師拿着我的表格猶豫了好一會，終於對我說：「林秉權，今年不參加考試好不好？你唸哲學祇有兩年，照進度是不夠的。況且今年是中大第一屆學位試，當局很重視今年的水準高下。大部份評卷者由校外人士擔任。你是新亞參加中大第一屆學位試的哲學考生，如果你程度不夠，對學校及本系聲譽都有影響。而且多一兩年在學校，對你的學問進修，也有好處。你可不可以今年不考，明年看情形再決定。」我那時年少氣盛，以爲自己夠材料，希望儘快結束大學的階段，然後才作下步爲學或就業之想。我那種急功近利，不甘食貧的思想，使我冒失地做了一件終身最大的錯事。唐師剛說完，我馬上衝動地說：「我現在是四年級的學生，考畢業試是我的權利，斷不能爲了學系的聲譽，犧牲我的權利。」我的話一完，唐師臉色驟變，也是我首次見到唐師生氣。他激動得聲調也較平時高了一點地說：「林秉權，你誤會了我，你根本不了解我。你看我是這樣犧牲學生利益的人嗎？在學校多躭一陣子，多做學問的功夫，算是躭誤了學生的前途，犧牲了學生的權利嗎？我要你留在學校，是祇爲你好。」我出言不遜，冒瀆了唐師的人格，也損害了他的尊嚴。最嚴重的是我刺傷了他的心。我那時蠢得還未知覺自己做錯了，連一句抱歉的話也沒有跟唐師說。終於我順利通過了學位考試，而且在本系考試方面還僥倖考得三四年級第一名。拿了一紙學生成績優異奬狀，還沾沾自喜，以爲很對得起先生，沒有令他老人家失望。我那時的膚淺幼稚，後知後覺非但辜負唐師一番扶掖之意，也註定了自己的確沒有資格條件進入哲學之門。

畢業後像其他畢業生一樣，一面申請外國的大學，另一面尋找職業。在等待出路的期間，天天都在學校出入。一天在哲社系辦公室遇到唐師。他對我畢業後的打算垂詢甚詳，我亦一一相告。最後我並謂想在放洋之前賺點生活費及路費。唐師聽後，沒有說什麼，跟着拿起電話就撥回家。未幾師母抵達。唐師就對我說：「現在與你一起到中大辦事處去見胡煦德先生（時中大辦事處設在彌敦道恆生銀行大厦，胡先生爲教務長），看他能否給你一份在新亞哲社系辦公的文職，以後你便可以幫我校正稿件，找參考書資料，同時你可以多點時間讀讀書；另一方面又等待出外國唸書的機會。」我感激得連連點頭。那天的情景，我一生都不能忘記。我們一行三人乘了一部的士往中大辦事處去。車抵目的地，唐師自顧自的下了車，唐師母在後急急的付了車資。轉頭見唐師在一煙檔取了一包他需要的香煙也自顧自行了。唐師母從後急急趕來，把剛從的士找回來的零錢遞到煙檔去。唐師時時刻刻都活在自己的精神境界裏，根本渾忘了人世間的瑣節小事，而師母卻從旁爲先生打發一切生活上的小節。師母對先生的照顧由這些小事可知其大略的了。我們見到胡先生，也接受他客氣的招待。在唐師的斡旋下，我結果獲得了一份六百三十元的文職。唐師也爲此而有一陣子的高興。可惜我由始至終未支取過這份薪金，因爲我後來又轉就了另一份較高薪的職業。這一次我眞的很傷唐老師的心。

唐師是性情中人，古道熱腸，樂於助人。曾受唐師照顧恩惠的人相信很多。但如我那般獲得唐師「親力親爲」周詳的照顧，我肯定是衆多受惠者中很少數的幸運者。唐師不惜花費自己寶貴的時間去爲我這個不肖的學生的前途奔走，其時所給我的感受，實已超越了普通師生的情誼。每次想及那次的事件，仍然使我涕泗滂沱，至深銘感，終身難忘。唐師對我是師恩如山，而我竟不發一言，靜悄悄地離開了唐師，離開了新亞和其他師友。我曾經冒瀆過唐師，損害過他的尊嚴人格，又辜負他老人家一番栽培的心意。唐老師學究天人，寬宏厚道，自然不會記掛曾給過什麼人以恩惠，更不會介懷什麼人曾開罪過他。但我回報給唐師的卻是寡情薄義。我能原有自己嗎？現在唐師已逝，而我的大錯亦已鑄成，我又能用什麼補贖呢？除了遙對唐師說：「老師，我錯了，我對不起你。」我還能說什麼呢！蒼天悠悠，我誠心默禱，希望老師的靈魂獲得永恆的安息！

（一九七八年三月，「新亞生活」第五卷第七期）

偉大的精神永生

——敬悼吾師唐君毅

黎華標

二日早上，接到了消息，唐君毅先生今日凌晨去世了。這眞是個「晴天霹靂」。對於此詞語，現在才確切地體會出是怎樣子的感受。聽了噩耗的當下，人陡地像觸了電似的起了震動，還聽到心砰砰然的躍動聲響，一時間與傳消息者相視無言。

最後的一次探望唐先生，是一個多月前的事情，那天到他家裏，還未坐定，唐先生走進書房，出來的時候，手中拿着一套精裝二厚册的書「生命存在與心靈境界」，說：「這套書送你，要慢慢才讀得下去。它是我寫的最後一部書了」。我聽了，心裏覺得很慘苦，有想哭的感覺，卻哭不起來，一時間不知道怎樣回答，只得連聲說「多謝」，便趕快地談到別的事情上去。

唐先生得了肺癌，是前年的事，在臺灣動過兩次手術，然後改服中藥，是由一位蟄居在窮鄉僻壤的古怪中醫自己抓自己配的草藥，後來他把草藥帶回香港繼續服用，聽說病況頗有起色。回港後還一直躬親主持新亞研究所的所務，每周照常爲研究生講課二節，卻是坐着的講，是唐先生一生授課以來所未有過的事。人的鬪志雖然很旺盛，但經過了手術以後，體力到底有點衰落了。

在一年多以來，關心唐先生健康的師友都絡繹不絕的到他家中問候。唐先生素來健談，侃侃不絕，像他四川家鄉的金沙江水，滔滔無盡。主人的說話常比來客多幾倍。學生向他請益，只消一句話便引來他千百句，這是常有的事。他這種習慣在病中仍然沒有改變，只是於說得氣喘時，才不得已停下來，用毛巾抹抹臉上的汗珠。唐師母要是在旁邊，總勸他少說一點，或示意客人（如果是學生的話）早點離開。爲了不忍見唐先生說話操心，我因此沒有常到他家，只偶然到他的研究所辦公室閒談幾句，或由旁人口中探知他的近況。

他送我的那套大書，我一直尙未認眞閱讀，雖然嘗有一次生起個古怪念頭：「趕快讀一部份吧，有問題得趁早向唐先生請敎。」但畢竟沒有開卷。因爲於一轉念間，我又有另一個想法：「唐先生心地好，心量廣，樂觀，看他平日在生活與治學方面的鬪志，決不會就此倒下去的——我們還有很充裕的時光。」當時，我晚上的幾個小時正用在閱讀他在差不多同時間借給我的一本英文書，是由猶太籍敎授孟撒嘉（T. A. METZGER）寫的，裏面講的是部分有關中國宋明理學，並有專章討論唐先生的哲學思想。孟氏很難得，居然讀過唐先生反覆繳繞的哲學文章。他送這書與唐先生，並在扉頁寫了幾句語意雙關的話，勉強譯過來是這樣的：「送給唐敎授表示我對你的工作深切尊敬的微意，也是我沒法適當報答它的大徵象。」到了今天，唐先生在中國哲學研究的努力與優異成績，已廣泛赢得外國學者的尊仰。聽說孟撒嘉教授嘗與其他學者聯名致函，問候唐先生的病況。

我當時原意是打算讀畢孟氏的幾章書，作一番譯述，作爲唐先生今年七十華誕慶祝文集的稿件，並乘時聆聽唐先生對外國學人對他學術批評的意見，可是現在一切都晚了。此後，書在人遐，先生的音容已杳，再無復有請益問難的機會。白居易詩：「物故猶堪用，人亡不可逢。」悠悠此憾，曷有終極！

上面提到唐先生的心地好，心量廣，反映在他的學問造詣方面，便是兼收並蓄，不擇細流，綜攝力強，涵蓋面廣。具備此綜攝力與涵蓋面，始可以論中國數千年思想史的貫通之道。照我個人的看法，唐先生也是這方面集大成者。

他和他的幾位畏友如牟宗三教授及徐復觀教授等，在今日這個時代，都能夠而且已經通過反省而繼承、紹述中國思想的主流儒家學說，認定宋儒的繼天道立人極所開的人文主義，就是孔孟學脈的正宗，足以立國族的大本與大信，及對治僵化物化人性的極權主義。有關內聖之道，孔孟宋明儒之學已足；至於如何由「心性之學」再轉出及把握住政治的主體自由，開出屬於「外王之道」的自由與民主，則正是唐、牟、徐諸位先生平生志業之所存。

記得多年前，唐先生作過一番公開演講，就純然作爲中國哲學者研究今後的工作方向，舉出八項要點，分別代表八個研究層面。這八要點是：辭義、義涵、義系、義旨、義趣、義用、義比，及義貫。義貫就是「義的貫通」。唐先生對它所下的界說云：「諸哲學在歷史中相續出現，而相承，或相反或相融分化之迹相，及其中所表現之哲學精神之生長、轉易、凝聚與開闢之迹。」按實言之，唐先生晚近十年所成之「中國哲學原論」諸書，正足以當此。這是就中國哲學作客觀的研究而說。

除了這幾本大部頭的著述外，唐先生最後的一部書就是提到的「生命存在與心靈境界」。他自言費時十年，時寫時輟，繼續添補，始底於成。是他憑一生沉浸於哲學思索功力而自得的眞知灼見，與純爲客觀問題而寫作者迥不相同。他在病中一度躭憂不及見書之出版，後又於惡疾纒身，猶獨力作二三校閱。今書已出，而先生長逝矣，嗚呼！雖然，正如書名所啓示，唐先生肉身生命雖不復存在，尚有心靈世界。我之心靈當可與唐先生表現於書中的心靈相感相通，則先生雖逝而實永生者也。我更盼讀唐先生書之千萬讀者，都能於心靈世界中與作者見面，則唐先生之精神將長存天壤而終古不沒。

（一九七八年二月十日，「香港時報」）

在愛和希望中的安息

——敬悼君毅師

李武功

記得在新亞唸書那幾年，每逢農曆除夕，我們一班單身沒有家的難民學生，總會得到先生召喚到他家裏過年去。那天我們任意擠滿了他那狹窄的客廳，整個下午隨便地在那裏談笑，到了晚上吃喝一頓豐富的年晚飯；我們在那裏享受到久經失去的溫暖，頓時忘了自己幾年來流浪者的辛酸和孤單，好像又有了家，又有了父母。

由學校畢業後，我在一間中學教書，一九六四年秋天給辭聘了，賦閒住在沙田山坡上的一小木屋裏。那時中文大學初成立，先生首任哲學講座教授，大學要派一位文員給他保管文書和打字，先生不受，卻向校方要求，准我替此職位，他有文稿需要鈔寫。這樣，直到先生由大學退休，近十年光景，我有機會留在他身邊，既可隨時受到教誨，又得爲他晚年那幾部學術巨著盡上一些心力，全由於先生的愛護。

初隨先生做事，首先覺察到的是他過人的勤勞，他無常人的娛樂，有的衹是無分日夜的工作，好像時間永遠不夠他用的。先生一進來辦公室，就立卽伏案急急地處理文件，直到鈴聲響了，將他驚醒，纔不得不直起身子，趕去課室上課。既來到課堂，又顧不得時間表上訂的是一節還是兩節，總是一口氣連續講授兩小時，不肯依時下課休息，往往待到有下一科目上課的先生來了，纔不得不離去。無論是那個季節，先生由講堂下來，都是大汗淋漓，看樣子是十分累了，必得休息了，可是待換了衣服，擦乾了臉，他又過來向我索取鈔好的文稿，坐回去校改了。

先生由學校回家，也不會坐下休息，或等着開飯，他多是直奔書房，繼續寫他留在書桌上的文稿。除非有客人到訪，須要出來陪坐說話，我沒有見過他單獨坐在廳上休息的。有時留在先生家裏工作，到了吃飯的時候，師母和我先坐到飯桌旁，總是等了好久，也無先生動靜，每由師母說：「先吃吧！先吃吧！」常是我們吃了一半的時候，他纔出來，匆匆地夾幾筷子菜，吃幾口飯，前後不會多過五分鐘，又轉身要回書房了。這時每被師母叫住，讓他喝了面前的那碗湯纔放他走。其實，先生並不曉得剛纔吃了些甚麼，他仍然在他的沉思之中。天晚了，師母爲我向先生說：「不早啦！讓李武功回去吧！」先生只在房裏漫應一聲「噢！」我出到街頭，眼睛有些昏花，腰也要些酸，覺得着實是累了。回頭望望先生的書房，我知道他還在工作，他會工作到深夜。其實，此時他不曾曉得我是回家了，他也不曉得此刻是甚麼時候了，他的神志全貫注在他的工作中。這幾年，我去先生家裏探望，老傭人金媽常私下對我抱怨先生說：「你看！先生退休了嘛！年紀大啦！房子也有一間啦！還是晚晚寫呀！寫呀！一兩點都不睡！這麼辛苦做甚麼？辛苦得眼都瞎了，還不夠嗎？到底愁些甚麼？還怕沒飯吃嗎？」好心的金媽，跟先生幾十年了，她雖不了解先生愁的是甚麼，她卻能看見他的辛苦，幾十年的辛苦全在她的眼裏，她疼愛先生可能多過我們這班學生；她不了解？她也似乎了解，她爲先生焦急，好似爲先生的生命抱不平，簡直到了可憐他的地步。

這十年先生完成了近三百萬字的學術性著作，另外尚有出席國際間學術性會議的論文及發表於報刊上那些對應時代問題，或就當時現實政治加以評論的文字，差不多亦近此數。先生文思敏銳，書寫神速，加上用心專一，日夜不懈，所以兩三萬字的文章，一兩天內就可送出發表，就是五六十萬字的一部著作，除構思腹稿不可用時日計外，草稿的完成，也只須兩三個月的時間。不過凡學術性文字，先生脫稿後的修改、增補、整飾文句，則要用十倍於起稿時的心力和時間。先生嘗言其寫作之時，每感神思猶如從天而降，義理之來勢似湧泉，江海澎湃，不能截止，每能不食不眠，必一氣呵成而後已。草稿既成，又必將其擺在一邊，好有時間重將其中義理詳加權衡，看看此文是否事理無礙，表達是否週全完備。這步工夫有時很快，有時又會思索經年都不能作出決定。如果終覺不能滿意。就整篇拋棄，另外從頭寫過，直到文字義理兩者皆舒暢爲止。所以先生嘗說：「我發表出來的文章，不及我丟了的多。」

由於太師母在大陸去世，先生哀傷過度，後乃發憤寫作中國哲學原論，藉慰她在天之靈，不幸就在一九六五年夏首篇——原性篇——完稿時，一目突然失明，後雖幾次出國治療，始終未能復原。令我不能忘記的：他晚年這三百萬字的著作和另外許多散篇，由草稿、修改、徵引、校對到出版，都是在他只能用一隻眼睛的艱難苦痛情形下作成的，許多事且是在病榻上做的。我也不能忘記：有一回他發覺我面露傷心難過的表情在看着他微斜着頭將一隻眼睛盡量就近桌面上的稿紙時，他急忙抬起頭，用安慰的語氣向我說：「不要緊！慢慢這隻好眼的視力會加強的，醫生說過了。」我趕緊背轉面，忍住眼淚。

先生有近三十櫃藏書，沒有夠住的自己房子，書又總是陸續增添，將每櫃子有的空隙都塞滿了，每次搬家，要想將它們放歸原處就辦不到了。我只得將一些認爲無甚價值的書刊短篇揀出放在一邊，內中多有那些附庸風雅和一些不成熟的或近乎胡說八道的文章，多是著者送的。心想先生那用得着這些妙文，因向先生建議：「不如丟了吧！免得佔地方。」先生不允，並正色道：「一篇文章總是別人的心血，何況他送給我，我就該保存。還是暫時將它擺好，將來我會看的！」書房的一角，又有一堆空紙袋，都是裝過大學文件的，先生也不允拋棄，說：「能用的東西，就不能丟。」師母還是處理不了，最後先生說：「那就送給李武功吧！」提起先生惜物，就記起先生經常帶在身邊的那件乾濕褸，來到辦公室就放在椅背上。我看到它就會向前聯想，它似乎在每次新亞畢業禮的照片上都見過，先生到美國講學時的照片上也見到；這樣算來，牠至少跟着先生二十五年了。

與先生談話，絕對沒有閒聊，範圍不出他所愛的書本學問、國家文化、新亞書院和新亞的同學。談起學問，先生滔滔不絕，樂而不倦，當你問中契機，先生立加讚賞說：「問得好！問得好！」先生關心國事，但不喜言及政治人物個人的是非。看到臺灣政局安定，工商業得以繁榮，農民生活改善，常言：「其實中國社會不必清算鬬爭，也可致國家於富強。」聽說大陸放了一個人造衞星上天，也面有喜色地說：「只要政治安定，科學是容易趕上人家的。」及至聽到兩方面政治上有什麼黑暗的事情，則又會興起嗟嘆。文革時，歷史文物遭受毀壞，先生眞是憂心如焚，又看到智識份子在報紙上受到圍攻，先生更爲不安，問道：「怎不見他們也在報上反駁回去呢？」我說：「凡爲黨交給羣衆鬬爭的人，罪已確定，就是要他捱罵，消滅他留在社會羣衆中的影響，被鬬者是無權反駁的，就算有文章寫出，也沒有刊物讓他登。」先生憤然說「這樣是非如何得辯明，眞理怎能彰顯？」先生外甥久患肝炎，聞此地有特效藥——片仔癀出售，先生卽命我去買，當時，聽說日本人患此病甚多，將香港存貨搜購一空，我只好空手回報。先生對師母說：「還是多寄些錢由他們自己買吧！」師母說：「就是沒得賣，纔來香港買的嘛！」先生不能理解。我說：「外貿政策是內銷服從外銷，外面有人買，裏面自然就少了。」先生聞言很是驚訝，隨後面有慍怒之色說：「這樣說來，中國人發明的救命的藥，反而救不到中國了？」卒至嘆息不已。

四人幫消失後，先生心裏再燒起國家前途的期望，嘗對我說：「不怕！只要能向好的方面變，總有希望。」此時先生病情已日漸沉重，多了氣喘，說這話時已感到吃力了。我看得出：先生對民族前途的關切，已超過了自己生命的存活。

每次新亞請來一位新人，見面時，先生必問：「他好嗎？」隨後便將此人好處向我一一數算出來，再後又將他與新亞前途聯在一起，希望一番。最後好像自己有了交待似的，將頭放回背椅，休息一回。我跟先生鈔寫文章，先生也一樣對我有希望。我自知文字修養工夫差，表達能力不夠，心想自己明白的，別人寫出來會比我寫的好，一直不肯作文，偶然師母提起，先生還怕我慚愧，連說：「他將來會寫的，會寫的！」

近兩年我們做學生的令他失望的多，尤其是學校的事困擾他。我再聽到金媽私下的言語：「先生越來越不成話了，常常半夜起身，在廳裏唏唏噓噓地！」我聽了心裏很是擔憂，後來先生果然病了。先生在病中，還是一樣帶病校對「生命存在與心靈境界」，爬樓梯上研究所授課和處理公務，見面時仍要問新亞的景況，問新請來人的情形，照舊將他們好處數算一番，希望一番。使我覺得先生的愛和希望一直沒有變，這點，令我對他的健康抱有信心。

我想先生一生的生活，可以配得上聖人那句讚許自己的話說：「其爲人也，發憤忘食，樂以忘憂，不知老之將至云爾。」也許還可以加上「忘其病患之在身」，就更確當了。

二月二日早上，突然傳來先生去世的消息，心中悲痛難以言說，一時不知如何是好，只得懷着沉重的心情，一有空就去陪伴師母，四日下午，安仁師妹由美國趕回來奔喪，在家裏的人一齊陪她去瞻先生遺體。我們來到先生身邊，只見他面容和平安詳，像是在盡情享受着一個他多年來未曾有過的甜蜜的睡眠。我們都被這境界吸引住了，捨不得離去。奇怪！這時我的心忽然覺得寬疏了許多。羽展兄先說出：「唐先生是睡了！」我想說：「先生是安息了，他放下了愛的擔子，帶着對我們的希望進入了安息！」

（一九七八年三月，「新亞生活」第五卷第七期）

敬悼唐君毅先生

曾祥鐸

一

今年新春期間，驚悉唐君毅先生已經於年底在香港辭世，實不勝傷悼，近年以來，文化界日見老成凋謝，在方東美、魯實先、馬壽華諸老先生之後，唐先生又繼之而去，尤令後輩有茫然之感。在一個多月前，一位老師移骨歸葬，我於風雨之中爬上位於高山之南港墓園，幾乎滿目都是昔日著名學人的陵墓，苦雨淒風，亂草深山，使人倍感悲涼。設非大陸沉淪，這些學人都該安葬故園，長伴祖宗廬墓的。這是時代的悲劇，而且是一場尚未落幕的悲劇。據港報所載。唐先生亦將歸葬臺北，學人愛國之情操，眞足令人景仰。因爲大陸雖近，無計可歸；而香港又是異國殖民地，不願久留，最後終於回到祖國的臺灣來了。昔臺大傅斯年校長曾親書「歸骨於田橫之島」幾個大字，我相信待異日大陸重光，這些來自大陸的學人們都將一一重回他們之故園的。

二

那年唐先生由港返臺，在作過一場學術演講後，我們到臺北市嘉新大樓的藍天餐廳茶敍。在座的還有當時主持文教工作的陳裕清先生等。唐先生暢談他對中華民族及中國文化之種種看法，認為前途是充滿希望的。記得當時有很大部份時間，談到中國大陸的狀況。唐先生說，他曾在香港認眞觀察過中共發行的宣傳影片，發覺那些在天安門前湧現過的幾百萬小孩子（紅衞兵），幾乎個個都聲淚俱下的拼命喊口號，那是當年納粹德國方式的再版。唐先生認為將一個民族導向這個途徑是危險的，他提醒陳裕清先生要特別留意這情形。唐先生又說，他又曾經仔細觀察過站在天安門上那些中共高層頭子的舉止表情，他說，林彪狀貌萎縮，固不足以成大事，而姚文元輕佻衝動，一副好勇鬪狠的樣子，顯得火候不夠，子曰：「戒之在鬪」，恐怕這個人將來會出亂子的。唐先生自稱他閱人多矣，所以「善觀氣色」。他說：「要統治八億人的大民族，不是一件容易的事，林姚輩氣象不夠恢宏，當然不足以語此，……」。今果一一言中。

唐先生當時又透露，中共曾經向他進行統戰，派人到香港邀他回大陸去看看。唐先生說，回去看看未嘗不可，但要中共答應三個條件，而這三個條件都與唐先生個人利害無關的。我記得條件之一是，希望中共將高懸於大陸各地的馬、恩、列、史的照片拿下來，唐先生的理由是：「研究馬列的學問是一回事，但是讓八億人在頭上頂着這些外國人來過日子，晨昏禮拜，這個簡直是民族之恥，老是這個樣子下去，將來中國人還能抬頭嗎？咱們從前捧孔子，再怎麼說，總是走中國人自己的路，現在

統戰份子聞此之後，無言而退。卻變成八億人的民族不靠外國人便不能過日子，在精神上都無法自立了，這怎麼行呢？」」據說，那位

三

在今日中國哲學界，除大陸之外，在臺港及其他海外地區中，唐君毅先生無疑是少數最具影響力的哲學前輩之一。對於唐先生的哲學見解，彼此縱或有仁智之見，但是，他的功力，他的成就，他所留下的那麼多大部頭的哲學著作，卻是大家都應該表示敬佩的。就以他那部「哲學概論」來說吧，某日，我與中興大學某哲學教授在臺中校園散步，談起了這部書，那位教授說：「一般的『哲學概論』都是『入門』的著作，君毅先生的『哲學概論』卻是『出門』的著作。」

尤其值得我們表示敬意的是唐先生一生爲保存、發揚與創新中國傳統文化所作的不懈的努力。在唐代，當印度的佛教文化湧向中國的時候，韓愈認爲是對中國文化的一大威脅，於是起而拒抗，對傳統的儒學，自謂是：「尋墜緒之茫茫，獨旁搜而遠紹，障百川而東之，迴狂瀾於既倒。」自民國卅八年赤潮淹沒中國大陸之後，唐先生無疑認中國傳統文化將遭浩刼，於是與錢穆先生等於香港海隅創辦新亞書院，培育後進，努力研究中國文化，相信這種用心是和當年韓愈之用心相近的。

四

我們自然也不能單純地把唐先生看作是不求創新的「儒道之士」。唐先生研究中國哲學，同時也努力研究西洋哲學，晚年還以不能用德文直接研讀海德格著作爲憾，足見其爲學態度之謙虛。海德格是現代西方存在主義哲學大師，其大著「存在與時間」是這方面的經典著作，唐先生並未像某些人那樣站在儒家立場加以排斥；相反的，卻力求了解，並作介紹，亦足見爲學態度之開明。

嘗讀一九六九年唐先生在香港新亞書院的演講「存在主義與教育」一文，其中有許多切中時弊的深刻議論，使我大受感動。唐先生在其中痛論現代人之孤獨與失落。一個人的存在，可以存在於下列四者之中：一、存在於自然界中，二、存在於他人心中，卽人類社會之中，三、存在於自我之中，四、存在於更高的神或上帝之中。然而，現代科學的發展，往往破壞了人與自然的關係，也減弱了宗教的影響；工商社會往往破壞或削弱了人與人之間的和諧關係，甚至使人變成了「只屬於某一類工作或行業的人」，因而喪失自我的眞實存在，這就造成了「人的失落」，不僅一般社會上如此，在學術界亦如此，這就是愛因斯坦在晚年極感孤獨的緣由。唐先生慨嘆：「許多在大學之師生，其靈魂實大都是十分單調、孤獨而又是彼此互爲不存在的人！」他說，這種潛藏內心深處的可怕的孤獨與不安，往往會使人無理由的鬧事。「有如家中之小孩，大人不理他就要鬧。鬧出聲，是爲使大人注視他，知道他的存在。此外別無目的。詩人說『頻呼小玉原無事，爲要檀郞聽得聲』亦是同類之意。」——我認爲臺灣今日之某些現象，也由此而生。

最近，在「四人幫」垮臺之後，華鄧對「批孔」責任推卸，共報公開說出對孔子學說不能一槪而論。當這類文字傳至香港時，據聞君毅先生欣然色喜，認爲已見「頑石點頭」，而在極度興奮之中，還在安排如何發表文字評論，不幸當日卽與世長辭。由此我們可以想見，先生臨終之際的心情倒是並不陰鬱的。晚年在黑夜中偶見中華文化閃出的亮光，便感奮得無以自持，這情景實在十分悲壯。君毅先生已與世長辭了，留給大家的是十分豐富的著作，一個可敬的典型和一個未了的心願。

（一九七八年二月十九日，「自立晚報」）

敬悼唐君毅教授

盧幹之

一代哲學大師唐君毅教授（前新亞研究所所長，中大哲學講座教授），不幸於二月二日去世，享年七十有餘。常言道：「人生七十古來稀」；但唐君毅先生之去世，則令我們感到無限的哀痛！因爲畢生從事宣揚中國文化的老師宿儒，如果能多活幾年，對於啓廸後學，必有更大的勛績！

唐君毅先生研究哲學，在國內各大學講學，避赤禍來港後，與錢穆，張丕介諸先生，創辦新亞書院於九龍桂林街（錢任校長，張任總務長，唐任教務長），校舍偈促，篳路藍褸，的確艱苦之至。然而開書院講學之風氣，舉辦「文化講座」（由一九五〇年冬開始，每星期日晚一次，凡四年餘），唐先生主其事。筆者嘗至聽講，久沐敎誨，深深感佩。後由孫鼎宸先生將歷次講稿集爲「新亞文化講座錄」出版，承贈一册，筆者亦爲文報導推介。嗣小女在中大畢業後，入新亞研究所進修，於是筆者父女均受耳提面命，對唐先生之道德文章益加敬仰！

唐先生著作等身，友輩常常談及唐先生之文章，値得一讀再讀。因爲其措詞立意，固含哲學意義，但筆觸所及，更非囫圇吞棗所能瞭解。唐先生自奉儉約，且不拘小節，常見衣陳裳舊，領帶亦結得隨隨便便。當其講學之時，津津樂道，侃侃而談；尤其炎熱酷暑，汗流滿面，毫無倦容。但因全神注意講述，竟將抹黑板之毛巾當作手帕，於是令我想起「牛頓煑錶」，「愛迪生忘記自己的姓名」，相信不是揑造，而是文人，科學家之趣事。

唐先生不但坐於書房用心寫作，在講堂全神講學；卽在行街，如厠之際，亦常常想及學問之事。有一次，他往訪友，友人在露臺見其抵埗，乃開門迎接，但唐先生拾級而上，過門不入。友人知其腦際必在想及哲學問題，乃高呼「唐教授」。時唐先生始察覺已登上另一層樓，急忙應聲。又有一次，他與夫人謝方回在市區漫步，夫人邊行邊談，久久不聞唐先生答話，回頭一看，不禁呆然，原來不見唐教授。於是折回找尋，發覺唐站在一店門前，好像在想什麼似的？追問之下，始悉唐先生因為想及中國人的道德問題，偶有發現，乃停步不前。

唐君毅先生很樂意助人，尤其對於學生，扶掖關懷，無微不至。凡有學生請其擔任介紹工作任諮詢人，必從不考慮，從不推辭。只要你把表格或信件交在他手中，他就揮筆簽名。有人對他說：「唐教授要不要看清楚才簽名呀」？他爽快地說：「不必呀！難道學生會欺騙老師，難道助人也會有罪嗎」？這種中國儒者的風度，的確令人深省，也值得我們效法！

唐君毅先生對於孔子之道，深研廣播。最近聽說大陸恢復「尊孔」，心懷暢慰。他認為孔子的謙虛、博學、安貧等等之德行，的確是「高山仰止」。其實，唐先生也如世界殯儀館其靈前所懸橫額

「過化存神」，當之而無愧！

（一九七八年二月十六日，「華僑日報」）

我懷念唐老師

梁瑞明

唐師逝世了，我們強抑着心中哀傷，依然讀書，依然照常工作。靜下來，休息時，我就想起唐師，他的神情聲貌，他的教學。

一

唐先生給研究所同學講經學先把經學作個通貫講述，使學生知所讀經，敬愛這門學問。他以經學史爲縱線，擺明各時代經學所爭辯的問題，把爭辯中所涵的哲學義理，觀念理想上的背景與意義，提要鉤玄。他講經學中人物，特別提點到是經生同時是思想家的如董仲舒、康有爲。固守經義敢與世辯的如轅固生；疏解經書而別出義理，自成一家哲學的王船山；此外是思想關連着經學之諸子，他們或引經以證己或引經以教人，發揮經學的教育與道德價值。經過唐師一講，整個經學就顯得爲民族文化慧命相繼向理想奮進的歷程。我很想起，唐師竟把這古老的學問講得那麼有活力，那麼親切近人，講得一片洒脫，我直覺得是經學講唐師，不是唐師講經學。經學在一般人的心目中，本圍繞着古板氣，迂遠氣，這所有都給唐師一掃而清，經學有了逸氣，年輕氣，又不失其深通四闢的意境。我有一個心願，我當把唐師所講授的詳細整理出來。

二

十二月初，那一天唐師開列了幾個環繞經學的論題，要學生寫報告，他一一指示各論題重點，不知不覺間又講開了，蘊藏在他心中的許多觀念都汩汩然流出，愈講而意念冒出愈快，如泉之始湧，河之始出。那天上午，唐師特別高興，意趣滿酣，精神充盈，那時他愈講愈通達，義理旣源源流出，他彷彿像沈浸在驚嘆中，驚嘆中國學問尚有如此廣闊的領域等待開闢。他眞的感奮了，要做學問，實不必外求，終於指點我們，要回過頭來，貫注在中國學問中，將中國已斷了數十年的本部學術問題接繼起來，不必再對中國文化的價值有疑惑。他說，他與牟師等所成的著作，已足解此惑了。

三

長期來在教學之中，讀唐師的書已是一種樂趣，深感唐師一生學問行事都與中國分不開，好像歷史上諸多人物般，融在中國文化的大爐中。但有時我又覺得唐師好像走進了西方柏拉圖下來經中古宗教家貫至康德、黑格耳的存有哲學與文化哲學傳統裏，與他們又無間隔。唐師早期浸潤在西方哲學中，更講西方哲學；只是近十年來，不再專講，我想是唐師生命學問的澈底歸根復命吧！幾十年來，中國學人太容易爲西方吸引了，忘了自己，流蕩在外，像是遊子，他們會受唐先生精神感召回來嗎？

四

唐師指導學生，總以研讀中國文化爲教；很少與中國無關的，至少都必須在文化精神方面有高度相通的才予論說。學生心思外馳，他總認爲一憾事。畢業了的同學教書，他問教些甚麼。聽到學生講西洋的多，講中國的少，心神就凝重，但他都不忍責備，只輕輕的說：「講些中國的吧！」這幾年來，我逐漸感到唐師的心了。中國學問不能不多些人講，不講，就只能埋藏在天地之間了。只是唐師不忍說的，生命學問到底又不能由對文化沒敬意，對歷史沒溫情，對生命沒莊嚴感的人講，他們會對古人肆施輕薄以逞一時快意。前幾年大陸批孔尤烈，唐師連續三載給學生講論孟，他悲中國，更悲此風盪漾至港九海外，一般「學者」竟自動投入此風暴中，如水上浮萍，空虛無操守。處此情況，要講論語，講孔子，要努力講，唐師心底深處，能不悲涼艱辛麼？

五

唐先生指導我研究王船山的思想，同時寫明末清初哲學。記得那時候，心中好多意念跳躍湧起，模糊的意味到一切哲學問題可化爲意義領域的問題來討論，爲把這些意念捕捉醞釀起來，便藉着寫現代思想潮流的疏導文章，冀將意念明朗化，唐師賜我不少鼓勵與指示。但唐先生對學生期望高，除一般文章外，他常說，學問要長期涵泳，學術研究論文，當放置案篋等待十年，重讀無疑，才好發表。我把當時寫成幾篇，發表在雜誌上，用了另一個名字，以免唐師怪責。事隔三四個月，一遇到唐師，唐師第一句就是：「那篇寫得好」，「那篇不太好，應先發表另一篇」。他雖不口說，實則隨地關心每個學生學業的成長。寫王船山寫了開頭一部份就擱下來了，當時對唐師說將來要完成的，心中也想着，寫成了請唐師題幾個字寫篇序文；但如今都成遺憾。這些時候我心常想唐先生是現代中國哲學的代表人物，拿唐師與船山比，船山剛烈，是中國文化的義士，唐先生寬和，是中國文化的仁者；船山四十以後隱居猺洞與當時學者鮮有往還，唐先生則與思想學術界上中兩輩交往深，而後輩學者中不少又從他受業；唐師一生每個時期都對當代流行的思想潮流學術問題發出反應。我想，旣可以船山來寫明末清初哲學，何不以唐先生爲中心來寫有關五四以來的中國思想。這是我的第二個心願。

一九七八年二月廿七日

（一九七八年三月十四日，華僑日報「人文雙週刊」第一六九期）

永遠懷念唐故所長

洪　鍔

二月二日晨早八時半，我和平常一樣，帶着喘息的病體，無力的步伐，來研究所上班。當我在合一道新亞校門傳達室，略事休息時，突見同事溫先生面呈木然之色，跑來對我低聲說：「唐先生去了」，這一晴天霹靂的噩訊，幾乎令我不敢相信，呆了半晌，才以顫抖的語調，繼續地追問他：「你聽何人說的？……不可能！幾天前，我還在他家見過面，病情很穩定；昨天，他還囑本所將他的全部著作，分寄兩套給北平和南京的公立圖書館，怎麼今天會突然地去世？我絕不敢相信！」他繼續解釋：「一大早徐教授來所說的，現在徐教授已趕去唐先生家」。我聽了他的解釋後，全身更顫抖得厲害，氣喘也加劇，幾乎站不穩了，不得已鼓起勇氣，急速地跑上四樓辦公室。還未坐下，不斷的電話，接二連三地來查詢，有的是問唐先生遺體在何處？是醫院還是殯儀館？有的則問唐先生身後事將如何辦理？不一會，亦有同學返所，告及唐先生是當日淩晨六時左右，氣喘大作，急送浸會醫院搶救無效的，這一下，可把我嚇了一跳，因爲我也患了二年多的氣喘，氣喘竟能斷送人命，這可得了！嗣經本所一位董事，他經驗豐富，從電話中解釋，才明白癌症到了晚期，有些病者是作嚴重咳嗽及氣喘，無法挽救而告去世的。

自二月二日起，每日上午都有一些唐先生的門生，從沙田中大或新界其他地區，趕來研究所問訊，並購買唐先生近著的一些哲學書籍作紀念。他們一面嘆惜，一面哀感流淚，在這片悲哀氣氛下，我也陪着掉了不少淚，因此，引致我肝部的痛疾加劇起來。但爲了所內的工作，必須忍痛支撑。同時，唐先生以往在所指導處理所務的風貌，一幕一幕地湧現在我的腦際，始終不能消失。我和唐先生有十年以上的主屬關係，唐先生的博學、慈祥、坦誠、道德、文章，以及誨人不倦，愛護青年，和關懷部屬等等，確是使我敬仰和感念最深的一位，我雖未從他學過哲學，但在這十年中，我除襄理所內的職務外，也常爲他謄寫一些有關哲學鉅著的手稿，自愧資質愚鈍，獲益不深。不過，從字裏行間，我是不難體驗到唐先生確是一位哲人，他博通古籍，融中西哲學於一爐，而終歸於以中國哲學爲宗旨。這種愛護中國文化，維護道統的精神，可說是永垂不朽的。

唐先生的與世長辭，是香港文教界的一大損失，也是中華文化的一大損失。他這三十年來，能夠以畢生的精力，在這文化的沙漠的香港，播種耕耘，造就了不少承先啓後的優秀青年學者，不僅使他們能在臺、港各地文教界中，負起弘揚中華文化，作育人才的重責，並在歐美各國的文化學術界，亦能同樣負起溝通中西文化之責任，使中華五千年優美文化，燦爛地照耀全球，屹立不衰。他這種崇高宏偉的抱負，和對學術的貢獻，從他十七部主要鉅著中，可窺全豹。因此，多年來一直受到全球各國文教學術界的重視、共鳴、景仰和讚譽。

唐先生與錢賓四、張丕介三先生創建新亞書院，效宋儒書院制，弘揚孔孟之道；同時成立了「東方人文學會」，倡行人文精神；還辦百餘次的公開學術講座，期喚起文教界同人身體力行，他這種高瞻遠矚，和誘掖後進的苦心，也遭遇了不少的艱難和險阻，但他毫不氣餒，仍本著多年來一貫的理想與既定方針，堅忍奮進。

在香港服務教界的人很多，誨人不倦的爲教者也不少。至於眞正爲教育而教育的人卻寥寥可數了，唐先生就是爲教育而教育的一位巨人。他在中大授課，以及退休任職新亞研究所所長後授課，都是以全副精力貢獻在教學、著述、和作育人才中；例如他主講「中國哲學史問題研究」和「中國經子導讀」（包括論語、孟子、莊子、荀子、易傳和禮記等），他從未缺席，必依時上堂。其他教師雖亦如此，惟唐先生講課是無限時講述下去，甚至每次逾時一、二刻鐘仍未休息。尤其是他自患了癌症以來，每日在服中西藥物時，竟不聽醫生的囑咐而休息，仍然無休止的教學，消耗體力之鉅，對一位患重病的老人的健康，實在很危險。我們常爲他的健康而擔心，故每次必輪流促他休息片刻，他每次下課後，雖在寒冷的天氣，他的內衣也全爲流汗所濕透，換過衣服便倒在靠椅上，冷靜瞑目休息半句鐘，我們才扶他下樓離校。最近一個月來發現他上下樓梯時，雙足發抖，步履不穩，顯示健康情況已一天不如一天了，曾勸他停課休息，他堅拒不答允，仍以教學爲重。在他逝世前二個星期，他實在無力步登五樓，不得已改在二樓圖書館內授課。像唐先生這樣不顧自身健康，眞正貢獻生命於教學，誨人迄死不倦的精神，爲的是什麼？還不是爲了弘揚中華文化，爲國家民族培植人才嗎？

唐先生除勤於治學外，對同學的愛護，可說無微不至。同學們的學業及研究情形，他極爲關心，不時個別找來詳詢，對畢業生的論文，更爲垂注，遇有家境淸貧同學，無力購買本所出版書刊作參考，唐先生都樂意贈送他們。唐先生不僅對所內同學如此，卽對校外一些有志從事研究文史哲學的青年，他都樂意栽培，破例給予進修機會，有時還以所著書籍送給他們，使他們學有專長，好爲社會服務。此外，多年來，許多西方英美學者，慕名來所向他請教中國哲學問題，他都予以熱情招待，不厭其煩爲之解釋疑難，並贈以手著論中國哲學等書，唐先生這種有敎無類，處處利便青年學人的誠摯，實屬僅見。

唐敎授不是一個宗敎信徒，但他對佛敎有精深的探討，對基督敎義也有深切了解，所以他對人處事都一本愛心。有一次，獲悉本港一位老敎授，晚景悽慘，唐先生與他素未謀面，僅在報端常見有其學術性論文發表，於得悉此一消息後，卽着人送去一筆現金，並謙避老敎授之致謝。此區區之事，可見唐先生愛心的具體表現。

其次，是我對唐先生感念最深的事：乃筆者多年來工作一直緊張，於二年前突患肝炎，住院一週，後在家休養。唐先生得悉此事，卽着同事麥先生，以高價從藥舖搜購僅存的「片仔癀」一顆，送給我服用，並囑我續服此藥。三月後，肝炎稍癒，詎又轉爲肺氣腫，呼吸困難，行動異常苦痛，我以職務關係，仍扶病上班。唐先生則堅持要我在家多休息，暫勿工作，以後經常關注我的病況，使我得有信心，安心休養，致病情轉危爲安。此次，不料唐先生染病滯留臺北數月，我亦因工作，病情又告加劇，迄未痊癒。唐先生如此愛護與關懷，實使我今生沒齒難忘。

二月杪，我因頭暈，步履不穩，特着小女兒陪同，前往九龍太子道「聖德肋撒醫院」三樓，探視唐先生之病。唐先生不辭疲累，起床親取盤中水果，招待小女，並不厭其詳，垂詢她就學情形，與我近來服藥情況甚詳。是日，唐先生病情穩定，顯示精神尚佳。因此，吾等逗留病室稍久。越數日，爲辦一事，他電囑我於傍晚乘的士趕去他家，迨返歸甫告坐定，唐先生爲了文件內容的修辭，曾在半小時內，以多次電話指示我，由此亦可見唐先生處事之認眞與謹愼。想不到數日後，竟成永別。從今以後，唐先生慈祥、坦誠待人的態度，無法再見；他那諄諄誨人，至仁至愛的聲音，無從以聞；我們僅能對他的風範、懿德和音容，深深印烙在腦海中，永遠悼惜，永遠懷念。

唐先生純以超然志節，公爾忘私的精神，領導新亞研究所，及全體同仁協調無間，使十年來的所務穩步日進，研究成果能享譽國際。正當「書生縱橫揮筆桿，快將日月換青天」之際，昊天不憖，竟奪去綜攝古今典籍，盡性至命爲歸極的一代儒學大師的生命，使他就此撇下手創的校園，別離培育的蓓蕾而長眠，怎不令人哀痛與懷念。二月十二日於九龍世界殯儀館，舉行唐先生之大殮儀式，輓聯與花圃，佈滿整座大堂、大廳和大門外；適時苦雨愁雲籠罩，宛若天地同悲。到來弔祭者，計有新聞、文化、教育等各界數十個社團，達二千二百多人，痛哭流涕者大不乏人。又三月十一日上午八時，唐先生的靈柩啓運飛臺前，在九龍農圃道新亞校門，舉行之告別儀式，肅穆簡單，僅獻花及唱新亞校歌，參加祭別之友好與師生，亦達數百人，此種哀榮場面，實難多見，此當爲唐先生生平偉大精神與風範所感召而致。先生有知，當可含笑安息於天國矣。但對唐先生未竟的遺志，還得殷望全體同仁，恪守「誠明」校訓，再接再勵，繼續前進。

（一九七八年四月十七日，華僑日報「人文雙週刊」第一七一期）

一代儒者

潘栢世

君毅先生已經長眠了。如果說，這個時代是艱辛的，君毅先生已飽嘗了艱辛，如果說，這個時代是魯莽的，君毅先生卻完成了他的深思，如果說，這個時代是蒼白的——從某個角度來看，這是最足擔憂的徵候，而君毅先生正以自身之靈與肉，留下了不磨的眞實。論語有云：「不怨天不尤人」，當我們把這句論語和君毅先生連結在一起的時候，將會得著無窮的啓發。歷史在這樣那樣地發展，現實在這樣那樣地表現，像春秋、戰國，也像在今日，時代已經賦予現實太多的「聰明」了，它聰明到，一切像儒家所欲給予的幫助都用不上了，同時，時代又賦予現實層層的蒙蔽，它使它顯然地愚笨到，一切像儒家所欲給予的幫助都用不上了。孔子是渾成的，孟子可卻是徒勞的，儒者踏着人性底光明的足跡前進，但卻常遭訕笑，不是嗎？當年齊宣王的「吾不忍其觳觫」，是一道光明，是儒者努力的一個機會，也是孟子寄以希望的地方，然而——如果我們夠敏銳的話，我們就可以看到莊子的嘆息了，莊子認爲那就是「螳臂當車」；這裏誰對誰錯呢？純然人性的一點光明能夠抵抗回去政治上的野心嗎？在時代所賦予的蒙蔽之下，現實的追求淹沒了一切，這一幅畫面就是「螳臂當車」了。

這是一道古老的創痕，在歷史上，這一道創痕顯得斑斑駁駁，塗滿了歷代賢者的靈與肉。魏晉與宋明，兩個不同的時代，兩個不同的傷感，魏晉沒有這樣的理學家，有的只是一羣受傷的生命，像阮籍嵇康，受時代的傷，也受自己荒誕的行爲所給予自己的傷，而宋明理學家的光輝，與很不相稱的宋明兩代的現實生活對照之下，——我們都顯得「怨天尤人」了。

君毅先生沒有「怨天尤人」，在他一部又一部的著作裏面，我們看到的是不斷的努力，不同的努力，迂迴曲折的努力，從過去的時代現實裏面，在今天的時代現實裏面，他要建立道德理性底理想的人文精神世界。在論語之道德智慧的深沈的啓發之下，我們歌頌這位雄偉的一代儒者。

（一九七八年四月，「鵝湖」第三卷第十期）

恩重如山　粉身難報

——哭君毅師

翟志成

二月六日晚由三藩市寓所返回柏克萊的宿舍，泡一杯清茶，削一個蛇菓，打算在受用後便開夜車讀君毅師的「原性篇」。明天，在杜維明教授課堂上的討論，可能派得上用場。就在這時，同屋的程君走了進來，臉色凝重：「告訴你一個不幸的消息，唐君毅先生逝世了！」

胸膛突然被人用十二磅大鎚猛敲一記，手中的刀和削了一半的蛇菓一齊掉下了來。四周的夜空，就像兩隻黑色的巨手，緊緊地控着我的喉嚨，使我簡直不能呼吸。好半天，我才喘過氣來：「我不相信！我不相信！」我急急地爭辯：前四天，我才收到趙致華先生一月二十七日由新亞研究所寄來的信，告訴我君毅師的健康保持穩定，且最近曾到醫院檢查，結果尚稱滿意。就在前天，我還收到君毅師簽名在一月三十一日寄出的賀年卡慇慇勉勵我要「努力崇明德，時時愛景光」。他怎麼會，又怎麼可能一下子就去了呢？為了說服程君，我氣急敗壞地把信件都翻出來作證。

我這種固執的和決不肯相信的態度，使程君的口氣有點軟化了：「這消息只是一個朋友在讀報後告訴我的，也最可能不是眞的。」當然不是眞的！這種道聽途說的東西，又怎麼可能是眞呢？

強烈的感情才剛剛開始緩和，理智——這可憎可惡的東西，又乘機偸偸的爬了上來：既然是讀報得來的消息，說不定……也有……眞的可能！

陰影開始擴大，嚇得我不敢再生細想。然而理智卻又在後面壓迫着我，不許我不去細想。「今天太晚了，明天一早，你可以搖個電話去問問杜教授。」程君在旁建議。

對，應該去問問杜維明先生，不過不是明天，而是現在。我立刻找出杜先生府上的電話號碼，一邊撥一邊想：深夜擾人，當然十分失禮，然而事急從權，想杜先生也一定會原諒我的。

接聽電話的是杜先生的公子，說杜先生不在家。於是我決意打長途電話到唐師的府上問個淸楚，我先打電話到香港查明了唐師府上的電話號碼，再通知美國的接線生，我要請唐先生親自接電話。

都、都的接線聲從聽筒傳出，我聽到了自己沉重而迫速的喘息，卜卜跳的心也幾乎躍出喉嚨之外，手心中的一陣陣冷汗把電話的聽筒柄弄得滑膩膩的不易把握。然而卽使是驚懼，卽使是緊張，我的心依舊充滿了盼望。我盼能在聽筒中聽到君毅師熟悉而慈祥的四川口音，好讓我能乘機向他老人家拜年，祝他身體健康，長命百歲。

接線的時間，一共也不過幾秒鐘。但對於我，短短的幾秒鐘就好像是幾個世紀那麼長。電話終於接通了，聽筒中傳出一個年輕女子的嗓音，用漂亮的英文問美國的接線生：是不是可以由唐先生的家人代接電話。

我的心開始發毛，腿也突然軟棉棉的難以站穩，但我還不死心，我十分固執地告訴美國的接線生，我有要事一定要和唐先生本人親談。聽筒中又傳出那女子的口音：「我是唐先生的女兒，我父親已去世了，有什麼要事，是不是可以告訴我？」

有如當頭吃了一記悶棍，眼冒金星，天昏地黑。剛才還在狂跳的心，立刻變成了灌滿鉛的秤錘，一直往無底的深淵中下沉！下沉！

我已經記不清和唐師的女公子說了些什麼，我只知道我在當時是多麼的語無倫次而又夾纏不清，我好像只是重重覆覆地在爭辯，在抗議：我在前天才收到唐先生寄來的賀卡，今天早上我還寄了一封信給他，他怎麼會可能，怎麼這麼快就去了呢！

電話中傳出了趙致華先生熟悉的聲音，他到底說了些什麼，我連一個字也沒有聽進去。我還是在繼續着我的爭辯和抗議：這怎麼可能，怎麼會……當時我似乎拼命地要去抓住一些東西，企圖因此而否認，甚至改變唐師已經去世了這一既可怕又可憎的事實。這種毫無理性的愚執，就如一個快要沒頂的人，死命地去抓緊一根稻草。

電話中傳來師母的帶哭聲音。哭聲撲殺了我的最後努力和掙扎。唐師——眞的去了，夜空中瀰漫着的悲痛與絕望，突然沉重起來，凝成了有形的實質，沒頭沒腦地把我完全淹沒了。趙致華先生的聲音又從聽筒中傳來，是那麼的遙遠，那麼的陌生，依稀在說將有一個什麼紀念特輯，要我寫一點文章。

我哪裏還能寫什麼文章？當時我那從骨髓滲出的陣陣絞痛，就如同被孫悟空鑽進了肚皮，任他在那兒打翻筋斗，打秋千，把我的五臟六腑都一寸寸地揉爛扯碎。我只想哭，想跳到空中，搥胸頓足，放聲嚎哭。

我死命忍着眼淚，我不能哭，至少在程君的面前我不能哭。眼淚救不活君毅師；一個大男人，當着別人的面哭哭啼啼，讓人家指指點點：「看！這就是唐先生敎出來的學生。」君毅師天上有知，也會覺得丟臉。然而我眼球上的淚花卻愈積愈重，鼻子也愈來愈酸，終於哇的一聲，涕淚交流，我無法不掩着臉哭出聲來。

我走出宿舍，在街道上亂走，失魂落魄。夜已深，街道上連一個行人也沒有。我哭，天也哭，淚珠和雨水順着腮幫嘩嘩地流下。反正沒有人看見，沒有人笑話，痛哭失聲又爲什麼不可以？大約是橫過馬路時忘了看紅綠燈，記不淸有多少次，急馳着的汽車突然在我身旁急刹，脾氣大的司機，還會把頭伸出車外，用下流的美國髒話在亂叫亂駡。這些叫駡並不能使我的細胞興奮，因爲我的整個靈魂，已被劇痛刻蝕得痲木不仁了。我眼前像走馬燈般廻旋着的，都是唐師的慈顏，唐師的笑貌，唐師講學時的汗珠，以及唐師擦了火柴，卻還要繼續講書，一直到火快要燒到手指頭時，才開始點煙的情景。

唐師的大名，我很早就聽過了。在投考新亞研究所時，蔡師俊光推薦我的信，就是寫給唐師的。但一直到了一九七三年秋天，在農圃道新亞書院的圓亭下召開的迎新會上，我才第一次見到這位中國哲學界的一代宗師。當時記得是研究所的註册主任趙致華先生把我領到一個略略有點發福的北方人面前，微笑着說：「這就是翟志成，大陸的紅衞兵，徐先生在國文試卷上批了個一百分的學生。」我的視線，飛快地掠過他胸前掛着的小紙卡，上面寫着：所長唐君毅。

唐師親切地和我握手，把我拉到圓亭下的石凳上坐了下來。一直到了這時，我才有機會仔細端詳這位學術界的巨人：斑白的頭髮，寬廣的前額，國字的臉盤，大而圓的眼睛，透過架在高直鼻樑的眼鏡，放射出祥和的光。

唐師開始問我的志趣以及讀過的書，當他知道我曾在馬列的學說及唯物辯證法用過一些粗淺的功夫，便向我分析馬列主義的偏頗性和唯物辯證法的局限性。那些我過去曾想破了腦袋也弄不清楚的一些問題，他只用三言兩語，便能把整個問題講得一清二楚。一些對我似乎是沒有什麼可說的問題，他也能連翻十個八個不同層次，講出一番非常精彩而深刻的大道理。他分析問題，有時又像剝筍，把表皮一層層地剝開，一直帶引着我走進問題的內核。我以前一直以爲，當代中國的問題，是馬列主義能不能在中國眞正落實的問題；我也曾天眞地相信，掌握了唯物辯證法，就等於手中有了一柄無堅不摧的大斧頭，大可以無往而不利了。因而在開始時我聽到唐師批評馬列主義與唯物辯證法，心中眞有些牴觸和不服氣。然而這些牴觸和不服，在唐師充滿機鋒的論辯和解剖中，很快就雲散煙消了，我開始相信：唯物辯證法，其實只是一種比較次級的和粗糙的工具，而馬列主義更不是什麼萬靈萬驗的妙藥靈丹。要解決中國現在的和將來的問題，唯一的辦法，是回到中國文化的源頭上來。

像迷途的人突然看見了路標，像瞎子突然看到了光，唐師在圓亭下給我上的第一課，就如在我眼前展現出一幅新世界的藍圖。

我自少就是一個「死牛一邊頸」的人。經過了文革的薰陶，我對於權威、挑戰和反叛的意識又大於崇敬的意識。除非眞的令我口服心服，否則，要改變我的思想，任何權威都不行，天王老子也不行。在大陸我也着實到過好些地方，有智慧有學問的人，初見面就能改變我的思想，令我口服心服的人物，唐師是第一人。

在研究所，除了唐師外，我在後來又親炙了兩位最令我口服心服的老師——復觀師和宗三師。新亞研究所實行的是導師制。這種制度。其實是繼承了宋明書院講學的優良傳統。它的最大特點，就是要求導師以身作則，對學生的道德和品格的存養，負起更大的責任，而不能僅以時下的純粹知識傳授爲滿足。這麼一來，新亞研究所中的師生關係，有點不同於現代大學中的教授和學生的關係，而近似於孔門中的師徒關係；研究所的導師，是一身兼有學生的學問和道德的引路人的雙重身份的。

我的論文導師是復觀師。君毅師雖然不負責指導我的論文，但他對我的學業和修德的關懷，實在不在他親自指導的學生之下。現在回想起來，君毅師對我的特別關懷，可能是由於我太笨和太沒有出息。我的同屆同學，大都能在外面找到教職。我一方面是沒有弄到教職的本事，一方面又拿到研究所的獎學金，剛剛好夠吃飯，也就懶得往外亂跑，於是便一天到晚都泡在研究所中。唐師也每天回研究所視事。他經常要巡視各研究生的研究室，有時在偌大的一間研究所中，就只看見我這一個學生。宗三師喜歡找人聊天，他不嫌我不學無術，時時和我閒談；唐師巡視經過，有時也會加入。我有幸侍坐一旁，聆聽到這兩位當代中國最偉大的哲學家充滿智慧的對白，雖然不能完全聽懂，但也如孫行者偷喝了王母娘娘的仙酒，眞個如痴如醉。

唐師有時也會到我的研究室和我談話，我有什麼問題，無論是生活上的，思想上的，或是學問上的，便去敲他的辦公室的門。每當我敲門，唐師無論怎樣忙，都會放下手中的工作，首先解決我的問題。無論是與學生談話，或是在講課，唐師都例不見客，不接電話，也不許任何人打擾。他是那麼專注，簡直是以整個精神和生命完全地投入。同學們有時甚至會覺得，站在面前的不是唐師，而是孔子、孟子、朱子、王陽明等先哲親自站出來現身說法。師生們一道在先哲的聖殿裏飛翔，忘了疲倦，忘了外在的客觀世界，當然更忘了時間。唐師講課，沒有一次不大大超出了規定的時間。這時最苦惱與最尷尬的，便要數貴叔了。只見他每隔五分鐘十分鐘，就要悄悄地推開教室的門，把頭從門縫中伸了進來，呆呆地望着唐師，想開口說，又不敢說，終於又把頭縮了回去，悄悄的又再把門掩好。貴叔是我們的前輩師兄，原名叫麥仲貴，侍隨唐師時間最久，才三十出頭，便已出版了好幾本極有份量的中國哲學專書。他對唐師的敬畏，不是我們這些新入門的師弟所能想像的。唐師年事已高，視力又很不好；貴叔受了師母的委託，負責唐師在研究所時的安全。每當唐師到應該回家的時候還未回到家，師母一焦急，便要打電話追問貴叔，於是貴叔便奉了師母之命，來請唐師起駕回家。但他一進門，懾於唐師講學時森嚴氣象，溜到唇邊的話又被逼回肚子裏去了。有一天，在貴叔第八次推門時，唐師才發現了他，問他有什麼事？那時貴叔的神態，就如一個逃學的小學生被先生當街捉住；只見他漲紅了臉，結結巴巴地說：「師母……來很多……電電話……請請老師……下下課。」唐師看了看錶，十二點五十五分鐘，比原來規定的授課時間，多講了五十五分鐘。

幾乎沒有人不知道君毅師對中國文化所作出的偉大貢獻；但很少人會知道，唐師為了培育中國文化的新血，付出了多麼巨大的勞動。唐師在學生的眼中，簡直就是一間活的哲學圖書館。古今中外哲學上的各家各派的源流及其長短得失，唐師都純熟得如自己手心的掌紋。哲學系的同學，每有不明之處，就去拍唐師的門，懶一點的人便把找唐師代替了下圖書館。記得劉楚華師姐開始動手寫她的碩士論文時，幾乎每寫好一頁，就拿去請唐師修改，然後才再寫另一頁。我留在研究所的時間最多，偏偏又多古怪精靈的問題，給唐師帶來的麻煩和不便，當然又多於他直接指導的學生。記不清有多少次，為了解答我的問題，唐師把吃中飯的時間也忘了，累得貴叔老在門外探頭探腦。但有兩次「誤點」我是永遠不會忘記的，一次是我不明白孔子何以會有「極高明」的學問，依我理解，孔門之學，一切皆切實平易，僅止於「道中庸」而已。另一次我是從反映論的觀點出發，決不肯相信在宇宙中有先驗之理存在的可能性。當唐師把問題解答完，我走出他的辦公室，才發覺趕來催駕的師母，就站在辦公室的門外。

唐師是研究所的所長，有很多日常的行政事務需要親自處理。特別是一九七四年新亞研究所退出中文大學以後和後來反對中大改制的運動的開展，爲新亞研究所的繼續生存，爲了新亞精神的保存，唐師以「雖千萬人吾往矣」的大無畏氣概，勇敢地迎上了這一場大搏鬪，本來已經十分繁重的行政事務就變得更繁重了。然而就在這最吃緊的關頭，他還擠出時間來讀書，著述，特別是指導學生。他把自己全部時間和精力，毫無保留地奉獻給中國文化的存亡續絕，完全忘記了自己的高齡和自己的健康。研究所的前輩師兄，痛惜老師的身體，偷偷地埋怨唐師不該對學生有求必應，累壞了自己又寵壞了學生。於是，有一段時間，我沒有再去拍唐師的門。唐師很奇怪，叫了我到他的辦公室，問我是不是沒有用功唸書，否則怎會突然不來問問題。我不敢撒謊，只好說我不願意因發問而加重他的負擔。唐師說他其實並不累。並責備我不該有問題不去找他。他認爲我這種做法，第一是對自己不負責，第二是做成了老師的失職。唐師還告訴我他早就準備好，隨時用他的生命，去殉他的道，勞累一點，更不算什麼。

就在這段最忙的時候，唐師寫成了「中國哲學原論」的「導論篇」、「原道篇」、「原性篇」和「原教篇」。這部長達數百萬言的巨著，是中國哲學史上第一塊劃時代的豐碑。我想，在中外古今的所有哲學大師中，只有唐師一人，才能有如此高的學養，如此寬廣的胸懷和如此宏大的氣魄，有系統地把中國由先秦到明淸的聖哲先賢思想中的所有精彩部份，共冶於一爐，再從中發揮引申，提煉出旣來源於先哲但又優於先哲的宏大思想體系。我來美兩年半，多少也讀過一些西方的中國思想史家的專書或論文，有時我覺得洋學者們用整整一本書，或幾篇研究論文才能闡明的思想，往往還不及唐師書中的一頁。

我永遠不會忘記那些在唐師辦公室中渡過許多個上午，往往是旭日臨窗，紅光滿室，我推門而入，唐師總會放下他手中那枝橫掃千軍的勁筆，或者是放下「中國哲學原論」的校樣，展顏一笑，滿室都是和熙的春風。唐師不僅關懷我，那些發表在報刊上的極其幼稚的遊戲文字，他也要一一找來閱讀，幫着我分析好的地方在那裏，不足的地方又在那裏，有什麼屬於思想傾向的東西需要格外注意……。李璜先生讀了我在「中華月報」的一篇文章，告訴唐師說我的文章寫得還算尖銳。唐師便和我分析：尖銳不能無偏，而我最大的毛病，是過於偏激。所以，「尖銳」這兩字，用來形容別人的文章上，可能是讚語，而用在我的文章上便要引起警惕了。我很喜歡寫一些反映在大陸時的切身體會和所見的眞人眞事的文章，唐師總是首先肯定這些文章，然後再勉勵我：不要僅以寫這類的文章爲滿足，而應該更上一層樓，站在理論上的高度去批判，去分析，去總結這些事實和現象。唐師說：更上一層樓就要用功讀書，努力把興趣轉到學術研究的範圍裏來。……唐師如果把花在我身上的時間和心血用來寫書，憑他那種下筆萬言，一揮而就的著作速度，起碼也能多寫成一本書。唐師栽培我，是希望我能成材。我對自己能否成材一事，老實說是沒有什麼信心。進一萬步，卽使僥倖能學有所成，但像我這種又愚蠢又固執的人，窮一生精力，又怎能補償唐師爲我而少寫了一本書的損失？又怎能補償少了唐師一本書而造成中國文化的無可估量的損失？

唐師晚年的心境，是很有點寂寞和悲涼。記得一次，他巡視研究所後，走進我的研究室小坐。我看見他的臉色很不愉快，不用說，整個研究所又只走剩我一個學生。他嘆了口氣，突然很認眞的問我：「有什麼辦法能使同學們都坐下來讀書？」他的問題我實在不能回答。我能有什麼辦法？如果我是有辦法的人，也未必會每天泡在研究所。沉默了好一會，他告訴我：光靠一個人不能造就一個時代的風氣，孔子、孟子、朱子、王陽明所以能影響一個大時代，有兩個條件是必不可少的，那就是除了先要有好的先生，然後還要有好的學生。他又說：現在努力做學問的只有牟師、徐師、和他這幾個老人，還有嚴師和全師這幾個中年人；青年一代的學者，肯腳踏實地用功做學問的，眞是鳳毛麟角了。他突然又長長地嘆了一口氣：「我從前很喜歡提拔和引薦學生，特別是那些有潛質而天份高的學生到大學和中學擔任高薪的敎職，我原來以爲只要生活環境改善，沒有了柴米之憂，就能使他們安下心來做學問了。現在證明是我錯了。玩物可以喪志，舒適的生活來得太易，也能令人不肯再做學問！」

西狩獲麟時孔夫子的沉重嘆息，二千多年後，在唐師的落漠中，我分明又再次聽到了。在宗三師的落落寡歡中，我也曾聽過這種嘆息：「人眞不該離開自己的祖國啊！根離了土便不能活，人離國，便同根離了土，說話又怎麼會再有人聽！」

只問耕耘，不問收穫，其情可憫，其志可佩，唐、牟、徐諸師，不就是這種中國文化的躬耕者麼！然而年復一年，只有耕耘，沒有或僅有少得可憐的收獲，就連聖人的也不免於嘆息命運蒼涼。

唐師對我的生活也同樣關懷。由於香港的物價一天比一天貴，到了一九七四年，我那份在一九七三年原來僅夠吃飯的獎學金，也開始變得不足夠了。爲了使我不至於餓着肚子唸書，由徐師提出，唐師親自批准免去了我在一九七四——七五年度的全年學費。後來我才知道，唐師作出這決定時，正是研究所的經濟來源因退出中文大學而被切斷，新的資源在當時又尚未找到的時候，是研究所經濟上最困難的時候。

司馬長風的文章，我談不上有什麼印象。但他的一句話，我至今還能記得。他說：「馬列主義毒害了我二十年。」這句話，曾引起過我的強烈共鳴。年幼時學的東西一輩子也難以磨去，先入的觀念又總是會在靈魂中當家作主；在大陸廿年的思想訓練，使我的意識形態和思考模式，基本上沒能逸出馬列教條的籠罩。每當我讀唐師的以及一切有關性命天理之學，頭腦中的孽障立刻會自動地發生一種抗拒和否定的排斥力。我有時甚至對唐師的書坐足一整天，連一頁也沒能讀進去。往往是當面和唐師談時，頭腦是開放的，他講的道理我可以接受，回來後再看書，頭腦又搞糊塗了，書中的道理又變得難以接納了。有一次我實在絕望了，我把書一丟，沮喪地告訴唐師：我一輩子也不能領悟他的學問。當時我已在心理上準備好要挨唐師一頓痛罵。誰知唐師並沒有生氣，他拍拍我的背，溫和地安慰我：「不要着急，慢慢來嘛，我相信你是一定能學會的！」他接着解釋：我能如此坦白地把心中的感受說出來，這就是「誠」，能「誠」而後能「敬」，能「敬」而後能「學」。一個人，既誠敬，又好學，天下就沒有事不可以學會。他進一步解釋：孔夫子的心，他的心，我的心，其實是完全一樣的，內中的道理，也是一樣的。我不能理解他的學問，是因爲我的心被舊日的意見和執着所包圍。我在他的面前，由於有着一份「誠敬」，同時也願意去學，因而便能突破意見和執着的包圍。我不在他的面前，便少了一份「誠敬」，又不能虛心去學，心中便又爲舊日的意見和執着所蒙蔽了。他說，只要我無論在或不在他的面前，都能把「誠敬」與「好學」之心持之以恆，久而久之，便能盡去舊日的偏頗和迂執，發明本心。人同此心，心同此理，到了那時候，我就不僅能理解他的學問，而且古今中外的聖人之學和聖人之心，也一樣可以觸類旁通……。

唐師的話，我在當時還不能完全聽懂。但他的祥和，他的期許，給我再試一試的信心和勇氣。我慢慢讀完了唐師的大部份著作。這讀書的過程，其實也就是脫胎換骨，變化氣質的過程。這種自我修養，自我完成的過程，當然不會是一帆風順的，其中有逆流，有波折，有停滯，甚至有反覆。一千多個百折千難，一步一個血印的日子過去了，近日，我漸漸覺得自己的心開始向唐師的心靠近，我實在壓抑不住心中的興奮，寫了一封長信向唐師報告我的新收獲。我想，如果唐師能讀到這封信，心中將是多麼的欣慰啊！誰想到，誰想到，我的信早上才寄出，晚上就傳來噩耗。唐師——他老人家竟來不及考察他在我身上辛勤耕耘的成果，這麼突然，這麼快就永遠離開了我呢！

唐師對我，也有嚴厲的時候。我對衣冠一直漫不在意，在大陸時又慣於光着膀子四處亂走，進了研究所之後，積習難改，天氣熱時，我在研究室讀書，十有八九也會赤膊上陣。讀書時爲思慮所苦，我便會一邊踱步一邊思索，時時不知不覺上身沒有衣服便踱出了研究室。有一次在研究所的辦公室中，唐師看見我裸着上身在和洪名俠先生談話，便有點不高興，吩咐穿好衣服再到他的辦公室。我到了他的辦公室後，他並沒有像平日那樣讓我坐下來，我只好站着受教。他說：「拘於小節固然不好，完全不問小節也不行。過拘小節難見大道，完全不問小節便易於流於狂妄。你平時一副不修邊幅的樣子，我已經不說什麼。現在你索性連邊幅也不要了，這像什麼話？」

又有一次，我以「論思想所以能超越階級」爲題，寫了一篇三千字的文章，作爲學期中的研究報告，交了給唐師。我在報刊上寫慣了急就章，因而每每把作文看得過於輕易，那篇研究報告，我一共也不過花了三小時。爲了那篇報告，唐師一連罵了我三次，有一次還是當着大學部的同學的面前。他數說道：「你完完全全沒有用功，也沒有用心要把報告寫好，你的學習態度，眞令我失望！」唐師申斥我時，似乎動了感情，他那種凝重的神情和嚴重的語氣，是我從來沒有見過和聽過的。我覺得他除了生氣，還有一種恨鐵不成鋼的沉痛之情，溢出言表之外。這實在要比把我吊起來鞭打一頓還令我難受。直到那時，我才明白了前輩師兄們，爲什麼對唐師這麼敬畏了。

研究報告發了回來，唐師在上面批了個B十。上唐師的課。B十其實已算是不壞的成績，拿B或B以下成績的，也還大有人在。我以爲一定是唐師把分數弄錯了，便去謁見他。他說：「我沒有弄錯，你的報告中有一些很新的思想，給B十是應該的。我不高興，是我認爲你沒有盡力。你不該寫出B十水準的文章，而我對你的期望，也不是B十！」

學期末我足足用了一個星期的時間，以「讖緯綜論」爲題，用文言寫成了一篇五千字的研究報告。唐師很高興，特別把我叫到他的辦公室。他稱讚了我的報告，並向我介紹了有關緯學研究的一大堆專書以及有成績的大陸和臺灣的學人。他希望我以後能有機會到臺灣去，向臺灣的緯學專家直接問學。報告發了回來，得到的成績是A十。

一九七五年初，由於臺大當局的再三再四懇託，特別是臺灣各大專院校的同學雪片般的來信請求，唐師只得暫時放下研究所工作，到臺大哲學系作短期講學。臨離港前夕，他突然要我安排一個時間，使他在離港前能替大地學社作一次演講。大地學社主要是由逃港的紅衞兵領袖組成的中國文化學習班，時時透過我向研究所借用教室，作爲討論和交流中國文化學習心得的場所。他們的好學精神，得到了唐師、趙致華先生，以及研究所的其他導師們的同情。每次借教室也都順利。於是我乘機請求研究所的導師們給大地學社講一些課，復觀師和宗三師也都先後爲大地學社作了演講。唐師也很高興地答應了替大地學社講學，但卻一直抽不出時間，我見他委實太忙了，也就不忍心去催，後來知道他要赴臺講學，我告訴大地學社的成員，在唐師赴臺歸來之前，演講的事恐怕沒有希望了。誰知唐師一直惦記着這件事，爲了滿足一羣素不相識的大陸青年的求學願望，竟不惜在他最忙的時候還主動安排了這次講學。由於面對的聽衆在程度上很有參差，唐師便改用了幽默風趣的語言，通俗易懂的道理，把中國文化的精義發揮得淋漓盡致。唐師的演講，深深地吸引了和感動了那些曾親手破壞過中國文化的紅衞兵。演講一結束，他們就在唐師的啓發和誘導之下，紛紛爭着發言，表示了要重新認識和從頭學習中國文化的強烈願望。唐師高興極了。對以旁聽身份列席的研究所和中大的同學說：「論書本知識，大地學社的社員比不上你們，但論實事上的磨練和人生的體驗，大地學社的社員又勝過你們。」接着，他對所有聽演講的全體青年說：「希望你們能取長補短，互相學習，共同進步。」

當時的演講本來是有錄音的，但由於我不愼按錯了錄音機的按鈕，在接到王培光兄的紙條後，才急忙糾正，而唐師的演講已差不多過了一半。唐師對紅衞兵的精彩演講，因爲我的疏忽，不能被整理出來，而在香港過十萬的逃亡青年，也失去了一個受再教育的好機會，那盒記錄着唐師後部份講話的錄音帶，卻被我帶到美國，在一連幾次搬家之後，再也找不到了。現在回想起來，眞是悔恨交加，深愧不該一時疏忽，把唐師爲大陸青年講學的苦心，白白的辜負了。

我畢業後的出路問題，唐師原已安排了我到臺灣繼續深造。後來因爲我決意要到美國居留，臺灣也就終於沒能去成。來美後，我在三藩市一家船廠當銲工，薪金和美國大學的正式教授差不多，而又不必像美國的大學教授那樣，要面對數不淸的學術上的挑戰和精神上的高壓。美國是一個典型的工商業社會，個人的成就完全是以能賺多少錢來衡量的。所以，船廠的工人階級，對大學裏的教授，簡直是連一點敬意也沒有。我本來就是一個對功名沒有什麼野心而在生活上又極易滿足的人，於是便很有點以銲工生涯終老的打算。研究所的老師們對我的打算很不贊成，君毅師、復觀師都曾來信，要我堅決地去唸博士學位。一九七七年六月，我辭去了船廠的工，同年九月，入柏克萊加州大學攻讀歷史系的博士班。美國的親友以爲我這種做法簡直是愚不可及，他們提出四點理由希望能說服我不要做傻事：第一、讀文科的時間很長；第二、讀完出來又幾乎不可能找到教職；第三、卽使僥倖能找到教職，也很容易被解聘；第四、剛出道的大學教授所能賺到的錢，遠遠少於船廠的銲工。我無法不承認他們的反對理由於情於勢都是無懈可擊，辭工讀書確是十分愚蠢。然而，世界往往是蠢人做成的，像唐師、徐師、牟師那種爲了中國文化的存亡繼絕，鞠躬盡瘁，死而後已的人，在世俗的眼中，何嘗又不是蠢得不可救藥。他們用了這麼多的時間和心血栽培了我，難道只希望我變成一個只爲衣食奔走，對中國的前途和中國文化，不負一點點責任的人麼？唐師、徐師待我恩重如山，我能報答他們的恩義，唯一的辦法，也只有爲實踐他們的文化理想，有一分熱，發一分光。除此之外，我實在不知道再有別的辦法了。

唐師知道我已回到學校唸書，非常高興，並應我的請求，用龍飛鳳舞的行書，替我寫了兩幅字。其一是「世界無窮願無盡，海天遼濶立多時」；另一是「有志者事竟成」。兩幅字在意義上顯然是互相關連的，而「有志者事竟成」又暗射了我的名字，唐師的鼓勵和期望之意，是十分明顯的。在他臨終的前兩天，他還親筆在賀年卡上寫下了「努力崇明德，時時愛景光」這兩句話，來策勵我修德向上。

肺癌——這殺人不眨眼的惡魔，又欠下了人類的一筆新的血債。早在一九七六年末，我便已驚悉唐師被這隻惡魔纏上了。當時我是多麼的愁苦憂急，和少棠兄一道唏噓吞聲，也不知有多少次了。一九七六年六月尾，復觀師來美講學，同時帶來了令人歡欣鼓舞的消息——唐師在改吃中藥以後，病情開始好轉了。不久，少棠兄又接到唐師的來信，說病情已被控制，如不再復發，便可無慮。我當時眞是驚喜若狂，以爲這回總算皇天有眼，像唐師這種曠代大儒，其道德人格學問，正是中國文化的道統所在，天將不喪斯文也，肺癌其奈唐師何！其後在研究所師友們的來信中，盡是令人樂觀的消息。最近，聽說唐師的祝壽論文集，正在大張旗鼓地進行籌備工作……。我想，像毛澤東這種瘋子，上帝也居然讓他活到八十多歲，我們的唐師，爲什麼不應該活到一百歲，一百五十歲？我曾寄了一首詩給君毅師：「瞿塘峽口探深幽，岱嶽崇巔接日頭。安得河清還劍閣，大心共逐嶺雲浮。」詩中的意思，是祝他老人家健康，長壽，親眼看到了暴秦覆亡，海晏河淸的昌平世界的到來，好讓我能侍隨在側，追隨他老人家回到四川老家，一起尋幽探勝，共賞白雲……。

霹靂一聲，地裂天崩，一切美麗的希望皆爲泡影。由於心理上完全沒有準備，我絕對沒有辦法接受這種殘酷的事實。在夜雨的街道上狂奔亂走，哀痛之情稍得宣洩之後，我又回到了自己的宿舍。想起了致華先生提到過那個「紀念特刊」，我強抑悲痛欲絕的心情，一揮筆，字和淚一起洒滿稿紙……爲了紀念唐師，我一定要把這篇文章寫好，然而精神老是不能集中，巨大的苦痛又時時把思路咬斷……我實在再也寫不下去了。天將斲喪斯文，時也、命也，夫復何言！我詛咒，詛咒天地的不仁！杜維明教授曾以「中國文化的悲痛」，來形容唐師的逝世。老天啊老天，難道你眞忍心要那有五千年歷史的中國文化，以悲劇作收場？

（一九七八年二、三月，華僑日報「人文雙週刊」第一六八、一六九期）

永懷唐君毅先生

楊祖漢

唐先生不幸於二月二日清晨逝世。那天他本約好諸友明晚上到某飯館飲宴聚會，而且剛好第二天（二月三日）便是他七十歲（中國算法）的生日，可惜就只差了一天，眞是「命也乎」！

唐先生一生盡瘁於弘揚儒學。明道濟世，內聖外王，兼而有之。他平生志願，在於使久已失其常性、如中風疾走的世人重新成爲堂堂的眞正的人；使分崩亂離之中國重新成爲清平合理的中國；使人欲橫流，天理銷盡的世界重新成爲理想的人文世界。雖此等大願皆未能完成其萬一於先生之生前，但先生之大悲深慧，早已凝結而成窮究天人的著述、艱苦卓絕的行事，與夫眞誠惻怛的道德實踐。此皆有目共睹之事實，不煩多述。故下面只略記先生的一些瑣事。

在先生逝世的當天下午，我們幾個同學匆匆趕到先生家裏，見師母正含淚呆坐。良久，說：「唐先生常說還有許多許多事情要做，但可惜上天不再給他時間了。」我當時想，最近這一兩年，先生自度恐難久於人世，故已將其最後的，也是一生學問的理想根據所在的巨著——生命存在與心靈境界——完成付梓；又已將平生尚未結集成書的散篇文章整理出版。對於個人的學術事業來說，可謂已無的事情要做的了。

遺憾。但先生的悲願無窮，個人之學術成就，對他來說，只如泰山一毫毛，當然會覺得還有許多許多

我們又聽說他在去世之前一天早上閱報時，知道中共正欲平反孔子，（即不再批孔，而恢復孔子的地位）而十分快慰，說這是最值得高興的事情。於是便馬上請麥仲貴先生將他的近著郵寄往大陸上某圖書館。我當時想，中共的批孔，乃是藉此而作政治鬪爭，本與學術無關，且孔子至聖，數千年來無人敢不敬仰，他們批孔，正是「人雖欲自絕，其何傷於日月乎」？眞已喪心病狂之極；唐先生年前曾爲此而極動氣，用大氣力寫了幾篇長文來維護孔子，其實這已不是絕對需要的事情，但先生因受不了先聖如此的隨便遭人汚衊，便忍不住要寫。現在旣批判了又平反，實在可笑！證明他們的舉動已全無意義。但何以唐先生又如此高興呢？是否相信他們一旦恢復了孔子的地位，孔子的教訓便可盛大流行於中國大陸；而聖人的德慧，便可立刻消融人心中的殺機，使那些喪心病狂，雖罄南山之竹，亦難書其罪的人幡然改圖，而少作罪孽呢？其實共黨之所以要平反孔子，只是爲籠絡人心，方便其海外作統戰而已，何曾有半點覺悟之意呢？唐先生寄書回大陸去，會寄得到嗎？就是寄得到，也會有人看嗎？就是有人看，也會看得懂，而心中贊成嗎？就是會心中贊成，也敢說出來，而促使共黨作本質的改變嗎？我看這一切都不可能。而這唐先生難道會不知道嗎？他只知其不可而爲之，莫可奈何之極，而寄望於萬一而已。

記得在幾年前，香港有些大專學生到了大陸，見到那恬不知恥的馮友蘭。當時他們談及唐先生，馮氏說：「請回去告訴唐先生，最好多讀一些馬列的著作，使思想弄通一點。」（大意如是）。我想馮氏所說的定是反話，其眞意一定是如此：「我們不行了，請先生你多罵罵共黨吧！」如果馮氏仍在，及仍可自由看書的話，實在應趕快去拿唐先生寄來的書看看，好好地再一次修正他自己的思想。

六十四年六月，當我們雜誌正在籌辦的時候，唐先生剛好回臺講學。我們雜誌幾位同仁便拿了發刊辭，及一些打好待印的文章去拜望他，報告我們的想法與作法。唐先生聽了後，很鄭重的說：「你們的理想很正大，很有精神，相信這刊物一定能一直辦下去，且發生作用的。」隨後他又說到中共對文化摧殘的事實，說廿多年來，他們根本沒有任何眞正的學術上的成就，而海外中國人的成就，便遠遠超過他們。若雜誌印了出來，可設法「空投」回大陸去，給他們看看一些在大陸以外的中國人的學術成果。我們當時很感動，但心裏禁不住這樣想：先生爲什麼還會像小孩子般的純眞呢？

唐先生前年八月回臺檢查身體，赫然發現身罹肺癌惡疾，於是便馬上動手術割除。手術後回港，但已消瘦了很多。但雖是如此，他仍要上課，爲同學們講書，以前他講課時，都是站着講的，這時便只好坐着講了，但還是愈講愈起勁，聲音愈來愈大，而我們便愈來愈擔心。但又想先生既然能夠講得那麼起勁，大概精神還好吧。但其實他已再度感到不適了。此時損害他健康最甚的，並不是講課和辦公，而是爲反對中文大學由聯合制改爲集權制而作的最後階段的抗爭。因若改爲集體制，作爲中文大學成員之一的新亞書院便全被吞沒，再也沒有自己獨特的辦學理想、學風、與行政權力。如是，唐先生及二三友好的原初辦學宗旨，及廿餘年來慘澹經營的努力，便會毀於一旦。於是先生便只好奮其餘力，作最後的周旋，但此最後的努力亦終告白費了。不獨白費，先生的健康亦因而更差了。此事對唐先生之打擊至大。我們當時想，爲什麼這樣重大的事情，只有唐先生一個人在力爭呢？不少唐先生的弟子，不也正在中文大學各院校任教，甚至身任要職的嗎？他們都受過唐先生的薰陶，理應義不容辭，挺身而出，以助先生一臂之力的。雖此或終也是於事無補，但起碼會給先生以無限的安慰。但何以他們都默不作聲的？何以見到白髮蒼蒼，兼更身罹絕症的老先生在大聲疾呼，焦急憂慮達到極點時，而竟忍心不發一言以助？我實在百思不得其解，後來我們知道他們非獨不幫忙唐先生，且更有反戈相向者；唐先生當時的難過，實在難以想像。他們這樣做，又怎對得起對他們情深義重的唐老師呢？由此我們感到，「師道」在今日，看是已日漸衰微了。這一代的人大多自以爲自己有自己的想法，而視上一輩爲頑固迂闊，這樣唐先生又那能夠像以前的老師般，對他的弟子下命令呢？且唐先生對新亞的感情亦實在太深了，若他知道把不住時便馬上放開，不再爲此而傷神，相信現在他還可以好好地講學和著述。但亦惟愛之切，方會陷得深，於此我們可以見到唐先生性情之厚。

因病況轉壞，唐先生再度赴臺治療。後來我們知道，醫生當時說他的病已沒希望的了，建議他改服中藥試試。此時幸得友人介紹他到屏東某中醫處療治，先生服過中藥，病況轉好。休養不久後，便又返港。此時在臺灣的方東美先生亦患肺癌之疾，且比唐先生嚴重。二位先生眞可謂是同病相憐了。唐先生早年在南京中央大學唸書時，方先生已是中央大學的哲學系教授，雖然後來唐先生的學術路向與方先生不太相同，但仍終身對方先生謹執弟子之禮。有一次，在東西哲學家會議席上，二先生同在一起。唐先生向一位外國學者介紹說：「他（指方先生）是我的老師」（He is my teacher.）那人感到很奇怪，何以唐先生偌大的年紀還未完成學業，還在跟方先生唸書？怎麼會用「is」而不用「was」呢？唐先生提到這事時，笑着的說：「我們中國人對老師是一日爲師，終身爲父，是沒有『時態』上差異的。」後方先生不幸於去年七月病逝，而這時唐先生已回港，有聯輓之曰：

「從夫子問學五十年，每憶論道玄言，宛若由天而降。與維摩同病逾半載，永懷流光慧日，如何棄我先沉。」

屏東醫生的中藥在剛服用時很有效，但後來藥性便疲了。到了這學期，先生更患有氣喘之病，每逢上樓梯時都很辛苦。但他仍是堅持要到新亞研究所上課和辦公。研究所是在五樓的，對他來說，實在是高了一點。先生走不上去，於是便改在二樓的圖書館授課。唐師母及同學們都勸他不要再上課了，但他一定不肯。就是在去世之前一個星期，仍是要去上課。那時先生的健康已極差，據唐師母說，他那時已十分辛苦，但一想到同學們到學校來是要聽課求學的，不能讓同學白白的跑一趟，甚麼也得不到。於是便一直苦撐着。若不是最後那幾天因打了抗癌針而致食欲不振，虛弱無力的話，他恐怕眞的要倒在講堂上的了。在先生去世前三天，牟先生和我們一起去看他，他還說待胃口恢復後，再做做事情，上上課……。先生顧念攜育後學的苦心，我們又能了解多少，能承受多少呢？

記得以前程兆熊先生曾在一篇文章中寫到唐先生，說以前在新亞書院剛創辦的時候，他與唐先生晚上都睡在教室的書桌上，那時大陸剛陷共，唐先生的母親及他一生最敬愛的老師熊十力先生皆不能出來，是以唐先生極悲鬱，在深夜時，程先生常聽到唐先生睡夢中「天啊！天啊」的呼喚着。人惟在痛極、窮極時，方會呼天。我們現在亦正有窮極之悲。

蒼天！你爲什麼放那麼多重擔在唐先生肩上，使他勞悴如斯？你爲什麼不使唐先生所嚮往的人文世界早日降臨，而使他鬱鬱以終？你爲什麼不多生英才，使唐先生因見後繼有人而得以含笑九泉？唐先生所堅信的儒學聖教的德慧，及人文主義的理想精神，是否你已把它們消滅了呢？不然爲什麼唐先生奮鬪了幾十年，國運文運仍是這個樣子呢？你既生唐先生便一定有重大責任給他去完成，但在他的責任尚未完成的這時候，你爲什麼又會讓他離去了？

六十七年二月七日

（一九七八年三月，「鵝湖」第三卷第九期）

對於君毅師的幾點深刻感受

劉國强

進入中文大學前，已聽聞過唐君毅、牟宗三兩位大師的名字，也知道兩位先生在新亞任敎，加以自己感到對哲學有興趣，雖然大學入學試中國歷史科考取了A級，但自己仍選擇了新亞哲學系作爲第一志願。

記得入學面試時，找錯了地方，誤了時間，可能是自己入學試成績比較上算不錯，聽旁的人說我的名字已經叫過了，只好在試場門外等候。等着時，裏面出來一位身型胖大，頭髮斑白，穿著一件白色恤衫，一條灰色西褲的學者，從我的身旁走過。我當時並不知道他就是唐君毅先生，只感到他是一位學者。這位學者給我很深刻的印象。他褲子的皮帶雖然上了扣，七八吋長的皮帶末部卻沒有套好在褲頭的布圈內，露出在微壓著褲頭的手背上。他走過時，是那麼的凝注，好像並不感覺到有人在走廊兩旁上站著似的，看來他並沒有著意自己是一位有很深學問的人或者是一位有身份的大學教授。這是我第一次看見君毅師時的感覺。

進了新亞哲學系，第一次上君毅師的倫理課時，遲到了，想著進入課室時，向教授說聲「對不起」，進了課室，發覺座位已經坐滿了，惟有到隔壁搬來一張椅子。當時全課室的人都全神貫注的聽，君毅師似乎並沒有注意到有人進入課室，整個人像融在他的講演裏，課室裏鴉雀無聲，老師的聲音特別顯得宏亮和實在。這種情境，往後的日子裏時常出現，本來不足爲奇，只是那一次給我的感受份外深刻。

在農圃道的舊新亞，或者在馬料水的新校舍，很多次上課的時候，我坐近門口，只要聽到急促和緊密的腳步聲，便曉得是老師來了。那種半拖撻式的步伐，鞋跟打擦在地上的響聲，好像在追逼著一分一秒，使人感到來者的一種皇皇栖栖的悽愴。在老師逝世後，老師的老傭人金媽告訴我，老師在病稍癒後的日子裏，時常工作至晨早兩、三點，直似不做便沒有飯吃似的。金媽並沒有知識，她的言談及她的盡忠職守，卻表現了她對老師及師母的關心，及對人的情誼，也可看出來哲人對他周圍的人那種巨大的感動力量。

中文大學改制的時候，君毅師表示反對。那個時候，除了上課外，和君毅師接觸也較多。君毅師那股生命的熱切和剛毅，是我難以忘懷的，這種感覺是我在面試第一次見君毅師時所沒有聯想到的，那時只想到他是一位厚重，完全沒有架子的老學者，並不曉得老師的生命力與堅強。平常上課，可以感覺到老師的溫煦與及不忍對學生責怪的仁厚，也可以從老師的眼神看到閃爍著的智慧，好像有著宏遠的視覺。老師會因學生的專心和了解而感到興奮，也會在講得沉醉時發出眞摰的笑容。

改制的時候，學生中，我是寫多篇反對文章的一位，但沒有一篇是君毅師要我寫的，並不像一些人以爲的是君毅師在鼓動學生。很多時我主動的打電話或找老師問及關於改制的事情。如果說學生容易受他尊敬的老師的暗示而有某種行爲，我是願意承認自己是受當時君毅師的一股生命熱切與眞誠所感召，而覺得有些事情是一定要做的。君毅師看到我的文章，很多時都說寫得不錯，但也沒有對我表現特別的親暱，還是一臉嚴肅的神情。在我私下的想法裏，我並不欣賞過份的親暱，因爲這容易造成羣黨，產生排外性，在學府裏，則容易形成派系，把學理之爭變成派系的意氣之爭。而且一般人往往在需要人援手或覺得別人可資利用時便對他們表現份外親暱，這種親暱更沒有價值。

雖然除了指導理想的理念外，我不認爲對現實的事情加以絕對化的評判是恰當的，但我仍然認爲中大改制於理不合居主要，我的意思是說我們雖然不能說改制後便百分之一百壞，改制前便百分之一百好，但改制不能說不是給新亞的教育理想帶來重大的打擊。這種打擊，與其說是教育理論上的，不如說是現實環境的。所以，時至今日，尤其是香港政府要忽視中文敎育，有意把中文大學改爲三年制時，便更有感於君毅師的遠見和剛毅不屈的精神。只記起君毅師一次用平靜的語氣說：我們（指新亞）沒有經濟力量，也沒有敎會的力量，但「理」還是一種力量，初時人們可以看不見，慢慢的「理」還是會顯現它的力量的。就讓這句話來結束本文，亦用以懷念逝世了三年的君毅老師。

（一九八一年三月，「書目季刊」第十四卷第四期）

如何認識唐君毅先生和中國文化運動(註)

吳 甿

一

唐君毅先生作爲「文化意識宇宙中之巨人」(見牟宗三先生「哀悼唐君毅先生」),他尙存一息仍以全幅生命證驗與弘揚的「人文主義」理想或精神方向,「顯示出中國文化方向要擺脫外來種種壓力和迷誘的要求,顯示出中國這個民族要衝破歷史的困局而卓立天地之間的要求;縮小一點說,更直接顯示中國知識份子擔承歷史文化的重擔的精神氣概。凡此種種,可以在許多層面上作許多不同角度的說明,約而言之,則是:人文主義代表一個眞正的中國文化運動。唐先生本人就是這樣一個運動的倡導者與推動者。這個運動就其實際發生的影響力講,不能說是已經很強大,但在近百餘年來中國歷史的背景中來看,它正如夜空中一星高懸,雖是孤明,卻正照着歷史道路的確定方向。」(見勞思光先生「成敗之外與成敗之間——憶君毅先生並談『中國文化』運動」)……唐先生的生命旨趣純在儒宗，不需要人歌頌他，他一生講學著述做事，任誰也一分不能增加，一分不能減損，這就是「蓋棺論定」。「他不是事業宇宙中的巨人；他作事不是政務官之作事，亦不是事務官之作事，亦不是革命家之作事。他無汗馬功勞，亦無經國大業。他亦不是什麼專家，他更不是所謂名流。如是，銷用歸體，他卻正是文化意識宇宙中之巨人。他的一生可以說純以續承而弘揚此文化意識之傳統爲職志；他在適應時代而對治時代中張大了此文化意識宇宙之幅度，並充實了此文化意識宇宙之內容。」此語出自唐先生的數十年摯友牟先生之口，亦無歌頌之意。「吾與之相處數十年，知之甚深。吾有責任將他的生命格範彰顯出來，以昭告於世人。」如此而已。並世眞知唐先生者，捨牟先生而誰與?

唐先生是哲學家，他思考的乃是普遍廣大深邃的問題，立足於人類全體，即超越一般政治勢力，且超越於狹隘的民族意識。唐先生之以繼承弘揚中國文化傳統(即人文傳統)爲職志，亦因爲他和他的朋友，生於憂患，遂產生一超越而涵蓋的胸襟，看到世界文化的各支，各有所長，而深切體認他們所隸屬的中華民族的文化源流之中實有其他文化所不能代替的眞價值在。對治時代，中國文化所展現的圓滿具足的人生境界、委宛曲盡的直覺智慧、延續文化的持久力、由人對人之敬而生的憂患精神和溫潤悲憫之情，在在足以補救其他文化之不足。現代人的價值失落（上求於神，外求於物，神死物遷，因而失落），生命無所安頓，甚至於寧願投在一極權統治之下以求取「安全感」；中國文化的人文精神（反求諸己的精神），恰是對症良藥。而令人心寒的，是中國人自己在摧毁這一優秀文化傳統，棄之唯恐不速，避之唯恐不遠。此地的情形，大家知道得比我淸楚，是中國人寫文章，可以談甚麼沙特、馬古沙、馬克思以至帕拉圖、蘇格拉底、古希臘，懂與不懂，都無關緊要，一到要談中國文化，以至孔孟、周文，則爲靑年們所憎惡，遲早給顏色看。在大陸則是用政治力量作雙重摧毀，一方面以西方唯物主義（物化）和中世紀的宗教狂熱（權力的神化）來攻擊人文主義，另方面則以中國傳統文化之負面的法家來否定主流的儒家和道釋二家，以達成對民族文化主流的大否定、大解恨，以求符合馬克思的唯物史觀。唐先生既生於此時此地，自不能不有大悲憤，不能不有中華民族花果飄零之慨嘆。唐先生所爲，正流露其「大人者不失其赤子之心」。李璜老先生在悼文中稱道：「我之所以賞識唐君毅爲性情中人，而非袖手以談心性之若干理學家也。」

二

唐先生七六年患肺癌，以今日的科學知識，幾等於被判了「死刑」。西方有一哲學家薄意薩Boethius（470—525），於被判死刑後在獄中著「哲學之安慰」；唐先生則在等待動大手術的床上校其最後一部大著「生命存在與心靈境界」，東西二哲，正可千古輝映。其後癌細胞擴散，醫生以實情相告，唐先生明知死期已近，卻每周兩次以上，拄着拐杖，在唐夫人攙扶下，臉灰氣喘，顫巍巍的爬上新亞研究所五樓爲幾個學生講課。好幾次我目睹此景象，只能垂手而立，並不敢走前一步。我想，這就是最高意義的中國儒者的「哲學的安慰」。我並非新亞的學生。我只是從大陸跑出來的無知青年，卻在「明報月刊」讀到諸先生的文章，在胡菊人先生那裏聽到新亞的精神，後來驚悉唐先生在世不久，乃放下別的計劃，來新亞作旁聽的。一月十八日「經子導讀」，輪到我講解「禮記」的鄉飲酒義，由唐先生批評指點。當時臨時改作課室的圖書館內，忽然寒氣四起，凝聚不散，大家正襟危坐，一堂肅然。唐先生臉色蒼白，聲音微弱而發音異於常時，一面喘息，一面說：「鄉飲酒義要旨在『尊賢養老』，敍長幼、敬長老、排輩份。若從功利的觀念說，是因為中國是農業社會，特重經驗之故；若從倫理哲學的觀念，則是後輩人對前輩的一種承奉，是向往一種長久、敬仰一突出高出於自己的生命，在鄉飲酒禮中忘掉世俗功名事業，達到每人對生命個體之認同安頓……。政治不能是純政治，西方以宗教約之，帕拉圖主以哲學為政治之基礎，中國孔子則以禮教為政治之本。政治的基礎在社會，以尊賢為本。尊賢風尚須在社會上培養。尊賢養老，不以地位功名為取……。」嗚呼！此竟是唐先生幾十年教學生涯的最後一課；而從大陸跑來的無知的我，竟是最後的直接受教者。

三

當前中國自由思想界的隔膜主要表現在三方面：

1. 以為當前思想界仍然是所謂西化派與保守派對立的壁壘森嚴的局面；

2. 以爲唐君毅先生和他的思想戰友所掀動的中國文化運動是對五四啓蒙運動的反動；

3. 以爲梁漱溟、熊十力、唐君毅、牟宗三、徐復觀等諸先生作爲思想人物是一般的文化本位論者或保守派。

思想界經過一個時期的分裂對立之後，漸漸的趨於互相涵容而所對問題較一致，這在思想史上是普遍性現象。但「自強運動」以來，論爭對抗的西化派與保守派兩邊，均缺乏有超越涵蓋的胸襟的人物，故近百年中國思想界一直是互相攻擊指摘的局面。在這種對立局面中，卻有幾位思想人物在默默地做着對中、西、印三支文化哲學的比較和反省工作。在中共以政治力量摧毀了大陸的思想界，中國文化重鎭被迫在海外重建以後，這種反省工作終於引生了一種超越於西化和保守的思想趨向，這種思想趨向在幾位自覺的思想人物的倡導推動下日益蓬勃而形成一文化運動，無論西化派或保守派均爲之黯然失色。至此，中國自由思想界中所謂西化與保守的論爭變得沒有意義，西化派再推不出一位代表人物和一套有代表性的學說，而保守派亦只能固守「國學」。西化與保守之爭的局面已經被結束，目前在思想界工作的人們所致力的是繼續中、西、印三支文化哲學的比較和反省工作，以期爲中國文化和哲學開出新生命，爲中國文化未來確定一方向。此爲第一點，我對當前思想界的看法。

唐先生和他的思想戰友所倡導推動的中國文化運動與五四啓蒙運動的關係如何？是否是一個反動？我們知道，五四運動是民族精神之振奮，對治時代，而有對傳統文化之深切反省，又由於當時內憂外患的情勢，便有一種緊迫感，這種反省未免偏於否定性批判一邊，此亦是啓蒙時代的通常現象，我們自不必苛責前人。但心理一旦失去平衡，卽容易沿着否定的一路向下滑。一般青年不能了解幾位啓蒙人物「愛之愈深，責之愈切」的苦心，只能撿取他們的一些言論，時代旣隔，則使用更失去限制，便如魯迅所說他們不僅否定了過去，還否定了將來。適値西方的「否定哲學」現代唯物主義輸入，於是推波助瀾，不能在反省中超拔貞定，反而跌落在遠爲低級的層面上，以至不得正果。五四運動和新文化運動作爲中國近代之啓蒙運動，有其相貌和規模，亦有重大成績（如白話文運動），而有劃時代意義。但由於當時各種歷史因素，沒有完成啓蒙運動之爲啓蒙運動的「思維方式的革命」和「文化價値的重建」兩大使命。與西方十五世紀的文藝復興運動相比、與日本的明治維新運動相比，我們不能不承認中華民族實爲一苦命民族。半個多世紀以後的今天，面對花果飄零的現實，每個人有他自己的一番感想和思考。各人的感想和思考方向盡可不同，但那份熱忱是同樣可貴和應該相互尊重。至於各人的感想和思考在反省中國思想文化出路方面的貢獻，則視其能否正視、承擔和解答五四啓蒙運動所沒有解決的兩大問題——「思維方式的革命」和「文化價値的重建」。唐君毅先生們的文化運動正是在此一歷史契機中應運而生，是與時代緊密呼應而非遊離於時代以外，卽不是停留在五四時代風氣中，亦不是站在外族文化的立場。依此一意義，我們可以直說唐君毅先生們的文化運動是五四啓蒙運動的反省後的一次眞正的文化運動，而非反對。我以爲，只有明白唐先生們的文化運動與五四啓蒙運動此一接筍處，方算得明白唐先生和他的思想戰友的用心，才不至誤解唐先生；不論是唐先生的繼承者或在文化意義上反對唐先生的人。此爲第二點，我對中國文化運動與五四運動的關係的看法。

記得三年前，幾個從大陸跑來的青年請牟宗三先生談話，閒談中牟先生忽然引用魯迅的話。當時「四人幫」正把中國鬧得烏煙瘴氣，一些進出中國大陸的所謂學者名流獻媚奉承之狀可掬。牟先生說這等傢伙正是魯迅所說的「幫閒文人」。我當時聽說卽爲之一震。魯迅攻擊傳統文化弊端可謂不遺餘力，一字一句令人刻骨銘心，而牟先生和唐先生同是以繼承弘揚傳統文化爲職志的中流砥柱，與魯迅本應爲陌路人，何以牟先生引用魯迅的話，這在當時的我不能不深以爲怪。後來我讀了一點他們的書，才知道他們深通西方文化和哲學而不是西化派（他們比西化派人物更懂西方），深通中國文化和哲學而不是一味守舊派（他們比保守派人物更懂中國傳統文化），他們原是超越於一般西化派與保守派，畢生的工作，是把中、西、印三支文化哲學作一番比較和深切反省，從中爲中國文化和哲學開出新生命，爲中國未來文化發展確定一方向。至今爲止，他們所代表的人文主義方向，已經成爲當今中國自由思想界的主流，正代表着歷史發展確定的方向。我以爲，只有確切地認識梁漱溟、熊十力、唐君毅、牟宗三、徐復觀等諸先生作爲思想人物的超越性，才不至誤解諸先生爲學爲人的性格和作爲思想家哲學家眞價値所在。這是第三點，我對諸先生作爲思想人物的超越性的認識。

（一九七八年九月，「明報月刊」第十三卷第九期）

註：本篇爲節錄。——編著

努力崇明德，隨時愛景光

——痛悼唐君毅先生

吳汝鈞

今天是二月十三日，清晨正在傾聽貝多芬的絃樂四重奏，一邊拆閱朋友從香港寄來的明報，猛然發現第一篇的報導，竟是社評敬悼本月二日逝世的唐先生的短文，一時默默無語，貝多芬的音樂頓成哀音，西方的十三竟眞是不祥之兆。

還記得月初才收到唐老師及師母寄來的賀年咭，上有老師所題「努力崇明德，隨時愛景光」的勉語，筆勢還相當強韌有力；內心正自慶幸老師近日稍得恢復些精力了吧。不意那時老師已不在人間了。這兩句題語，恐怕是他老人家逝世前最後的手蹟之一。

唐先生的病似乎持續了多年，時好時壞，終於不免倒下了。儒家說君子不言生死，而說始終；佛敎也敎人超越生死。唐先生的智慧，洞參儒佛，死亡對於他來說，恐怕是一種歸宿的意義而已。但從人情一面來看，他的逝去，總是一客觀的現實；他的音容不再，總使受到他的德慧所感染的人不能無憾。

筆者之得遇唐先生，而受業於其門下，那是八九年前在中大讀研究院的時候。而看他的述作，則更是再早幾年的事了。他寫的書，大體都看了。其中的「哲學概論」與「中國哲學原論」是洋洋數百萬言的專著，充分顯現出作者學問的廣度深度與思辨力的強度。不過特別留有深刻印象的，卻是一些小品，例如「人生之體驗續編」和「人文精神之重建」中的一篇「懷鄉記」。前者歷寫人生的嚴肅與艱難，但卻不流灰調，而無寧處處表現着一種超拔而挺立的生命力量。後者暢舒作者的鄉土情懷，洋溢着農村的大地泥土的芬芳氣息。實際上，唐先生的這類作品是很多的；這都是廣大的天地宇宙意識與深邃的人生智慧的結合。

最能代表唐先生在哲學上的理論立場的，恐怕是他的「道德自我之建立」與「文化意識與道德理性」二書。此中所論的正是文化哲學的核心問題。唐先生透過這二書，理論地論證確立人類的一切文化活動，其根皆在於一整一的道德理性，由此而奠定人文的尊嚴與價值。「文化自心性中流出」一觀點，很早便由馬一浮提出了，但恐怕要到唐先生這二書出，才成爲一眞系統的哲學。這是順着中國傳統強調建立內在的道德主體性而再向外在的客觀的亦即是外王的文化方面推前一步的結果。推前一步是必要的，但不能遠離道德的主體性，因爲只有它才是人文的積極的意義所在。這是唐書的主要旨趣。

中國文化精神缺乏外王的表現，演成在近現代歷史上的種種困擾。這一問題，有心的人士討論已多了。但自王船山黃梨洲以來，眞能立於本原的德性主體的精神基礎，以西方的知性精神的民主與科學爲參考，以正視這外王問題，而探尋如何從本原的精神中開出這一文化領域的，恐怕要到唐先生及牟宗三先生諸師，才有本質的探究。這是中國哲學發展到目前的歷史任務。在這個意義下，唐牟諸先生的思想，實具有極深遠的意義。

倘若我們把視野拓濶，以近代現代東西的思想動態爲背景來看，唐牟諸先生的思路，恐怕亦是同等重要。西方自科技工業文明以來，人的生活，在精神生命方面失去了依據，一切的活動的價值要由外在的因素來決定，這已是存在已久的事實。尼采揭穿了上帝是一個神聖的謊言（eine heilige Lu-ege），而宣布牠的死亡，這益增加人們生命的空虛。海德格也常喟嘆現代人是生活於一種無歸宿的狀態（Heimatlosigkeit）中。西方思想家反省到了盡頭，不免要轉移視線，到東方來看看，尋求生命的歸宿。印度人以傳統的精神以名之，（如 S. Radhakrishnan 之振與印度傳統，）但仍失之於虛。日本人則挾其經濟昌盛之勢，以保存、傳播與發揚東方文化爲已任。當代日本的思想主流，是把從印度與中國吸收過來的佛教中的般若的空（Sunyata）與禪的無，提煉成絕對無或絕對主體這一觀念，以爲可以解救西方文明的生命的飢渴。（日本哲學家久松眞一領導一個名爲 F. A. S. 的協會，本着禪的精神，要負起這個時代的使命，大受西方人士留意。F 是無相之自我 Formless Self，A 是全人類 All Mankind，S 是超歷史而創造歷史 Sudrahistorical Creation of History。其整個意思是要覺悟到自己的眞我，那個無相的自己，而基於全人類的立場，以成就世界，超越歷史但卻永恒地創造歷史。）但絕對無或無相之自我云云，絕對是絕對了，總是無顏色的，因而亦全無內容，難以與人類文化人倫日用的充實飽滿相應。這只與日本人先天的虛無主義的生命情調相應，那恐怕仍是大和魂生命的蒼白。

我們可以說，佛敎或其他的虛敎，是不能單獨承擔這個文化使命的。它能使人擺脫生死苦海，但不能立地成就人倫。前者西方的基督敎也能作到，但仍無與於後者。西方社會的一個重要問題，是生活上缺乏一種人倫的和諧。這問題隨着人的年事日長而變得益爲嚴重，而瀰漫着孤獨與不安。（中年以上的人，子女四散，而覺終日與犬隻等寵物爲伴，而得稍慰孤寂，此種現象，在西方異常普遍。）

由此我們不能不回想到儒家的立足於人倫日用所展開的那一套文化理想。這恐怕是最健康最方正的生活理想。關於這方面的問題，唐先生在上面的所提二書及他的「人文精神之重建」、「中國人文精神之發展」、「中國文化之精神價値」、「中華人文與當今世界」諸書中，有充量而切當的闡發。這不是抱殘守缺，而是以現代化的眼光，以深遠的文化哲學的智慧，來本質地指引當前文化應行的路向。倘若我們這樣思考的話，則可以說，唐先生的思想，特別是具載於上述二書的系統的思想，具有重大的時代意義。

使人遺憾的是，西方學者（甚至日本方面的）對儒學的了解，總通過一些不相干的人物來進行，例如胡適、馮友蘭、侯外廬之流，以致不能領略到儒學的眞相，不能把握到中國文化精神的本質。西方人了解當代印度哲學，總能列舉出 Sri Aurobindo Ghosh S. Radhakrishnan 諸人；對當代日本哲學的了解，也能如實地知道西田幾多郎、田邊元、鈴木大拙、西谷啓治和久松眞一這一大堆人物，但對當代中國哲學的了解，卻常扯到不相干的人物上去。西方學者忽視唐、牟以至熊十力諸先生的著書，致難以眞正領略儒學的思想寶庫，也不了解當代中國哲學的實力所在。這對於中西文化的溝通來說，自然也是一種損失。筆者由是附帶想到，如何把唐先生的著書，摘要譯成英語，或以英語介紹其思想的本質，俾外界對儒學以至當代中國哲學，能有深一步的了解，實不失爲我們哀悼唐先生的一種有建設性的表示。

不過，唐先生和故方東美先生在介紹中國文化到西方方面，自己亦曾作過不少具體的積極的努力。他們常參加東西哲學家會議，或其他的學術會議，以對中國文化有無限熱愛的情懷，具足的學力與智慧，向西方學者述說中國精神的眞相。猶記取一九七四年十月，唐先生偕同師母到京都參加一個德國學術機構主辦的文化交流會議，那是以人與自然的關係爲題材的。那時筆者正在日本，因此得機會前往旁聽。在其中一個會議上，唐先生以帶有濃重鄉音的英語，娓娓述說中國人之與自然打成一片的天人的和諧觀。當時日本的西谷啓治先生亦在座，主席是德國海德堡的 Fischer Barnicol 先生。會上衆人似乎很感興趣地靜心聆聽，也很重視唐先生和西谷先生的意見。可惜這樣的場合，比較地說，還是非常少見。一般外國學者一涉及中國思想，便總拿馮友蘭的「中國哲學史」（有 D. Bodde 之英譯本）來參考。那是與中國儒家的基本精神難以相應的。

唐先生另外有一本小書是很少人留意的，書題爲「愛情之福音」，由此可以看到他生命的另一個面相。書中的主人翁是一個心靈要與梵天冥合的聖者，他靈魂要化成一個宇宙魂。便踽踽獨行，從未經歷過愛情，卻向一羣年輕的人述說愛情的道理。這是一種以道德爲根基而具有天地宇宙情懷的愛情觀。但這書並未表示是由唐先生所作的，只是他翻譯而已；作者題爲一個甚麼斯基人物，大概是俄國人吧。但從書本的內容與行文的姿態看來，都可以使人確信這是唐先生的手筆。一次筆者因持之以問唐先生，請他證實一下。但先生竟一笑置之，顧左右而言他。後來我想，莊子云，筌蹄所以在魚兎，得魚兎而忘筌蹄；言所以在意，故得意而忘言。此書反正是很美的作品，何必苦苦計較其作者呢？

這使我們想到唐先生的生活一面。從學問言，先生的思想，將在當代中國哲學上佔一重要位置，那是無疑的。先生的人格，如何嘉許，卻是大有困難，因爲這不是思想不是學術，而是生活。在生活上，唐先生所表現的人間的溫情與厚道，是使人感動的，特別是想到那在現代學術圈子仍相當流行的文人相輕的陋習時，這種溫厚，便更爲難得。先生於魯迅本無微詞，只是「略嫌寡刻」而已。魯迅所缺乏的，恐怕正是這種溫厚的人情。唐先生的溫厚性情，實亦表現於學術，這便是尊重他人的意思與研究成果。不過，這種作法，有時不免帶來非議，如「兼收並蓄，漫無標準」之類。筆者以爲，這用之以形容唐先生，顯然是過當的。從大處看，他對學術標準，仍守得相當嚴格。

幾年前，唐先生送我一部書，題爲「思復堂遺詩」，那是他老人家的尊母思復堂女士的遺作。書中雖全是詩作，但無寧是一種人倫的溫潤慈靄的感情的流露，或者說，這是溫柔敦厚的詩教的表現。筆者讀後感覺是，這種溫柔敦厚的母性，薰浴於農村大地的純樸氣氛中，其背景必是一偉大文化的倫理。先生的尊父唐廸風先生，早年逝世，但他對先生在生活與思想上的影響，卻相當巨大。此點略見於先生的一些追念先人的文字中。筆者曾見過唐先生的「孟子大義」一書，其中有先生的後跋，追念其尊父的一些遺教，其意略謂人雖能以功業彪炳世間，但倘於人倫日用方面有差，亦不能無憾云云。此言既深且遠。實透露出不能輕視生活的倫常日用一意思。孫中山先生功在家國，其人格本無可疵議，惟猶以再娶一事，而留憾於歷史。倫常日用之不能無愼可知。

故唐先生的溫厚性情，除自身時時警惕和陶養外，在家庭教育方面實亦有其淵源。

先生大半生從事教育事業，播下無數智慧種子。他教學、著書而外，又兼行政之務。後者恐怕花去他不少時間與精力，而效果又似欠理想，特別是辦理新亞研究所爲然。故有人以爲，倘若他不兼雜務，而專事撰著，可能有更佳之效果。關於這點，從一面言，誠然如是；但從另一意義言，或可以說，從更深一層言，則這亦不必不能視爲先生要求表現事功的意願。學者而在香港這種環境辦學，無堅實的經濟背景依賴，而又要維持文化理想，其艱難自是可想見的。唐先生要求事功，參予事功之事，而未能有大成果，固是可惜，但至少已樹立起一種榜樣，一種學者的理想形象——不是空議論，而是實踐。這種事業的眞正價値，自亦不應就目前的有限的成果來衡定。義在於人，命歸於天。孔子在兩千多年以前，已淸楚地把這兩者的界線劃開了。(勞思光先生的說法是，義是主觀意願，命是客觀限制。）說到孔子，筆者想起唐先生晚年做了一件很有意思的功德。那時批林批孔運動進行得火熱，香港這邊亦很有些人做應聲蟲的。在紛衆囂擾中，唐先生挺身而出，力排衆議，直斥批孔之非是，力言不容誣枉孔子爲歷史的罪人。這篇文章題爲論孔子誅少正卯的，好像發表於明報月刊的某期。後來國內局勢急轉直下，毛澤東死亡，四人幫一夕竟成階下囚。批孔之聲頓然沉下。至本年初，國內「歷史硏究」月刊一月號竟發表文革以來第一篇爲孔子辯護的文章，題爲「論孔子誅少正卯」，這不啻是北京替孔子恢復名譽的先聲。我想這必是唐先生逝世前最樂意聽聞的事情，也是他老人家最後堪以告慰的。

筆者最後見唐先生，是去年六月初起程來德的前數日。那時雖是向他告辭，但已預感到，這可能是最後的會面了。不意此感果成事實，思之淒然不已。望望外邊，一直飛舞着的雪花已經止息了，街上的行人也漸漸斂跡，但願逝去的人皆得安寧。西諺云：精神不死。我極願意相信這是一永恒的眞實。

（一九七八年四月，「明報月刊」第十三卷第四期）

常在心懷

梁燕城

二月二日晨光初露之際，唐老師悄悄的撒手塵寰了！本來心中有很多話準備拜年時稟告老師，特別關乎近來如何在浸會學院努力發揚新亞的教育理想，以及青年學子們如何開始傾慕中國文化等事，希望與老師分享這份喜悅。可惜現在已人天永隔，欲語還休，只剩一片淒然。

當日自己在噩夢中醒來，不知爲何，忽念起唐老師，隨手執起哲學與文化月刊之方東美先生紀念專號，言方先生逝世之情況，內心突有一種不祥之感，覺唐老師若瀕於彌留之際，由於自己家中過去沒有電話，必較遲知道消息，而不能見老師最後一面，將成終生之憾。想不到心有此念頭時，已是唐師溘然長逝之際。回想老師常言人之感通性，果然在冥冥中，人心靈自有感應存在，此非一般實證論與唯物論可解釋者也。

二月三日清晨才接獲通知，整個人沉重起來，趕到老師家，見師母淚盈於眶，憶起老師當日坐於安樂椅上，暢談宇宙人生之事，歷歷在目，今境物依然，惟老師已不在境中，不禁悲從中來，不可斷絕。記得七年前，自己仍是中學生，戰戰兢兢地寫第一封信給唐師，表示自少已愛想哲學問題，讀中國哲學原論及中國文化之精神價值等書，對老師之人格與學問十分嚮往，亦有不少問題欲就教於師；兩天後立刻獲得老師回信，言詞懇切，語多激勵，且願親自晤談。第一次見面於新亞書院哲學系，大約等了半小時，老師才講完課，然後認識，討論問題。老師諄諄善誘，處處表現愛護赤子之誠，且出口不能自休，燃點了香煙亦只拿在手中而忘記吸。乃發覺老師之博大深厚，如蒼天大海，不能見其際涯，一時茅塞頓開，眼前展現出無窮無盡的生命世界。

於是七年來就在唐師教化下成長，直至月前最後一次見面，老師就坐在安樂椅上，談禮樂與自由的眞義，而他亦在此椅上去世，今椅仍在而人已杳，天地亦似顯得空洞，唯老師之人格風範，卻充實地活在我們心靈中。

十一時多離開唐師家，回到浸會學院，見辦公室門口貼上一紙曰：「悼念唐君毅老師。」原來同事中有一位新亞同學，雖讀物理，然亦深受唐師影響，由於當日不少浸會學生於報上閱得消息，輾轉相告而知，遂簡單地寫下這話，並把新亞學規一併貼在門上，勉勵同學勿忘教育理想與人格的意義。

浸會學院在當天中午適逢「大專論壇」的演講會，我在會上宣佈這這噩訊，忽憶起老師在台上演講的神情，以及自台返港之憔悴背影，一時感情激動，差點不能自已。最後我向同學唸出新亞校歌，勉勵浸會學生，雖在「手空空，無一物，路遙遙，無止境」之境況下，當要「艱險我奮進，困乏我多情，千斤擔子兩肩挑」。同學皆靜默傾聽。隨後上課，亦與學生談及唐師與中國文化，然後一起肅立默哀，同學亦有淚下或泣不成聲者，蓋由唐師而感慨於中國之苦難，文化之破碎，以及青年之失根也。

今天中午再到老師家，見師相片，不禁在前默禱，願其靈魂得安息。坐下見孔子像，忽然心中一片寧靜光明，記得王陽明臨終時遺言：「此心光明，亦復何言。」老師樣貌一時變得通體透明，後面就是默默流行的天道。今老師已往何處，雖屬六合之外事，不能論究，然深信所衰敗者，必只為軀殼，所不朽者，則為其學問人格，以及自古至今，貫天貫地的中國文化精神。

二月五日深夜，淒迷天色

（一九七八年三月，「鵝湖」第三卷第九期）

悼念唐君毅老師

陳祖雄

在滔滔汩汩的洪流中，一位文化宇宙的巨人與世長辭了。

唐老師的逝世無疑是中國人的損失、中國文化的損失，和愛好中國文化者的損失。

中國文化和中國政府自十九世紀中葉備受西方文化和堅船利炮的衝擊，曾一度陷於無援的困境。那時，天旋地轉、鬼哭神號，山丘變形，妖魔遍野。前人雖有什麼「洋務運動」主張中學爲體，西學爲用；「戊戌維新」推行君主立憲；「新文化運動」打倒孔家店，鼓吹全盤西化等回應。可是這些回應都不能把握問題的癥結，沒有把中國文化和世界其他文化作適當的肯定，更遑論救中國文化於水深火熱之中。主張全盤西化者更是自毁長城，使中國文化備受摧殘，使中國人抬不起頭來。

唐老師認爲當今之務是中國文化的再植根。試問誰不有爹娘、誰不有家鄉？可是，有爹娘而不能辨識，有家鄉而不能安居，是何等悲痛的事！事實上，花果之飄零只不過是「傳宗接代」的一個痛苦的環節。因爲飄零的花果終會落到地上來生根長葉，欣欣向榮的。當然，傳不傳得宗，接不接得代，是要看「種子」的生命和農夫耕耘的技巧。兩者缺一，則有斷祖滅宗之慮。但是我國三千多年的文化，九百六十萬平方公里的國土所提供的渾厚的活力，而七億五千萬同胞亦當有上好的農夫。

老師爲中國文化再植根的成果是有目共睹的，而中國哲學今天被世界學人尊重爲一獨立的文化傳統，老師的功勞實不可抹。老師著作等身，文章精闢，當非只會稍窺門牆的我所能評述。以下只是作爲學生的一些感受。

老師之學「發乎情、止乎義、感乎世運時勢」。老師以崇敬的心和深睿的智慧去了解和肯定東、西的文化系統，並適當的以西方重理性的哲學爲架構，好使中國文化那支離破碎的殘軀得以重聚，那患了「輭骨病」的病夫重新站起來。然後再把中國文化提煉，使中國文化的元氣得以重新凝聚，生命渾然有勁。這個進路並不與張之洞之流相同，蓋張之洞等人以「西學」爲外在於「中學」的一個「異體」，所以移植是註定失敗的；也不與清末章太炎、康有爲、譚嗣同、嚴幾道等相仿，因章氏等人只停留在以中西印度之言，互相比附；更不能與五四以來本西方的實用主義哲學、新實在論，或馬克斯之唯物史觀爲底據的學人，如胡適之、馮友蘭等同流，因他們病在「先懷成見，未能對中國固有之哲學思想，先存敬意，以求客觀之了解，故不免附會多而成功少。」

古往今來因文章而成不朽之業的，眞有恆河沙數。可是道德和文章都爲人所重的，則寥如鳳毛麟角，世不多出。

老師素有仁厚長者之稱譽。與他談話的人，莫不如沐春風，如飲醇醪。你會隨着他那沉着有力的手勢而點頭，你也會凝視着那一根又一根燃着他的指頭的火柴和口中還沒有點着的香煙，你更會在他的春雷之下夢醒。

老師爲人誠摯厚道，待人謙遜有禮，爲君子的典範。與後學閒談時，老師除話家常外，莫不鼓勵向善，勸勉敬學樂業；遇有談及學人時，也莫不稱人之長。這些無不是「誠體」充沛和尊敬每一個人的表徵。

在課堂中，你會永不忘記那掛滿了汗珠的臉，那濕透了汗的襯衣，那狼狽地揪着褲子的手，那頻密的腳步，那大花臉似的黑板，和那充滿了神采的面孔。老師的活動是生命的投入而所發的光，則是生命的燃燒。

雖然老師的肺癌在兩年前已經證實了，可是他老人家還爲中文大學的改制而操心，爲研究所的莘莘學子而講學，爲承傳與弘揚中國文化而著述，爲大陸恢復孔子的聲名而雀躍。老師雖患重病，肺弱氣缺，可是每談到中國文化的展望時，他那微弱的聲調會輒然起勁，滔滔不絕的暢談他的心願。

陶潛曾有「道狹草木長，夕露沾我衣；衣沾不足惜，但使願無遺。」在此謹祝老師宏願得償。

（一九七八年三月，「南菁月報」）

寂寞的新儒家

——當代中國的道德理想主義者

林鎭國

二月二日，唐君毅先生在香港病逝。消息傳來，哲學界的朋友都十分難過。遠在外島服役的朋友來信說：「這該是表彰『新儒家』的時候了。」這句話不知隱藏著多少「新儒家」在時代命運的承擔下所遭逢的寂寞孤懷。

「新儒家」是當代中國思想發展裏的重要流派，可是一般關心當代思想發展的人並不都十分注意到。產生這種現象的因素相當複雜，需要對如何從近代演至當代的思想過程具有通盤的了解，始能道出個中的原委。

一八四〇年鴉片戰敗之後，中國歷史遂進入一個痛楚怖慄的階段，自是百餘年來，全國知識份子莫不以民族與文化的出路爲思想與行動的焦點，因而滙成的具體行動先後有洋務運動、維新運動、辛亥革命和五四運動等，導使中國的經濟型態、政治結構、生活方式與思想取向產生巨大的變動。這些變動主要是因應當時中西強弱之勢的刺激而起，而因應之道的差異卽構成近代史上不同階段的劃分。

各階段的因應之道都有其一套思想系統爲其支柱，這些思想系統演至民國以後，可分爲三支：㈠自由主義，㈡激進主義，㈢保守主義。這三支思潮雖然對整個民族危機的認識是一致的，可是對危機之內涵的把握卻互不相同，因而對於傳統與現代之間的調整方式也各有差異。簡而言之，自由主義走西化的路線，激進主義走俄化的路線，保守主義則趨於傳統與折衷的方向。

自由主義以五四運動的精神爲代表，影響一般國民的意識型態至鉅，而激進主義也於一九四九年僭據大陸，造成中國史無前例的變局。這二派思想因產生了具體實質的影響，爲一般人所熟知，故本文不擬多述。

保守主義則先有劉師培、章太炎的國粹學派和康有爲的保皇派，這兩系，尤其是前者，在今天雖無顯赫之功，可是在國學界（特別是中文系）仍保有相當的勢力。除此二系外，保守主義在五四運動後期還發展出「新儒家」，以梁漱溟、熊十力、張君勱肇其始，唐君毅、牟宗三、徐復觀諸先生繼其後而光大之，流衍至今，遂成爲海外中國之保守主義的大宗。

新儒家所體認把握的危機內涵，不只是政治、經濟、社會的危機而已，而是更深入一層地面臨到「意義的危機」（Crisis of meaning）。意義危機即是道德的、宗教的、存在的、形上的危機。如何解決危機，追求意義，才是新儒家的主要論題。而所以稱之爲「新儒家」，是因爲這一派的思想家嘗試藉着對儒家思想的認同來解決危機，其根本的精神是重揭儒家的道德理想主義，強調歷史的憂患意識，以重建人文精神的價值世界。

在東西文化與思想的比較滙通之下，新儒家肯定科學與民主的價值，然而科學與民主卻必須在道德理性的光照下才能眞正建立起來。有人因爲新儒家與「五四」自由主義之間的對立，便輕率地認爲新儒家是反科學反民主的守舊派，認爲新儒家抗拒「現代化」的時代趨勢，殊不知這是嚴重的誤解。從思想史發展的外緣看來，在「五四」全盤西化的呼聲中，因過度崇尚「科學」而導致「科學主義」的興起。「科學主義」伴同十九世紀末盛行之「社會達爾文主義」的樂觀思想，遂認爲人類理智的最高成就即是科學，而唯有科學可以把人類引導到美善的人間天堂。這種思想正好滿足當時富國強兵的民族願望，認爲捨此無由。這種「科學主義」的思想根源還得追溯至英美的經驗主義，以及從經驗主義所引生的實用主義與實證主義。因此，科學主義只承認形式構造的邏輯知識與可藉感官經驗檢驗的經驗知識，至於理性主義或觀念論所說的理念世界或超越世界，那不過是幻想罷了。在科學主義者看來，形上學即是詩歌，並不具任何認知上的意義，而在這一點上，新儒家是不稍苟同的。一九二三年「科學與玄學」的論戰即是表明了新儒家與科學主義之間的公開決裂，此後二者之間的歧異對立，一直延續至今。

新儒家反「科學主義」，然決不反「科學」。科學在經驗世界裏固然有其崇高的地位，然而在形上世界裏，科學卻無法逾越其本分來加以干涉。在這裏，新儒家不同意經驗論者對「知識」的狹隘界定，認爲科學固是精確的知識，道德、宗教、形上學亦具有認知上的價値。簡言之，新儒家肯定了「形而上者謂之道，形而下者謂之器」的命題，經驗世界與形上世界之間有著不可泯滅的分際。這種思想是著重在提撕道德創造的理想，肯定精神生命的價値。從「五四」以降，這一直是新儒家的思想宗旨。

從新儒家著重道德理想與精神價値的態度，卽可知道新儒家與共產主義之間勢同水火。牟宗三先生在「哀悼唐君毅先生」一文裏追述過去：

> 抗戰末期，共黨囂張。我目睹當時之輿情，知識分子之陋習，青年之傾向，深感大局之危殆，將有天翻地覆之大變。我之情益悲，我之感益切，而一般恬嬉者不知也。我當時厭惡共黨之情（不是政治，乃是文化）幾達狂熱之境，燃燒到任何差謬我皆不能容忍，故雖得罪張東蓀，梁漱溟諸先生而不辭。

抗戰勝利後，牟先生卽獨資辦「歷史與文化」雜誌，以爲廻挽狂瀾之努力，這可從其在臺出版的「道德的理想主義」一書得知。後來徐復觀在香港辦「民主評論」，王道辦「人生」雜誌，也都是新儒家在民族文化遭逢鉅變後，爲不絕如縷的文化慧命而奉獻奮鬬。牟宗三先生許唐君毅先生爲「文化意識宇宙的巨人」，其實，整個新儒家都是懷抱人文精神爲其生命學問的動力。此所以大陸淪陷後，新儒家即在港臺二地從事最孤寂的傳薪事業之故。

新儒家在學術上的成就乃以中國哲學的重建與開拓爲主，其調整西方哲學與本土哲學的取向，乃以歐陸之理性主義（康德）、觀念論（黑格爾）、生命哲學（柏格遜）、存有哲學（海德格）作爲詮釋傳統中國哲學的觀念系統，而在中國本土哲學則歸宗於儒家道德實踐的成德之教。其所自任的文化使命，乃是希望儒家思想在經過宋明理學之後，能夠在現代產生第三度的顯揚。並且，也希望透過儒家思想的眞正抉發，涵攝科學與民主，而能將中國文化從近代的澤藪之中導向新生和完美的境地。

新儒家發展至今，其思想規模已大致成形，可是其時代使命卻正待繼續去承擔，其理想正待繼續去攝持，民族文化的機運也正待扭轉。唐君毅先生在去世前出版了「生命存在與心靈境界」鉅著，算是一輩子生命學問的總結；牟宗三先生這幾年來返台講學，出版了「現象與物自身」和「佛性與般若」，也是其對傳統哲學之詮釋和自己的哲學系統的圓滿。年輕的一代，不少追隨其後的默默耕耘者，散佈在海內外，爲新儒家的後起新秀。他們是勇敢的，但也是寂寞的。

目前，臺灣正朝向「現代化」的目標急遽前進，文化上並未脫離「轉型時期」，這仍是需要忧惕明擇的階段，而無論如何，新儒家在當代思想上扮演了一個重要角色，是萬萬不可忽略的。國內研究當代思想史的風氣本就不太發達，專述新儒家的發展史那更不可得了。這種情形反而不若國外，即以個人所知，張灝就寫過「新儒家與當代中國思想危機」的英文論文，從思想史的觀點，對新儒家作一梗概的介紹。（該文收於 Charlotte Furth 編的 The Limits of Change 一書中，該書列有專章討論新儒家，除了張文之外，另有 Guy Alitto 寫梁漱溟，杜維明寫熊十力）像這種工作若由國內來做，相信會有更豐碩的成果。

唐君毅先生走了，值此之際，眞如某友人所說的：「該是表彰新儒家的時候了。」

（一九七八年四月，「鵝湖」第三卷第十期）

悼唐君毅老師

劉伍華

在唐君毅老師患病時，我時常想起羅素（B. Russell）。羅素不單是哲學家，教育家，更是一個以其理想面對社會現實身體力行的知識份子；他一生精力過人，著書近百，年壽更越乎常人。唐師一方面是哲學家，另一方面，也是一個社會實踐者；他對新亞書院，以至爲了維護新亞之獨立自主而奮鬪，都表現出他把人生理想及社會理想貫注落實於事業之中。唐師文章氣勢如虹，顯示生命力異常旺盛，所以年壽理應可直追羅素。當然，這是我一廂情願的想法，但我相信，唐師沒有一個學生，不是像我一樣地祈望他長壽健康的。現在唐師遽然而逝，如日月失光，使我有無所依循之感。

嚴格地說，我不能算是唐師的學生。唐師在我進入新亞書院一年後便跟牟宗三師一同退休。一年級時，由於聽不懂唐師的國語，因此只有選修牟師的課，而傍聽唐師的「倫理學」，及到他退休後，亦間有到他家中，聽他一些教誨；不過，這些都是表面化的師生關係。我之稱唐先生爲老師，實因我個人在中國社會文化思想上，都信服並深受唐師的影響。事實上，唐師若不在新亞，我絕對不會到新亞唸書，我之進入新亞書院哲學系，乃全由於嚮往唐師所倡言的新亞精神。唐師與諸夫子爲了保存和發揚中國文化而辦新亞，唐師留在新亞的時間最久，也可以說，他近三十年皆花費於為確立新亞書院之教育理想而奮鬪；新亞的教育理想又並非是唐師個人哲學系統中的某一特殊理想，而是理想人生中的普遍生活實踐；例如他言新亞師生之應彼此休戚相關，不應割裂為主客對立的職業上的關係；新亞學生之應在求學與做人上二而為一；此等理念皆有其普遍性，而唐師則以說理的方式加以倡言罷了。

中文大學改制後，今天的新亞，未必被理解為往昔新亞之延續。況且要談新亞精神，要使中國傳統的人文精神活潑化於新亞的教育中，這需要一個氣量宏大，文化意識特強、及學識廣博的人來倡導。但新亞精神是否就因唐師之逝世而成絕響呢？我想若真如是，則唐師二十餘年來花費於新亞的生命，算是白費了。新亞很多師生，都是唐師的學生，我們若真正地為唐師之喪而哀悼，則當下便應下一決心，繼續為新亞創校的教育理想而努力。

我個人在七二年到多倫多唸大學預料，那時讀到唐師談論新亞理想及中國文化的文章，結果我放棄在加升學。就我所知，至少還有其他人之進入新亞，或教書或唸書，都是因為接受了唐師所倡言的新亞理想，由此亦可見出新亞精神並不是一片空言，亦不是唐師一私人感受到的理想。新亞精神一方面接受時代的責任，建立新的儒家，發揚中國人文傳統；另一方面，它亦在道德價值失落的現代社會中，肯定學問之必需跟道德相配合，使學問能經世致用。唐師之為新亞奮鬪，嚴格地講，並不是為建立新亞書院之權力或地位，而是完全為了上述的客觀教育理想。其實，如果新亞不能發揮其理想中的教育功能，則新亞之存在，就已失去了其原有的獨特價値。唐師之退出新亞董事會，實在表現出一個教育家之堅持原則的精神。

在中大改制的整個爭持過程中，除了教育理想的原則性問題外，還涉及法理上的問題及中國傳統的道義信守的問題。唐師一直以爲從這幾方面去討論，總可以據理力爭保持中大之聯邦制。這是唐師作爲一介書生的自限，無權無勢而只有理想、熱情與道理，完全表現出儒家之「知其不可爲而爲之」的擇善守道精神。這是一種忘其世俗利害的直接道德表現。因此當唐師見到新亞學生貼出大字報反對中大削弱書院權力的改制時，他也率直地要求同學爲他貼上一張大字報；他如此做，完全沒有考慮有利與否的問題，結果，這件事引致某些人士誤會唐師煽動學生反對中大改制，同時亦不明白唐師跟當時學生爲了文化理想及法理精神而反對中大改制之用心，不亦悲夫！

唐師雖因中大改制之事而跟某些人士意見不合，但他從來未有就私人方面攻擊這些人；反之，他曾對我說：「這些人在中大仍算是你的老師，在事上可以據理跟他們力爭，但就輩份及關係上，仍當對他們尊敬。」唐師仁者之心，一方面能盡量地欣賞他人的長處，但另一方面卻能明辨是非。「惟仁者能好人，能惡人」，這跟世俗無好惡之心的「好好先生」是完全不同的。

唐師並不是躲在象牙塔裏，兩耳不聞窗外事的學究。他二十多年來對中共政權的批評，對馬列主義之否定，正顯出儒家之淑世精神。唐師反對馬列毛思想，並不如有些人以爲他由於未有對此等思想作詳細研讀的原故。我記得在二三年前，有一本「毛澤東思想萬歲」的書在市面行銷不久，唐師便把此書讀完，並且跟他的學生談論這本書的內容，我當時就驚異唐師竟連這些只具有文件資料價値的書也詳細去看。由此可見，唐師並不是瞎著眼以成見去反對馬列毛思想的。可以說，他對共產黨之深刻批評是來自對此種思想的深刻理解。

唐師雖然對中共批評得很猛烈，但他並沒有像右派人士般完全否定中共存在的現實。他希望中共會慢慢的修正過來；因此他對自己的學生說，一旦中共政權變得開放，則新亞培育出來的學生，大可回到祖國的學校中教書，提倡人文精神以代替馬列思想，由此可見他心目中的新亞，是爲中國而立的。

唐師的政見，自然有很多是書生之見，例如中共大事批孔之時，他就時常說自己願意在任何地方跟大陸的學者討論孔子思想問題。唐師或者見不出大陸上很多問題，只是現實政治權力之鬪爭問題，而絕非是學術或理論上的問題。但書生之見自有書生之見之特色與長處。書生不同政客，政客重視當下現實的利益多於重視是非原則，而書生則以是非原則爲標準，以批評現實政治的得失。此卽存有現實利益以外的價値理想。因此，書生的諍言，好比一面能顯出是非善惡的鏡。換言之，書生重視道德上的應然問題，而政客則重視現實利益之實然問題。我說唐師之政見爲書生之見，乃因唐師之批評中共，純是來自道德意識中的文化理想。他關注的問題，大多是涉及大是大非的原則性問題，而非現實政治中的個別功過問題。個別的政治策略問題，絕不應脫離大原則的影響。唐師批評中共的立國思想方向及意識形態的基礎，基本上是希望中共因原則性之思想問題之修正，而修正個別政策之不合理地方。近百年中國民族受盡外侮，因此中國人都重視民族自立。但唐師於此指出，我們除了要求民族自立，不受外侮外，更需要在文化上之自立，在思想上回歸中國的人文傳統，而不能永受馬列思想所擺佈，此即爲民族跟文化雙腳並立論。唐師於有形的物質建國外，更洞悉精神建國之重要，中國人一天未能回歸自身的優良文化傳統中，則中國還未算是眞正的獨立自主。這一混亂的時代中，對中國傳統儒家精神重新闡釋，以解決建國中的理想問題，我相信唐師是用力最深的一個人。

我感覺到唐師最值得我們尊敬的地方，是他完全是一個有眞性情的人。他的學問著作及事業也就是一全幅理想化的人格之表現。今天我們來哀悼唐師這樣一位完整的中國知識份子，應好好體味一下他整生表現出來的眞性情。

一九七八年二月廿三晚

（一九七八年三月，「新亞生活」第五卷第七期）

唐師的「深淘沙，寬作堰」精神

——植根於道德心靈、理性心靈之人文精神，為融攝一切學術文化及民主建國的不移基石

黃兆强

本年（八〇年）九月杪，我從香港負笈法京巴黎。異國文化自與我國不同。於玆使我轉念中國文化在今日所遇之厄運與蹇滯，爲亙古所未有，能不令人唏噓！

法國政府致力保存彼國文物。就巴黎街上所見之樓宇言，多爲戰前乃至十九世紀末葉之古老大屋。二三十層高之新式高樓大厦，甚爲疏落。詢問下始知乃係彼國政府致力保存文物之結果。又博物館及古堡中所藏十九世紀之遺物亦保存不遺餘力，能不令人贊嘆。拿破崙時代卽相當於我國清乾嘉時代，距今不足二百年。以我國之悠久文化言，這怎算得上是歷史。然彼國人士則保存至力，反觀我國，又能不令人汗顏。

法國青年左傾者甚多。街頭巷尾，尤其大學門前，時見青年派發共黨宣傳單張，甚至厲聲大喊，呼籲他人入黨，其志實可嘉，唯竊覺其不免有理想、無理性矣。

巴黎第七大學中文系之治學途徑、教授課題、授課媒介（中文簡體字），書籍以至一般學報雜誌均採中共之路。詢問之下，乃知其他大學中文系亦然。實儼然以中共代表我國文化矣。法政府承認中共政權，寖至文化學術亦轉以中共爲正統，乃必然之結果乎。我本有意介紹港臺出版之中文書籍予相熟之法同學參閱，俾可轉移彼等視線，然彼等因不懂繁體字，不能閱讀。由此使我覺察中共推行簡體字實可爲其有意毀滅我國文化之一大助力也。

上述聞見，與心中已有之概念一一對照，不能不使人百感交集。國家前途如何？民族文化之命運又如何？國族飄搖，文化斲喪於異域。固有文化統緒僅存臺省及海外三數地。這百般感受只得使我更憶念逝世三載之君毅先師。我這飄零的花果亦只有在中國文化使命的感召下，唐師通體肫仁、通體智慧的生命遺教的引領下，才有勇氣繼續爲文化理想奮鬪下去，不然早就與流俗同其浮沉了。

由共黨在此地宣傳、煽動之熾烈使我轉念自由民主之可貴；由法國政府之刻意保存文物及本地大學中文系治學途徑之偏頗使我轉念中國文化之永恒價値。自由民主等觀念自十九世紀中葉以還卽隨西方帝國主義之入侵而傳入中國。然百多年來，自由民主在我國尚未生根。民國初年，倡言自由民主、鼓吹自由民主者，亦大不乏人。惜體認不深，所見未廣，以致有誤認必先摧毀我國固有文化爲實踐民主之必然手段者。以爲非此不足以濟事。此卽視民主自由與中國傳統文化爲不相容之二物，摘此則捨彼，取彼則棄此！此誠可悲痛也。其中亦有三二有識之士，如梁漱溟、熊十力諸先生，知民主自由與中國文化不相衝突抵悟；且可互相補足。然彼等或限於個性才力、或囿於客觀環境，對此二者之調和及如何進一步以中國固有之人文精神來攝納統御民主自由思想，則未能精研引申細爲解說。而能畢生致力於是，鞠躬盡瘁，死而後已者，則非君毅先師莫屬。

君毅先師生命圓融博厚，胸懷廣涵萬物，見道術既爲天下裂，「譬諸耳目口鼻，皆有所明，而不能相通」之「一曲之見」，卽本其承載負載之「地德精神」，轉運其深識睿智以省察各人文學術。惟見衆學術領域雖各有其個別獨立性，看似不相關涉，以至互相衝突抵悟，如科學與宗教、科學與道德、道德與宗教等卽是，然均見其有可交通之處，可互相補足，且更可爲一更高價值所統御。師卽嘗言：「道術既爲天下裂，世之爲政施教者乃多往而不返。歸於鹵莽滅裂，而生民道苦。區區之意，凡遇此類之偏執、矛盾之見，皆在更高勝義上立根，加以疏解。疏解之道，則要在分別就問題之所在，順偏至之論之所極，以見其非會偏歸全，不能解決問題。」（此段引文出自「中國人文精神之發展」一書。惟時間所限，未能翻檢頁數。以下引文俱如此。）

師於青年時嘗溯泯江上游，見秦李冰修堤堰時曾留下六字訣：「深淘沙，寬作堰」。師徘徊不忍遽去。「因悟吾人對一切人生文化問題之解決，皆係於淘其沙礫以致深閎，寬其堤堰以納衆流。而吾之爲學運思行文，亦竊有慕於此。」

使衆流有歸而立根於更高之勝義者，卽爲師念玆在玆、頃刻不能或忘之人文主義思想。師秉持此勝義，緊握此勝義，申言一切個別獨立之道術，惟有在此勝義統攝下，又惟有以此勝義爲背景，始能各顯其眞正之價值。

離此勝義，科學之成就適足以製造原子彈，摧毀人類自身；宗教亦必須自人處講起，離人而言宗教，則宗教亦只是外在者；民主頓成政權之分贓；自由亦流爲以自我爲中心，衍生放蕩浪漫而已。

如吾所見不差，於「人文」二字中，師重「人」過於重其所表現於外之禮樂之儀「文」。師稱孔子「要人先自覺人之所以成爲人之內心之德，使人自身先堪爲禮樂之儀文所依之質地。」孔子如是，竊以爲唐師亦莫不如是。是要人成就一個「純內心的德性世界」。而所謂人自身卽指其道德理性面而言。吾人惟有本此道德理性始可眞正開創一切文化領域。換言之，離道德理性而言文化道術則只是「忘本徇末」。只有以人爲主而立文，始可「攝末歸本」。吾人上述言民主建國，亦惟有循此路始可通，亦惟有循此路始可將西方之民主自由觀念納入我國文化體系之中。然於此，吾人有一問題：卽本諸道德理性之人文精神，在理論上究如何消融涵攝此民主自由觀念？此中之關鍵恆在於：「依個人理性心靈、道德心靈，求客觀化其自己。」吾人在德性上要求人格平等。本此道德人格平等觀念推拓開去，卽成一政治上平等之精神。道德理性不再以一己爲囿限。宋儒謂：「推拓得開，則天地變、草木蕃；推拓不開，則天地閉，賢人隱。」此中之竅要止在於能否將一己之道德理性心靈推拓開去，能否客觀化其自己而已。

上言民主建國之背後須要人文精神作嚮導，而其關鍵恆在依道德理性心靈客觀化其自己。今再言此道德理性心靈須進一步開拓其自己，啓迪吾人之心量，俾願意對過去一切歷史文化之罪過孽障，作一道德責任上之承擔，不躲閃，不逃避。惟有如此，始可在現今國家多難，風雨飄搖之時代，眞切踏實地建構一個民主的中國。唐師於此嘗三致意焉。

摧毀我國文化，代之以馬列主義之中共政權固極可惡。然冰凍三尺，非一夕之寒，其由來久矣！吾人於此不能徒致怨於彼。實宜深自反省。馬列主義之入侵中國，當然有其順時而興之政治、經濟、軍事機緣。然果非我國知識份子先自毀城牆，先揚棄自家文化，視一切皆不如人，以致思想泛濫無歸，轉成思想眞空，則視人如物之馬列主義豈能隨俄人之宣傳而入侵！毛周等人又何能順時而興！吾人於此亦正宜深切反省矣！

而深切反省回思即使人生起一道德責任。此道德責任即促人須承擔一切過去之歷史文化，不容旁貸，不容逃避。故中國大陸弄成今日的田地，吾人亦須承擔前人之罪過，不能以「不關己事」一語而以爲可推卸得掉。蓋一切前人之罪過亦係中華民族自身之罪過。若係悲劇，亦是整個中國歷史文化的悲劇。吾人無一能置身度外。於此，唐師恆本其悲天憫人，內恕外悲的大仁大智廣包萬物而濟衆的儒者胸懷，呼喚吾人當以其整個生命頂上去，承擔一切歷史文化之罪過。不經過此番由深切反省而生的道德責任上的承擔，吾人實難存在地、自覺地消融民主自由諸觀念於中國傳統文化中，給予適當的定位，從而肩負民主復國建國的偉大使命。蓋無此深切之反省，對歷史文化的罪過無一存在的體認，吾人實難憑空依個人理性心靈、道德心靈，即可客觀化其自身也。唐師於此既爲吾人開出一圓融通透的理論，吾人本此以思、本此以行，則除可消融統攝一切看似岐異的道術外，更可循此以建立一個民主自由的中國。願共勉！

民六十九年十二月廿一日於巴黎

（一九八一年三月，「書目季刊」第十四卷第四期）

敬悼唐君毅師

岑詠芳

有一段時期，我的心是很漫盪的，我徘徊在「牛虻」、「卓亞和舒拉的故事」中，常於深夜，為書中的人物而哭泣；我參加保衛釣魚臺的示威運動，為祖國的危機而吶喊，我召開「五四運動」的研討會，崇尚於那個時代的狂熱與激情。那時候，我心底隱着莫明的苦悶，下意識地有一種求變的慾望，那怕是翻天覆地的變。許許多多的日子就是在這種無根的求索中漫盪過去了，直到我在明報月刊拜讀了唐君毅老師的文章：「談中國現代社會政治文化思想的方向與海外中國知識份子當前時代之態度」，才清醒過來，重新反省自己，認識中國文化。唐先生說：「若問中國在那裏？就在諸位的生命裏。我們每一人，皆有資格代表中國，毫無慚愧。要說認同，即要先認同於自己個人心中之中國民族與中國文化生命。」幾句說話，剎那間把我從歧途中納回正軌，多年的疑竇，得以化除。我明白，前面的路還是困難重重，但我已堅定了自己的方向，並決心投考新亞研究所。

未進研究所之前，我曾聽過唐師幾次演講及旁聽他的「中國哲學問題」，初時由於未習慣唐師的四川話，所以很多地方都聽不明白，心中常感納悶。然而，唐師每次的演講或上課，都那麼全神貫注，我直感到老師每一句說話都是由生命中透出。

那時候，我陸續讀了一點唐師的著作：「人生之體驗」、「青年與學問」、「心物與人生」與「說中華民族之花果飄零」，深受唐師的悲憫與至情所感動。當時我亦很喜歡讀牟師的「生命的學問」，我資質雖愚鈍，但我亦感到生命已因之而有轉化。記得投考研究所時，唐師在面試中問我讀過些什麼書，我衝口而答道：「我讀過唐先生的『說中華民族之花果飄零』和牟先生的『生命的學問』，我很喜歡，因為我得到了信心和力量。」可能是我的國語說得不好吧，唐師沒有聽清楚，後來由在旁的另一位先生覆述一遍。「是那本書？」唐師還沒有聽清楚，那位先生說：「就是由三民書局出版的那兩本小册子」，唐師才恍然大悟，非常關切的詢問我過去的事。現在回想起來，當時我的回答也實在可笑，因為按常理，我應該回答那些學術性的著作才對。不過那時候，我眞想告訴唐師，我是如何深受他那些著作影響，並如何從他那些著作中得到無窮的受用。

我眞正親炙唐師與及認識唐師人格的偉大處，是在進入研究所的幾年中。那時候，研究所剛脫離中大，陷入了最艱難的時候，唐師獨力支撑局面，東奔西走，一個人所處理的事情要比三個人的還重，然而，唐師仍不斷地授課，寫書，指導同學論文，直至他患病去世為止。

我永遠也不會忘記，唐師在寒冬的早上，扶着拐杖，帶着重病的身軀爬上二樓，在圖書館內為我們上禮記的情形。「鄉飲酒義」是唐師給我們上最後的一課，雖然唐師濃重喘氣，不時咳嗽，但仍掩不住講書的熱情，與及雙目流動的神采，唐師把自己的心力完全用盡了。

我們至今仍上着禮記，仍繼續着那未完的課程，我們不敢有絲毫的懈怠。因爲，唐師他曾經說過：做學問，一定要做到欲罷不能。唐師他已經做到了，我們必定緊記，並且盡力而爲。但，老師，你又可曾聽到，上課的時候，同學們因爲失去你而發出的嘆息？

（一九七八年五月，華僑日報「人文雙週刊」第一七二期）

憶先夫唐君毅先生

妻　謝方回

時光迅速，毅兄：你去世已一年多了，追思往事肝膽俱裂。一九七六年八月十一日那個可怕的日子，醫生說你患了肺癌。因爲你咳嗽服藥不癒，醫生主張照X光檢驗，囑次日去看結果，其間我心上心下終日不安。去前先電話問醫生結果怎樣，醫生不說結果，但說要我一人前去相談，我知情形不妙心跳不已。正好你要去開會，我就戰戰兢兢地跑去醫生那裏，由X光片看出右肺尖上有一片模糊影子，我問醫生是肺炎或者肺結核，醫生搖頭都說不是，說可能是肺癌，又說他不是專家，已替我寫了介紹信，可再請專家診斷。這眞是晴天霹靂，駭得我幾乎站立不住，不由自主的接過了介紹信，連感謝醫生的話都沒有說一句，就離開了醫生診所。只聽得聶醫生說慢慢走路上小心。那時正是下班時候無法叫到的士，我跑去巴士站，坐上巴士，恍恍惚惚，只覺得天地全是一片墨暗，車子到了總站，爲什麼地方那樣陌生，不像是我們家的附近，用力淸醒一下，原來搭錯了車，乘客已全下車了，我亦只有下車，但若迷途羔羊，辨不出我家在何處。好不容易叫到的士，回家後眞想大哭一場。天道爲何如此不公，一位善良的人要罹此不治之疾呢？不久你開會回來，以有吳先生同道，我強作鎭定準備晚餐。我偸偸看你，你亦在看我，我心中一酸，趕快躲到書房，讓那堵不住的眼淚盡量流下。晚飯後吳先生走了，我只告訴你醫生懷疑你肺部有問題，希望多作檢查，你說你看見我臉色蒼白，你心中已有數了。我無話可說，你亦無言。十二日去請教張公讓醫生，他亦認爲是腫瘤，除介紹幾個單方外，很關切的說，吾人要以精神征服疾病，否則疾病即征服吾人。午後，致華同學陪我們去看盧觀全醫生，他是專家，他立即斷定爲惡性瘤腫。既然三位醫生都如此說，我們只有接受這殘酷的事實了。醫生說治療方法只有動手術，要我們自己決定。那時我心亂如麻，全無主意。你要醫生給我們兩天的時間考慮。回家後你說你願意先服張醫生所介紹之單方。你安慰我說：不要全信醫生的話。但我就想不出一句話來安慰你，只有與你弟妹及安兒他們寫信，告訴這個不幸的消息。夜深了，我們勉強去睡，然而萬般念頭湧上心來，聽你輾轉反側亦通夜未眠。翌晨起身，你說你願意去臺灣治療，我亦覺得對，即請致華辦手續，並電話在臺之逯耀東同學打聽醫生作治療安排。從此你就一刻不停的清理稿件和書物，並不時與人通電話，還用開玩笑的語氣向我說，要把重慶大廈的房子加上我的名字，我勸你不要想這些，你說早就有這個打算，你馬上就請關展文先生幫辦此事。你見我精神恍惚，情緒反常，你處處遷就我，還要我靜下來聽你講生死之道，你說儒家之偉大處，是從道德責任使命感出發來講生死，生則盡其在我，死則視死如歸，故居恒夙夜強學以待問，懷忠信以待舉，若生與仁義不可兼時，則殺身成仁捨生取義……。同時儒家承認鬼神之存在，人死幽冥相隔而精神相通。我問如何能盡其在我視死如歸？你說下手功夫亦略有次序，首先要超語默，卽應說卽說，不應說卽止。其次要超去就，若義理所在赴湯蹈火在所不辭，最後是超生死，吾人能從超生死處來談生死，則我為主死生餘事也。你愈講愈有勁，興致勃勃，我似乎亦忘去了一切如坐在春風裏，心中對你有無限的敬意。八月十四日你照常去學校處理所務，並向致華同學作各種交代。又清理你辦公室的書物和信件。我亦感到事情未作完心中不安，跑去國樂室，找到黃樹志同學，把菩䓭咒最後兩段的彈法告訴他，才算告一段落。午後去慈航淨苑拜祖先父母，並到大殿禮佛，趁你離開時，我跪在佛前求佛加庇，助你渡過災難。若你陽壽已盡，我願將未來的年歲贈你一半，佛陀慈悲，望能成全我們。看看天色已晚，你仍徘徊於父母靈前，孺慕依依，不肯離去，我亦不忍心催你離開。

你日日不停的清理作各種不同的安排，我奇怪一向性情較急的你，如今從從容容，向我說話又是輕言細語，我知道你用心良苦，但你臨事不亂，臨危不懼的態度，我深深受到感動。我幾乎崩潰的精神，亦想振作起來作點應作的事。八月十七日關先生陪我們去律師樓，你立下了遺囑，我心如刀割悲傷難抑。你說不要疑神疑鬼，只不過把應當要作的事作了而已。得你六妹電話，大家情感激動不知所云。她不主張你動手術，望你回去治療，但你毫不考慮回去治療的事。又得你二妹電報，言上海腫瘤醫院採中西藥綜合治療法，望你歸去治病，你仍違了手足之情。你說「人生命的事太渺小了」，僅復一電云：「歸不易」。我亦知道這是時代的悲劇，吾人只有承擔。

你與端正同學電話講仁義之道，你說仁爲本，無所不包但行義更爲重要。去就取捨是非判斷，其間有成全有犧牲，故行義之事，最重要亦最難。若棠同學來問疾，你全不談生病的事，開口就說人生有三方面的事，你把你自己作爲一個例子來說明，你說成己方面的知識和思想大體已見到想到，其次爲人方面社會教育文化事業亦算盡力而爲，但是最重要的第三方面安身立命修心養性的功夫全未作到，這樣一切學問都是假的。所以望天假以數年閉門思過痛下功夫，但求人不知而不愠夢魂時在清明中。劉伍華同學來看你，勸你以後不要再爲一些不値得費精神的行政事務操心，有精神寫點自己想寫的文章。但你說眼前的事不能不管，應當盡心。雖然所作和想作的事得不到人的了解與同情，但孤心長懸天壤，眞理自會與有心人感應相契。

與安兒一電話，要她有所準備，兒大動情感，號啕大哭，我亦語不成聲，還是你拿過電話筒說些寬心話，大家才稍安靜下來。那幾日來看你的同學較多，見面你就不停的講話，並贈送你的著作，猶如在留永別紀念，我心中悽苦萬分。只要你有空，你就不斷的向我講各種道理或述你一生爲人作事的經過。想起我平時總是怪你，說你心目中只有學生，就不肯與我談點學問上的事，你說與我談學論道的時日長，但如今你一反常情，喋喋不休，苦口婆心，百般教誨。毅兄：你已覺到我們來日無多矣。你很感嘆的說，你一生對人、對事、對朋友、對後輩，總算盡了一些心，不爲人諒解的事亦有，但不必計較。唯前輩如歐陽竟無、熊十力、梁漱溟諸位老先生對你的愛護，及一些朋友後輩對你的了解，你永遠記得。我說你常常白費精力爲你不值，你說事情是掫造出來的，沒有現存的事從天而降，讓吾人去享受。病後你去開過兩次會，一次回來悶悶不樂，你說你今天發脾氣了，我說你有病情緒控制不住，但你說道理不爭不明，姑息不是辦法。另一次開會歸來則是高高興興，你說好多事情都有了解決。

王家琦同學來信要我一幅畫，因畫得不好我有點遲疑，你誤會了，你說我吝嗇，你說家琦是一位難得的青年，對學校文化事業極爲熱心，何以送一幅畫都捨不得，我連忙向你解釋，儘快找出一幅學畫時畫的山水畫，你就高興了。立卽想了「荒山飛瀑」四字要我題在畫上，我那幼稚的畫似乎就神氣了一些。毅兄：你常說你空了要爲我的畫題字，如今人去畫在，我的畫是全無意義了。

八月廿二日天破曉，大家起身，拜別父母祖先，國鈞夫婦送我們到飛機場，上了飛機，想起好多次你出外講學或開學術會議，我曾陪你搭飛機去歐洲、美國、日本、韓國、臺灣等地，每次上了飛機，你就說，一切事務暫時放下，好不輕鬆自在，我亦有同感。今天同是坐飛機，滋味就是兩樣。我問你在想什麼？你說應當安排交代的事大體已完，專心治病亦覺心安。到了臺北有耀東同學、志強夫婦接機，青年活動中心張小姐招呼休息，斐文風先生陪我們去榮民醫院，在門診部辦好手續，卽住進病房，是一間單人房，我可以住在那裏陪你。宋時選先生來了，一見如故，還招待我們去醫院餐廳進午餐。宋先生態度誠懇，語言關切，使病人同病人的家人，都得到很大的安慰。飯後回到病房，你換上了病人的服裝，成了正式的病人，就一切要遵照大夫和護士小姐的吩咐了。開始幾日，作各種不同的測驗和檢查，使你最辛苦的就是氣管鏡查驗，因爲有時會傷害氣管，加以檢查時用了痲醉劑，又會使病人口味減低。那時你「生命存在與心靈境界」一書，正在學生書局排印中，你天天要我打電話去催促，由八月廿四日起張洪瑜先生就陸續送稿來校正。此後除了醫生規定的診斷時間外，你就不停的校稿，那怕吃不下你仍是聚精會神。朋友要我爲你唸大悲咒和心經，你笑我平時不燒香，臨時抱佛脚，我亦感到慚愧。八月廿七日你咳出了許多血，打了止血針後勸你休息，但你若無其事仍繼續校稿，幾小時後又吐血了，你亦不在乎，看來文章勝過你的生命。你右手拿着筆校稿，左手拿着一疊草紙接着一口一口的鮮血，我很驚很怕，再跑去找醫生，你頭也不回一下，你這種鎭定的態度，忠於著述的精神眞使我肅然起敬。你一向如此，只要進入了學問的天地，你就視而不見聽而不聞了。你可以不食不眠，初初，我對你這種態度很不贊成，漸漸，我了解了，學問之道必要把整個生命精神投入其中，必要有悱惻無私之情懷，然後才能接觸到宇宙的眞理聖哲的懷抱，完成承先啓後的大業。

雖然醫生來說不要怕，吐血是此病常有的現象，但我不能不想到你病已在逐漸惡化中，我心中好亂。在香港時醫生主張馬上動手術爭取時間，但嫌檢查太草率，臺灣醫生仔細謹愼，是否又會失去有利的治療時間。直到八月卅，大夫說檢查工作已完，會診結果決定手術治療，這是最徹底的辦法，不過亦很難肯定手術的結果，我們亦只有聽天由命了。宋先生意思應當請盧光舜大夫動手術，因他經驗多，手術高明，一兩日內卽可由國外返臺。我們自然接受宋先生的好意，你得其所哉的笑了，你說你又有多的時間可以校改書稿了，你毫不想手術的後果，而存貪生怕死之心。致華同學來信說諸位先生同學知道你在臺治病，十分關念。因爲這次到臺治病的事，事前未告訴友好，怕增大家的麻煩。在臺亦未通知朋友，但朋友慢慢亦知道了，如吳經熊先生及夫人、潘振球先生、侯靖遠、黃振華等先生，都相繼來訪，使我們得到無限安慰。惟你說吳先生年事已高，如此勞駕於心不安。忽得安兒電話，她已到了香港，想到父女母女就要見面了，你我興奮不已。

除了作氣管鏡檢查使你辛苦外，手術前使你困難的就是練習腹部呼吸和吐痰的方法，其實很簡單，你就是不會，我想你是心不在焉，全把精神用到你書稿上了。致華又來電話，說先生動手術他要來臺照顧，盛情可感，但無此必要，堅決阻止了他。九月六日見到了盧大夫，爲人爽直，平易近人，使人信賴，他說決定九月九日動手術。九月七日你與致華通電話再作交代，你說萬一不幸，這就是最後遺言，我聽得好難過，不覺盡去想手術的反面結果。你說治病養生之事，亦當如人生其他學問事功，只當問耕耘不問收穫，若有一念從結果上去想而存貪生畏死之心，卽罪戾所在。午後安兒與志強弟弟一同到了，喜極生悲，不知所云。安兒依你膝下，你摩着兒的頭，說你練不好吐痰的方法，兒就馬上幫助你練習，眞奇怪，你就突然有進步了。九月八日是中秋節，你書稿已校完，你心願已了，你說安心治病了。晚上，弟弟夫婦送來大堆佳餚美果。五人圍在一齊，共渡佳節，時月光從窗口照來，月亮圓我們亦團圓，大家與高彩烈有說有笑。轉瞬夜深沉，弟弟二人去了，護士來與你浣腸並給你吃睡藥，又要我們準備一千CC血液，待痲醉大夫來作測驗後，我們就各自睡覺。你吃了睡藥，安兒長途辛勞，父女二人睡得很甜，我則思前想後無法入睡，有時聽見你說夢話，安兒亦在夢中對答。九月九日天未亮我起來，忍不住的眼淚奪眶而出，見你們已起來了，我趕快躲去洗手間怕引起大家的難過。七時手術室派人來接你，我與安兒扶病床護送，你很鎮定並安慰我們說，你的身體還經得起這次手術，到了手術室門前，我與安兒只有止步了。我們望着你，你亦望着我們，彼此望不見了，安兒傷心零涕，我硬着心腸說：不要緊，我們回病房去吧，回到病房一片空虛，萬事無主。我向兒說不知汝父現在如何？他一定在掛念我們，一時悲從中來，母女相擁而泣。想想你以眼疾，我曾三次送你進手術室，雖在異國生疏地方，亦不覺如此傷心難過。耀東同學全天陪我們，不斷去打聽你手術情況，我聽得半信半疑，諸多猜測，見他與安兒在走廊上私語，我心驚膽戰。直到盧大夫來，眞象明白，你治療時間已晚，已有轉移現象。大夫說雖然應切除的均已切除，但癌細胞往往隱藏起來無法發現，這就是最可愚的後果，所以待傷口好了，還要作其他治療，我聽後一身痲木，欲哭無淚，唯安兒痛哭不已。毅兄：想不到你一病就如此嚴重，自知你患此病後，我卽有不祥之兆，自然亦抱着希望，如今希望幻滅，人生不知意義何在？天地何其不仁？難道我們有什麼不可原諒的罪過嗎？我與你夫妻近四十年，問心我們沒有作過對不住良心的事。你午後四時回病房，見你淸淸醒醒，我握着你的手，你說你不難過，亦未嘔吐，亦未輸血，只覺疲倦而已。你又說你醒後盧大夫告訴你毛澤東今天死了，你說你今天身上去掉一個瘤，中華民國亦去掉一個瘤。大家勸你休息，不要多說話。我與安兒本擬通夜陪你，那位特別護士小姐說她會照應，醫生亦會時時來，勸我們休息。但你一夜經過的情況我清清楚楚。九月十日大夫要你去照X光，你說辛苦萬分。

自手術後，你完全不想吃東西，身體毫無力量，無力行深呼吸，痰吐不出來，後來只好用抽痰機抽痰，這亦是一件使你辛苦的事。你晚上亦睡不好，你說空虛難過，呼吸迫促，抽血化驗，大夫說你血內氧不足，故有虛脫現象，應當使用氧氣罩。大夫又說應當多活動，多吃東西，傷口才易恢復。你就勉強下床，大家扶助你，但僅僅走到病房門口，你就氣喘吁吁，虛汗淋淋，不能支持了。大手術實大傷元氣，尤其老年人眞是吃不消。早知如此，眞不願你白受手術之罪。幸而這些現象，一日減輕一日，體力漸漸恢復，這其間除醫護人員的照料周到外，承潘先生、宋先生、斐先生、侯先生、黃先生、陳先生、耀東同學等，經常來院照應並餽贈營養品，還有弟弟夫婦時時送湯送菜，大有關係。漸漸大小便已正常了，不用人攙扶可以自由行動，胃口亦有增加，我與安兒心情亦開朗了許多，覺得天地亦寬些了。

你精神好時，喜坐在沙發上，向我們講不少爲人治學之道，我們聽得津津有味。一日，你忽然轉了話題，你說：你的病吉凶難測，所以事前能夠安排交代的事，都盡量一一作好，尤其在手術前望安兒趕回，若有不測，可有母女相伴，又能在幽明相隔之前，父女見一面總要好些。你說得大家都傷心難過不已。你常思念你的弟妹侄等，你說你們手足之情，不比平常，每言及此，你就傷心。有時安兒不在房裏，你說我們老了，有安兒扶持，安兒老了，何人照應，故盼安兒能早有子女。你又掛念我久未彈琴寫字，你又掛念瑞婿一人在美，不知情況怎樣？九月十七注射了用你自身的癌細胞培養出的疫苗，很快即見紅腫潰爛，這又增加了你另外的辛苦。晚上突然國鈞來了，他特由香港來看你，大家熱鬧一番，你很高興。九月廿日宋先生來，見你精神不錯，他很高興。他很關心你的假牙，立刻就介紹了詹大夫爲你治。同日又得端正同學信言：「……吾師近年來爲中國文化而戰鬪，老而彌堅，始終不懈，其精神魄力超越常人遠甚，唯時代病痛非朝夕可改，老成人在今日尤爲可貴，故望吾師善自珍攝……。」這實在是良心言語，我常想你此病與吸煙有關，但近年來對付文化理想和道德意識的種種挑戰，煞費心血，而且你是非善惡之心特強，許多不合理的事，常使你苦惱氣急，雖然你精神一時能承擔一切，然而血肉之軀，勝任勞苦終歸有限，生病乃必然之事矣。九月廿一我們商量不如趁你身體已好些，讓安兒在此治療痔瘡，念她患痔多年，在外讀書，不是沒有時間，就是醫藥費太貴。今能有機會我親眼看她治療，我亦可了一大心願。九月廿二你去放射部準備作鈷六十治療，主任陳大夫很關心你，說曾看過你的書，又說目前你情況已算不錯，但以後要小心保養，以肺部較弱，抵抗就差了。安兒亦於那天由斐先生幫忙辦好住院手續，手術治療痔瘡。從此我就要陪兩位病人了。九月廿三你開始接受鈷六十放射治療，我陪你進治療室中，室內陰森森地，當技術人員把病人安頓好後，留下病人，大家就要離開，關上鐵門，由室外按鈕操作，當我看見工作人員按鈕進行治療時，房中怪聲大吼，令人可怕。好在只有三分鐘，接你出來，你說是有點可怕。九月廿四那天很忙，安兒要準備翌日動手術，你要看牙，晚上還要照鈷六十，我分身無術，只有處處陪你，冷落安兒了。很晚才回到病房，跑去看安兒，她已浣過腸吃了睡藥安靜的睡了。我摩摩她的臉，不禁潸然淚落。九月廿五日午前送安兒去手術室，明知沒有危險，但心中總是惶恐不安，好在手術很快，一個多小時就回來了。但切除痔瘡手術雖小，痛苦則大，安兒終日哭哭啼啼，全靠打針止痛。九月廿六你說你胃口不好，不想吃東西，我心中好悶，或者是照鈷六十的反應。照鈷六十甚消耗體力，如營養不夠，體力不好是吃不消的。九月廿七你午前拔牙，午後照X光，我順便買一本陳大夫所著認識癌症一書，看得我毛骨悚然，驚心動魄。患肺癌者生存之百分率微之又微。九月廿八孔子聖誕教師節，又是新亞研究所校慶，同仁同學來電報祝你早日康復。這個隆重的日子，你不能參加你自不開心，可以照鈷六十，胃口不好，唇焦舌燥，心情就不如前幾日開朗了。十月一日袁保新、曾昭旭、王邦雄、廖鍾慶幾位年輕朋友來看你，你說話很多，你說你在病中反省到自己全無修養功夫，平日所說一切，只不過摸索到應走之路而已。說話費力，他們走後，你一身汗水，我怪你不知保養，你說談談話可以舒胸中鬱氣。

瑞婿時來書信電話，看情形，那邊的事他一人應付不了，我主張安兒早日回去，你亦贊成。你立卽向安兒講些國際大勢，並說美國不能居卽回來，自有留人之處。又勉勵兒說：生活愈淡泊愈好，物質生活愈豐富，精神生活就愈少了。十月四日，得多明信並寄來錢，我很不安，因他的經濟情況並不好。他信上說：既然叫我們是伯伯媽媽，就是伯伯媽媽了。在安兒信中他說既稱兄妹，就是兄妹了。有事不要吞吞吐吐，大家商量，幾人之力總較一人爲強……。這樣純厚的青年，如今實在不多。十月七日事情較少，你照鈷六十不良的反應已減輕，中飯後我躺在沙發床上休息，想到你此次生病得到各方面的關切和照顧，除心中感謝不已而外，實在覺得溫暖，不知不覺沉沉進入了睡鄉。當我聽見你父女二人唱詩聲和讀書聲時，斜陽已進房中了。如此輕鬆自在的情境，來到醫院還是第一次。十月八日安兒一早去臺北辦事，傍晚始歸來，時滿月東昇，她來時亦是月圓時候，但明日她就要走了。千萬般離愁別緒湧上心頭，晚餐加點菜，就當與兒餞別。十月九日我送安兒去飛機場，你亦送到醫院大門口，我不忍見你父女離別之苦，我背着你們悵望雲天，後來還是你催我們走誰知你父女一別就是永離。送兒到機場，辦好手續，母女握手默坐，催促乘客上機是最後的廣播了，安兒紅着眼說聲媽媽保重，母女就分手而別，待她再叫我時，我淚眼模糊，只聽見兒的聲音，已不知兒在何處。歸途中細雨濛濛愁煞人矣。默禱上蒼，佑兒一路平安。回到醫院，你見我神色悵然，不斷向我說這說那，又說如今交通方便，聚會很容易。正好曹仕邦同學來，才轉移了大家的情緒。十月十日，我們住醫院已快兩個月了，一切很習慣，醫院似乎成了我們的家，那日是雙十國慶，我們看電視，喜氣洋洋的氣氛，使人既快樂又興奮。午後陪你去理髮，看你臉色不錯，我眞開心。十月十七你說你現在已好許多了，不要時時陪着你，望我多去故宮看字和畫，又要我去參觀張大千的畫展。十月十八湯承業同學來，你們談些算命看相的事，你說這些事情不能相信，能藉此提高警覺，要作的事早日作好亦有意義。你說以前算命人說你壽命只有六十二，所以在六十二歲以前，應當要作的事你都大體作了，主要把先父母的遺詩遺文付印。

體檢處忽來電話，要我去辦手續檢查體格，這是一件我不願作的事，是順你的意思去作的。我拿點必需品卽去體檢處。去時你要送我，我不肯，我說讓你一人回來我不放心。想不到午後四時，你卻來了體檢處，你說你自己去作了檢查又去照了X光，你說你能照顧自己，要我安心在此檢查，不要掛念。我催你回病房，你來電話說坐來看我的輪椅不見了，是你自己走回去的，這是你在醫院第一次走如此長距離的路，你能勝任，我亦高興。晚上我請假來看你，你說已爲我準備好了鎭定劑和通便藥，要我走時記着帶走。毅兄：我平時常說你心中無我，實在寃枉了你。如今想起你對我這些周到和體貼，無不使我淚流滿面。十一月四日鈷六十治療二十七次已告一段落，大夫說你可以出院了。友好們勸你在臺灣多休養些時間再回香港，我們接受了宋先生的美意，決定遷住劍潭青年活動中心。卽于十一月八日出院，由裴先生、耀東同學幫辦出院手續，我收拾行李。你脫去醫院的病服，穿上自己的衣裳，雖然淸瘦一點，但已不像病人了，我祝賀你從此無病無痛。行前盧大夫還來話別，提醒注意定期檢查。我們就在高高興興的氣氛中，謝過盧大夫及各位醫護人員，告別了醫院，心中不免還有依依之情。到了劍潭很覺舒適，那裏環境清靜，園林幽美，實在是病人調養的好地方。而且江總幹事及諸位服務人員熱誠招呼，使人有如同回家之感。我們時去花園散步，園中有一水池，內種白蓮，我們常坐池邊石上，把手談心，覺得宇宙間一切都是美麗的。但你總是掛念研究所，你說教思想哲學的先生，只有你同牟先生兩位，如今一病一來臺講學，學生就無專人指導了。

你精神好時，你就回同學們的信，今摘錄一部份如下。志成棣……棣函中有自愧未能繼續于哲學下深功夫，實則若干于哲學下深功夫者只形成一大理障，亘塞于心，處事對人反不近人情，學問還是當爲人生而學問，學問之目標仍是使生活有意義有價值，亦不必拘于哲學或文學史學或其他任何之學……。寧萍棣……政府不顧信義將三院合併，新亞董事會已盡拒抗之力，但內無校內師生之支持，外只有輿論之贊助，而無其他力量爲後盾，則終歸失敗而已。但董事會同仁已盡心力，可告無愧矣……。少棠棣……棣在美總是異邦，自不免有種種難言之感受，但可啓發高尚之情操，及對自己對世間之反省……，大陸終會有人作徹底之反省求改途易轍，則海外之聲音，亦將聞于大陸之內也……。雷家驥同學來看你，說你精神不錯，你說已老了不行了，尤其近年來覺得精神很差，以前早上起來，清明在躬，文思如泉湧，如今就無此現象了。我說人老了體力漸衰是自然現象，你不知作了多少事，老來應當爲爲自己，否則亦對不住自己。但你說有事不作，見事不管就是自私。十一月十九擬去醫院改修假牙，假牙不知改了多少次，始終不舒服，每次去牙醫那裏我就緊張，因你同那位牙醫意見不合，講話互不相讓。常常爭得面紅耳赤，不歡而散。那天去前，我勸你不要再同牙醫爭執了，你仍是氣氣憤憤。但奇怪得很，到了醫院，見面時你們客客氣氣面帶笑容，看完了還握手而別，互相道歉，我暗笑你們眞像小孩子，眞率天眞，可愛得很。歸途中我問你，你以前是一團和氣，何以如今像小孩一樣，動不動就生氣，一陣又沒事了，你笑而不答。無怪廣東人把老小同稱，原來老人就像小孩一樣。黃振華先生陪着方東美先生來看你，他是你老師，你很不安，方先生說養病要心境寬暢，現有一派醫學家主張不吃藥重心理治療，心理健康卽可抵抗疾病，戰勝病魔。誰知方先生後來與你同病，先你而去。十一月廿三黃振華先生又陪着牟宗三、曹愼之、劉孚坤幾位先生來看你，你興趣很好，我亦高興，不料晚飯後，你坐跌地上，傷了腰骨，苦痛不堪。我十分驚慌，只有與你輕輕擦擦，餵你白藥，貼上狗皮膏藥，然後才扶你起來，你眞是多災多難。十二月二日弟弟夫婦在餐館設讌，祝賀你病癒，並請了幾位大夫和朋友以表謝意。十二月三日，想到後日就要離開此間，劍潭街市你尙未去過，我知你喜歡鄉村小食，特陪你去走走，吃豆漿燒餅以當午餐。回到中心，你打了許多電話謝謝友好，甚歉未能踵門告別。你又寫信與王家琦與易陶天。家琦棣：我病已算根本割治，爲防再發，亦有其他放射治療爲輔助，現在我精神已恢復，只是體重減了十餘磅，明後日卽將回港再加調養，因此病把四十多年之烟癖戒掉了，吸烟不特害健康，且是一束縛心靈生命之習慣，好多年前就想戒，都未能下決心，現在以病而戒掉，正如易傳所謂：「小懲而大戒。」雖病中受些罪而能戒去此惡習，以回復我生命心靈之清潔，還是値得。手術前將一稿子校改完結……。陶天棣：……三十年前熊先生卽當面責我之不應吸烟，爲此習慣束縛，每念其言而生愧，但終未下決心去戒……，我一生無其他習癖，今去吸烟之習癖，頓覺無異回復了一心靈生命之原始的淸潔。熊先生不是從健康觀點說，只是從習氣說，故使我生愧。而伊川先生則謂：以忘生循欲爲深恥……。十二月四日你要作的事已完，我清理收拾亦完，輕輕鬆鬆，你要我彈彈琴，眞是莫大的享受。人生是應當有酸甜苦辣的經驗，只有順境是無意義的。十二月五日回香港，行前再去花園走走，天有小雨，似乎一花一石一草一木都在爲我們泣別，山川草木確是有情。我不禁滴下離別之淚。耀東同學及弟弟來了，我們就謝別中心諸位先生，赴機場搭機返港，到家中金媽見我們喜極而流淚，家中一切依舊，但你我都覺有隔世之感。

回家幾日，不免較忙，朋友同學不斷來看你，見你病癒歸來，無不歡欣鼓舞。都勸你要節勞多休息。李幼椿先生說不要再寫長文章了，孫德智先生告訴你上高樓省力的方法，虞兆興先生又教你如何靜坐，全漢昇夫人曾在慈航淨苑替你許願，吳士選先生同夫人又設讌樂宮樓，歡迎你返港並祝你早日康復。琴社擬開演奏會，亦說是慶祝你病癒。還有同學因爲知道你愛說話，怕你累，就不敢來看你，只是私下問訊或以書信代候，如黎華標同學來信：……但得吾師無恙歸來，餘事實不足爲意矣。回家之初，踵門致候者，當絡繹不絕，不欲重增吾師口舌之苦，特修書以代候……。如此多的隆情盛意，實使我們得到無限的慰藉，永遠難忘。一日，你說因爲身體不好，遠處的朋友就不去回拜了，唯吳先生年長，住在附近應當去看看，蘇先生同一大厦亦當回拜。我同意你的意見，我們就由後山走小路拾級而上，近百級的石梯，你不過只歇兩次就爬上去了，我走在你後面，見你體力有進步，眞是喜在心頭。

學校改制的事雖然已過去，你不免有時仍有感觸，剛好陳特、李天命同學來看你，你就勉勵大家說，不管在任何環境之下，我們自己總可以造學問，並可以站在教育立場培養一些特立獨行有挺拔之氣的學生，尤其學哲學思想者更應有立場，作順民東偏西倒搖擺不定，以順應環境，是永遠無出息的。

原說暫不辦公開會，多在家休息，但你性情急，忍不住又提早去學校，並參加會議，又忙着寫信改文，終日手不釋卷。我亦把你無法，只要你能忘去身體，精神能超出身體之外，亦是好的。但你往往是提起精神透支精神，這亦是你生病的主要原因。一九七七年一月三日報上已登出新亞九位董事辭職消息，讀來字字心酸。改制的事，你們孤軍奮鬬注定失敗。政府不講信義，是非公道只有訴諸社會賢良與歷史之評判。但見你神色悵惘，我知你心中有無限難過。一月十日學校開學了，你就照常上課，從此就不時聽見你有咳嗽聲，上樓時亦有氣喘現象，我的心沉重得很。一月卅一日明報有一大廣告，是新亞離校和在校的同學，八十多人聯名登載的，題目叫着人之尊心之靈，安慰反對改制失敗辭職之九位新亞董事，並表敬意。言薪傳火不盡，諸位先生艱險奮鬪困乏多情，爲發揚中國文化實現人文精神教育理想而奮鬪之精神，足爲彼等師法。並言誠明校訓，常繫在心。你看了很感動。我覺得這是諸位先生教育的成功。教育的事，從外表眞看不出什麼，但是潛移默化，影響是在心靈的深處。前幾天已有五位校友登報慰問的消息，沒想到還有這麼多的心聲。二月一日遵醫囑去臺檢查，到臺北機場內有胡小姐幫忙，此外的事皆由斐先生、耀東同學照應，我們全不費精神又住進了醫院。剛上樓卽知方東美先生在此住院，是很嚴重的癌疾，我們趕快過去問候。方先生十分安靜，師母說西醫已絕望，現服幾種中藥，望有奇蹟出現。我馬上把帶來的白藥和抗癌靈送上，同病相憐，眞不知如何相慰。二月二日晚值班大夫來，我問他今天檢查結果如何，他什麼亦不肯講，我悶悶不樂，亦不敢與你多談。過了幾天，另一位大夫拿了你腰部的X光片來說，你脊骨有一節是彎的，問你有沒有什麼特別原因，比如跌跤之類，確乎你在劍潭曾跌傷腰部，而今尙有餘痛，若不是此原因，那問題就大了。你似乎毫不關心檢查身體的事，你又再校你的「生命存在與心靈境界」一書稿，但校書如掃落葉，始終有錯。

病房外有天井，有時我們去走走，天井直通天空，遊息其間，偶覺精神有與天地相往來之感。你說任何一個地方，只要用心，都有感受，都可得益。

已住院十天，檢查結果如何，仍不知道，每問盧大夫總說各方報告尙未收齊，無綜合討論結果。

我們亦只有忍耐。二月十三是丙辰年十二月廿六日，安兒來電話與你拜生，這是你六十八歲的生日，我買了蛋糕和你喜吃的豬手與你賀壽，祝你過生後萬事順利，早復健康。住院已兩週，仍不知檢查結果怎樣，不過大夫說可以隨時出去看朋友，但不可超過四個小時就要回醫院。卽于二月十五日由曹愼之先生陪同去看張禮文先生，張先生祖傳儒醫，醫理高明，雖未掛牌行醫，然求診者甚衆。我坐一傍，看張先生爲你診病，他沒有多的言語，望着你聽你敍述了病情後，卽凝神把脈，跟卽處方。使我悟到中西醫診病不同之處，中醫把脈是以生命與生命接觸，由生命的感通以了解病人情況，並採本標兼治，注意培養病人之元氣，以抵抗疾病，消滅疾病，可謂爲王道的辦法。西醫用科學方法，如診斷正確，則效果顯著，爲中醫所不能及，但不免覇道，殺伐氣重，往往治癒一病而併發症多矣。

快過舊年了，宋先生又望我們移住劍潭，我們亦不客氣，卽于二月十六除夕前一日再度至劍潭活動中心打擾。除夕日我爲你煲藥，回想年來我們的經過，實在是不幸，安兒他們生病撞車，你則遭到許多意想不到的痲煩和難爲你的事，雖然世間的得失榮辱算不了什麼，但血肉之軀，不免受到傷害，這可說是你生病的外在原因。你常說疲倦，只以爲你事情煩多，想不到你早有了嚴重的疾病。我後悔，我罪過，我沒有早要你去檢查。二月十八是丁巳年元旦日，早餐吃年糕進元寶，潘振球先生、蔣彥士先生、沈宗瀚先生、黃振華先生一家大小，中心裏江總幹事、胡組長均來看你，互賀年禧，大家祝你早日康復，盛意可感。對有病不能歸家過年的人，眞是無限安慰。傍晚時遠遠傳來好熟悉的恭喜聲，笑聲，原來是國鈞夫婦由港趕來與我們新年團聚。弟弟說他家中客人太多，不如我們幾人去吃小館子來得舒服自在。但你吃得很少，你說肚子不好受。初二大家去陽明山，一路風和日麗，景色宜人，大家有說有笑，惟你捧腹不語。二月二十二你說你身上發痛，見你苦苦的樣子，我亦心酸。幾次打電話去醫院問檢查結果，仍無一定的答覆。驚見報載甘家馨先生逝世，他是你同病病友之一。短短幾月，同住醫院，認識的同病的病友共有六位，如今已去了四位，我的心實在沉重得很，你心中自然比我更難過。晚上還勉強應侯先生之邀出去吃飯，但你身體不適，既吃不下，亦無精神與人說話。三月一日打電話去醫院，盧大夫接電話，不說檢查結果，只說要徐志強先生與他聯絡，如此自然不是好結果了，我驚惶失措，只有打電話要弟弟來，我跑到中心大門口去等他，他來得很快，他說他老早已知結果不好，醫生說伯伯只有數月壽命，而且痛苦很大，大家相約不講，是想讓伯伯好好過一個年。天啊！我的希望全幻滅了，只覺天在旋地在轉。囑弟弟不要把全部情形告訴你，但遠遠見你向我們走來，我上前迎你，一時激動眞想抱你痛哭。你說見我不在房中，知道我出來等弟弟，你說再壞的事都要講出來，由我一人負擔是無濟於事的。事已如此，你還打電話向盧大夫說，你要去醫院向他面謝，大夫亦望與我們面談。大夫望你注意保養，增強體力，最好住在臺灣，他們可以隨時照顧，誠意可感。弟弟則說他已打聽到屏東有一中醫邱開逢先生能治癌疾，主張你去屏東看病，我很同意，既然西醫絕望，自當回頭求救于中醫中藥。當天我就把白藥，新竹工業研究所張錦得先生研究出之抗癌藥和張禮文先生處方之藥一併給你服用。

吳森同學來，你把你英文著作相托，你說各文大致亦成一系統，如有機會出版，對人亦有好處。只聽吳同學說絕不負所托，大家卽默無一語。

安兒打電話到醫院找不到我們，直接與盧大夫講了話，已知你病情惡化的事了。大夫告訴她我們住的地方，兒來電話時，聲音悽切，我不忍聞，我亦不知應講什麼，只阻她不要立歸，但應有準備，我忍不住放聲大哭了，你則拿過電話筒安慰了安兒，又來安慰我。三月四日晨你要我坐下來聽你講話，你說昨夜想了很久，你說你的病是不會好的了，如調養好或許可以多活些時日，我們不如在醫院附近找一地方住下，就醫方便，可使我輕鬆一些，就是死亦願意死在臺灣，這是自己的國土。我勸你不要想得太多，靜心養病，你又說我們應買一塊墳地，大小只要能葬下我們二人，讓我們生死都在一起，我逼着一眶熱淚，我握着你的手，我說我願我們生生世世都在一起，我盡量轉移大家情緒，把當天的報紙塞在你手中。那天是元宵節，勉強吃下湯圓，我希望明年我們仍在一起吃湯圓。可是毅兄：你已棄我早去！我今生今世永不過元宵節吃湯圓了。你要我與你弟妹寫信，你說不要寫得太嚴重，徒增遠念。你們手足之情，世間少有，可為模範，我們知道你不放心他們，毅兄：你放心吧！我有生之日，我必盡我應盡之責。三月七日弟弟陪我們去高雄，飛行四十分鐘，有李宏熾先生及澄清湖活動中心陳開新先生接機，直去湖邊別墅五號下榻，那裏湖光山色十分美麗，病人養息最為理想，大家慇慇勳勳，我們又如回到了自己另外的一個家。三月八日由李宏熾先生及中心服務人員謝先生、許小姐陪同去屏東長治鄉訪邱開逢中醫師，醫師診所掛滿了匾額和錦旗，醫師對人不理不睬，但斷病準確，他說他能治你病，但忌服藥後生氣或傷風。張禮文先生亦如此勸你，毅兄：你近年來不知受了多少氣多少委屈，我常慚愧不能幫助你，但你在百忙中，還要分精神照顧我，處處爲我打算，爲我買琴、買字帖、買畫册和適合我看的書，如今這些東西樣樣俱在，可是我樣樣不成，我愧對你在天之靈。

初初服藥數日，不見效果，你胃口甚差，精神愈來愈不好，我徬徨無主。念你一生辛勞，爲自己的是什麼？老來還要受病的折磨，病前病後，我對你照顧太疏忽了。你與弟妹手足情深，又不能相見，安兒又未眞正成立，以後的事我眞不知如何安排。你還說事事都由我負擔，我太辛苦。我說夫妻是要共患難的，不能只共安樂，況且你生病我侍病，我得了許多寶貴的經驗，我感到生活更豐富，生命更有意義，你當爲我高興才對。你笑了，你是在苦笑，掩不住你內心的傷感。忽聞有叫師母之聲，使我喜出望外，原來是致華同學由香港來看我們，到了臺北才知道我們已去屛東治病，又與耀東同學結伴來此。你說你早就知道致華會來的。致華則說特來陪侍先生並分師母之勞，又說香港同仁同學如何掛念我們，端正等同學都正在辦手續要陸續來看你。你十分高興，你精神好了許多，午飯時胃口亦好些了。午後佛光山星雲上人及數法師居士來相候，你亦有精神和大家說話。

趁你休息，我去致華房中坐坐，他亦如弟弟所說早已知你病惡化，壽命只有數月的事，大家不講是想讓你再快樂過一個年。我說大家隱瞞的善意我很感謝，但我十分不贊成，這是消極的，不是解決問題的辦法，這是剝奪了病人求生自作主宰的機會，若能早半月到屏東請教邱醫師，或者情形就大不相同。回房來見你仍在休息，我默默望着你，想到大夫說你壽命只有數月的話，我中心如搗，似乎天地馬上就要變色，意外立刻就要發生。

那數日有致華在，朝夕陪伴你，侍奉湯藥，如同子侄，你心情好轉，亦不說身上發痛的事，有時還與致華圍着林間小屋散步欣賞風光。看來邱醫師的藥已有了效果，我心中又浮起一線光明。三月十六我們要回臺北，早上起來到湖邊走走，湖水清澈，湖底可見，遠近風光覺得比我們初來時更加美麗，晨運者甚多，相逢均報以一笑。早飯後與陳總幹事及衆位服務人員道謝告別，就離開了澄清湖。回到劍潭，大家又熱忱接待，一天中坐飛機、坐車、上上下下，我亦感到辛苦，我擔心你太累。但出乎意外你反而有精神，我問你身上痛怎樣？你說痛處已縮小，亦不覺很難受。三月十九致華要回香港了，臨行還替我們拿好開水，望我們保重，大家都有依依之感。

你病一天一天見好，我的心寬了許多，你托張洪瑜先生爲我買的故宮法書已送來，共三十五册。有暇時我可彈彈琴了，或者抱着故宮法書到陽臺樹蔭下觀看，微風拂來，偶亦有物我雙忘，怡然自樂之感。我常想你病轉危爲安，在培補元氣方面得力張禮文先生的藥方，對抗癌症則邱醫師的秘方見效顯著，還有張錦得先生的藥，員林甯先生的藥和白藥均有相輔相成之功用，所以中藥實應當提倡研究，良醫的培養更是重要。那怕中藥最後仍然沒有救回你的生命，但延長了你將近一年的壽命，減輕了一般癌疾的痛苦。所以中藥的價值，我們絕對不能否認。

一日宋先生來說你氣色不錯，我略報告了去屏東治病的經過，大家十分開心。你說身體髮膚受之父母，有病應當盡心治療，實不可治，亦就算了。吳士選先生來信，望你勿亟於言旋，宜留臺就醫較方便，弘道報國之日長，不必以區區常務爲念。又收到馮永明由英來信，曹仕邦由澳洲來信，鄭捷順、吳汝鈞由香港來信，廖伯源由法國來信，翟志成由美國來信，各述讀書心得和感受，自然最主要的大家都以老師的病爲念。凡友好和學生來信，你十分喜歡，且有信必回。居常若發現後輩中有特出奮發之士，你總是讚賞不已。如曾昭旭先生講王船山，你說已超過你們了，陳修武先生講論語有獨到處。你又說中大改制時，王培光同學在電視臺那邊侃侃而談理直氣壯的樣子，大有讀書人的一種士氣精神。又如蔡永昌反省到申請獎學金時所具理由不忠實，自承錯誤，願將獎學金加倍還出，幫助較困難的同學，亦不容易……。四月七日我們去參觀曉雲法師他們辦的叢林文化展覽，我很喜歡法師所繪的峩眉、五臺、普陀、九華四大名山，你說皆爲佛門道場勝地，你爲我講解各山各派心法精神所在，這些事如在目前，可是毅兄：你去就一日一日的遠了。四月八日，端正同學由香港來，帶來大批補品，說你精神比在香港時好些，並說若棠、韜晦、梁燕成、劉國強、劉伍華等同學均在辦手續，要陸續來臺，師生情誼如此，令人慰藉。端正亦住在劍潭中心，朝夕相伴，我告訴他你病有轉機的經過，並要他返港後勸諸位同學不要來臺了。待先生情況再好些，我們即當言旋。四月九日中午約幾位熟朋友有程兆熊、黃振華、陳修武、郭文夫、吳森、劉孚坤諸先生及逯耀東先生和夫人，到一北方館子餐敍，算是爲端正洗塵。四月十日又約了較年輕的哲學思想界的朋友，有曾昭旭、袁保新、吳怡、王邦雄、潘柏世、莊秀珍到劍潭中心聚會。恰好臺大哲學研究所同學朱健民、李淳玲、胡以嫻、何淑靜、尤惠貞亦到，濟濟一堂，好不熱鬧。你興趣精神都好。你講話很多，飯後亦如昨日拍照留念，大家怕你太累，就提早各自分散了。四月十一你說不讓端正虛此一行，大家去參拜孔廟，你流連於至聖先師及諸先賢神位前，久久不忍離去。端正即於當日返香港，匆匆幾日，又是分離。四月十七日由吳嘉生司機送我們去金山活動中心，中心對海，環境靜謐，點無喧嘩，我們住在竹林別墅中，時有海風拂來，身心均感清涼，總幹事尤德彬先生爽直親切，我們又如到了自已的另外一個家。近海有海鮮吃，午飯大家吃得津津有味，午後去野柳，又是一個風光如畫的地方，唯遊人太多，擠在其中不太舒適。我們就去人棄我取的水族館，見魚兒出遊從容，魚兒自在，我們亦覺自在，並在那裏拍照，準備寄予親友讓大家知道你眞的病已好轉，可以遊山玩水了。再去石門，沿途傍着海邊行駛，多時不見海天遼濶的廣大氣象，覺得心胸份外開朗。海風大，怕你不勝寒，快點與你披上毛衣。回到中心，天色忽變，急風驟雨，我以爲有暴風雨至，但很快又是天清氣爽，夕陽西照，後來經尤總幹事解說，才知道如此天氣變化，是那裏常有的現象。在金山中心，前後住了五日，是我們最快樂的日子，我們常去林間小徑，徘徊散步，唱詩唱詞，有兩日淩晨卽跑去海邊觀氣象萬千的海上日出，晚上我們坐在陽臺看海上遠近蕩漾的燈火，那是打魚回家的船。總幹事又陪我們參觀一軍事要塞，要塞在一突出的山頭上，上望青天，下臨滄海，風起後松濤海潮之音不絕於耳，眞是人間勝地。你說這裏地方眞好，不想離開了，你這愉快天眞的樣子，是平常不易見到的。四月廿一日我們抱着捨不得的心情，告別了活動中心，回到劍潭。四月二十二去訪張靂天醫師，當我們講述病情及治療經過後，他說既然如此，不用轉醫換藥了，他說他的藥很貴，我們說是從香港來的，卽將回去，希望能買些藥帶回服用，以根治疾病。張醫師卽告訴我們他香港地址，必要時可在香港購買。我們付診金告辭，但他不收。勉強多時，才收下一半，眞乃奇人也。有藥不賣，見錢不收。四月廿五與國鈞一道回香港，回到家裏，金媽又是喜極流淚。回到學校，同仁、同學相見，份外歡欣，因爲大家曾一度以爲不能與你再見面了。大家勸你認眞休息，不必回拜朋友，你亦同意。我們只是去慈航淨苑拜父母祖先，但你稟性難改，作事成了習慣，不知不覺又在那裏忙這忙那，又在分秒必爭的作事。

五月四日端正夫婦來，邀我們去鄉下走走，去了九龍仔公園，那裏好久不去，重來份外新妍、那天不是假期，園內清靜得很，除了一二淸潔人員外，就只有三五小鳥追逐其間。我們坐在樹蔭之下，三句不離本行，你們師徒就開始談學論道了。五月十日吳汝鈞同學來，他將去德國深造，你臨別贈言，你說學問之事，義理詞章固然重要，但學問最後必要與生命合一，交相輝映，才是最高的境界。

五月十二你從花園散步回來，你說腰骨酸痛右膝關節亦痛，我說是天氣不好，休息不夠的原因。我口裏向你這樣講，但我心中想到的就不這樣簡單。五月十八去參觀防癌中心舉辦的癌症展覽，令人矚目驚心，尤其謂肺癌者生存希望只有百分之五，而且還要儘早發現才有此可能。我希望你沒有看見這一條，但我擡頭看你，你說這是西醫的說法，我們現在服中藥，就不能相提並論，你明明是在安慰我。五月二十二王淑陶先生來看你，你曾向我說如果當初不是王先生請你與錢先生到廣州華僑大學講學，你們是否會想到香港的事，眞不得而知。或者是天意要留下一些文化種子，王先生則是留文化種子的功臣了。

算算邱醫生藥已服過七十包了，病有轉機，此藥功效顯著，但近來你的健康毫無進步，反而有腰痛、膝痛、肋下痛的現象。大家都說病菌會產生抗藥性，凡一藥服用久了，就會失去作用，想到這些，我眞茫然無所措。本來你的病是絕症，我只盼望不要再惡化能夠維持現狀帶病延年我就滿足了。很高興致華買來新藥治癌片，何敬羣先生又介紹吃水葡萄葉，由五月廿九日起一併給你服用，希望能打破病菌的抗藥性。六月七日德國友人 (Fiecher Barnical) 巴立可先生來港，知你病特來家中相訪，但中午餐聚你就無精神去參加了。翌日若棠來電話，說巴立可先生今晨已去，臨行托他代買鮮花致送。當時我就有一種感覺，不知大家還有見面的機會沒有，終於一面就成永訣。六月十一國鈞生日，約我們及盧瑋鑾出去吃飯。先到太平山餐廳飲茶，我忽然想起二十八年前的事，那時你一人在港，你常跑到這裏餐廳來寫文章，你說你有時整天亦不記得吃東西，就是抽煙喝茶。你是把整個生命性情投注於文章之內了，我最喜歡你那孔子與人格世界一文，就是在這個餐廳寫成的。以後我與安兒相繼來了香港，你曾多次帶我們來遊太平山，我們每次都圍着兩個山峰散步，安兒滿山去採花，我與你走走停停，有時唱歌，你常唱兒時的童軍歌，唱到哥哥華盛頓，弟弟拿破侖……時，你眉飛色舞，勇往向前的神態，實令人歡喜。有時我們共唱：雨打江南樹，一夜花開無數，綠葉漸成蔭，下有遊人歸路，與君相逢處，莫道春將暮，把酒祝東風，切莫恁匆匆歸去一詞。如今一切均成往事，毅兄：我思念你，亦思念此詞，但每唱不能終曲，我已淚流滿面。六月十九日來了十位同學，有李瑞全、閔思慧、劉伍華、張國強、李文標、葉保強、馮耀明、胡栻昶、徐匡謀、蕭欽松，熱鬧得很。剛好你收到一本美國學人墨子可（Thomas A. Metzger）先生所贈近作，你就向大家談此書的特色。你說外國人一向認中國儒家精神已死亡，文化思想已墮落，但近來此種態度略有改變，尤其墨子可此書更是重視中國文化，重新肯定中國文化思想之價值，並列專章討論錢、牟先生及你的思想，那怕是意見不同的地方很多，總算他們已有了覺悟，你認為這是世界文化新的轉機。同日又收到日本人阿部正雄先生及關泰和同學、王家琦同學的來信，你馬上就回。

正雄先生左右：承書古德「心隨萬境轉，轉處實能幽」之句相勉，今惟有望漸能隨流認得性，無喜亦無憂，以報盛意耳。泰和仁棣：棣函中謂去加大是懶於奔走，藉以逃避現實生活之壓迫……。此乃過謙之辭，亦非年輕人所宜有之想法，對學問之事應當仁不讓，並視之爲有極大之價值而爲之，否則不能窮原究本……。家琦仁棣……棣之發明固由棣之天資與功力，但亦由存心初非爲己而是爲教育學術文化，則以心靈之大公無私，靈感卽從天而降。依佛說卽爲如來藏中之智慧種子，以心之無惑之無明卽自然呈現。我想若棣之發明見諸事實無大障礙，將來能捐出一部份用作新亞基金，亦自不當只限於用在現有之新亞，抑且不當只限於發揚研究中華之人文學術，更當用在研究「如何使今日之科學技術之應用免除其附帶之災害，以與正常之人文理想，人生價值之實現能相配合，以創造二十一世紀之人類和平」。此須聚世界有愛心與智慧之人之共同思考以爲之，自非少數人一時之力所能爲功，但亦可以懸爲一基金會理想。佛家言因緣之聚合其效恒不可思議，造因由己，緣聚在天。造因以發願心爲本，亦卽形成一理想也……。

七月五日三號風球，你亦要去研究所，說有事要請教吳先生，見你與吳先生坐在一起，吳先生面色紅潤，雖是兄長，看起來卻比你年輕。我問吳先生養生之道，吳先生說：放下一切，但從道義上講，應待君毅兄康復才完全退休。勸你要放開一切寬心養病。你與吳先生最談得來，吳先生識見多，經驗多，遇事你常請教他，果眞吳先生走了，你就更孤單了。所長一職又苦無人接任，我眞覺得你精神身體負擔太重。

七月十四致華一早來電話說，方東美先生已去世，驚聞噩耗，你傷悼不已，你幾乎不能支撐，卽囑電弔唁方師母，我怕你受刺激太大，我寸步不離你，想些天南地北的話不斷向你講，望能岔開你憂傷的情緒。你作了輓方先生的輓聯：

從夫子問學五十年，每憶論道玄言，宛若由天而降；
與維摩同病逾半載，永懷流光慧日，為何棄我先沉。

凡是喪事送輓聯就是你作我寫，想不到那是我們最後一次的合作。你又寫文章悼念方先生，內中提到有後輩同學悼念方先生的文章，記述方先生早年的事，有些不合事實，你是方先生早年的學生，較爲明白，說出來無非是想方先生一生的事清清楚楚，以合方先生的爲人和處事的態度。我看過你那文章，覺得這是你對老師的一種深的愛護，不料惹來大的不諒解，我眞不知天地間是非何在？七月廿九日研究所琴社旅行沙田，去般若精舍要走不少石梯，你雖走路辛苦，你亦勉強參加了。九月一日墨子可先生來電話，擬來訪候。我們就等在研究所接待他，他就是寫書列專章介紹你思想的作者。他到臺灣開會，特抽時間來港看你，以事前沒有聯絡，不知是否能夠相遇，但他說必要到香港走一次，不管能否見你，才能了他的心願。記得十年前巴立可先生來港訪你，正好你以目疾去菲律賓，他就追到菲律賓，但我們已離開了，他又追回香港。他們這樣誠懇爽直的態度，實在使人感動。你與墨子可先生談了許久，臨別他要你一張照片，我們身邊沒有，致華在他像簿上拆下一張贈他，他說天天見到你的照片，對他必有所啓示。九月五日研究所又開學上課了，不知你自己感受如何，我實在覺得你的身體健康情況在走下坡。你仍堅持每週上課三次，我問你上課時感覺怎樣，你說講課時肺氣脹還可以忍受，就是走動時，氣喘辛苦，實在不好受。毅兄：如今我每思念你時，恍惚就看見你顚顚簸簸，氣喘吁吁地在那裏爬上四樓的研究所，我似乎還聽見你不斷的咳嗽聲、氣喘聲，和你預支精神講課的聲音，你爲什麼要這樣虐待自已。九月十五日，你想起翟志成同學要你爲他寫字尙未寫的事，你就要我準備紙墨和筆，你寫了「世界無窮願無盡，海天寥濶立多時」和「有志者事竟成」一共兩幅，我看了好喜歡，你的字仍是那樣秀潤有力，但想不到那就是你最後的遺墨。九月二十二日你告訴我你愈來愈感覺疲倦，中秋節友人送來的月餅，你已不想吃了。九月二十八日你提起精神一早即去研究所，慶祝孔子聖誕、敎師節和研究所二十四周年校慶，又是迎新會，節目多賓客亦衆，中午聚餐主席說，今天還有一意義即是慶祝唐先生身體康復。謝謝大家的美意，但我明白你的情況，你身體是一日不如一日了，我只有暗中叫苦。晚會有燈謎遊戲、對聯比賽、還有國樂助興，你猜中了許多燈謎，得了許多獎品，你把獎品分贈大家，你很高興，你似乎忘去了你的苦痛。但這個有意義的日子是你最後一次的參加。十月十五日郭少棠同學介紹到他父親那裏去看病，郭醫生是祖傳中醫，說你咳嗽是虛咳，我亦覺得對，從此每日要多服幾碗苦水，服藥的時間表已排滿了，到時叫你吃藥你不推辭，叫你吃東西你就說吃不下。

大概你自己知道來日無多，不顧身體的苦痛，亦不管大風和大雨，總是照常去研究所辦公上課。你說苟且偷生比作事還要痛苦，活一日就應當作一日的事，我亦就硬着心腸看著你鞠躬盡瘁，看着你死而後已。十一月十二你還參加了學校的秋季旅行，我們坐韜晦同學的車子前往，你說鄉間空氣好，胸懷舒暢就不大想咳嗽。到了凌雲寺，我第一個跑去大殿禮佛求簽，爲你求得上上第一簽，簽文爲：「開天開地作良緣，吉日良時萬物全，若得此簽非小可，人行忠正帝王宣」。簽解：「此爲盤古初開天地開闢之象，諸事皆吉」。我好不高興，抄下簽文，偷偷給你看，你亦喜歡，誰知此簽並不靈驗，可能是我誠意不夠。十二月九日，是學期結束最後上課日。讓你盡情的講，我感到那可能是你今生最後的一課，人間可能從此再沒有你們師生上課論道的事了。這種不祥的事就經常浮現在我心中。十二月十三端正來，你送他「生命存在與心靈境界」一書，你說是絕筆之作了。你又說如今社會，好人不多，正義不爭取就不能伸張。端正走後，你說端正仁過於義，剛健不足。

冬至那天你身體更感不適，我說再請教西醫看看如何，你亦同意。即於十二月二十三日由關展文先生陪同去看黃漢卓醫生，主張住院檢查，就在翌日由關先生送我們進聖德肋薩醫院，院中一切依稀猶能記憶，因你十年前曾在此住院動白內障手術。進醫院後，跟着就作X光檢驗，你向我說你看見X光片左肺上有一片灰白色影子，我說我們不要東猜西想，等醫生來再說吧。其實我已有若階下囚的心情，只是等着法官來宣判罪刑而已。誰知醫生來了又給我們一線希望，醫生說看情形是肺炎的成份多，但必待治療一周看情形變化如何才能完全決定。我們就抱着希望在那裏等待。我感到日子特長，渡日如年，你見我坐立不安的樣子，你叫我看看你帶來的濂洛風雅一書，那書是宋明人談理的詩，希我能寄情於詩的境界裏。已等五天了，看治療的效果肺炎成份不大，我五內如焚，我亦不敢向着你難過，恰好王家琦來信說：因爲先生病而悟到一種治癌方法，正在研究中，我們十分驚喜，我禱告上蒼助他成功，能解救人類之大苦，那你生病你一個人的犧牲是値得的。十二月三十一日已治療一周，天不成全我們，只得接受不幸的事實。醫生說不是肺炎，仍是肺癌。咳嗽氣喘是因爲肺漸失去功能氧氣不足的關係。醫生說他不是專家，主張我們應當去臺灣請原治療之醫生治療，若在此間治療，他可以介紹專家曹載熹醫生治療。天意如此，我只有鼓起勇氣謝過醫生，但我的精神幾乎全部崩潰。惟見你表情茫然，我只有說不要怕，我們還有許多中藥可用。你說你並不怕，你勸我一切要看開些，那天是除夕日我們就在醫院中相依爲命，默默的渡過。一九七八年一月一日關先生接我們出院，近來購物看醫生諸事關先生幫助很多，他不純是幫忙性質，他有眞正的情感在內，好像別人的痛苦就是他的痛苦一樣。在醫院住了八日，回到家中已隔了一年，已由一九七七進入一九七八年了。金媽說她不忍心退休回家，先生有病，說我一個人絕對照顧不了，我眞感動如今那裏去尋找這樣忠義之人。一月八日端正、諂晦、吳森三位同學來，你說世間的學問，已爲人注意，至於了解吾人生命的學問亦有研究之必要。我知道這是你想要作的事，現在只有寄望於他們了。一月九日又是春季開學上課了，你身體已很衰弱，但你仍堅持要去學校，致華把你辦公上課的地方改在二樓圖書館，你還是去了四樓，你說恐以後更沒有精神能上去了。一月十一日關先生又陪我們去X光片專家關肇碩醫生處，他又認爲那灰白色的影子不一定是癌腫，可能是照鈷六十留下的輻射現象。這種說法自然可以鼓舞人，但醫生私下對關先生說，你病不輕，而且左邊心臟衰弱。一月十二月又去曹載熹醫生處，他的看法雖與關醫生有出入，但亦不肯定就是癌腫，亦主張你去臺灣請原治之醫師治療。當時我心中有一大的疑問，明明去年二月在臺檢查時，大夫說你病惡化，已蔓延到左肺，已進入危險期，壽命只有數月，何以事隔一年，香港專家尚不能認出是否爲癌腫。我想服中藥破壞了瘤腫而致成一片模糊影子，是一種很大的可能。所以我想把X光送去臺灣，請大夫與以前的X片比較一下。

爲你買一安樂椅，你說很舒服，但我不敢告訴你眞實的價錢，每每在你身上多用了錢，你就反對，但你在別人身上用錢就很大方，生活上的事你總是薄己厚人，想起我心中就很難過。一月十六你很勉強，亦去了學校，我坐在閱覽室聽見你講課聲音很大，我心想你病成這種樣子，何以還有這樣的精神，頓然間我體悟到當你的生命與你見到的道理合而爲一時，天命天理已寄托在你身上，理所在之處，亦吾人氣之所在處，道理在呼喚，吾人亦必大聲疾呼，這是不容已的事，這全是精神生命的活動現象。

書局要再版你「中國文化之精神價值」一書，你就趕着重校，我說不用再校了，你說不是爲自已，是爲讀書的人。你又說要我重寫一封面，我一直未寫，毅兄：我已違反你的意思不寫了，我要多保留你字的眞蹟，實際你的字比我寫得好。一月十八日你呻呻喚喚，我問你如何不舒服，你說氣不順暢，但你仍去了學校，這眞正是你最後一次上課，最後一次到學校了。一月十九爲你買一氧氣筒，送貨人態度不好，你就生氣，我說何必與這種人計較，你說你有時控制不住自己，我了解是你精神身體更差了，情緒才會這樣，我心中黯然。晚上端正來你與他講「生命存在與心靈境界」一書你的用心所在，你一時神采飛揚，聲震全屋。我覺得不是你在講話，似乎是宇宙的眞理從天而降。一月二十日你說氣很急促，走路吃力，但你還是念着要去學校。後來實在不能支持，才請致華同學陪同去看曾鑑泉醫生，醫生主張立刻住院，留在家中不好，就在午後進了浸會醫院。開始兩三日仍是作各項檢查，一日醫生問我們有幾個孩子，我說只有一個現在美國。醫生又說家中只有你們兩位嗎？我點頭。當時只覺醫生對人關切，如今我才明白醫生知你病已絕望，希有親人團聚得些溫暖。友好及同學來醫院看你，大家勸你以後不要再上課了，要絕對休息。但你立刻反對，你說坐而論道你是可以勝任的，如果什麼都不作，把自已封閉起來，精神不能與人相通，只知有病，反而更要出問題的。又若只知保存生命存在而不作其他的事，這樣的生命有什麼意義呢？我亦覺得你說得對，你的生命已超過了大夫的預斷，雖說中藥有效，但不能不說你精神力量強與不在乎病有關。

張曼濤先生來信說，要用你四篇文章放入他所編之現代佛學叢書中，你馬上回信表示意見，你只要接觸到學問的事，你就一點不肯馬虎。張先生另一信又說，那邊要選你作哲學會會長，你說帶病之身，在此遙領，徒成笑柄耳，故立復函辭謝。一月二十三日晚上你說難過得很，恰好端正在，大家扶你上床並與你捏手，你就說好些。不久醫生來，說檢查結果不令人滿意，專家一致認爲肺上影子是癌腫，且癌細胞已侵入淋巴腺，血液沉澱度數很高。至於治療方法只有打針吃藥，但後果不能預斷。事到如此，只有同意醫生的辦法，孤注一擲與病魔作最後一拼了。一月二十四打抗癌針，一切由醫生自己操作，十分仔細。打針後醫生要你躺下休息靜養，示意我跟他出去，醫生說你先生病不輕，打針治療是最後的方法，當然希望有效，但事情並不一定如願，希望我了解情況有所準備。我除謝謝醫生外無話可說，不知上蒼何故要對我們如此殘忍。回到病房，我問你感受如何？你說沒什麼。恰好安兒來電話，謂移民局定期接見，我不待她話說完，我就說應待接見後才回來，因你在休息，就未讓你父女通話。誰知你生命只在數日之間，早知如此，安兒是會放棄接見趕回來的。終於放棄接見回來了，但已是人天永訣，抱憾無涯。晚上醫生來說，打針後在五小時之內，如無不良反應就可以放心了。不料晚上睡後你就不斷咳嗽不斷氣喘，止咳平喘之藥吃了亦無效。一月二十五日我希望醫生與你止咳，但醫生說不能完全止咳，因爲要讓髒東西咳出來，醫生同意我們回家休養，只須一週後去他診所注射第二針，你很高興醫生准我們回家。回家後你寫了不少賀年卡以代書信，復遠方同學的賀年卡上，均題

「努力崇明德，皓首以爲期」相勉。一月二十九日，你說你什麼東西都不想吃了，並覺得你的身體已分爲上下兩段，這種情形之下，不能再去注射抗癌針了。我去醫生診所，說明此種情形，醫生亦同意暫時停止注射，但醫生說如果針藥不能控制癌細胞發展，惡化下去，心臟受壓迫，病人隨時都有發生意外的可能，聽得我魂飛魄散，若不是致華陪我一道，當時我眞支持不住。一月三十一你要我爲你理髮，你自己洗頭洗澡，我只不過稍爲幫你一下。二月一日你與家琦同學一信，說你近況並說他望你去美治病的事，恐你的身體支持不了這長途的旅程。這封信就是你最後的一封信了。那天有一件使你高興的事，報載大陸批評孔子誅少正卯的事，已有翻案文章，而且爲孔子辯護的理由與你以前爲孔子申辯的理由相似。你認爲中共在文化的觀點上，可能有新的轉機。你要致華把母親的詩和你的書寄與大陸一些圖書機構，希望有人能看你的書。有人說你太天眞了，但你明知其不可爲的事，你常常要作的，你是出於一片悱惻不忍之情，抱着萬分之一的希望。

想到二月三日是農曆十二月二十六日是你生日，跟着就要過年。那天午後就請黃樹志、梁麗雲兩位同學幫我們貼上春聯，看見大紅的顏色，家中亦添了一番喜氣，你看了亦高興。晚飯後你精神奕奕的坐在搖椅上欣賞兩副對聯，一爲「室有山林趣，人同天地春」。另一爲「讀書何必求甚解，鼓琴亦足以自娛」。你說都是現成的句子，你不過把他拼在一起。時間已不早，我催你去睡，但你說不想睡，你向我講三個人的事，今記於此，以誌不忘長者風範。首先你談 William Hockeng 老先生，你說你一九五六年應美國務院邀請訪問，老哲學家遠道來訪你，見面就說知道有一東方哲人來美，特來相見，希望能解決他心中一直困擾的問題。他說他熱愛中國文化，中共統治大陸後，他曾與中共領袖去信討論唯心唯物的問題，周恩來有信回他，言中共已決定採取唯物論，不再討論唯心的事了。老人對此一直耿耿於懷，不忍文化古國走上這條道路，擬再與中共領導去信，特來問你意見如何。你說老人說話時熱淚盈眶，令人感動，你無法解答他的問題，你只說去信可以，但結果如何就很難說。你敍述至此，你爲老人的無私心悲憫心難過不已。你說人類的無私心悲憫心是最高的道德感情，沒有國別種族界限的。其次你談到日本前輩宇野哲人老先生，你說是一位有儒者風度的老人。十多年前你到日本特踵門拜候，見到中國倫常之禮，充分的表現在他家中。雍雍穆穆的氣氛，使人生敬，但我們的國家禮樂之教，大家已不注意了。你唏噓慨歎，你聊以自慰的說，只要能保存於天下，什麼地方都是一樣的。你又說宇野哲人老先生相貌與你父親相似，你情不自禁就哭起來了。最後提到梁漱溟老先生，梁先生是你父執輩，你十七歲去北京讀書，當時梁先生亦在北大教書，以辦文化事業需籌經費，故作公開講演連續五次，每次收費大洋一元。開始兩次你去了，後來經不起左派同學對梁先生的攻擊，第三次講演你就未去參加。梁先生以爲你無錢買門票，特要人轉送五元大洋給你，你想着前輩對後輩這種關懷愛護之情，你又感動又傷心。你說這些事情常在你心中，你要一一寫成文章，才對得起這些古道熱腸的前輩。二月二日凌晨三時半，你說你很難過，上氣不接下氣，身體又有上下分開的感覺。想大便，我陪你去厠所，大便不通，用了甘油球才便出來，扶你回睡房爲你使用氧氣，你說好些了，我們又再睡，但你淸淸醒醒毫無睡意，我們還討論靜坐養生之法，你問我是否能夠靜得下來我說有時靜不下來，我就觀想聖哲之像，你說觀佛像最好，因佛像俯視靜穆慈祥，不使人起念，若觀孔子像則靜不下來，因孔子像遠視前方，是栖栖遑遑，時不我予的不安態度。至於耶穌像仰望上蒼在苦難中，更使人難安。我感到疲倦，我說不要再說話了，我們好好睡吧。我昏昏沉沉似入夢中，忽然驚醒聽你說，不行了，難過得很，我翻身起來，那時是凌晨五時半，你又要上厠所，我扶着你去，見你氣喘得可怕，我把氧氣筒搬到厠所給你使用，你推開不要，回到房中再爲你使用，你亦不肯，你就直奔客廳坐在椅上，你臉色十分難看，要金媽陪着你，我急電醫生求救，並電話國鈞夫婦過來幫忙。想不到就在兩個電話之間，我回到你身邊時，你就靜靜地閉着眼睛，我叫你無數聲，你一聲也不應，只聽得你喉間有痰聲，我驚惶失措，若天崩地裂，與致華一電話後，就隨着救護車與國鈞夫婦送你到浸會醫院，在急救之下，醫生證實你已死亡，我哀求醫生再想想辦法，醫生說已返魂無術，勸我節哀。並說唐先生這樣安靜的過去是幸福，否則來日的痛苦是求生不得，求死不能。此時致華、若棠、韜晦、耀東、展文幾位同學及端正、國棟夫婦已趕到。馬上就在商量辦手續送你去殯儀館的事，我堅決反對不肯接受，我撫在你身上痛哭，明明你是全身溫暖，我說先生未死，你們不要把他送走，先生還會醒來的。同學們見我癡心，一面把我拖開，一面說他們亦同意再等等。好無情的時間飛快的過了一小時，你不醒來，兩小時你亦不醒來，我的希望全部幻滅。我要求揭開你臉上的布再看看你，見你低眉垂目，猶如睡覺一般。毅兄：你眞說得到做得到，生則盡其在我，死則視死如歸，你就這樣離開了人間。我們從此就人天永訣。有的同學送你去殯儀館，有的送我回家。我們那溫暖可愛的家，我們數十寒暑相依爲命的家，立刻變得冷冷清清，空虛無盡，痛哉我魂已斷矣。

好多朋友同學來家慰唁，吳、全、牟、孫四位嫂夫人終日陪伴我，岑、梁兩位同學晚上亦不離去。幾經周折，始與安兒通上電話，兒哭聲震天，我亦無言可慰，只忍痛勸她要保重，從容歸來，汝父一切待兒回來才作決定。再與你弟妹去電報，奈何多次相邀，始終皆以山川遙遠，奔赴無從，不能與你見最後一面。二月三日我帶着無可奈何的心情，志強弟弟致華陪着我，由殯儀館陳植先生帶我們去生死註册署簽死亡證，我呆若木鷄，大家要我作什麼，我就作什麼。治喪委員會亦於當日在我們家中成立了，大家商量你的後事，無微不至。二月三日是農曆十二月二十六是你的生日，毅兄：你何以不多留一日。每年我們過生日，我們都要拜天地、父母、祖先，然後我們再互相祝賀，互相勉勵。想不到一日之間，你就參加了先人的行列，上了神臺，生日已成了你的冥壽，只有我一人孤孤單單來拜祭你了。想起許多對不起你的事，如平時對你疏忽，不能溫存體貼，病時醫藥未能盡到全心全力，又若二月二日凌晨當你不舒服時，早點送你到醫院，可能情形就不相同，你一定尚在人間。毅兄：我眞失悔，可是今生已矣，願我們來世再爲夫婦，讓我好好補過吧。二月四日晨我在陽臺站站，見幾盆曇花長得不錯，我曾在忙中盆盆施肥，因你性嗜此花，你說像西湖的蓴菜，如今花在人已去，人生眞如曇花一現。忽聞呼媽媽聲，是安兒奔喪回來了，母女相抱，悲痛欲絕，我強收眼淚與兒說，沒有爸爸，我們要好好保重。由關先生、致華等九位同學陪我們去殯儀館，讓兒與父見面，安兒跪在父前泣不成聲，她不敢撫你身上，因爲金媽說過眼淚滴在爸爸身上對爸爸不好。毅兄：你仍是安祥的躺在那裏，與生前睡覺一樣。

許孝炎老先生雖然身體欠安，亦由孫德智先生陪着到我們家中，諸多關切，並說唐先生的喪事各方面都應協助辦理，不過一切皆尊重我的意見。我感謝許老先生並略述你去時情況。

自你去後一日，明報社論卽有悼念你的文章，從此報刊上天天都有悼念你的文字。梁燕城同學說，浸會書院一辦公室前貼有敬悼唐君毅老師一紙，還有新亞學規，那是新亞早期一位物理系畢業的同學貼的。梁燕城在他的班上講述你一些生平事略，同學默哀悼念有泣不成聲者。

爲你設靈用的照片，我選了兩張，比較之下各有不同，一張是兩年前照的，看來沉潛篤實，有悲憫之情。另一張是三年前照的，則較豁達灑落，我把兩年前所照的一張用在家中設靈，另一張待出殯禮用後卽存研究所。二月六日農曆除夕。家中兩處擺貢，我與安兒先到你書房拜父母祖先天地聖賢，然後到靈堂拜你，我眞有不欲再生之感。二月七日戊午年元月一日，往年歡樂的氣氛，現在是冷冷淒淒，研究所因你去世，停止過節拜年，但好多友好同學還是陸續來我們家中，大家默坐無言，誰也不忍心說一句過年的話。

我尋出自阿婆以下我們全家人的照片，準備放你棺中，並擬放父母詩文、安兒著作和我的字，還有孔子像、論語、維摩詰經、紙和筆及你的兩付眼鏡，伴着你過新的歲月。你可以減少一些寂寞。想你已見到亡父亡母和你早逝的三妹，你們在世界的那邊，我們在世界的這面，我們這面的人慢慢都會到你們那邊的。毅兄：我們只是短短的分離，我們彼此不要掛念。本已請何敬羣先生代我作了輓聯，但同學說應當自己作才能表達自己的情意，我亦覺得對，但愧胸無點墨，恐作出來要成笑話。還是安兒壯了我的膽說，媽媽不要怕，把你的意思說出來，安兒與你合作。終於勉強作成：

結髮逾卅載，亦師亦友，君今去矣，扶靈櫬東歸祖國，營齋營葬，强承遺志慟何言；

存書有萬卷，移情移性，兒其勉哉，尊義理常懷父訓，修德修文，蓋衍全歸總有知。

這實不能表達我輓你的情意於萬一。黃振華先生來電話說，老師去世，大家甚為悲痛，現由教育部李元簇先生發起開追悼會紀念老師。我說如此驚動大家，可以不必了。黃先生說大家意思已定，我想你一生著書立說，一生教育後輩，你是一純潔的學人，既由教部發起，這是一片公心，我如不接受，我就太自私了。

毅兄：你已去一周，報刊上仍不斷有悼念你的文章，都說你去了是國家社會文化的大損失，這是天意乎，我眞茫然。二月十一日是你出殯的前一日，晚上關先生接我去殯儀館，男同學在那裏安排佈置，女同學在那裏疊金銀火化，我觸景生情，忍不住淚如雨下。已有客人前來行禮，志強弟與安兒一樣帶孝答謝，我很感動。大家說要守靈過通宵，但大家多日辛苦，天又寒冷，我主張守到十時各自回家休息。二月十二若棠同學一早接我去殯儀館，時間雖早，但已賓客滿座。同學們臂黑紗，人人面有哀戚之色，客人愈來愈多，禮堂擠滿了，再後來的只有站在門外，花圈輓聯亦只有重重疊疊了。殯儀館陳植先生說這是他們殯儀館有史以來最熱鬧的一次，另一位朋友亦說這是海外學人去世罕見的追悼場面。典禮開始，氣氛肅穆，聞哀樂聲，我心中如搗，洗塵和尚來上香並爲你念大悲咒，智海瑞蓮師亦來，你一向與佛門有緣，佛門的朋友對你的感情是超乎宗教之上的。牟宗三先生報告你生平，情辭眞摯，不愧爲知己。徐復觀先生爲你寫生平事略，言簡意賅，不是知交是寫不出的。十二時大殮，我把準備好的書物和照片放在你棺中，隨卽瞻仰遺容，大家與你作最後的分別。我撫棺痛哭，實不忍獨留此身，唯各事未了，我不能辜負你對我的希望。毅兄：我們暫時分別吧，離開殯儀館，我恍兮惚兮，回到家中，去你書房，坐你書桌前，一切依舊，桌上有你最近看過的書，用過的筆，你凝神沉思的樣子，你平日向我講的話，你臨終時的情形，你臨終前數日亟思與親人相見的神態，一一湧上我心頭。安兒見我難過，要我看報刊上悼念你的文章，但我淚眼模糊，不能閱讀。安兒逐篇唸給我聽，我心中似乎得到一些安慰和溫暖。想不到大家對你有這樣的了解和尊敬，眞是當一個人物質生命存在的時候，別人對你常從軀殼上起念，必待形質寂滅，見到的才是一個人的精神生命和他的全幅人格。毅兄：我相信你會永遠活在人們的心中，你用你整個的生命和性情去承擔聖哲留下的使命，維護發揚固有文化，從整個歷史看，雖然你作的事算不了什麼，但你盡了承先啓後的責任。只要天理不滅，良知尚在，不限在一個地方或一個時間，必有人受你的影響，你會遇到知音，慧命必可相續。毅兄：你安心吧。致華常說先生受了許多委曲，好多難爲你的事，我說先生讀聖賢書，明人禽之別，作事是出於迫不容己的悱惻之情，他能任勞亦能任怨的。

我每晨起來，先在父母祖先聖賢位前上香，再到你靈前上香，我默默望着你的遺像，我的心好像接觸到宇宙另外的一面，人有誠心，幽明必可相通的。毅兄：你安息吧，不要念我，我亦不念你，你的心願我會全部承擔，我有困難，我會想你平日對我的敎誨和讀你的遺書。二月十七靈前辭別與安兒去臺，爲你選購墓地，到了臺北機場，有弟弟夫婦及黃振華、劉孚坤兩先生相接，我向弟弟說，我有孝不能住他們家中，但徐楓說我們是自己人，這是自己家裏的事不要忌諱。見她一片眞誠，我們還是住在他們家中。午後卽由斐文風先生陪着我們由殯儀館辦事人帶路去看墓地，好幾個地方都覺得不大適宜。翌日到觀音山去看，比較一下，大家都說觀音山最爲理想，就決定在山腰的地方，在朝陽墓園內買一塊墓地，該地背山面水，氣象寬濶，在兩山環抱中，十分寧靜，使人有舒適之感，且可以西北望故鄉。買的地方不算小，除了我們的雙穴外，還有地方種花種樹，我想好好佈置一下，你會喜歡的。就不知何年何月才可以遷葬你於家鄉先人之墓地。二月二十日與建墓人商妥建墓計畫，拜托斐先生及弟弟照料，定午後返港，正用午飯間，宋、斐二先生來訪，宋先生說唐先生安葬費用應由國家負擔，我堅辭婉謝，國家在艱難困苦中，這種私人費用，實在沒有要國家負擔之理由。二月二十一胡欣平先生來電話，希望在香港爲你設一衣冠塚以供人憑弔，他意思很好，雖未照辦，但已在沙田慈航淨苑爲你立了靈位，朋友和同學後輩若思念你，去那邊坐坐亦是一樣的。二月二十六日韜晦夫婦邀我們去鄉下散散心，並去慈航淨苑拜祖先，每次拜祖先的情景，歷歷猶在，但那廳中你喜歡坐的一張大藤椅如今空着無人，夏日裏你喜歡坐在那裏的凉亭，亦不見你的人影。毅兄：我眞想哭，又帶安兒去中大看看你上課辦公的地方，我好像聽見你講課的聲音，但宇宙茫茫，毅兄！你在那裏。見佈告牌上貼有人文一刊，是悼念你的文章，還有你的照片。又有讀書班在討論你「花果飄零」一文。三月四日端正夫婦又約我們郊遊，經凌雲寺那是研究所最近去旅行的地方。毅兄：你亦參加了，曾幾何時，實不堪回首。三月十日蔡德允先生送來一對玉石盆景，花果滿枝，獻你靈前，她說花果並未飄零，她匆匆卽走，使人有去後之思。三月十一日由國鈞及致華、端正、若棠、韜晦、耀東、國棟、慶彬七位同學送你去臺，從此你與香港永別了。特經農圃道，讓你與諸位先生慘澹經營、朝夕與共的學校告別。研究所及中學師生在校門前設祭臺迎靈送別，時天有小雨，大家默哀無言，聽校歌聲，我實悲痛難抑。

李祖法先生及諸友好同仁同學又送到機場，許多關切的言語，呵護的盛情，使我刻骨銘心，終身難忘。覺久勞大家，心中不安，就率安兒鞠躬致謝，提前進入登機室。午後五時到了臺北，數不清的朋友和同學候在機場，接機迎靈。我如見到了親人，溫暖與心酸在我胸中織成了一片。迎靈式中除了主祭者程兆熊先生說了幾句話外，只有哀樂，沒有任何聲音。我亦無言語能表達我的心情和謝意，人生有時確是無聲勝有聲。蒙潘振球、宋時選兩先生熱忱的招呼與安排，我們都住在劍潭活動中心。三月十二日午前赴臺大法學院禮堂參加由教部主辦的追悼會，禮堂佈置肅穆莊嚴，來弔者衆，文蘋姊陪着我，經國先生亦來參加，贈輓聯「痛懷碩學」四字。賓四先生亦來，他說目力甚差，看不清楚我們，我一時不知如何安慰，還是安兒說：錢伯伯，我們看得見你。孤兒之聲，錢先生滴下了憐恤之淚。會中備有追悼特刊，李元簇先生主祭，程兆熊、黃振華先生報告你生平大事，最後國棟同學代致謝辭，我們再向諸位追悼者鞠躬叩謝。大家見我難過，怕我身體不支，就送我回劍潭。三月十三是你下葬之日，雨不停的下，雨聲滴碎我心，記得在香港你出殯那天是一個淒風苦雨的天氣，你離別香港之日又是寒風細雨，是否上蒼亦在滴同情之淚。八時去殯儀館，冒雨來送葬的朋友絡繹不絕，家祭後我坐下來，若琳姊陪着我，由安兒與徐楓叩謝來賓，雨愈下愈大，賓客愈來愈多。九時半發引，想不到還有那麼多的朋友同學冒着風雨，手捧長香送你入山。入山時還要走一段崎嶇不平泥濘難行的山路，我坐在護靈車上見他們三三兩兩攙扶前進，我仔細看他們，我能認識的並不多。據說好多同學後輩，根本未見過你，他們只讀過你的書，聽說過你的爲人，知道你下葬的日子，大家就相約來送。靈車到墓地時，那裏已站滿了人，葬禮開始，再行家祭，繼而公祭，然後你的棺木就徐徐降入墓穴，友人給我一把土，要我撒下，安兒、徐楓亦撒下了土，工作人員就無情的封了你的墓穴，我們從此不能再見你，連棺木亦不能相見了。我只覺乾坤倒轉，黑暗一團，一剎時大家都走了，我亦跟着離開。從此墓地就留下你一人，只有清風明月與你爲伴。墓園中的亡人，你初到是不認識的，望你慢慢與他們來往相交爲伴吧。三月十五去永明寺，曉雲法師特邀寺內法師和居士爲你唸經，助你平安，聞梵音悲涼，傷痛難支，法師勸我要放得下，你才能安息，又不斷爲我指點經文，我才慢慢平靜下來，隨着大家誦唸。最後曉雲法師開示大衆說：唐先生今天渡衆生之願未了，將必再來這個娑婆世界繼渡衆生之業。我與安兒叩謝衆位法師，午齋後卽回臺北。臨行信定法師送我唸珠一串，曉雲法師送我經書數本，望我經常數珠唸經，可化解胸中疑慮而漸趨清涼，就不知我有沒有這個緣份。三月十六是你六七之日，裴先生又陪我們到你墓地，一來與你辭別返港，另外再詳細研究建墓計畫。當晚宋先生來，又勸我接受由國家負擔建墓費用，我亦不能固執，拒人太甚，我接受了。我想我把我要用的建墓費用，移作獎學金亦是一樣的。三月十七與致華、若棠一同返港，經不起安兒的懇求，朋友亦勸我能改變環境，休息數月，我就同意隨安兒去美小住。許多老同學還在慶相逢與我母女餞行送別，盛情可感。三月二十三是你七七之期，我無以爲祭，僅唸心經一時，安兒唸金剛經，望我們大家平安，解脫相思相掛之苦。老僕人金媽獻上幾碟你喜歡吃的小菜，她是一位有情感的人，我去美期間，家中由她護靈照料，並托韜晦等幾位同學照顧，我亦放心。三月二十四在你靈前辭別，帶着你的遺像、遺書和我的琴書紙筆，就遠道赴美，朋友同學又專誠機場送別，高誼隆情，令我感激零涕。到了美國，那裏還是冰天雪地，瑞婿來接我們，大家無話，只有傷心在一團。到家後安兒立刻設下你的靈臺，從此他們日日去忙工作，我就日日在你靈前與你為伴，有時心情不好，沉淪沮喪，但當我望着你的遺像時，覺得你亦在望我，似乎在對我說話，我當下即有一種躍然的心情，你說過死亡是永遠不能補償的悲痛，我要承擔這應有的悲痛，我要化悲痛為力量，我要加倍盡我應盡之責任，我要嚮往你由責任使命感出發作事的心情，我要學你生則盡其在我，死則視死如歸的精神。你常說苟且偷生是大大的恥辱，我亦永遠記得。在美雖有兒輩侍養，生活舒適，但念香港尚有許多大事未了，故於兩月前歸來，友好及同仁同學照顧我十分周到，我常到研究所，常與同學共習琴書。

寫了這篇不像樣的文章，初意不想發表，只不過追思我們一部份的往事，有人說在亡人靈前火化的東西，亡人可以收到。毅兄：我謹以心香一瓣，在你靈前火化此稿，聊當寄你一封書信。

民國六十八年五月二十日謝方回泣書於香江

（一九八一年三月，「書目季刊」第十四卷第四期）

家居生活中的唐君毅先生

——訪問唐夫人謝方回女士

廖寶泉　徐珍妮

新亞研究所故所長唐君毅先生逝世已有三週年。師友們發表的悼念文章，已逐漸彙集成書，代表着這一代的中國知識份子對唐先生的人格以及他的文化事業的一種「實存的」回應。

唐先生對儒家人文精神的肯定，對中華文化的熱愛，與及他廣博而精湛的哲學，都已經過唐先生親手轉化成文字，留待有心人自行研讀。

——然而，一切有關唐先生的現存資料，都是「從大處着眼」的，一般未曾親沾教澤的讀者，面對一大堆悼念文章，不免有間隔之感。

我們希望讀者除了接觸唐先生的著作之外，也能了解唐先生在日常生活方面的德範，進而更欽仰唐先生的學問與人格，故此，我們造訪唐君毅師母，提出有關唐先生的家居生活，閱讀和寫作習慣等等問題，請唐師母答問。

爲着重演訪問過程中因緬懷唐先生而自然流露的眞實感情，這篇訪問將稿保留了一問一答的方式，行文方面也盡量保持閒話家常的語氣。希望讀者閱後能夠通過唐師母的眼睛，一窺唐先生的人格世界。若果這篇專訪文章能夠爲以後的傳記作者提供一點史料，那就是唐師母答問的功勞了。

廖：唐師母，我們通過書本所認識的唐先生，實在是一位閃爍着中華民族智慧的大哲人。許多悼念唐先生的文章，都有意奉他爲現代儒家的大宗師。我們希望更全面地了解唐先生，請師母就着家居生活的所見所聞，談談唐先生比較輕鬆、平實的一面。

謝：本來，要明白唐先生的思想和主張，你們可以直接讀他的著作，不必由我來演繹。也許，你們比我理解得更清楚。不過，如果你們要認識家居生活中的唐先生，那是可以談談的。

廖：我們先從最當下的感受講起。可否請師母談談：作爲一位哲人的妻子，你的心情是怎樣的？

謝：你要問我有什麼心情——我所答覆的，你們不一定滿意——我當然有多種心情，不過歸納起來，只有兩方面。就是很幸福的心情。我跟唐先生兩人雖是夫婦，不過，我當唐先生是我的老師。同時，我覺得我們是朋友。在夫妻關係方面，唐先生也很能夠對我體貼。此外，他總是希望我在精神生活方面，有一點修養。比方彈琴啦、寫字啦、繪畫啦，這些都是他鼓勵我去學的。他又時常希望我去看一些淺近的哲學書籍。此外，藝術的書和文學的書，他都希望我去看。他的目的是要培養我在精神方面有一點生活的情趣。他讓我看四書、近思錄、維摩詰經、約翰福音、柏拉圖的對話集和馬志尼的人的義務。還有希臘的神話故事，他都希望我去看。此外尙有陶詩啦、杜詩啦、蘇東坡和辛稼軒的詞、泰戈爾的新月集、飛鳥集等。他要我看這些書，無非是要提高我的精神生活的境界。在這方面，他好像老師一般地敎我。我覺得很幸福。其次，我有什麼缺點，有什麼虧欠的地方，唐先生總是從旁規勸我。我小的時候在家裏給寵慣了，所以很容易生氣。對人的猜疑心也很重。面對困難的時候，我沒有什麼意志力，好像很軟弱的。唐先生就在這幾方面給我勸導和鼓勵。

從智育和德育這兩方面看，唐先生可以說是我的老師，也可以說是我的朋友。所以我說我很幸福。不過在當時我就身在福中不知福了。當唐先生還在的時候，我不曉得自己有這個福氣。所以，一直等到唐先生過世以後，我回憶起來，就覺得當時有這麼好的環境、這麼好的機會，足以使我的生活更形充實，而我卻未能盡量的享用。以上談的是幸福的心情。同時我覺得我有另外一個心情，就是覺得很慚愧啊。爲什麼我覺得慚愧呢？因爲唐先生處處爲我着想，處處給我護持，而我對他卻沒有什麼幫助。不但沒有幫助，可能還在很多方面束縛着他。

不過，唐先生不會照料自己的生活，起居飮食沒有正常的秩序，總覺得時間不夠。我就幫他照料生活。這就是唯一一點我能夠自己安慰自己的。

你問我有什麼心情，就是這兩種心情：一種是幸福的心情，一種是慚愧的心情。

廖：唐先生關心國家民族的前途，也承擔着復興文化的使命，所以常常懷着一種憂患意識。這是人所共見的。未知道唐先生有沒有一些較爲輕鬆有趣的逸事，是鮮爲人知的呢？

謝：唐先生有許多有趣的逸事，不過我一時記不了多少。許多有趣的事情的產生，恐怕都是由於唐先生常常處於一種「忘我」的狀態之下，把全副思想集中到某一個問題上，對其他的事情就不注意了，甚至把自己也忘掉了。於是就發生許多有趣的事情。可以這樣說：一個學者的生命與他所想的東西常常是合在一起的——是不是可以這樣講？比方說，剛吃過了飯不久，他就問：「我有沒有吃過飯啊？」有時候，唐先生出外開會，或者是有什麼事情要看朋友，回來之後，我就發現他身上有別人的東西：別人的手帕啦、文具啦、甚至手錶啦，他都拿回來了，但是他自己的東西就不在了。我就說：「你爲什麼把別人的東西拿回來？」他說：「這些東西本來是我的嘛！」——他當那些東西好像是他自己的。那麼他自己的東西是不是屬於他的，他也不曉得。這些情形，都是因爲他自己忘掉了自己，所以才發生這樣的事。還有一次最有趣：我跟他去看一個朋友。這個朋友的傭人先開門。傭人問：「先生你是那一位呀？你是貴姓？」你道唐先生怎麼回答呢？他說：「我姓熊。」我就奇怪，怎麼他自己講自己姓熊的呢？——啊！原來他要看的這個朋友姓熊。可見他只想到當前要做的事情，專注於眼前的問題，根本不曉得自己是怎麼樣的存在了。所以，有關唐先生的趣事，完全是在「忘我」的狀態之下發生的。還有很多以前的事。我都記不了多少。

廖：師母長伴唐先生身傍，自有許多機會聽先生透露一些未經發表的箴言警語。可否請師母憶述一下，與我們分享三兩句呢？

謝：你問有沒有什麼嘉言嗎？其實唐先生有許多嘉言都寫在他的書裏面。如果勉強要說，我認爲有幾句有意義的話，可以講一下。

唐先生常說：我們應該常常欣賞自然。

另一句話也很有意思：一個人應該有獨處、獨遊的時候。不要一天到晚都跟師友、家人在一起。應該經常有一個人過生活的機會。

他又說：應該多接近有性情、有個性的人。

他又常常說：我們應該養成一種心情，就是「我與自然宇宙合一」——好像有物我相忘，神遊太虛那種心境。其次呢，他說：不管你學什麼，學科學也好，學什麼藝術也好，你都應該讀哲學的書、讀文學的書、讀宗教的書。這三方面的書一定要看。還有，他說：「我們應當常常閉目養心，涵養天機。」——大概就是等於宋儒的靜坐。他就常常講這樣的話，我就覺得很有意思。其他的話嘛，他都寫進書裏去了。我所想到的就是這些。

廖：唐先生的閱讀和寫作習慣，一定有許多地方值得我們借鏡的，請師母簡略介紹。

謝：關於讀書的習慣，唐先生眞可以說得上是手不釋卷。因爲手不釋卷，要讀書就要買書，所以家裏的書比較多，範圍也很廣。不單只有唐先生所需要的哲學書，其他各方面的書都有。他買這些書是很費苦心的。港台的舊書攤、甚至遠至日本的、韓國的書坊，他都親自去找。他搜購書籍的範圍很廣：神話故事、偵探小說、兒童畫報，他都喜歡。所以，張浚華同學就特別送「兒童樂園」給他。每一期都送來，他每一期都看。這麼多的書，他那來這麼多的時間看呢？我可以說，每一本書都是經他手摸過、經他看過的，但是看的方式當然不儘同。有些書是隨便翻翻的，有的書他只略讀，有些書他就要精讀。對於要精讀的書，他一定做筆記。他還不只讀一次，而是常常讀。每讀一次，總是用一次思想，印證自己的體驗、分析書裏面的問題。不過，對於作者的意見，他總是很尊重的。至於寫作方面，唐先生的著作很多，不能說全是他自己的創見、自己的發明，可以說受前人的影響很多。他最尊敬古人的著作。不過，他對古人的東西並不是完全的拿過來。他好像吃東西，先消化一遍，然後再經過自己的思想方式和語言，把意念寫出來。或者是把前人的智慧發揚光大，然後再指出一條今日當走的路。雖然說是發揚光大，不過仍是以古人的智慧爲基礎，再就着時代的問題，指引出路而已。

一本書或一篇文章之寫成，總是經過唐先生花很多的時間去細心思考。常常見他一個人獨自坐在那裏沉思，一坐就是好幾個鐘頭。有時候走來走去走來走去的，你問他話，他也茫然不知應對。他只是專一地思考問題，不輕易提筆。可是，到思想成熟的時候，下筆寫文章就快得很。他常常說，寫文章的時候好像「文思如泉湧」有欲罷不能的情勢。好像是非寫不可，用什麼辦法都好，一定要寫。所以，有時候寫起來很快。寫的時候，不吃東西，不睡覺，這是常事。你不能隨便叫他吃東西、叫他睡覺，否則對他是一種擾亂。有時候我覺得他不吃東西不行，就勉強他吃一點飯。他坐下來，吃一兩口就走了。叫他睡覺呢，他躺下一陣，還沒有睡好，又爬起來了。好像他所說的一樣，眞是欲罷不能，不寫不行。就是這樣，有時候我都不敢叫他，怕打斷他的思路。

唐先生把文稿寫好以後，也不是馬上修改。起碼擺一段時間。有時擺一個月。如果不急用的話，擺上半年、甚至一年都可以。擺上幾個月以後，才拿出來看，盡量的修改。如是者一次一次的放在那裏，一次一次的拿出來修改，經過很多次。甚至有這樣的情形：改到最後，整本書都不要，統統重新寫過。他有更進一步的想法之後，就把所有寫過的稿件都完全不要了。有時候我覺得很可惜啊。這樣多文稿，怎麼統統不要呢？眞是很可惜啊。唐先生還有一個習慣，凡是不要的文稿，全部毁掉，一頁不留。他說，不能姑息以前寫過的東西，一定要捨得割愛，不然的話，以前的東西就成了思想發展的障礙。唐先生的寫作習慣就是：思考的時間多，動筆以後寫得很快，然後對於自己的東西隨時犧牲、隨時修改，甚至可以不要，重新寫過。

廖：唐先生不是一般學究，而是踐行儒家文化理想的當代大儒。他在著作裏屢次提及儒家的「三祭」。可否請師母談談唐先生的宗教生活，特別是他的祭祀對象和祭祀方式？

謝：唐先生是重視祭祀的。他不單只供奉祖先，也供奉天地聖賢。換言之，古往今來的聖人他都追思。牌位上刻的就是「天地祖宗聖賢神位」幾個字。東海南海西海北海都有聖人，都在他祭祀範圍之內。當然，諸位聖賢之中，他最尊敬孔孟。至於釋迦、耶穌等，亦未嘗不包括在他的祭祀對象之內。他也沒有遵從一定的祭祀儀式，就是喜歡早晚上一柱香。如果有空的話，就在祖先牌位對面的沙發上，默坐一段時間。至於民間通俗宗教流行的燒紙衣、紙錢這一套，唐先生和我都沒有這個習慣。唐先生不注意這些事情。他只求在祭祀當中，有一種「祭神如神在」的心情，彷佛與前人的精神互相感通。如何能夠與前人溝通呢？就要覺得我所祭的人是存在的，這樣做才能與前人的人格互相交感。你一定要用很虔誠的心情來進行這種祭祀，認定前人的精神永恒地存在。對不對？唐先生也常到寺廟裏去。他有許多佛教的朋友。不過他與這些朋友的往來可以說是超宗教的。他們的友誼並不限定在宗教的關係上。

廖：我們對晚年的唐先生已稍有認識，對年青時代的唐先生部份感到陌生。可否請師母談談你初見唐先生時的第一印象？

謝：我認識唐先生，是很自然很簡單的事。我大哥跟他同是中央大學的同學，二哥跟他也是好朋友。我一歲就沒有母親，我的兩個哥哥同我，都是靠祖母養大，所以哥哥同我的感情很好。他們對我很愛護很照顧。到我長大以後，他們對我的婚姻就很關心。他們覺得唐先生是我最理想的對象，所以希望把我們兩個人撮合起來。於是就正式「介紹」我們互相認識。

那個時候，我剛剛進大學。我入學的年齡比較晚，不像你們十七、八歲就進大學。我是過了二十歲才上大學的我進大學以前，並不是沒有見過唐先生的面，他的家我也常常去。不過，以前見面，跟後來通過兄長正式「介紹」的會面，情況就不同啊。當時我哥哥先把他們的意思告訴我，徵求我的同意。我也覺得可以，然後才跟唐先生單獨見面。如果你問我對唐先生的第一印象，我就只好講單獨會面以後的印象了。

這個第一印象，我當時就覺得不好。

這個印象不好，現在回想起來，事實上應該怪我自己不好，並非唐先生他不好。當時我剛剛上大學，差不多有二十一、二了。那個時候我仍很喜歡玩，心裏根本就沒有想到什麼人生問題。對於一些有性格、有個性、思想比較有深度的人，我根本不能了解。我跟唐先生首次單獨會面的時候，看着他就覺得這個人很嚴肅。他跟我談話，一開口就談人生的意義，說什麼人生要吃苦啦、要盡責任啦。我就是想玩嘛，還沒有達到這麼高的境界哩。

所以第一次見面，我就不喜歡。我的不快，當然全是我的錯啊。

除了該吃苦、盡責任之外，他還要我看書。那些書我不是一定喜歡看的。我唸的是「教育」系。同學們在一塊，大家貪好玩，沒有一定的抱負。所以，看到唐先生這麼嚴肅，說到人生意義的問題，我心頭就感到緊張。這是我當時幼稚的緣故。不是他不好，是我不好。

以後慢慢慢慢的，唐先生跟我通很多信。我一直到大學完了以後才結婚。四年間不斷通訊，我自己成長了一點，看過一點書，也就漸漸了解唐先生。我很佩服他。第一次的印象就慢慢的轉過來了。

廖：唐先生的著作都以眞實姓名發表。惟有一本「愛情的福音」卻自稱是譯的。我們很想了解唐先生寫這本書的動機和背景。

謝：「愛情的福音」這本書是唐先生在一九四一年寫成的。我跟他結婚是一九四三年的事。他寫這本書的時候，他的妹妹正在談婚姻。大概因爲妹妹的婚姻，和自己的婚姻，引起他思索男女愛情的關係，所以寫成這本書。他寫這本書，不單是爲了妹子，也不單是爲了他和我兩個人。他覺得一般青年男女對於戀愛結婚的事情，看得太浮面，所以希望青年們在這方面有受敎育的機會，有好的書給他們看，提昇他們心目中的戀愛和結婚的意義。當時，一般的青年實在需要一個指敎，所以，他就寫成這本書。

唐先生爲什麼說這本書是翻譯的而不是自己撰寫的呢？有人猜想：書裏面的智者以先知的口吻訓誨世人，不合符唐先生謙虛的個性，所以書成以後，他不願以眞實姓名發表。也有人認爲：唐先生以未婚青年的身份去寫書指導同輩的青年戀人，雖然以大智大慧洞徹幽微，卻仍不便讓讀者知道自己的眞正身份。以上兩種講法都有道理。不過，我還有一點補充。我是這樣想：他故意這樣說，自有他一番苦心。年青人年歲漸長，對父親母親的話就不大相信。但是遠一層——即老師和朋友的說話，就比較相信一點。若果把時間空間延伸得遠一點，說是古時人講的、是遠方人講的、也是歷代相傳的智慧，那麼年青人就比較容易接受。因此，唐先生說這本書是自己翻譯的，有意造成著者與讀者之間的時空距離，希望收到較佳的效果。

廖：很多謝唐師母接受訪問，爲我們追述唐先生生前的言行，使我們對先生更生欽佩之心。師母加諸自己身上的過謙之辭，相信讀者自會分辨。盼望日後有機會再訪問師母，整理唐先生的傳記資料，以饗讀者。

（一九八一年二月，「中報月刊」第十三期）

先夫唐君毅先生二、三事

妻　謝方回

唐先生一生之中有幾件不幸的事情。首先唐先生的父親很早就去世，這件事對他的影響很大。其次，唐先生不是一個弄行政的人才，他對行政的事情沒有多大興趣，但他一生始終跟行政分不開。再要說的，就是唐先生未能盡享天年。他去世時才不過六十九歲，現在看來，六十九歲就過世，可說是太早了一點。現在一般人都能活到八九十歲呢！況且，唐先生還有很多心願未償，許多事情要做啊。再還有一件不太要緊的事情。唐先生在晚年好像有些地方為人所不了解，甚至於還有人誤解他。這種種事情集中在他一個人身上，我覺得是很不幸的。

不過，我後來慢慢回想一下，這些事情如果反過來看，也不見得是不幸的。比方說，如果唐先生的父親不是早逝的話，他就不會毅然的承擔起對家庭的責任——侍母盡孝，以及栽培弟妹成人。如是，唐先生父親的早逝，一方面是不幸，另一方面給他一個盡責任的機會，加強了他對生命的責任感。

至於一直困擾着唐先生的行政事情，假如從好的方面看嘛，也可以說使他體驗到許多人生的問題，使生活更加豐富多姿。

有同學常常問我，唐先生一生跟學問和教育事業都分不開，究竟他自己認爲在那一面較爲成功呢？這個問題就很難說啦，唐先生平常也沒有提過。不過我想，在他心裏面，可能認爲在做學問方面比較成功。可是，事情總得有人去做呀！唐先生有些好朋友常勸他不要弄行政的事情，應該專心著述，不要浪費時間和精神在人事問題上面。但他的想法就不一樣，他願意犧牲，唐先生就是肯犧牲！

唐先生死得太早，未能享盡天年，這當然是很可惜的。但我又覺得，人生的價值不能完全以壽命的長短來決定，不能說壽長就一定有價值，壽短就沒有價值。我們應該從人生的價值來看，不用執著於壽命長短的問題。

至於說，唐先生還有許多心願未償，我想這也沒有關係。因爲唐先生無論在學問上，人生問題上，總算是提出了許多獨特的見解。他沒有完成的事，自有後死者來接續完成。所以，這一點也不必太過介懷。

再說，我覺得很多人都不了解唐先生，還有人批評他。這一切是是非非也都沒有關係。因爲唐先生不計較這些，不在乎這些。其實嘛，事情的發生，究竟誰對誰錯，都很難說。要說誰對嘛，好像大家都對；不對嘛，又好像大家都錯。總之，假如大家都對，事情也就不會發生了。所以，我說這些都是人生常見的現象，我們不必去計較。如果各位去看唐先生寫的那本「人生之體驗續編」，就會發現很多人生問題都是無法避免的。

總括的說一句，我想唐先生一生裏面那些不幸的事情，悲劇性的事情，也不一定就是不幸，就是悲劇的啊。

上面講的是唐先生一生中不幸的幾件事。有些同學還很想知道唐老師退休之後曾經有過些什麼計劃，我在這兒也可以略略的談一下，好讓同學有個了解。

唐先生一九七四年九月退休。在這之前幾年，他就有了心理準備，退休之前，他把父母親的詩文印出來。這是他很想做的事，而在退休之前，他就做了。

還有，臺灣方面一直力邀唐先生赴臺講學。退休之前，他一直沒有去。退休之後，他就去了臺灣講學，而且去了兩次。他對我說：「臺灣有很多年輕的學生對讀書的興趣很濃厚，我有責任去幫助他們，應該去一兩次，給他們一些鼓勵。」

一九七五年，他從臺灣講學回來後，我就跟他說：「現在你已經退休啦，也可以把新亞研究所的事情放下了吧，爲什麼還要繼續呢？」他就說：「研究所現正在患難當中，我要跟研究所共患難。」當時的新亞研究所剛脫離中文大學，獨立成家，一切都還沒有基礎，正處於風雨飄搖之中。唐先生就說：「不能離開研究所，要跟研究所共患難。」在那些日子當中，他爲研究所的事情，實在用心不少。到臺灣、日本各地開會，多方找尋援助，要爲研究所的前途打好基礎，他希望研究所有發展，能培養出一批眞正有承擔文化理想的精神的知識份子，以達成最初創辦新亞書院的理想和目標，這也是唐先生和一些從大陸出來的知識份子所抱持的理想和目標。

待研究所的基礎逐漸穩固，上了軌道，唐先生就擬在一九七六年暑假後退休，閒會跟講學的事情，他都不想再做了，他只希望找一塊清靜地方住下來，閉門思過。他說：人的一生，總難免有過錯，在清靜的環境中，正好反省。另一方面，他要寫一些東西，他想寫的不再是以前那些長篇大論的學術著作，他希望用語錄的方式，或者散文詩的體裁，寫下一些他對人生的眞切感受。還有，他想寫一部自傳。在讀書方面，他常跟我說，以後要多看一些佛學的書。至於個人修養方面，他希望能經常的使自己的生活跟思想合在一起，做到「知行合一」。同時希望做到「人不知而不慍」的境界，過一些寧靜自由的生活。他還想到要回到家鄉去，每天給祖宗上上香，來看看家居門前的山和水。這樣，他就覺得很高興了。

唐先生還跟我說：「到我臨死的時候，希望我能作到視我所有的著作和我們曾從事的事業，若人間公物，於自己如浮雲過太虛，只希望還父母所生我本來面目之身心於天地之間。」

可惜的是，唐先生想做的事情，一直都未有做到。而到了七六年八月，他就知道自己得了癌症。此後的事，我已另外寫了文章，在此也不必多說。

最後，有一件值得高興的事情可以提一下：就是同學們要給唐先生出全集，現在正積極進行之中。還有，他們弟弟妹妹亦在內地收集了很多唐先生早年寫的文章，已經給我寄來了廿多篇，這些文章以後可以收在全集裏面。

（馮鵬江記錄，一九八二年二月八日，華僑日報「人文雙週刊」第二四三期）

伯伯

女 安仁

因爲母親是眉山人，所以我稱呼父親，是按着眉山的習慣叫伯伯。頂小的時候，由於伯伯不常在家，所以對伯伯的印象不太深刻，只是糢糢糊糊之中帶着些敬而畏之的態度。伯伯在江南大學教書的時候，我只有兩三歲，到現在只記得幾件關於伯伯的事情。第一件是全家人包括阿婆在內，都最聽伯伯的話；但是伯伯又最孝順阿婆。阿婆睡中覺的時候，最會吵鬧的我屏住氣，一聲兒也不敢哼，因爲伯伯說如果我吵醒了阿婆，他就要把我的腦殼擬下來的。第二件事是那時阿婆和二姑姑（我叫她二爸爸）常常吵咀。伯伯勸他們不開，急得在床上打滾。好多年以後，我才了解是怎麼回事。二爸爸說堂弟育仁出生的時候，阿婆好像特別高興，是因爲有了男孫，二爸爸是堅決反對重男輕女的，所以很不以爲是；阿婆則一定否認有這回事，兩人辯論起來，少不了有些動氣。他們一吵，伯伯就急得滿身是汗。其實阿婆疼育仁並不多於疼任何一個孫女。多年後阿婆過世，伯伯在香港舉悼，所有親屬排名次，都是只照輩份年齡而不依當地習慣分男女的。不久後我們全家回到重慶，只有伯伯一人留在江南，我對伯伯的記憶，就更不清楚了。只記得伯伯一次寄了兩個花皮球回來，一隻給我，一隻給表弟懷仁，我驕傲得了不得，屢次向懷仁說：「我伯伯給你皮球，你伯伯給我什麼？」結果懷仁的媽媽（四爸爸）趕緊做了一個布娃娃給我。

我五歲的時候，伯伯從香港來信，叫媽媽離開重慶去香港。大概是因爲阿婆捨不得我，所以我不能走，我怕媽媽半夜裏溜走了，天不亮便爬起來守着他，結果媽媽還是走了。我大吵大哭，二爸爸抓着我，連手都被咬破了。

不久二爸爸去無錫教書，阿婆帶了我也去了無錫。但是我調皮得厲害，阿婆身體不好，也實在沒有精神管我，又帶我到香港。年後由於在廣州的么爸爸（小姑姑）要生產，阿婆不放心，一定要回去親自照拂。伯伯媽媽與我送阿婆到深圳，阿婆從深圳橋上走過去，背影已不見了好久，我們還站在火車路旁。斜斜的陽光照過來，照着伯伯長袍飄拂，呆呆的影子在地上越拉越長。那是我頭一次看見伯伯流淚。

到了香港的我，越來越不乖。媽媽眼巴巴望着我過了七嫌八不愛，九臭十難聞的年齡，依然失望得很。伯伯平常不大管我，但是如果我犯了重的錯，媽媽便會告訴伯伯。伯伯並不罵我打我，只是說許多我不大懂的話給我聽。我雖然聽不太懂，總是感受到伯伯心理的難過，也就覺得自已不大對了。不過我從小就是一副牛脾氣，絕不肯認錯的。記得最惹伯伯生氣的一次，是我已在唸高中的時候了。伯伯要用一本書，到處找不着，記得好像是我借了與同學，但我想也沒有想，馬上一口否認。伯伯以爲我撒謊，氣得不得了，拖着我朝天地祖宗牌位跪下慟哭自責沒有教育好我，我從來沒有看過伯伯這樣動氣難過。伯伯認爲天大的錯都可以原諒，而且常常以錯莫善於能改來教我。

伯伯對我的教育方式純然與他對人性與學問的看法是一致的。他與媽媽是企圖啓導出我本性之善。從五六歲開始，每天都要背誦一頁四書。伯伯說懂不懂沒有關係，久而久之，只要熟誦了，到了相當的時候，自然會領略的。伯伯又不只管我讀四書，也鼓勵我讀詩詞，看童話和小說，只要有馬戲團、魔術班到香港表演，伯伯媽媽總是老遠地帶我去看，排幾小時的隊買票也不以爲苦，伯伯又常常帶我去看和路狄斯尼的電影，他常說狄斯尼影片最好的地方，是故事裏面連一個壞人都莫有。一個壞人都莫有，是伯伯的理想世界中的情況罷！其實伯伯看世界上，也是一個眞壞的人都沒有的。他常常說卽使最壞的人，只要能良心發現，卽能重歸於善；佛在人心，人人皆可成佛。我最大的缺點，大概是自己可以作壞事，而別人有錯失，便很苛刻地批評；斷章取義地套一句書，是「求諸人而不求諸己」。我常常跟伯伯辯論，說某人某人不好；伯伯總是反對。他總能找出一些理由來爲他人辯護，而且堅持其優點，說：「他有這些好處，我們便要承認他的價值。」伯伯對他人的優點，常常私底下稱讚不絕。伯伯處人最基本的態度，是賢賢惡不賢而求不賢賢。記得伯伯有一個有才氣的年青朋友，與人很難相處，伯伯一而再、再而三的替他介紹工作。他的每一個工作都不能維持多久。我向伯伯說：「這個人一定不大好，不然爲什麼他到處都不能與別人相處。」伯伯說：「小孩子不懂事亂說話，他對他的媽媽很孝順，能孝順媽媽的人，一定不是壞人。」我看不慣伯伯常常為了別人的事而操心勞力，跟伯伯吵咀，我說要我像那樣我可作不到，我只要獨善其身，是楊朱的徒弟，伯伯也不加以是非，他只是隨意地說：「如果人人皆能獨善其身，那也很好。不過唯其不能這樣，世界上才需要有人能超越於獨善其身，去關心他人、社會、國家、世界。」伯伯關心的事情，實在是太多了。牟宗三伯伯說伯伯是傷心而去的，我一點也不懷疑。外來的壓力與攻擊，伯伯是絕對不怕的，因為那些都是在他預料中的。惟有他所期許愛護的人，尤其是那些他盼望着能夠挑負未來的國家文化擔子的人，為了一點小利便昧着良心出賣理想，才眞眞正正地能傷害伯伯。文化上的賣國賊，比政治上的賣國賊更可恨，更使人寒心。伯伯啊，你又為什麼要傷心呢？這種人，怎麼能値得你傷心？伯伯，連你自己的女兒都不能了解你，你又怎麼能要別人了解你，像你一樣無畏無懼呢？

伯伯又常常說，一個人的胸襟，要讀萬卷書，行萬里路，才能廣大開濶。要常常與自然接觸，才能夠純眞。香港這個花花世界，太小、太擠，也太人工化了。因此，伯伯盡量尋求幽靜偏僻的地方，帶媽媽與我去散心。早年家裏經濟拮据，每月還要滙款與阿婆及在大陸各處的姑姑叔叔。所以我們常常都是去不必花太多錢，便能得半天淸靜的地方。牛頭角仍未發展的時候，巴士總站附近有一家小小的雜貨店。伯伯喝一杯三蒸米酒，媽媽跟我吃花生米。吃完了我們便沿着小路往山坡上去。伯伯走在最前面，一手提着一塊揩汗水的小毛巾，一搖一擺的，媽媽提着大皮包走在最後面，皮包裏面鼓鼓地塞滿了伯伯要替換的汗衫和手巾等。我在中間跑來跑去。我們常去的另一個地點，是在香港筲箕灣，電車站不遠有一個小小的海灣，岩石曲折之間，長了許多水草，風景說不上優美；不過背着後面零亂的廢地，放眼望出去的是海天遼濶。伯伯縱目遠眺，若有所思。如今回想起來，此情此景，晰然在目，我說不出那是怎麼的一種感覺。伯伯凝視大海茫茫，似有無限的嚮往；而眉宇之間，又往往有一種難以解釋的悲憫。在那一刹那，我覺得彷彿他也不覺母親與我在他旁邊的存在了。我能夠聯想的，只是陳子昂的登幽州臺歌：「前不見古人，後不見來者，念天地之悠悠，獨愴然而涕下。」我常常感覺到伯伯那超越時空，刹那成永恆的眼神。

伯伯也喜歡唱歌，他愛唱「漁樵問答」，柳永的「雨霖鈴」，周邦彥的「風流子」。伯伯更愛吟誦詩詞。他所喜誦的，多半是閒適清逸的作品，如陶淵明、蘇東坡者。大概是因爲這些作品能表現他對閒隱的嚮往，而又不能眞的捨去罷。在百忙的生活中，伯伯唱歌的聲音，低廻不盡情；唱歌之際的面容也是專注的、思索的。有時候還閉上眼睛，彷彿是要盡情深切體會歌詞的意境，又彷彿是要盡量以歌來表達自己的心情。我們一家三人共享的一樂，是在風清月白的晚上，坐在天臺上一齊唱歌或誦詩文。伯伯興致來了，便隨便講話，有時候說他對各種事物的觀感，對生命的體會，兒時的趣事，師友的情誼，隨手拈來，滔滔不絕。我常常覺得伯伯不一定是在對媽媽對我說話，他說起來，常常不能自已，類乎詩劇中的獨白。有時候說到別有會心之處，反覆又重覆地說某事某意之後，終於找到恰當的語言來表達他的心情或思想，便笑得滿意得有如小孩子喫巧克力糖似的。伯伯常常都像小孩子，在桂林街的時候，林仰山先生送我一隻貍貓。伯伯把紙團套在貓的尾巴上，貓兒便追着自己的尾巴打轉，伯伯哈哈大笑，得意極了。我家小狗花花最喜歡伯伯。伯伯回家的時候，它總是萬分興奮地跳起來推伯伯直推到書房裏去。可是花花不喜歡香煙，伯伯抽烟，有時候就噴花花一口烟，花花轉頭又跑又叫，伯伯也是笑得一副頑童的模樣。我們在漆咸道南海大厦住了幾年。一年夏天大颱風刮來，把向海的大玻璃窗整個抬走了，雨水直撲進來，不多會兒屋裏便淹了幾寸水。我們趕快用碗和杯子舀水，用桶裝了倒進抽水馬桶。伯伯也要幫忙，可是一點忙也幫不上，反而把衣服都弄濕了，媽媽怕他弄感冒了，規定他縮着腳坐在沙發上不許下來，可是媽媽一轉身，伯伯便故意把光腳伸下來潑水，媽媽一回頭，他趕快縮起腳，又做鬼臉又笑。大風雨中，大家都笑了。七〇年伯伯媽媽來美主持我的婚禮後，我們一家人到北部旅行。在多倫多博物館中，伯伯熱心着要替媽媽拿相機，媽媽不肯，說他一定會弄掉，他說不會，媽媽堅持不過，便給伯伯拿了。大家走到二樓，才突然發現伯伯雙手空空，趕快分頭去找相機，伯伯急着也要去找，媽媽說：「你坐在椅子上不要動，不然等會兒還要找你呢！」伯伯只好伸伸舌頭坐在長椅上。後來終於在失物部領回相機，要離開的時候，伯伯仍然坐着不動，媽媽問他。他說：「我做了錯事，那裏敢動。」伯伯在日常生活上，比三歲小孩還不會自顧，所以有許多關於他的笑話。洗澡的時候，媽媽要先替他準備好熱水、毛巾、和替換的衣服襪子。但是他還會把脫下來的髒衣服又穿上，把乾淨的丟在水裏。有一次在一位佛敎的出家朋友家裏，不知道爲了什麼緣故，衆人說起廣東俗語駡人「三姑六婆」，伯伯就專心專意地算是「道姑，尼姑，……」幸而那位朋友很了解伯伯，一點也不在意，伯伯自己倒很不好意思。我小的時候，新亞的學生常常拉我說：「安安，講伯伯的笑話！」我就一件件的講，也想不通伯伯那麼大的人，爲什麼會做這麼滑稽的事；也不懂爲什麼好多人那麼尊敬他，常常都有陌生人來向他討敎。我印象中最深刻的是有一個年青人，最早來看伯伯的時候穿着袈裟，卻不是和尙，他大概是由於生活上的遭遇，憤世嫉俗，而且很恨他自己的父親，伯伯很有耐心地開導他。後來他就不穿袈裟了，最後一次來，他告訴伯伯說他要去航海了。我們再也沒有看見過他，伯伯屢次提起說不知道他後來怎麼了。

照小時候的我看起來，伯伯不是媽媽照管着，把牙膏擠在牙刷上，他不會刷牙；吃一頓飯要到書房裏去催無數次，自己喫了幾碗飯也不淸楚，還得問別人「我添過飯沒有？」伯伯向來胃口不錯，不過他的原則是吃兩碗飯，所以如果添過了就不再添。伯伯看書寫作，一坐下來就是好幾個鐘頭動也不動，天黑了，也不會自己開燈。出門的時候，媽媽得給他口袋裏裝好手巾、錢、煙、火柴，他自己是決不記得的。媽媽本是很有才氣與抱負的，我很小的時候，媽媽在隆昌女子學校當訓育主任，每天晚上哄完我喫了咳嗽藥以後，還要去巡宿舍，後來到了香港以後，全部精神就在照顧伯伯與我，再沒有時間伸展自己的抱負了，不過媽媽常常向我說：「我能夠全心照顧你父親，讓他能全心作他要作的事，是很值得的。」媽媽照顧伯伯，是無微不至。伯伯不記得他自己的事，卻總記得他人的事。我十八歲生日那天，家裏正好沒有錢了，伯伯向媽媽說：「娃兒今天過生，不能沒有錢。」便打電話給金達凱先生，請他預支民主評論的稿費，金先生竟親自送來。當天我們一家與金先生一家到太平山上去過了極愉快的一天。數年前有一陣子我心情不大好，也不過是鬧情緒，打電話回家向伯伯媽媽訴苦，周後突然接到電話，伯伯媽媽竟然在紐約了，要來看我。伯伯自己卻很少花費的，他所穿的衣服，就從來不考究，總是穿了又穿。伯伯過世後，媽媽清理伯伯的衣物，有兩件一模一樣的羊毛衣，是質料較好的，媽媽說，伯伯後來身體弱了，別的毛衣穿在身上也嫌重，負荷不起，這兩件又輕又暖，穿起來舒服些，一件舊的破了有洞，他捨不得穿新的一件，又視力不好分不清新舊，老是提着看了又看，找那件有洞的穿。那件新的，他根本沒穿過幾次。家裏廳中一張咖啡色的搖椅，媽媽說是伯伯過世前不到一個月才添的。伯伯自從生病以後，坐別的椅子都不舒服，老是坐一張海灘用的帆布椅，上面墊些毯子，後來媽媽覺得那張椅子不能支持伯伯的身體，便買了這張搖椅給他坐，也不敢把實際價錢告訴他，怕他嫌浪費，其實伯伯並不是儉省，只是他覺得有值得花用的錢，有不值得花用的錢。

伯伯會自己主動去買的東西有兩種，一是書，一是煙。他抽煙抽得很多，媽媽屢勸不聽，一直到生病以後，才不再抽煙。不過提到抽煙很可能是主要病原的時候，伯伯說，煙是不該抽，但是以前如果沒有抽煙，也許所有的文章與書都寫不出來了，其實伯伯一天消耗的煙雖然多，眞正吸的時候卻不多，似乎那一支煙不論是拿在手上或點燃了放在煙灰缸上，那一股味道或那一縷緩緩上升的煙絲有一種使人凝神的作用罷，伯伯在人生之體驗（四十一頁）中，說到凝神的體驗：「寧靜使你充實，孤獨使你無限，凝視使你在最平凡的事物中，認識最深遠的意義。在凝視之始，你的心靈與外境間，漸漸起了朦朧的輕霧。」凡是到過桂林街新亞書院的人，都會記得那擾攘喧鬧的環境。我們一家三人，住在向街的一個房間，開門便是當時新亞的辦公室、校務處、圖書館、閱覽室、飯堂、休息室、兼娛樂室，連五歲的小孩兒都會覺得心煩，伯伯如何能寫得出那麼多文章來，的確是奇蹟。伯伯的文章，無疑是需要在寧靜、孤獨的環境之中培養和完成的。我相信那香煙的作用大概就是能給伯伯一層「心靈與外境間，漸漸起了朦朧的輕霧。」在生病之後，伯伯也沒有懊悔不該吸煙，他只是說「如果我沒有吸煙，也許那些文章就寫不出來了。」自此以後，他就不再抽煙了，這與伯伯對人的看法是相符的。我雖然有無數的過失，我只要改掉那些過失，在伯伯眼中，我便是完美的女兒，一如我從未犯過錯。吸煙並不是一個了不起的缺點，卻是伯伯唯一的缺點。他的態度是把它去掉之後，不再讓它來影響他。人生之體驗中說懊悔：

> 你不要懊悔你的過去，因為時間之流，永不會逆轉……
>
> 你的懊悔，通常是覺得過去某事產生之結果不好，你憎惡那結果，你於是懊悔作那件事……

當你懊悔過去時，你會疏忽你現在當作的事；未來的你，又會懊悔你現在了。你承認過去之不可挽救，你一方在精神上似有一種退讓；然而你同時自煩惱中超拔解放，而感另一種精神的勝利。於是你可以開闢新生命於未來了。（四十五頁）

從小我就常常跟着伯伯跑書店。印象中最深刻的是香港中環石板街那一帶的舊書店。伯伯從來就有點氣喘，加上特別愛出汗，跑起路來最是辛苦。但是從一家書店趕到另一家書店，爬一層又一層的石板路，他一點也不在意。伯伯在書店裏就像我在糖果店裏，舊書店裏的書，滿滿的從地下直推到天花板。伯伯東翻西翻的，全神貫注，我總是無聊得很。伯伯買自己要的書，也買書給我。從我有自己的房間開始，房間裏便有好幾架書。伯伯也不指定我要看。後來媽媽告訴我，伯伯說只要房子裏有書，我遲早會自動翻看的。不出他的預料，我後來果然成了小書呆子。但是我的書呆與伯伯是截然不同的，伯伯看的書，如汪洋大海，裏面是智慧的寶藏，開啓一盞盞無盡的燈；而我看的書，只如山谷中的一抹溪水，琤琮自娛。

我回港期間也曾去買書，媽媽陪我去。我們叫了車子，直開到書店旁邊，買了書又叫車回來，只不過花了一個鐘頭，實在方便。伯伯你回來呵，我再跟你去爬石板路，去翻舊書攤。我現在高大強壯，可以扶你牽你了，可是你獨自去了，你去的地方也有書店嗎，希望沒有石板路，不過擺脫了沉重的軀殼，你定是健步如飛，你是否也給媽媽與我買了許多書，給我們將來看的？

伯伯情感深厚眞摯，但是他並不善於表情，卽使對媽媽與我，亦是如此。他的情感，亦不是辭令可以輕易表達的，是不可說的。伯伯多年前送阿婆去大陸，並沒有說甚麼，三次送我，也不曾說甚麼。我首次單獨離家，是去臺大讀書。離港前夕，我半夜醒來，伯伯走進來，站在床前。我不敢動裝睡着了，伯伯又躡足出去了。我躲在被裏哭了一場。第二天伯伯送我，也沒有說甚麼。十三年前，伯伯因爲患了視網膜脫離，在日本京都治病，我正要來美升學，在日本停了十天。伯伯當然很高興，但是他不要我在醫院陪他，託了楊啓樵先生與張世彬先生，帶我遍遊京都奈良的大寺院與庭園。至今那窄小而似無限的沙河，那馴鹿蒼松，大佛石池，仍閉目可見。所以日後我讀日本詩人芭蕉的詩集，有特別親切的感受。更晰晰如在眼前的，是我離日赴美之日，楊先生與媽媽送我去大阪機場。伯伯穿着睡袍，在醫院大門前看着車子開走，他眼疾未癒，我頻頻回首，見他一人站在那裏，微仰着頭。

伯伯最後一次送我，竟成永訣，七六年八月之中，我一連數夜夢見伯伯生病了，常常驚醒。一日半夜裏，突然電話大響，心裏大爲驚慌，不敢接電話，平常若有深夜的電話，我一定是搶接，因爲多半是家裏來的長途電話，清瑞接了便說，媽媽說：「伯伯生病了。」她也沒有說伯伯生了甚麼病，但是我馬上知道是甚麼病了，又不願意相信，一直追問媽媽，希望說出另一種甚麼病都好。媽媽只說醫生還不能肯定，要到臺灣去檢查驗定。我馬上打電話到芝加哥中華民國領事館，詢問辦理回國簽證的情形，並解釋我要盡快去臺灣的理由，接電話的小姐不耐煩地告訴我辦簽證一定要等兩個月，沒有通融或例外。我一腔哀痛化爲憤怒，大罵她混蛋不通人情，她把電話掛斷了。我馬上又打通過去，告訴她如果再掛斷電話，我要打她報告，有一位陳先生卽把電話接了過去。陳先生很客氣，但是說只有領事才能決定，但當天領事正好帶臺灣青少棒球隊去出賽，要兩天後才回芝加哥。兩天後我到芝加哥，領事又正好有事不在，我等了兩天，王立德副領事說簽證一定要兩個月；不過他可以馬上給我中華民國的護照，但是一定要有華裔美國公民擔保。我在芝加哥，半個熟人也沒有，那裏去找人擔保呢？突然靈機一動，我便跑到中國城去，一家家飯館去問有沒有人肯擔保我，但是別人不認識我，怎能貿然擔保？終於有一飯館老板，提議我去找中華總商會幫忙，並且親自領我去商會。不巧商會又沒有辦公，他又打聽到副會長的地址帶我前去。這位副會長是光學師，在唐人街開一家眼鏡公司。他熱誠地馬上替我簽了保。好容易解決了這個問題，我才發現匆忙之中遺失了回港證。回數一個個曾經到過的地方，終於在拍快照的地方找到。九月初我抵達臺灣，我跨進榮民醫院病房的時候，伯伯正彎着腰在校稿，一點耽心的樣子都沒有。當晚是中秋，徐志強和徐楓特別叫館子裏做了好些菜帶來，伯伯也很有口味，一點病人的樣子都沒有。其實要替伯伯動手術的盧大夫已經回臺灣好幾天了，但伯伯一定要等我回去才肯動手術。

手術過程相當順利，伯伯身體本質不錯，連準備輸的血也未用到。醫生說一定要勸伯伯吃東西及早日下床活動。經過這麼大的手術，伯伯不但傷口痛，而且胸腹鬱悶，排泄困難，又不能用氣力。吃了東西便胃腸不適，而且一點胃口都沒有。媽媽千擔心萬擔心，伯伯身體創痛不適，自然心情不好，媽媽擔心他不吃東西，又怕他吃了不舒服，又怕勸多了惹他生氣，實在爲難，倒是我屢屢自以爲是，常常勉強伯伯，使他又生氣又難過。盧大夫告訴我們，能夠看見的不良組織都已切除，唯一不能保證的是癌細胞是否已延展到淋巴腺上。不過對於伯伯手術後恢復的情形，他表示相當滿意。十一月間我離臺返美。媽媽陪我去機場，伯伯站在中正樓大門前，向我揮別，甚麼話也沒有說。

七七年二月伯伯遵醫囑去臺檢查，我屢次電話中問媽媽檢查結果如何，都沒有得到答案。最後我再打電話去，伯伯媽媽已離醫院了。盧大夫說：病已蔓延不能治了。我想立刻回去，但伯伯媽媽堅決阻止我。不久媽媽來信說伯伯改服中藥，病大有轉機，健康日佳。回到香港還照常辦公授課，似乎沒有病的樣子，體重亦增加了三磅。我竟相信伯伯精神力量強，終於征服了病魔。可是過了數月，伯伯精神身體都開始衰退。我要求伯伯媽媽讓我回家，但伯伯生氣，還是不要我回去。

伯伯不要我回去，是怕躭誤我的學業。不論我如何解釋我的論文只是在修改階段，不需要用任何圖書館資料，回家並不妨礙整理工作，但他堅決反對。他自己可以爲別人犧牲一切，卻不要自己的孩子盡一點點最低微的責任。他一直說：「我需要你來的時候，會打電話告訴你的。」我最後一次打電話回家，金媽說伯伯進了浸信會醫院，我趕忙打電話去，媽媽說是因爲氣喘太厲害，打了針之後已經好些。以前每次通電話，伯伯總要說幾句話的，這一次卻沒有說，我心裏有些不安，只有自己慰解說大概是講話對氣喘不好，所以沒有說話。不過我自己在計劃能否在陰曆十二月廿六日趕回家，因那天是伯伯生日，沒想到我趕回了家，伯伯卻不在了。

在殯禮中的人一個個繞靈柩瞻遺容的時候，我望望靈堂中伯伯的遺照：他注視着每個人，微抿着的嘴角間，有一絲笑意又有一絲淒苦，伯伯，好些人說你是完人，你是當得上這兩個字的，也許有許多人對你學問方面的了解比較深刻，但能眞正徹底了解你的爲人的是媽媽，其次大概是我罷。其實我們所認識的你，也是別人認識的你，只是很少人能夠想像得到你的人格是何等的完整不變，內外如一。有些人的人格有許多角度，同時因地因人而異，但在家裏的你與站在光天朗日下，衆人之前的你，是毫無不同的。有的話，你在背着人的時候，比當着人的時候更眞摯、更寬厚、更無私。

我大學畢業的時候，報了名參加新亞書院的雅禮大學獎學金考試。還未報名，伯伯就叫我不要參加。他說他有經濟能力供我去留學，不應該去與別人爭獎學金。我很不以爲然。我說我如果大學畢業後還不能自立，要依靠家裏，是件可恥的事。當時就與伯伯吵了一場，果然我才報了名，就有人寫信來罵伯伯，說他不該讓我去參加考試，並有同班同學當面向我說：「你旣然參加，我們都不用參加了。」我也不必多去分析這些人的眞意或動機，當時只是感到說不出的委曲。回家向伯伯說我作他的娃兒，實在是倒楣得很，以前別人動不動就說：「啊，你是唐君毅先生的小姐啊！」我已經滿肚子不舒服了，常常向伯伯埋怨，他的名氣害得我沒有獨立存在，只有附帶性的了。等到我進高中以後，有別人的喜柬，上面如果是寫的「唐君毅先生夫人及女公子」，我就一百個不高興不願意去參加。伯伯都是一笑了之，他越是一笑了之，我就越不滿意。伯伯說：「你本來就是小娃兒，當然是附屬的。要獨立，以後的時間還長得很呢。」伯伯，現在我不要獨立了，我會心甘情願地附屬在請柬的一角，獨立的代價太高了。

那次考試的分數，我僥倖考得最高。但是考試結果比平常遲了幾個月都不正式公布，我很着急，但也沒有想到會有甚麼變化。後來才知道。比我們早一年度獎學金獲得人之一黃耀烱同學因爲想充實一下自己才出國，所以去年考第三的遞補上去出國，黃學兄的保留到次年，於是我們那年就只有一個名額，由於三年來連續考取的都是文學院的學生，理學院的師長同學們遂堅持這一年不該再給文學院的學生，大家爭論不一，伯伯正任文學院長，馬上說當給理學院的學生。此事遂解決了，但我失望之餘，一肚子氣，後來許多年之後，還爲此事與伯伯吵了無數次。我認爲校方應該先有決定，指明文學院學生那年不得參加，或者多少另有交待。如果在某種情況之下，我亦可以自動放棄這機會。伯伯說我只是好勝好名，不替大局着想。他十分生氣，不但極端反對我的好勝，而且堅持學校行政自有其原則，並說這樣決定一點錯都沒有。我始終不能平心靜氣。倒是多年後，伯伯說了一番話，不得不使我貼服，他說：「新亞書院仍然受雅禮協會的協助，有時候他們少不了想干預新亞的校政。如果你拿了雅禮獎學金，萬一新亞與雅禮協會有意見不合的時候，我就不能完全心安理得地爲新亞的理想而爭辯了。」事實證明，拿了別人的錢，的確會使人挺不起腰的。我到現在，才能了解到伯伯的苦心與偉大。伯伯的偉大，我是能了解他的人中最遲來的一個。太親切的人容易顯得平凡。日常生活也不能自顧的伯伯，在我的主觀與短視裏，實在不覺得偉大。我必須跳出「父女」的關係，才能眞正瞭解與敬佩他。伯伯的爲理想，爲學校，純然是無私的。不但是無私，而且要盡可能去掉任何會與私有牽連的可能性。他常常盼望新亞畢業生回校服務，但他從不曾提議過我回新亞。數年前我曾申請過未成，伯伯還好像特別高興。這些瑣碎小事，本來沒有提的價値，我絮絮叨叨半天，只是希望能藉此說明伯伯的無私心。而且他在新亞辦行政多年，絕不曾讓私人的關係干涉到公事。這又使我想起另一件我個人的事情。當初我申請來印地安那大學留學，請了幾位教授替我寫介紹信，這些信件本來是保密不會被學生本人看到的。但是後來我在印大從事過一段行政工作，無意中看到從前自己申請入學時的文件。一位教授替我寫的介紹信中，給我每一項的評分都是五等中的第三等，我自己覺得我在新亞的成績還算可以，不知道爲什麼這位先生覺得我這麼差，我亦曾隨便向伯伯提及此事。他只是說：「各人觀念不同，也許他覺得第三級就很不錯了。」對那位先生，他也不曾有半點不滿，還向我說他的許多好處，並責備我爲人太計較，不夠厚道。

有一位先生在伯伯過世後寫了一篇文章，說伯伯不世故。伯伯不是不能世故，但他不肯世故。他不是狂風中的草，而是巨木。草偃於風是世故。他不是不懂養生之道，但他有比養生更重大的前題。伯伯的理想太高太遠，在許多人看來，是不識時務，不切實際。連我也免不了會這樣想。他不但自己如此，亦要我如此。我上大學的時候，伯伯不贊成我學任何偏於實用的學科如法商之類。他鼓勵我讀純理科或純文科。他說在環境許可之下，年青人應該先學問理想，後切實際。我初從新亞畢業後，先進中大研究所。當時研究所初辦，實在沒有甚麼好的課程，我便同時在一中學教課。才教兩個月，伯伯媽媽從美回港，就不許我再教了。伯伯說：「自己的學問根底還未打好，就要教書賺錢，太實際了。」在現在的社會裏，人從理想往實際走是太容易，要打破實際去追求理想就太困難了。許多人年輕的時候都很有點理想，但是日子一天天過去，那理想就一天一天褪色了。記得當初新亞才開始受香港政府津貼的時候，伯伯就常常躭心學校會受政府的控制而失去行政自由，失去原來的教育目的與文化立場。他常常說不如不要政府津貼。當然多數人覺得沒有津貼，待遇就要差太多了，都不同意他的看法。一般看來，新亞書院的地位日日提高。尤其是中文大學成立之後，教授們的待遇都很好，畢業生也名正言順地有大英政府承認的大學學位了。至於理想麼，大多數人聽也不曾聽過，想也不曾想過。來教書的人是因爲待遇好（我當時申請不也爲此！）來讀書的是因爲畢業後謀職容易。所謂文化學術，原來只是李卓敏先生口中的「古老社會的僵硬結構」，而且「往往和現實脫節，而不能有效地適應社會對它們的要求。」也正如李校長所再而三地強調並予肯定的：「中文大學第一個主要的教育目的，是適應本港青年男女的需要，培養他們的專長，使之在高度發展的社會組織裏面擔任重要的任務。」只有在全篇講詞的結束處（相信也是聽衆開始打呵欠，心神不寧的時候），才輕輕帶上一句：「另外一個教育目的，就是我們對中國學術文化的深切關懷。而這一點也是中文大學的特殊使命。」（以上節錄見新亞生活一九七七年十二月十五日刊大學校長李卓敏博士講詞——一九七七年度香港中文大學頒授榮譽學位及各科學位典禮。）當然人如果能忘了理想而專心於現實，一定會快樂得多，日子會容易過得多，套用一句俗得不能再俗的話，理想是天上的彩虹，現實是地下的泥，想要把虹放在爛泥裏，伯伯眞是太不世故了。但是有這樣不世故的父親，是多麼値得我驕傲啊。我可以不折不扣地說：「我偉大的父親！」伯伯逝世四周後，我才第一次夢見他。夢中有一羣人，在一水池邊聚會，彷彿是我小時候隨伯伯媽媽參加新亞師生聚會的光景。忽然另有一隊穿制服的人，出現在水池另一頭。伯伯和我都面向他們，伯伯顯得比平常高大許多，站在我旁邊，我竟看不到他的臉。夢中我亦知道伯伯已不在世，但對他之站在我旁，卻一點也不覺得奇怪。

伯伯去了，我回港之後，只是陪着憔悴的媽媽，一切的事情，都是由無比的關懷與熱情的大師兄姐們一手包辦的，他們放開自己的事情，日夜爲我們忙碌之餘，還不斷地來安慰媽媽與我。我們竟坦然接受了這一切，也少有感謝他們。因爲他們的關懷是自自然然的，來自他們與伯伯生命性靈上的相通，他們對伯伯的了解，遠比我爲早爲深。伯伯的離去，也是安祥的，正因爲他們的智慧性情，予他在天之靈以無可比擬的安慰。在他們身上，我可見伯伯的精神不朽。我對他們的感謝，是沒有辭語表達的。他們在香港忙完了，還扶柩到臺北安葬。

臺北觀音山上，山風吹來，帶着苦雨，說不出的徹骨寒。十七年之前我首次隨父母赴臺，是他們膝前少不更事的黃毛丫頭，渾渾然不知身在福中。如今只伴了媽媽，髮帶花白，半昏半醒地看伯伯的靈柩漸漸消失在一坯黃土之下。媽媽與我來看地的時候，那經紀一直說：「小姐，你看這土質多好！」那土卻隔開了死生，斷絕了親情。淡水河瀅澈空靈，似弱水三千。我瞑目禱求大士善渡，接引伯伯到菩提境。

伯伯逝世已快三載。近來數月，我頻頻夢見伯伯。有時候伯伯一如往日；有時伯伯根本就沒有生病；有時候是病痊癒了。有一次夢見伯伯要坐長途火車到阿婆那裏去，叫我帶媽媽走。

媽媽從香港來信說：「汝父與我願來生重爲夫婦，你願意再作我們的女兒嗎？」我最福氣的事，是作了伯伯媽媽的女兒。我從來莫有告訴過伯伯媽媽，因爲我們一家三人，都同樣的不善於表情。如果果然有來生，我望生生世世，再爲伯伯媽媽的女兒，如果沒有來生，自然的生命，一定是一股巨流，人的精神生命會從世間的個別存在重回這巨流，那我望我的那一小點，永遠流在伯伯媽媽的左右。

（一九八一年三月，「書目季刊」第十四卷第四期）

我的哥哥

二妹 至中

哥哥是公元一九〇九年一月十七日清晨（卽舊曆清光緒三十四年十二月二十六日卯時），生於四川宜賓縣柏樹溪老家。抗戰前，哥哥在南京中大哲學系任助教時所寫「柏溪隨筆」，（發表於中大半月刊），卽回憶家鄉之作。

哥哥半歲，隨父母乘木船去成都。某次停船，母失脚墮水，哥哥在抱，幸母得救，哥哥亦無恙。母嘗言哥哥在不會講話時已識字，先教一遍，以後再唸字音，卽能用手指其字矣。三歲時哥哥無遊伴，惟喜識字。三歲時，常持書問母，母「為長子毅五旬生日作」一詩中有「趨庭問字，意義必究」，卽指此時事。

一九一四年春，母去簡陽女子簡易師範擔任教務主任、又教課三十小時以上，不能兼顧孩子，哥哥隨父親留成都，住錦江街，時祖母在世，因不慣久住成都，不時往來於成宜間，平時家中僅父親與哥哥二人。

哥哥曾說：「在我小時候，阿爸每天要到學校上課。寒家房子又寬大，又清靜。每天下午，我就坐在堂門檻上等待阿爸回來，在那時我常常覺得寂寞，就歡喜東想西想。」

其後，母親說：「哥哥從小就很敏感。才一歲多，每到黃昏或天色陰暗時，他就皺起眉頭，扁着小嘴，好像要哭的樣子。在他幼稚的心靈中，就模糊地有一種宇宙的蒼茫之感。」又說：「哥哥幼年就愛用思想，煩惱也特別多。後來因學力使煩惱化爲智慧，才有今日的成就。」

一九四〇年哥哥住重慶柏溪中央大學分校，不時去沙坪壩校本部上課。有一次，去半月回柏溪時，室內已佈滿蛛網到處塵埃矣。去信弟弟說：「半月不回來，令人有隔世之感！」

一九四一年冬，弟弟去柏溪看望哥哥，曾對弟弟說：「我平時常在田野間散步，一個人面對蒼茫的宇宙，其間有無窮的意味。」

一九四四年夏，母親、哥哥及我偕遊重慶兩路口某花園登最高處，哥哥指重慶聯中某處笑對我說：「那裏就是我學習哲學的發源地。」

將放暑假時，哥哥隨父親去簡陽接母親，一日，母見學生圍成一大圈，不時發出大笑聲。就近視之，乃學生考哥哥演算術。當時加減乘除皆已能運算，年四歲半。

哥哥自幼敏而好學，頗爲祖母、家公（外祖母）所鍾愛。家公常言，我學問已傳女兒，並指哥哥向親人說：「這孫比他孫爲聰明。」

母親卻常告誡哥哥：「鍋蓋揭早了，飯就燒不熟了。」因此哥哥雖常受親戚、父親稱讚，仍毫無驕傲之色。

哥哥十歲前，父親課以老子及說文解字等書。哥哥後來說：「我幾歲時，阿爸教我讀說文，這同讀字典一樣的枯燥無味。小孩子實在不應該讀這類書。」

哥哥十歲，入成都省立師範附小高小，住宿校中。

一九二一年秋，父親應聘重慶聯立中學，哥哥也考入該校，時哥哥十二歲，在同班中年齡最小，而各科成績甚優異。好讀諸子書，十五歲時曾作『孟荀思想異同辨』一文，頗爲師友所稱許。課餘或寒暑假，喜繪西洋水彩畫，不時題詩其上。又好着棋，能下圍棋、象棋等。

同學好友有陳光元、游鴻如、吳竹似、僧佛印、高介欽等。陳、高早逝、游、吳與哥哥常通信。哥哥屢次告我：「吳竹似很聰明。後來在重慶辦新民報，時已與鄧友蘭結婚，吳有好友陳銘德，過從甚密，但當吳病重時，卻與鄧戀愛，吳死後，二人就結婚。新民報亦由陳接辦。」談罷恒感歎不已。

一九二四年，八叔自家鄉與父親來信，謂大伯母欲過繼哥哥爲子（哥哥自半歲離老家後卽未回鄉）。父母皆不允，哥哥也竭力反對。他謂「現在男女平等了，大伯母有一個大姊，爲什麼要抱我？我又不是造人的機器。」後來八叔祖屢次來信責備我父母，哥哥恐使父母爲難，遂應允。是年冬，全家回宜賓，在向大伯母行過繼禮時，哥哥仍十分勉強。

一九二五年，哥哥在重慶聯中畢業，去北京考北京大學未錄取。入中俄大學，想藉此了解中蘇關係，要閱讀一些馬克思、列寧著作。

一九二六年，哥哥十七歲，考入北京大學哲學系，老師有熊十力、湯用彤、金岳霖諸先生。

一九二七年春，哥哥因父母在南京轉學東南大學哲學系，副系文學系。哲學系老師有李證剛、宗白華、方東美、何兆淸諸先生。

哥哥對老師素來很尊敬，直到任大學教授後，對老師仍如往昔。

一九二八年初，哥哥與未婚妻劉志覺解除婚約。

哥哥在十五歲時，有人介紹劉於父母，是時父母在重慶省二女師任教，以劉爲該校學生，哥哥頗不願意。經父母再三勸導，乃同意訂婚。繼與劉通信數年，感情尙好。但哥哥要終生從事學問，劉則喜政治，信仰國家主義，二人思想不同，在書信往來中，時有小矛盾。

當年春，劉到上海，約哥哥去。哥哥在匆忙中遺失日記於火車上，心中不樂。見劉又以參加其團體相強，哥哥不允，憤而回寧，婚約無形解除。

哥哥在與父母信中，曾述及劉事，又談到患病，並附有十九歲生日照片一張，照片上題詩，中有：「遍體傷痕忍自看」之句。母親得信後，連夜失眠。於是父親在友人處借得路費，母親遂帶年僅二齡之幼妹寧孺，由成都去南京看哥哥，時交通極爲不便，自成都去重慶須乘轎子，重慶以下又得幾度換船。加以社會風氣不良，偷搶之事，所在多有。

母親剛到重慶，卽遇火災，行李衣物，全被燒毀，母親歷盡千辛萬苦，乃見到哥哥。哥哥身體已健復，暑假，送母回家。又去南充看父親，並代爲批改學生文章，多回成都。哥哥休學一年。

一九二九年春，世伯蒙文通先生聘哥哥去四川大學中國文學院敎西洋哲學。時哥哥僅上過二年大學，須敎三年級學生。哥哥年僅二十，而學生皆較之年長。於是一周內時間，大半用於敎課二小時之備課。此後哥哥在中學或大學任敎時之備課，皆十分認眞，乃在中國文學院敎西洋哲學時所養成之習慣。

摯友游鴻如亦在成都任敎，住我家，與哥哥朝夕相處有五月之久。暑假中，哥哥回宜賓，看望大伯母，然後，去南京復學。

一九三一年六月，大伯母與父親相繼病逝，父親年僅四十五。時哥哥僅二十二歲半，全家一切責任，皆落其肩矣！

大伯母生病之醫藥費用，及去世後購買衣衾棺木等等，負債纍纍，無法償還。結果是出售田產，乃得還淸欠債，安葬伯母。其中更有不少瑣事糾纏，哥哥爲此費時三月有餘。

父親喪事，亦因告貸久不成，直到十月才得出殯。

哥哥到校，已缺課二月矣。

其後母常以過繼伯母及與劉訂婚之事委屈哥哥，引爲己咎，而哥哥對此，從無一句怨言。

我幼年時，某次哥哥爲我剪髮，母歸，見我頭髮甚難看，怒批其頰。哥哥曾因此一度耳聾，連入夜更聲亦不聞矣。久之，乃恢復。其後，母每談及此事，失悔不已，且甚感哥哥日後亦毫無怨色之可愛。

一九三二年，哥哥畢業於南京中央大學，（卽原東南大學），哥哥係舊制中學畢業，應讀二年預科四年本科，因當時實行學分制，修滿學分卽可畢業，計哥哥入大學凡五年，時年二十三。

八月八日哥哥回到成都家中，哥哥與母及我等分離已久，此時乃得團聚。

當時，在成都教中學也頗爲不易。幸哥哥由數同學各分與數鐘點，乃在蜀華、天府等中學教論理學、人生哲學及國文等課程，課後尚須批改作文，但一有餘暇，仍孜孜不倦。

一九三三年冬，哥哥因友人許思玄去美留學，薦之於學校以代其職。哥哥遂回中大哲學系任助教。哥哥每周教課四小時，仍將大部分時間用於備課。有閒，卽讀書或寫文章。

哥哥月薪八十，滙款家中占四分之三。當時南京係首都生活費用高，哥哥不時要招待客人。工友老張曾勸告說：「唐先生，你每月要滙款回家，又何必招待客人，且又有長客，看你薪水怎會夠用。你可否不再招待他們？」時堂叔子和表弟曾分別在哥哥處居住半年以上。

一九三七年七月，我從世伯彭雲生先生由成都去南京聽歐陽竟無大師講學。曾爲哥哥清理書物，遍尋其皮袍不見，詢之不答。久之，乃在箱中小包中得當票一張，由此足見哥哥之克己以待人也。

八日，哥哥與我回成都，哥哥在華西大學及天府、蜀華等中學任教，每周上課共三十二小時。一九三九年，是年，日本飛機擾亂後方，成都警報頻繁，生活極不安定。母兄商議遷回宜賓老家。暑假中，母與我及寧妹回宜，我任教宜賓中學，寧妹已小學畢業也考入該校。時學校已疏散到柏樹溪，與老家僅隔一金沙江。

哥哥去重慶，在某部工作。恂妹隨四川大學遷往峨眉山，弟弟在成都參加大學入學考試後，回到宜賓家中等待發榜。

得大學錄取通知，弟弟考上川大化學系及政校會計專修科。

哥哥拍來電報，阻止去後者，謂無學術價值。

初，弟弟以恂妹亦學化學，不想去川大，擬入後者，且爲公費，可減輕家庭負擔。但又恐負哥哥之心，猶豫不決。繼與母商議，決定去川大，由宜賓到樂山轉峨眉。但我送弟弟去宜賓時，以岷江水退，輪船停航，乘木船則途中險灘多，不安全，只得去重慶政校報到。

哥哥在兩年之內，每天除工作外，寫「人生之體驗」大半部，及「道德自我之建立」一書。哥哥才思敏捷，順利時一天可寫一萬餘字。

一九四〇年「人生之體驗」第一部「生活之肯定」及第二部「心靈之發展」陸續在「學燈」上發表。

中央大學哲學系主任宗白華先生邀哥哥回中大任講師，月薪二百二十元，比某部爲低。因哥哥不喜在機關工作，從事教育，可與青年多接近，故去彼就此。

一九四一年完成「中國哲學史」，又寫了一小册子「愛情之福音」。

哥哥嘗說：「關於戀愛，婚姻這類問題，青年人也當受教育。」但喜談這類問題者往往只見到一方面，他以爲應賦與更高的意義。故「愛情之福音」一書托自翻譯，由此亦可窺見其愛護青年誘導青年之一番苦心也。

四七年，哥哥在成都遇見父親學生羅運賢（時羅在成都教書，甚有名氣，著述甚多）。曾向哥哥說：「某人說你出版一本『愛情之福音』，我不信，他說是翻譯的。我說：『這樣差不多。』」由此事可看出當時一般讀書人之不屑於談此類問題。

一九四二年，南京支那內學院已遷至四川江津縣，哥哥不時去看父親老師歐陽竟無老先生。老先生爲國內佛學界泰斗。要哥哥承繼所學，長住內學院。哥哥因自己所學與志願，同佛家學說不盡相同，感老先生厚意，乃叩頭婉謝，歐陽大師大爲感動。

一九四三年，哥哥三十四歲，在重慶與謝廷光小姐結婚。

哥哥自二八年與劉志覺解除婚約後，常有人介紹女友，前幾年皆婉謝。常向人說：「我如早婚，勢必影響我妹弟之深造，我妹弟都可成材，豈可任之失學。」故至此時乃結婚，而比哥哥小十歲之恂妹，已於先一年結婚矣。

哥哥對於自己婚姻非常慎重。所以如此，我以為一是鑑於吳之婚姻，二是鑑於與劉之解約。因此他選擇對象除品學之外，又考慮到與母親及我們之相處問題。他常說：「我是家中六分之一。所以婚事也要徵求大家的意見。」

一九三七年，父執周守廉先生介紹他至親川大教授王叔駒先生之女於哥哥，因恂妹曾與之同學，便說：「不要！不要！」事遂寢。

哥哥朋友蔡翼公，數介紹其姨妹張某。因其家甚富有，親戚又多官宦之家，母以為與吾家不類，故哥哥亦婉言謝絕。

其他親友介紹者，哥哥皆未同意。

廷光為哥哥中大同學好友紹安之妹，紹安弟斯駿亦與哥哥相熟。哥哥在成都教中學時，與紹安常來往。在三八年乃介紹其妹與哥哥為友，經過數年之書信往來，雙方已由了解以至信賴，乃在四三年結婚。時廷光已畢業於城固西北師範學院教育心理學系，在四川洛礦師範擔任教育學及教育心理學等課程。

一九四四年，「道德自我之建立」與「人生之體驗」於今年內分別在商務印書館及中華書局先後出版。「中西哲學之比較論文集」已在去年由正中書局出版。

哥哥到重慶後，常常希望能與母親同住，又希望我及寧妹能有較好的讀書環境，去年結婚後，此種願望更加強烈，不時在與母親信中提到。

他為我們而登記中大柏樹村宿舍，捨去堅固漂亮、且地勢高敞而有地板之單人宿舍，又屢次親自去磁器口添製各種用品，他素來不會管此類事，在這其間，哥哥眞是煞費苦心。

柏樹村宿舍乃由水稻田新建之簡陋平房，位置比漢渝馬路尙低數丈，共二間。母親同我一室曾請木工鋪爲地板，而哥哥一室卻十分潮濕。一遇天雨，地滑難行，故哥哥雙腳患濕氣長久不愈。

時我在中大實驗中學任教，實中屬教育心理學部，部由艾偉先生負責。

先是何兆淸先生介紹我於艾先生，實中新聘國文教員循例需先看所寫文字。先一年，哥哥來信說，要看我所記父親事略及所寫詩，望卽寄去，及我到重慶，乃知與艾先生看，此事雖小，而哥哥尊重妹弟之情可見一斑矣。

哥哥不時背地翻看我及妹弟之日記，以便了解我等思想感情而加以指導。我等稍有好處，他常想方法予以鼓勵。（對於學生也如此。）如我習隸書及學詩及弟弟之詩文，卽使不成樣子，仍找出優點以增加我等學習信心。

幾十年來，他永遠是盡心盡力教育我等，培養我等，對我等之教育與培養，比父親更細緻、更全面，爲時亦更長，尤其是對於我。

我在重慶二女師讀附小時，他在聯中。假期中，常常爲我講故事及講解淺近文言文。

在大學休學時，也曾出題要我作文，並批改若干次。三二至三三年，在成都教中學時，也爲我及妹弟等講老子、莊子，又帶去請蕭中侖世伯講莊子與楚辭。

四〇至四三年每到暑假，也爲我等講邏輯同哲學。

四四年春假哥哥特地帶我去壁山看呂鳳子先生。

同年又帶去向李證剛先生求教書法，又要我去中大哲學系旁聽宗白華先生講美學。

在實驗中學及江南大學，他不時在教室外聽我講課，事後又指出缺點。

我在實中、南開中學及江大時，他在百忙中仍爲我騰出時間，偷改作文卷子。而我反而嫌其字跡潦草而加以埋怨。想到這些，我永遠感到悲哀和愧疚。

哥哥不僅關心我們之成長，對我們也非常的愛護。

一九三七年，哥哥同我乘輪船回川時，夜裏，多次從床上驚起，面向欄杆大呼「二妹！二妹！」及同艙中人指示我在上鋪，他看清後，才又睡下。有時又忽然起來看我在不，他是深恐我墜入江中，哥哥關心之情已形諸夢寐矣。

弟弟也告我：

「抗戰時，我在重慶歌樂山工作，哥哥在沙壩坪中大。我常去看哥哥，每次要離開時，他總是躭心我會失腳跌入山溝，不能再相見了。事實上，決不會如此的，但是他愛護之情可以想見了。」

恂妹收入少，孩子多，哥哥曾屢次與母親信，說到已要嫂嫂、安安節省費用，以支援恂妹。

哥哥對於我們妹弟非常關心愛護，但是絕對不加姑息。

四四年，母與我等同去重慶後，幼妹寧孺轉學南岸廣益中學高中部。由於男同學頑皮，每天到教室時，其座位有不少石灰泥土之類，心中甚爲不樂。因膽子小，不敢向老師反映，積累既久，某日，忽然退學回沙坪壩。哥哥非常生氣，立卽陪妹再去學校。當時我見幼妹喘息未定，竊以爲哥哥太嚴。至今思之，正足見哥哥對妹妹之負責也。

幾年後，幼妹在港結婚時，哥哥猶諄諄以父母相待如師友與母親結婚生子後，仍孜孜爲學以爲楷模相勉。

又數年，幼妹見其大孩子之愛護妹弟，乃瞭解哥哥對之苦心孤詣也。

幼妹在港時，母親曾與一信：

「……汝兄今年四十，已爲成德之年，其品德似兼汝四人之特點，而鍛鍊以成其精，鑄成其品德。汝與相較，遠甚。故汝除敬長之外，尤當尊敬汝兄之學問，尤當體識汝兄責望于妹弟之心情。二姊一談及汝兄鬢髮已白，不禁涕泣隨之。爲家庭妹弟辛苦多年，而妹弟等猶未能分其勞，俾其休息之一日。二十年來受若干折磨困苦，始有今日之學問，今日時俗視之，又不足重輕，尤爲汝兄痛惜。雖然遯世無悶，道無加損，想汝兄當不介於意也。……今汝猶得與汝兄接近，望以汝兄所以自奮自勉者，是則是效，實爲汝之幸，亦汝兄弟之心，而更免貽後日失學之悔也！」

在成都時，我常見我同學及同事與妹弟同學哥哥，皆甚自私，學問、品德皆遠不及我們哥哥，我常謂妹弟：「我們哥哥是最好的哥哥。」妹弟亦有同感，同學們也都非常羡慕我有好哥哥，其實哥哥不僅爲我等好哥哥，其在各方面都可爲人表率。

四四年，哥哥陪我去看呂鳳子先生回渝後，卽患回歸熱，病重。但有同事或學生來探望時必下床坐，娓娓而談，有如平日。但客人告辭後，往往周身疼痛，不能起立矣。

放暑假前，某日中午，哥哥回家，意甚怏怏。母詢之，乃系中諸老先生推爲系主任。以自己無能力辦事，故心中不快。繼而推辭再三，老先生均不許。諸老先生皆其大學時老師，卒以不忍過拂老先生之意而勉爲其難。

哥哥負責系務後，曾建議增聘許思玄與牟宗三二位先生。又提出待遇當比本人爲高，最好爲四百，同事皆同意。

其後宗先生以哥哥月薪與新聘的二位差距較大，因徵得各老先生同意，請文學院長增加六十，是爲三百八十。

許思玄先生由美回國，就任中大教授，未久，卽向哥哥表示不滿意方先生。（按方先生爲哥哥老師，亦許之老師。）背地詆毀猶爲未足，更發表文章加以攻擊。方先生亦不慊於許，不時與哥哥談話間流露。哥哥對方先生則代許解釋，並稱道其長，對許先生亦然。哥哥在二人之間，隱惡揚善，疏通隔閡，費盡唇舌，二人終不相能也。

其後許先生去江南大學時，仍以爲哥哥偏袒方先生，屢向助教談及。後助教相謂曰：「許先生因惡方先生而及唐先生，唐先生從無一言不滿於許，足見唐先生之氣度矣。」許與助教之言頗傳于哥哥，哥哥亦不與計較，待之如故。

當時李長之先生與柯柏薰小姐新婚，夫妻性情不同，時有齟齬，二人不時分別向哥哥訴苦，在四三、四四兩年之中，哥哥屢爲勸解調停，不時又直指雙方錯誤，二人卒至和好如初。

友人某，性聰頴，哥哥回川後知其染惡習，吸鴉片煙。哥哥想盡方法，給以規勸。有時又疾言厲色，責其作嗜欲之奴隸。又屢代爲文發表表示悔悟，以促其更改。卒以積習深未能戒，哥哥恆爲之惋惜不已。

中學同學游鴻如患肺病，瀕危時，作書哥哥，望在其死後爲唸金剛經半月。哥哥雖不信佛，仍每晚爲之唸經，足其數。

由以上諸事，可見哥哥之於師友也。

新生入學後，哥哥常找學生個別談話。下班後，便到家談。常向學生說：「為學當貫徹始終，勿憑一時之興趣，勿以所學枯燥而中止。要能甘寂寞，要有人不知而不慍之精神。……」

學生來家請教，哥哥從來未以工作忙而拒絕，常談至夜深，亦無倦容。故學生待哥哥也如兄長之親切。

哥哥向來教人路子寬，有方法，語言富暗示性，常常啓發人之覺，從來不使人有畏首畏尾無所適從之感。

某日，哥哥曾與學生談到國內南北大學培養青年後輩方法之不同。大抵說來：「北方大學教授寬厚愛人，對後輩青年稍有成就，輒多方予以鼓勵，盡力培養；南方大學教授則往往對學生要求過嚴，師生感情也不如北方之融洽。甚且個別教授門戶之見深，知識私有之觀念強。由於南北大學教育方法之不同，效果自殊。若干年來，北方大學人材濟濟，而南方殊寥寥也。」

哥哥以為前輩不能束縛後輩之思想。常說：「大國手教不出大國手，要二國手才教得出大國手。」蓋即謂此。故哥哥對於學生後輩恆鼓勵多而責備少。

哥哥著作發表後，不時有青年讀者來信，他總是有信必復，有問必答。

由上面可見哥哥之對待青年後輩也。

一九四五年，抗戰勝利，日本投降，次年下期中大遷回南京。華西大學借聘，哥哥住成都半年。友人李源澄先生主持灌縣靈巖書院，約哥哥講演。事後李先生向我說：「你哥哥在開始講演時，說話不大自然，待起勁後就如常了。」哥哥在少年時常說，「滿壺湯元倒不出」，大抵指此。直到若干年後，哥哥在公衆場合仍然常感靦腆，我母以爲是自謙重視對方之故。

一九四七年春，哥哥回南京中大。

秋，無錫江南大學初創，邀哥哥任教務長，但中大不許離去；江大又不允兼中大課務。在二校去留，左右爲難。母曾與幼妹信謂：「汝兄太不忍拂人之意，致優柔寡斷。此次於中大、江大兩校之去留問題上，汝兄精神上受損不小。說來說去，舌敝脣焦，結果中大才允請假一年，所開課程，明年再上。

一九四八年，暑假後哥哥如約回中大，仍在江大兼課。母、嫂、妹、姪去南京，我仍留無錫。

中秋前，母親、幼妹來無錫，我提議中秋去蘇州遊覽。母恐哥哥屆時來錫而不欲去蘇，妹謂我們陪母親，哥哥有嫂姪在寧，不會來，遂同去蘇州。

次日返錫，則哥哥果曾來過。

母知哥哥來而復去，不得見母及我等，必甚失望。頗悔蘇州之行。繼而曰：「記得民國三十年在宜賓鄉下時，哥哥尚未結婚。暑假中，廷光來玩，與之同去眉山看謝姻伯。回來我以『久望毅兒不至書以示之』一詩與看，他頓時神色黯然。」母談到哥哥後，不怡者竟日。

平日，母心中稍有不快，哥哥常最先感到。恆想盡辦法慰母，直至母心情舒暢爲止。

其後哥哥應友人約去香港教學，五〇年寧妹來錫迎母住其處。

幼妹回國後，常言兄嫂每隔二三日卽來看母，先必理髮衣着整齊，到卽問母起居。哥哥必細看母親是否已長胖，小腿是否結實，然後一同出遊。

往日幼妹每談及兄嫂對母親之周致，恒喜形於色。今則吾母已見背十四載，哥哥亦病逝七周矣！追思舊事，曷勝悲痛！

哥哥自二十三歲起，卽負擔一家生計。母親晚年，卽常以哥哥偌大歲數，尙須養母而不安。常覺在吸哥哥腦汁，更何況我等妹弟！

六四年母辭世後，曾去信哥哥要求勿再滙款。而哥哥復信卻說：「我已無母可養，只希望我妹弟不要太苦。」

我等四人碌碌，一無所成，以至於今。旣負兄長關心、愛護、扶持、責望之殷切，又未能減輕其負擔於萬一，復連累多年。我及妹弟有負兄長多矣！言念及此，哀悼、愧怍、悔恨之情交迸於心，天乎痛哉！

一九七六年八月十八日，寧妹自穗來電報謂兄得腫瘤，望去電回來就醫或出國動手術。當卽拍電哥哥：「國內中西醫結合，療效顯著，望回來醫治。」次晨得二復電，言兄病不嚴重，望放心。繼得兄當日信曰：「我病不要緊，是嫂嫂太敏感，其說不可盡信。」又說：「回來手續繁多。」我相信我的身體還有力量抵制病害，望你們放心。」（哥哥在這信中主要談熊十力先生著作流傳情況及在世界上哲學地位已確立之言。）嫂嫂也來信叫我們：「不要太掛念，哥哥精神力量強。以不怕病，只要調養得宜，哥哥至少是可以帶病延年的。」安姪在哥哥開刀後在來信中說，爸爸開刀經過良好，恢復得快。……

而我常以為兄嫂安姪皆有意安慰我。憂慮之心，有增無減。去年得信，知哥哥體重已增三磅，稍稍放心，但懸念之情，無時或釋。七月後，哥哥咳嗽不愈，心情愈加沉重，十一月哥哥來信謂：「體重未減輕，胃口亦還好。」但我仍白天憂心如搗，夜裏惡夢頻仍。至今年一月，則心神更為慌亂，坐臥為之不寧矣。

二月二日中午，得哥哥來信，謂要遠帆前去，頓覺不祥。又覺哥哥必甚想念我等。午後即來噩耗。眞是天崩地裂，五內如焚。三十年來生離，日日盼相見，一旦成為死別。哀哀我兄，何遽如此。我等對我兄既無一善可告慰於平日，又未得侍候湯藥於病時，竟然連奔喪前來，亦不可能。我等妹弟之罪無可逭矣！時七八年三月二十三日，吾母九十一誕辰後三日，吾兄已去五十日矣！至中泣述。

附詩：哭兄長

朔風何慘烈，高枝倏已摧；念我賢兄長，淚下不可揮。
廿載生離別，一朝竟永訣；舉首望天南，肝腸為迸裂。
啓篋尋遺札，未讀淚先垂；幽明永乖隔，痛絕吳水湄。
疇昔哭吾母，今復哭吾兄；孰云仁者壽，天地終無情。

悼兄

四妹 恂季

一、一樹五枝，頂枝摧折，四枝徬徨，何所仰息。

二、天地胡不仁，以人爲芻狗，旣生我良兄，何忍又奪走。

三、昔日夢裡驚，醒來暗慶幸。今日夢裡驚，醒來淚濕衾。

落月滿屋樑，音容何處尋，追思往日事，不覺淚縱橫。

（一九八一年三月，「書目季刊」第十四卷第四期）

對我哥哥的一些回憶

五弟　慈幼

一九二七年我們家中除哥哥、二姊分別在北京、重慶讀書外，阿爸、阿孃、四姊、六妹和我都旅居在南京居安里七號。

阿爸給哥哥去信後不久，哥哥便從北京到南京來了。一家都很高興，但想到二姊一人還在重慶，又覺得不舒服。

哥哥轉學到南京東南大學。大約不到三個月光景，我們一家人又踏上回川的旅途。臨行時哥哥一個人扑在那張靠窗口的書桌上悄悄地哭，他爲了不讓我們分別時增加難過，他沒到輪船碼頭送行。他一人留在那空蕩蕩的屋子裏的樣子，至今仍深深地留在我的記憶中。

在南京時，他常帶四姊和我到居安里附近去玩耍。那時南京城內有不少空地，也有許多水塘，有一次全家都出去郊遊，當時南京交通很不方便，馬車少，人力車貴，所以來去都是走路，六妹還很小，來去都得大人抱。回家時哥哥放她在地板上，用力稍重點，六妹就哇的一聲，大哭起來，本來小娃兒哭是很平常的事，但後來哥哥提起這樁事，都感到很難過。

二年以後，阿嬭帶六妹到南京去看哥哥。這時六妹已走得路，常常一個人走到哥哥的書桌跟前。但讀書或寫東西需要安靜，又不能不叫六妹走開。只要哥哥說一聲「走開」，六妹就不聲不響的，乖乖的走開。哥哥在以後一談起叫六妹走開的事，都說想起六妹可憐些些的樣子，他心裏似有很多歉意。

一九三一年夏天，阿爸回宜賓後，因染時症去世。我們全家由成都奔喪回去，都感到是晴天霹靂，悲慟不已。哥哥那時在南京讀書，因奔大伯母（哥哥過繼的母親）喪回到宜賓的。到了家才突然知道阿爸的噩耗，嚎啕大哭，哥哥由寢室走到阿爸的靈堂並不很遠，但只走了三分之一到堂屋，便癱瘓一般幾乎寸步難行，哥哥心情上的難過無以復加，又躭心引起母親更大的悲傷，勉強抑制着內心的情感。一九六四年我看到由九龍寄回祭悼阿嬭時哥哥痛哭的照片。前後相隔三十三年，彷彿又看到哥哥在宜賓哀悼阿爸的情形。

同年秋天，在尋找安葬阿爸的墳地時，家中請了二個陰陽先生來找陰地，我跟着哥哥走遍了周壩的地方每一個角落，最後還是沒有找到合適的，只得暫殯在水漕頭住家的前面空地上。

不久我們一家仍到成都去，哥哥一人到南京去求學。我想起四年之前哥哥一人留在南京居安里的情景，這一次的離別比那次更難過得多。

一九三二年哥哥寄回成都不少兒童讀物，四姊和我都非常歡喜看，特別因爲是哥哥寄來的，是經過他心意選擇的，我們總是百看不厭。看時也惟恐弄髒了書。偶爾向其他少年朋友講述那上面的內容時，也是越講越有趣味，我們覺得這些是頂好看頂有趣味的書了。有一次哥哥回我的信時說我這次的信寫了六百四十字，比上封信多了一倍，下封信再加一倍就可寫到一千二百八十字的長信啦。對我信中的錯別字，他都一一指出，不通的文句也予以改正。後來我在唸高中時寫的東西，請他閱改時，即使寫得很不像樣，他也鼓勵我說寫得可以，刪改得少，保留得多。

哥哥早期的著作，最早給我印象深的是「柏溪隨筆」。大概是在一九三四年南京中大作助教時寫的。因懷念故鄉宜賓柏溪而取名的。像一篇散文詩，分成若干小段。每一段的意思不相同，七八行十來行不等，又各像一首小詩，現在我尚能隱約記得的有兩首。一首是說他想去深山隱居過一世的獨生生活。原文是：「何處是深山，我更入深山深處，茅屋數間，蒲團一個。夜燈殘，天欲曉，遙聞虎嘯猿啼。依舊沒有妻和子……這樣我可以渡過我的餘年了」。母親看後大不舒服地說，哥哥想出家哩！另有一首詩是對一個月明之夜泛舟海上的想像。「中天明月，玉宇無塵，沙灘寂寥，海潮初靜，獨泛小舟，駛向海天無際，沒入波濤深處。」最後在全篇的結尾寫道：「寫完柏溪隨筆，緩步至六朝松下，知天將曉，微聞梅庵梟聲，得絕詩二句：『誰知月落星稀後，一片清泠萬古心。』但願長保此時心境。」

一九三九年秋，我在成都高中畢業後，先後考取川大化學系及政校會計專修科。我讀政校後，哥哥很不以爲然，希望我去讀正規的大學，可以多讀點書，並曾代向川大請了一年的假。但我畢竟沒去。兩年後我從會專畢業，便參加工作，其後哥哥三番五次都望我再轉入大學深造及去書院攻讀。而我孜孜於個人名利得失，致一再放棄讀書的良機。四十年來歲月蹉跎，碌碌無成。如果當時聽了哥哥的話，決不至此。

一九四〇年，我在重慶讀書時，一次進城後，哥哥帶我一道步行到大溪溝去尋找十六年前我家曾住過的李家洋房。所謂洋房，不過是三層樓的磚房罷了。好不容易才在許多平房之中費了一番周折找到的。哥哥興致勃勃，我卻以毫無印象，無動於衷。過後哥哥詫異地向二姊、四姊說：「弟娃對大溪溝李家洋房一點不感興趣。」現在我回想到那時的冷漠態度，自己也覺得陌生，不理解。

一九四一年哥哥在柏溪中大分校住宿，在分校及沙坪埧本校上課。有次進城十多天後才回柏溪，他曾寫信告我：「離開柏溪半月，宿舍到處是灰塵，蜘蛛網，不啻有隔世之感。」

我有一次到柏溪去看哥哥，一夜繁星滿天（重慶多霧難得有這樣的夜晚）。他說如果能看到另外星球上的東西，那上面還會看到阿爸、阿嬭少年時代生活情況的反映哩！那時我忽然想到哥哥在柏溪隨筆上寫的：「星移斗換，萬古如斯，人世悲歡，循環若夢。」一九七〇年我在蘇州曾用毛筆字寫了蘇東坡懷子由的水調歌頭：「明月幾時有，把酒問青天，……但願人長久，千里共嬋娟。」的一首詞，寄給哥哥，但不知他是否收到。

一九四三年我在重慶歌樂山工作，有時他步行到山上來看我，我經常下山到沙坪壩中大去看他。那時公教人員待遇很低，搭公共汽車也感到負擔，所以來去只得跑路。每當我離開沙坪壩上山時，他經常擔心我說，「弟娃會不小心摔到山溝裏去，再也看不到他了。」總要得到我去信後，才放下心來。

以上的瑣事，片段的回憶，已是三十六年前的往事，都體現了哥哥對我們弟妹們的關懷、愛護、體貼、照顧。三十年代初期，二姊的同學們常常談論到自己的哥哥，他們都感到自己的哥哥很自私，很不好，不像樣。二姊說只有我們的哥哥最好，眞是最好的哥哥。他們曉得哥哥的也覺得哥哥與他們的哥哥完全不同。

哥哥爲了希望我們能讀完高等學校，他一再推遲自己的婚期。他的一生中一直承擔着家中經濟的責任，事無論巨細，他都以身作則，處處可作我們的楷模，哥哥在學問上的成就之精專，非我們所能知曉，哥哥之待人接物，也非我們所能評論。而哥哥稟性忠厚，深思好學，待人也寬，律己則嚴，兄弟姊妹一體，物我渾然無間，與人息息相關，敎人循循誘導，深信人皆可以爲善，……哥哥各方面的造就，非我拙劣的言語所能道述。但哥哥的神情態度和語言聲音還彷佛在我們的身邊。如從生離來說，分手已三十多年了。古人把人生三十年稱爲一世，這樣漫長的歲月，終於生離成永別，是我們終生無法彌補的恨事。哥哥相信人的靈魂是不朽的，不久以後，我們的父母和我們兄姊弟妹會在另一世界重行聚會。

五弟慈幼一九七九、七、九於重慶

憶大哥

六妹 寧孺

兄去已逾半載，兄之書信永不可得。有限之睽隔竟成永訣，欲問欲告者問誰告誰，惟見天蒼蒼地茫茫而已。

兄尚未生，母若覺兒之憨痴可掬，母心亦虛靜而於學亦愈勤奮，思有以潛移默化於兄者。愛兒之意亦油然而生。

母承家公之教，禁逗哄孩兒以為樂。故吾兄受母之薰陶，恒信人無謊言。有戲謂飲墨可聰慧，兄遂研墨飲之。鄰童有無故尋衅非禮者，兄不識侮慢汚穢之辭，惟忿忿然以「罵你，罵你」責之。

姊生三日，父自道旁拾一棄嬰返，母並乳之，以患皮膚病，母予女工以醫藥費，囑帶去就診，而女工竟送育嬰堂。兄歸頻頻問母：「我尚有一妹何在?」未得見遂大哭。

其後兄偕至姊，濯硯池邊。姊失脚墮水中，水深沒頂，兄急拯姊以出，時兄尚不足十歲。

兄復學回南京，寄至姊書籍，恂姊衣料。恂姊以兄為己徒好美服也，涕泣不已。

兄長我十七歲，故兄少年前二三事，皆聞於吾母。

吾五歲喪父，期年兄大學畢業回蓉，入室見母，母大慟，兄伏母膝，哀莫能止。

我六七歲時，一夕，月光慘淡，吾立人圍中，有盲父女二人正彈唱。兄忽來吾後，出數銅子囑散後以謝父女，兄歸家復來，加數毫，我歸，兄告我盲父女爲眞正音樂家，兄言時不勝感傷。

某日，有親戚來閒話，兄無以對答。遂攜我至杜甫草堂，見江畔蘆葦叢生，歎曰：「『茅飛渡江灑江郊』豈此江歟！」

吾放學歸常遇兄於途，常柱杖托腮坐黃包車中，視我若無睹。吾兄思想時皆如此。

我青少年時好讀小說。兄曰：「有類小說好分析種種心理，端緒甚多，且互相追逐，令人莫衷所是。相與陪襯之人，有不足爲訓者，故當善於讀書。」

兄嘗語母曰：「最可悲者，以青年爲工具也。吾樂與青年處。居青年中，則宛然青年，卽覺常存向上之心。」故兄不願離學校之環境，終生教學。

二十八年前在新亞書院時，兄爲吾等講課，兄以巾拭汗，復以之擦黑板。兄專注誠懇之情盡在諄諄教誨中，不知其他。我在受教時，亦不復知爲我兄，惟見其瀰漫熱忱鬱勃之精神。

父喪，母哀而毀。兄之傷痛，吾不知也，兄立志，吾亦不知也。斯時兄默禱慰父靈：「……當撫弟妹，至於成立，……」吾結婚時，於虎門輪聆兄述往事，吾乃領悟。兄復諄諄勉我勿忘父母之期望，專心向學之言，彷彿如昨。

慈母已別吾等十四年，兄亦隨父母去矣。吾未能往事何堪說，說又如何？惟念吾兄青年少年，經歷人生之蹭蹬轗軻，復終其生於教與學。體兄之戚戚者，反增阿兄之憂慮，惟望我嫂與安姪保重以慰吾兄在天之靈。

往事何堪說，惟縈廻是間，若夢若幻。吾憶一境，不知其爲夢耶！非夢耶！蒼蒼之天，若陰若暮，母與吾等五兒女坐渡口土墩上。天空數雁飛過，振翼之聲可聞，瞬息之間，聲隨影滅。墩上人心，先隨以飄升，旋復墮埃塵，土墩之上，依然母子六人，四周荒涼如故。時不知父出殯未？想吾兄立意撫弟妹成人，當爲斯時也。

兄常曰：「有一時之用，有長遠之用；有當世之用，有未來之用；有有用之用，有若無用之用。古今中外之有心人，發憤忘我，棲遑終生，所爲何事？當視一國如一人，天下如一家。人之自身卽一小宇宙，宇宙亦宛如一人。故古今中外之學者皆以耿耿之懷，勤勤懇懇，兢兢業業，俾集思廣益以充實人類之歷史，而道亦因之愈明也。雖然，盡平生之力於終將告別之此岸者，其愚固不可及。愚不可及者心不容已也。所謂此岸彼岸者，果有岸乎？何彼岸此岸之分乎？

吾固不懂我兄之所學，兄雖爲吾兄，相聚之時不過四五年耳，四五年間，兄教書，吾讀書，相見也稀，以吾之不學，何足以知吾兄。所知者，惟兄純粹、忠厚、眞摯、專誠、學以終生，終生教人學而已。

時光若交錯，遠者日以近，近者日以遠。百年之後，枝也，葉也，當亦歸根。

兄教學在外，見吾母掘苦笋盛旅袋以帶兄處，苦笋，兄喜食者。

兄歸度寒暑假，當天氣晴朗或皆閒暇之時，則闔家出遊郊外。母步兄亦步，未嘗須臾離母左右，吾姊亦然。

母寢疾，或爲母求醫，或陳述病情，或侍奉湯藥，兄與姊皆侍母無微不至，惟恐天有不測，母患副傷寒，久不癒病危，名醫藥無效。兄憂急異常，乃請蕭神仙，神仙爲我父摯友中侖先生，精醫理，藥力如神，以兄之至誠，母疾乃愈。

兄在伏案之餘，輒和顏悅色爲母言說，恆至夜深。大意爲望母超脫於念兒女之情及人生之可悲憫者，母因是而心情日漸開朗。

兄嘗啓我曰：以爲人不知我，實胸中臆造。天下本無事，所以有此念，乃偏愛「我」之甚也。

……

兄常持寬容之心以待人，「不藏怒焉，不宿怨焉，天下事皆己份內事」之言，足以說明吾兄之爲人。

吾兄之孝敬吾母，教育弟妹，數十年如一日之精神，尤令人感泣。平日兄恆念念不忘父執之情誼，或亦所以教育吾等當「受恩不忘報」之意也歟！

吾奉母自港返穗，兄嫂與安姪送至羅浮，於橋之彼端悽然以立。兄呼母，母回顧，皆自強持，母子從此終生不復相見。

昊天之上有星光，有星已化而光弗滅，光可滅，而道無極，情意亦無窮。

一九七八年中秋

（一九八一年三月，「書目季刊」第十四卷第四期）

憶君毅

妻舅 謝斯駿

一

記得，是一九二九年，
我在南中讀書，
你和大哥在中大讀書，
你們住在十三齋七十八號，
你的生活非常儉樸。
我常去看你們，
經常看見你腋下夾住一本外文書——哲學，
有時又看見你邊走邊低聲吟誦古人的詩句。
我們常去臺城鷄鳴寺吃茶。
大家談心，天南地北，上下古今，

你卻在一邊只顧看你愛看的書，
有時，你合上書本，
凝視着玄武湖沉思，半天不說話，
有時，你又微笑，甚至笑出聲音，
是智慧的靈光在閃爍，哲學思想在萌芽，
若有所得，若有所悟。

二

你有時沉思，
有時又大笑。
有人說你有點「發神經」，
我說你正常，
是哲人應有的本色，
是哲人在人生路上，
時而漫步，

時而飛跑，
是一片天眞的流露。

三

你喜愛哲學，也愛文學，
你虛懷若谷，但是有時也會爭論不休。
你常提起宗白華先生，
你很尊師重道。

四

記得，是一九三七年，
那時我在北平，你在南京，
你曾把你寫的「柏溪隨筆」寄給我。
我流着淚讀了一遍又一遍。
你那「一片淸泠萬古心」啊，

實在感人！
你的哲學精神已到如是境界！
屈指四十五年過去，
一瞬間耳！
萬古與一瞬可等量齊觀，
古今一脈通，
眞理本無時空界限。

五

在抗戰期間，
你還贈我你寫的「道德自我之建立」，
我再三捧讀，
知道你已所悟頗深，
人生眞諦，
就在這裏。

六

記得，是勝利後，
——一九四五年，
我從北平回家，
經過重慶，到沙坪壩來看你，
我們曾經談論士林哲學——
心理現象是靈魂的表現。
你的哲學造詣已深，
把各種哲理擺在一定位置看。
當時有離中兄在座，
他沉默，微微點頭，
表示同意你的意見。

七

記得，一九四七年，
我們曾在眉山——
我的家中相見。
安兒才兩三歲，
在三蘇公園玩了半天，
回家路上，她走累了，發脾氣不走，
要我們抱她，
你堅持不抱，說：
「讓她自己走！讓她自己走！」
聲音那麼堅定。
君毅，人生之路的確要「自己走！」
從年輕時候就學自己走。
轉瞬，已三十多年，
誰知，那次是我和你，
最後一次相見！

八

年前得讀你寫的「人生之體驗續編」，
更使我懷念你。
不覺你已去世五周年！
你是世界文化傳統的體現者，
而且具有中華民族文化的風格。
柏溪之人啊，
魂兮，歸來！
聽，江聲汩汩，
看，山色蒼蒼。（注）

一九八三年一月九日於北京師大

注：君毅曾告訴我，他父親曾在柏溪家門口貼了一對對聯：「東去江聲流汩汩，南來山色莽蒼蒼。」

（一九八三年一月三十一日，華僑日報「人文雙週刊」第二五九期）

懷念君毅大哥

妹夫　王肇年

君毅大哥逝世已經六周年了。

對我來說，君毅大哥是我平生中最崇敬的老師。他對我的教誨是無言之教，是以他誠篤純厚和身體力行的德行來化育我，使我的愚頑稟性得以稍收潛然默化之效，認識到一些粗淺的道理。數十年來，每當我理念不明、乖戾之氣不能自持之時，一想到君毅大哥的音容笑貌，就使我醒悟到自己的缺點和過失，就有了繼續向前的力量。如今君毅大哥已返天界，使我有「斯人已逝，吾將安適」的深沉的悲痛。

君毅大哥是帶着最沉重的人生負擔，歷經最崎嶇的人生之路，走完他的光輝而應爲世人所永遠師承的一生的。他本人就是悲天憫人的情感的化身，因而每一個與他接觸過的人，都必然會受到他的深厚的啓發和安慰，從而看到光明的未來。

君毅大哥是宇宙的明德在現實世界中的化身，是古今中外到達最高境界的思想家之一，是人類文化的最高體現者之一。他的著作猶如日月經天，對人類的未來，必將產生最深遠的影響。

造物不仁，在君毅大哥七旬之年就使他與我們永別了，也許是彼蒼顧念君毅大哥的勞頓而有意使君毅大哥安息的吧，這對於天下蒼生來說，就過於苛刻了。

願君毅大哥的在天之靈永恆安息。

肇年弟泣書於一九八四年元月十日

（一九八四年二月十三日，華僑日報「人文雙週刊」第二八三期）

悼君毅大舅

外甥 王康

大舅去世也快六周年了。

每次讀大舅的書都覺得自己從這紛繁雜亂的現實中超脫了出來，與純粹的精神境界接近了。從而感到一顆爲人類宇宙擔憂的平凡而崇高的心靈在跳動，是幾千年來民族傳統文化與世界古今聖哲思想融滙，凝聚的頭腦在默想、在沉思。我似乎看到大舅一方面是以昔賢往哲親親仁民、悲天憫人的心情俯瞰着世界，另一方面是栖栖遑遑，不可終日地，全力以赴地爲國家爲人類文化命運的開拓而思索而寫作，甚至奔走、呼號，最後獻出了生命。

法國作家雨果說過，今後思想上的王者代替了權力的主宰，人們哀悼、懷念的是思想家，而不是頭戴王冠的帝王。大舅比一般思想家想得更遠、更透，他的每一精湛的見解都來自切身的感受與體悟，能從平凡的生活看到深刻的哲理，從現實存在的一刹那悟出永恆的價値，提高了人的見識，使人的胸襟更開闊了。可惜我從出生以來就沒有機會看到他老人家，只能從部份的著作中略知點滴，因此也難免沒有誤解。我覺得從著作中增添了自己的活力，生生不已，自強不息，悠久無疆的精神在召喚着我，使我在頻繁向外進行活動時，不忘記自我省悟，有限的生命中作出無盡的事業，正如他常引用的梁啓超的兩句詩：「世界無窮願無盡，海天寥闊立多時。」他的強烈的人生責任感，使得他迫不及待，刻不容緩地爲人類文化事業盡心盡力地工作到他呼吸停止而後已。每當我從書上看到說起他老人家抱病講學、寫作的情景時，彷彿我曾經看到過一樣。

人類的科學的日新月異，到了無法控制它的危害性的今天，如果眞理駕馭不住人類自身的成就，這會意味着甚麼，只要願意面對現實的人，是不難找到答案的。形而下的東西，不能讓形而上的東西來支配來主宰，人類命運將是不堪設想的。大舅爲此而大聲疾呼，雖然他離開了現實世界，他的聲音、語言將激勵着更多的有識之士繼續他走過的路子。他的成就，終有一天將會普遍地被人們所認識、所理解。祝大舅在漫長跋涉的人生旅程後得到永遠的安息！

（一九八四年二月十三日，華僑日報「人文雙週刊」第二八三期）

唐君毅全集編後記

編後記

霍韜晦

唐君毅先生逝世已經十二星霜了。唐先生作爲中國當代新儒家的代表人物之一，其歷史地位已得到肯定。隨著時間的過去，繼承唐先生和研究唐先生的人會愈來愈多。事實上，以唐先生的學養，和他所架設的巨大的思想體系，尚非這個淺見的時代所能盡知。儘管近十年來，中國大陸、臺灣、香港，已開始研究新儒家，學術會議、專書，迭有所聞，但眞能進入唐先生思想的堂奧，並能師承其心、引發其義以運轉時代的，仍然太少。

這其中的理由，自外而觀，首先可能是唐先生的著述卷帙浩繁，內容廣博，涵今蓋古；思想則汪洋恣肆，妙義重重，頗有佛家華嚴之以一通於多，復以多入於一之無盡法界之意味，使人目不暇給，總持不易。其次是唐先生的性情寬厚，開合諸家總是先看人之是，始言其不足，於是行文繳繞，旨意曲折蜿蜒而出，心粗氣浮者往往不能讀盡，故解人亦不易得。此外，復有一義，唐先生非欲艱難後學；唐先生嘗自言其心中之觀念實極其簡單，不過爲對應時代，尤其對治今之受西學訓練者，始不得不略仿西書體例，多加描劃，艱澀其辭。由此可見新儒家的處境：新儒家面對西方文化挑戰，除在內容上、思想上予以涵蓋分疏外，在方法論上亦要順應西方之表達方式。雖然，這是一種把知識從生命中枝離出來的方法，要求在理性上確立，故特重邏輯之敍述與論證，而不要求從生活上體會，此即不合於中國傳統的悟道之言；但這是時代的共法，唐先生要化解西方挑戰，重建世人對中國文化的信心，便不能不以此爲橋樑，俾作接引。結果辭繁不殺，唐先生亦引以爲憾。

不過，若從另一角度看來，辭繁不殺未必爲憾。君子之道費而隱，承擔者重，開拓者大，這一代的中國學者面對時代憂患，要再植靈根，當然要思入精微。唐先生數十年來對中西文化、哲學思想之反省，雖顚沛之際，未嘗稍息，結果成書約近二十種，分別由多家書局出版，六十年後大部份歸臺灣學生書局印行，但未及輯入之論文、雜感、書信、日記仍多。唐先生逝世後，山頽木壞，各方宗仰者無不以先生之遺作爲念。後三年

（一九八一）四月二十五日，唐師母謝廷光（方回）女士召門人唐端正、李杜、黎華標等於青山容龍別墅茶敍，予亦忝陪，始提出由上述五人組成全集編輯委員會，蒐羅遺文，並決定已出版者亦重加校訂，以臻完善。七月，編委會命予爲執行秘書，兼攝主編事。予從遊晚，云何克當？屢辭不獲，不得已戰兢爲之，以報師恩。遂由予提出「全集編纂計劃草案」，分《全集》爲六編三十卷。翌年，增黃振華（臺灣）、吳森（美國）、吳甿先生人爲編委，而以吳甿爲執行編輯，出力尤多。是年夏，唐師母與予赴臺，除與學生書局切談《全集》出版事宜外，並拜候正中書局、三民書局、鵝湖出版社，商求把唐先生早年出版之《中國文化之精神價値》、《愛情之福音》（以上正中版）、《青年與學問》（三民版）、《病裏乾坤》（鵝湖版）列入《全集》。蒙各書局慨允義助，版權問題順利解決。學生書局負責人丁文治先生亦不畏艱巨，一力擔承。可見一代儒宗，所贏得之社會上之崇敬爲如何。

《全集》出版合約簽妥，編委會隨卽與學生書局聯合發出「徵求唐君毅先生手稿、書札及佚文啓事」，籲請唐先生生前友好、學生，賜予合作，將有關資料複印惠下。所得回應亦多，令人安慰。此後數年，編委會工作遂集中於已出版書之校訂及佚文之編輯工作上。茲依《全集》目錄，記各成員之校訂分擔及新編書籍如下：

甲編　人生體驗

第一卷　人生之體驗　道德自我之建立（黎華標）

第二卷　心物與人生（霍韜晦）　愛情之福音（黎華標）　青年與學問（唐端正）

第三卷　人生之體驗續編　智慧與道德（黎華標）　病裏乾坤（唐端正）

人生隨筆（新編）

乙編　文化理想

第四卷　中國文化之精神價值（黎華標）　中國文化與世界（霍韜晦）

第五卷　人文精神之重建（霍韜晦、黎華標）

第六卷　中國人文精神之發展（唐端正）

第七卷　中華人文與當今世界（上）（霍韜晦）

第八卷　中華人文與當今世界（下）（霍韜晦）

第九卷　中華人文與當今世界補編（上）（新編）
第十卷　中華人文與當今世界補編（下）（新編）

丙編　哲學研究

第十一卷　中西哲學思想之比較論文集（李　杜）
第十二卷　中國哲學原論　導論篇（唐端正）
第十三卷　中國哲學原論　原性篇（唐端正）
第十四卷　中國哲學原論　原道篇（一）（唐端正）
第十五卷　中國哲學原論　原道篇（二）（霍韜晦）
第十六卷　中國哲學原論　原道篇（三）（霍韜晦）
第十七卷　中國哲學原論原教篇（唐端正）
第十八卷　哲學論集（新編）
第十九卷　英文論著彙編（新編、吳　森）

第廿九卷　年譜（唐端正撰）　著述年表（吳　甿編）　先人著述

第三十卷　紀念集（唐至中編）　編後記（霍韜晦撰）

總計《全集》新編之書多達十卷，重校者二十卷。其次，在上述校訂工作中，必須說明的是：唐先生之令妹唐至中女士身居蘇州，亦不避辛勞，校訂了大部份書籍的初稿，把正誤表寄來香港，十分可感。屈指計之，整個校訂工作持續六年方始完成。

至於編輯之具體業務，則多由吳甿君擔任。時吳君任新亞研究所編輯，承所方好意，借調全集編委會工作，至足感銘。此唐先生之福，使善緣畢集，予喜無量。

至八七年間，《全集》之編輯工作已基本上完成。按原計劃，尚須於每卷之末加編索引，以便讀者翻檢。此項工作，由黃振華教授在臺灣指導進行。但由於港臺兩地聯絡不易，而《全集》在香港校訂、編輯，到在臺灣發排、校對、印刷、裝訂，工程非常浩大，稍有一節遲緩，即影響整個速度。全集編委會諸君子皆義務工作，為弘揚師門遺教，繼志述事，義本當然，遺憾者大部份成員僅能利用業餘時間，力有不逮，致使《全集》延俄，不備之處仍多。予任主編，其過尤重。最後兩年，若干編輯工作之細節由法住學會編輯部同人繼任，方克完竣，予始釋負。予罪重矣，倘無各方善緣，此三十卷巨帙，一千萬言之偉構，何能面世？十年歲月，今日思之，當以唐師母鞭策之功爲先，諸君子之矻矻窮年與學生書局之不計成敗，毅予出版，精神非比尋常。次如同業書局之相讓版權，新亞研究所之提供方便，皆可紀也。他日中國文化復興，新儒學再起，《全集》必然炳耀於世，而爲新文化所汲取之活水源頭，則上述諸緣，其蔭遠矣。

一九九〇年冬日　霍韜晦　記於量齋

補記：兩年前，法住文化學院主辦「唐君毅思想國際會議」，以紀念唐先生逝世十周年。出席之港、臺、大陸、美加等地之學者達一百人，發表論文近六十篇。足證哲人永在，四方共仰，唐先生之文化意識與道德意識，已在歷史中發生廻響。

國家圖書館出版品預行編目資料

紀念集

唐君毅全集編輯委員會編. – 校訂版. – 臺北市：臺灣學生，民80

面；公分 –(唐君毅全集；卷30)

ISBN 978-957-15-0191-8 (平裝)

1. 唐君毅 – 傳記

782.886　　80000170

唐君毅全集　卷三十

紀念集

編著者：唐君毅全集編輯委員會

出版者：臺灣學生書局有限公司

發行人：楊雲龍

發行所：臺灣學生書局有限公司

臺北市和平東路一段七五巷一一號

郵政劃撥戶：〇〇〇二四六六八號

電話：（〇二）二三九二八一八五

傳真：（〇二）二三九二八一〇五

E-mail：student.book@msa.hinet.net

http：//www.studentbook.com.tw

本書局登記證字號：行政院新聞局局版北市業字第玖捌壹號

定價：新臺幣六〇〇元

一九九一年二月全集校訂版

二〇一八年六月全集校訂版二刷

ISBN 978-957-15-0191-8 (平裝)